Physik und Chemie spielend entdeckt: Abenteuer Wissenschaft

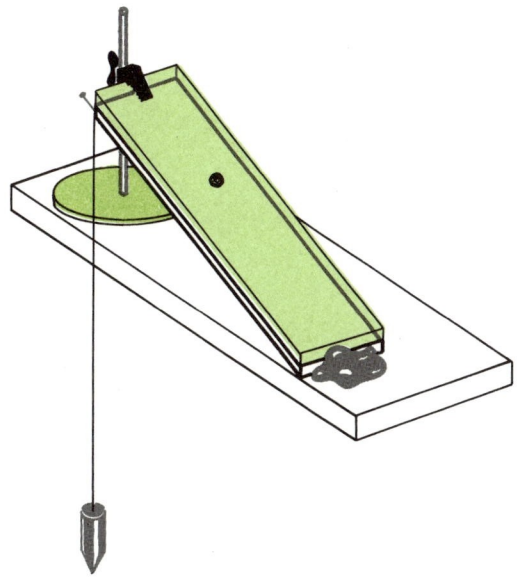

Paolo Calvani

Physik und Chemie spielend entdeckt: Abenteuer Wissenschaft

DuMont Buchverlag Köln

Für Giulio

CIP-Titelaufnahme der Deutschen Bibliothek

Calvani, Paolo: Physik und Chemie spielend entdeckt:
Abenteuer Wissenschaft/Paolo Calvani.
[Aus d. Ital. von Annette Matheus...]. - Köln: DuMont, 1990
  (Studio DuMont)
  Einheitssacht.: Giochi scientifici <dt.>
  ISBN 3-7701-2474-X

Aus dem Italienischen von Annette Matheus, Claudia Piras und Helmut Roß
© 1990 der deutschsprachigen Ausgabe: DuMont Buchverlag, Köln
© 1987 by Arnoldo Mondadori Editore S.p.A., Mailand
Die Originalausgabe des Buches erschien unter dem Titel
»Giochi Scientifici«
Grafik und Layout: Flavio Corsi
Satz: Fotosatz Harten, Köln
Druck und buchbinderische Verarbeitung: Arnoldo Mondadori Editore S.p.A., Mailand

Printed in Italy   ISBN 3-7701-2474-X

INHALT

7	EIN WORT VORWEG
9	ZU ANFANG EIN WENIG BEWEGUNG
9	**Bewegung und Sinnestäuschung**
9	Galilei und die Relativität
11	Warum ist eine Reise in westlicher Richtung nicht kürzer als eine in östlicher?
12	Der Physiker und der Richter
12	**Gleichgewichtsspiele**
13	Eine Herausforderung an die Schwerkraft?
13	Der Schlußstein
14	Der runde Würfel
15	Ein Spiel mit vier Gläsern
15	Der Bücherstapel
15	**Vom Bezugssystem der Erde zum Bezugssystem der Sonne**
19	**Simulation des Sonnensystems auf dem Computer**
22	**Einsteins Uhren**
22	Von zwei Ideen Galileis rettet Einstein eine
22	Schweizer Uhren und relativistische Züge
24	*Das »Paradox« der Zwillinge*
25	**Versuche, die Reibung zu überwinden**
26	*Galilei gegen den »gesunden Menschenverstand«*
27	Wie läßt sich Reibung messen?
28	Trockeneisfahrzeuge
29	Die Schwebebahn
31	**Rückstoß und Gegenkraft als Fortbewegungsmittel**
34	**Stroboskope**
34	Das Scheibenstroboskop
37	Das Lichtblitzstroboskop
38	Wie überprüft man die Präzision seines Plattenspielers?
41	**Physik am Billardtisch**
47	*Rutherfords »Kugeln«*
48	**Gravitationsbeschleunigung in hausgemachten Meßverfahren**
48	Nicht alle Wasserhähne tropfen vergebens
49	Der Plattenspieler als Stoppuhr
50	Das Pendelgravimeter
50	*Wie die Erde gewogen wurde*
53	»Schwerelose« Astronauten
56	*Tiefdruckwirbel – durch Scheinkräfte entfesselt*
57	**Physik auf dem Rummelplatz**
62	**Kreisel, Jo-Jos und andere wirbelnde Wunderdinge**
62	Der Kreisel
63	Der ptolemäische Kreisel
63	Intrigante Kreisel
64	Das Gyroskop
66	Die Fahrradfelge
66	Dreh-Bücher
67	Das Jo-Jo
68	Der Bumerang
69	LICHTER UND KLÄNGE
69	**Klingende Wellen**
69	Mach 1
70	In den Spiegel reden
70	Akustische Linsen
71	Warum kann man »um die Ecke« hören?
72	Grundtöne und Obertöne
72	Die Kundtsche Röhre
73	Das Pfeifen des Zuges
74	Die Empfindlichkeit des Gehörs
74	Resonanzkörper
76	**Akustische Kuriositäten**
76	Einige äußerst indiskrete Orte
77	Der Wind trägt Geräusche mit sich fort
78	Die Chladni-Figuren
78	Ultraschall und Infraschall
79	Ein Pfeifkonzert
80	**Wellen auf dem Wasser**
82	Reflexion
83	Reflexion an einer Krümmung

83	Beugung	135	*Seefahrt bei den Wikingern*
84	Interferenz	136	Wie funktioniert ein Laser?
84	Brechung	137	Das Hologramm
84	Stehende Wellen		
85	**Elektrorasierer – zweckentfremdet**	139	IM REICH DER MATERIE
86	**Was ist Licht?**		
86	Wellen – schneller als der Schall	139	**Ordnung und Unordnung**
88	Eine Wolke ungreifbarer Teilchen	144	*Der Maxwellsche Dämon*
89	Wellen schon, ... aber elektromagnetische	145	**Ein Modell der Materie im Maßstab 100 000 000 : 1**
90	*Newtonringe*	147	**Wie man die Länge eines Moleküls mißt**
93	Problemkind »Äther«	148	**Das Hobby des Kristallzüchters**
96	Welle und Teilchen – heute versöhnt	148	Alaun (Kalialaun)
97	*Die Lichtmühle*	150	Chromalaun
98	**Licht-Spiele**	150	Kochsalz
98	Ruder im Wasser	150	**Überraschende Eigenschaften von Flüssigkeiten**
99	Wie man einen Lichtstrahl krümmt	151	Woher kommt der Regen?
100	Versteckspiel der Sonne	151	Erscheinungen der Kapillarität
100	Totalreflexion im Wasser	152	Das hydrostatische Paradoxon
101	Die Luftspiegelung	153	Druck erzeugt Kraft
102	Eine flüssige Lichtleitung	154	Die Dichte von Flüssigkeiten
103	Geldstück und Teller	154	**Wasser und Seife**
104	Ist Licht in Wasser oder in Eis schneller?	154	Die Seifenwasserhaut und der Faden
105	**Neues Sehen**	154	Der Seifenfisch
105	Das Vergrößerungsloch	155	Seifenblasen
105	Linsen – hausgemacht	156	**Unsichtbare Kräfte in der Luft**
107	Das Wassertropfen-Mikroskop	157	Die physikalischen Grundlagen des Fliegens
107	Die Camera obscura	158	Der Nachmittagstee
108	Räumliches Sehen	158	Fön, Tischtennisball und Strohhalm
111	Das Spiegel-Paradox	161	Wie man mit Leitungswasser ein Vakuum erzeugen kann
112	**Farben en masse**		
112	Die Spektralfarben	161	**Eine Schnellwaage zum Abwiegen von Luft**
112	Die Newtonsche Farbenscheibe	162	**Was ist Wärme?**
113	Hätten Sie gern einen farbigen Schatten?	164	**Die Schmelzwärme eines Eiswürfels**
114	Der Land-Effekt	166	**Keine Chance für ein Perpetuum mobile**
114	Der Regenbogen	168	**Sonderbare Wärmekraftmaschinen**
116	Die Farbe des Himmels	168	Das Gummibandrad
125	Das Kaleidoskop	169	Der Tauchvogel
126	**Hell + hell = dunkel**	170	Ein Strahltriebwerk in Eigröße
126	Interferenz zweier reflektierter Strahlen	170	Der thermomagnetische Ring
127	Beugung an einem Spalt	172	**Spielereien mit chemischen Lösungen**
128	Beugung an zwei Spalten (Doppelspalt)	172	Elektrische Ströme im Wasser
128	Beugungsgitter – selbstgemacht	173	Wie man gefärbtem Wasser Kupfer entzieht
130	Der Poissonsche Fleck	174	Wie man eine Batterie baut
131	**Polarisiertes und kohärentes Licht**	175	Das Geheimnis der Stalaktiten
131	Ein besonderer Stein		
133	Die Himmelslichtpolarisation	179	Literaturhinweise
134	Beobachtungen mit Polaroidfiltern	180	Bildnachweis

EIN WORT VORWEG

Heutzutage verbringen mehr und mehr Menschen ihre Freizeit in Nationalparks, Naturschutzgebieten oder in Gegenden, deren Natur noch weitgehend unzerstört und unverseucht geblieben ist, um dort jenes beeindruckende Schauspiel zu genießen, das die Evolution der tierischen und der pflanzlichen Spezies bietet. Da aber auch die Beobachtung der »unbelebten« Natur unterhaltsam und lehrreich sein kann, ist dieses Buch als eine Art kleiner »Baedeker« für Ihre Ausflüge in das Reich der Materie gedacht. Und im Gegensatz zu jener Welt, wo Verhaltensforscher und Naturkundler auf Zehenspitzen umherstreifen, sind in dieser Welt Eingriffe geradezu geboten. Denn wie bereits Galilei im 17. Jahrhundert seine Zeitgenossen lehrte, muß man – selbst um das simpelste Geheimnis des physikalischen Universums zu begreifen – sich dem Phänomen nähern, seine Struktur vereinfachen und diese unter den Bedingungen, die sich am ehesten für genaue Messungen eignen, künstlich nachbilden.

Wenn Sie sich nun also in das Abenteuer stürzen wollen, höchstpersönlich noch einmal jene Naturgesetze zu entdecken und enträtseln, über welche sich Generationen von namhaften Wissenschaftlern die Köpfe zerbrochen haben, so finden Sie in diesem Buch eine ganze Reihe von Versuchsanleitungen. Zwar erfordern manche Experimente ein wenig Bastelei, doch die meisten lassen sich ohne große Vorbereitungen und mit den Gegenständen des täglichen Gebrauchs, die Sie größtenteils sowieso im Hause haben werden, durchführen. Ausgewählt wurden sie nach ihrem wissenschaftlichen Gehalt; einige erlauben sogar exakte Messungen.

Um seine Bedeutung zu veranschaulichen, wird jeder Versuch in seinem logischen und geschichtlichen Kontext vorgestellt und von Kuriositäten und manchen Paradoxen begleitet, wobei wir auch die Erklärung jener Naturerscheinungen, die uns tagtäglich begegnen, nicht zu kurz kommen lassen wollen.

Ich hoffe, daß der Aufbau des Buches auch jenen Lesern gerecht wird, die sich auf die reine Lektüre beschränken möchten. Am meisten wünsche ich mir allerdings, daß mancher Lehrer hier oder dort eine Anregung findet, seine Schüler – ganz gleich welcher Altersstufe – für die Welt der Naturwissenschaften zu begeistern.

ZU ANFANG EIN WENIG BEWEGUNG

> REIN LOGISCHE LEHRSÄTZE SIND IN GEGENWART DER REALITÄT NICHTIG. DA ER DIES ERKANNT, UND VOR ALLEM, DA ER DIES DER WELT DER WISSENSCHAFT EINGEHÄMMERT HAT, WURDE GALILEO ZUM VATER DER MODERNEN PHYSIK UND ALLER MODERNEN NATURWISSENSCHAFTEN.
> *(Albert Einstein)*

Bewegung und Sinnestäuschung

Jeder von uns hat schon einmal folgende Situation erlebt: Ein Gegenstand fesselt plötzlich unsere Aufmerksamkeit, und wir fragen uns im selben Augenblick, ob sich dieser bewegt oder nicht. Im täglichen Leben stößt man häufig auf derlei Phänomene: Auf nächtlichen Autofahrten beispielsweise versuchen wir festzustellen, ob die roten Lichter, die sich in der Ferne ausmachen lassen, die Rückleuchten eines fahrenden oder aber die eines am Straßenrand haltenden Autos sind. Wenn wir in einem stehenden Zug sitzen, benötigen wir mitunter einige Sekunden, um uns darüber klarzuwerden, ob es unser Zug ist, der sich gerade in Bewegung setzt, oder der neben uns. Selbst in einem Flugzeug hat man in großen Flughöhen und bei strahlendblauem Himmel gelegentlich den eigentümlichen Eindruck des Stillstandes. Meist handelt es sich hierbei um vorübergehende Erscheinungen, die dadurch hervorgerufen werden, daß dem Auge in diesem Moment keinerlei Bezugspunkte, die wir aufgrund unserer Erfahrung oder unseres Wissens als »unbewegt« einstufen, zur Verfügung stehen. Instinktiv suchen wir nach Wegmarken wie den beleuchteten Fenstern eines Hauses, den Freileitungsmasten neben dem Eisenbahnwaggon, oder wir werfen – natürlich ohne es uns eingestehen zu wollen – einen Blick aus dem Flugzeug hinab auf die Erde, um uns davon zu überzeugen, daß die Reise ungestört und zügig vorangeht. Wir benötigen also ein bestimmtes Miteinander von Objekten – ein »Bezugssystem« –, um Bewegung feststellen zu können.

Die Menschen, die vor langer Zeit begannen, den Himmel zu erforschen, mußten sich mit ganz ähnlichen Problemen auseinandersetzen. Sie beobachteten, daß die Sterne – genau wie Sonne und Mond – aufgehen, über unseren Köpfen einen weiten Bogen beschreiben und schließlich wieder untergehen. Allerdings gehen sie nicht Tag für Tag an der gleichen Stelle am Horizont auf,

Galileo Galilei

sondern vielmehr an einem Punkt, der sich täglich ein wenig verschiebt. Im Vergleich zu den Sternen bewegen sich Sonne und Mond recht schnell, doch unter den Himmelskörpern gibt es auch einige – nämlich die Planeten –, die im Verlauf von Monaten und Jahren ihre Bahnen beschreiben. Um ein wenig Ordnung in all diese Bewegungen zu bringen, erfanden die Astronomen der griechischen Antike die »Fixsternsphäre« und ordneten ihr sämtliche Sterne zu, an denen bis dahin während eines Menschenlebens keinerlei nennenswerte Bewegung (abgesehen von der Tagesrotation) festgestellt worden war: Diese Sphäre bildete also das »feste« Bezugssystem, das man benötigte, um überhaupt Bewegung im Universum ausmachen zu können. Die Idee der »absoluten Bewegung« war geboren, und die aristotelische Wissenschaft sollte sie bis über das Mittelalter hinaus in Ehren halten.

Galilei und die Relativität

Die Vorstellung, daß es ein übergeordnetes System gebe, an welchem man jede Bewegung messen könne, wird erstmalig während der Renaissance angezweifelt und vermochte schließlich Galileis genauen Untersuchungen nicht länger standzuhalten. Hören wir, wie der Physiker aus Pisa sie mit einem seiner berühmten »Gedankenexperimente« widerlegt (*Dialog über die beiden hauptsäch-*

lichen Weltsysteme, S. 197): »Schließt Euch in Gesellschaft eines Freundes in einem möglichst großen Raum unter dem Deck eines großen Schiffes ein. Verschafft Euch dort Mücken, Schmetterlinge und ähnliches fliegendes Getier; sorgt auch für ein Gefäß mit Wasser und kleinen Fischen darin; hängt ferner oben einen kleinen Eimer auf, welcher tropfenweise Wasser in ein zweites enghalsiges darunter gestelltes Gefäß abgibt. Beobachtet nun sorgfältig, *solange das Schiff stille steht,* wie die fliegenden Tierchen mit der nämlichen Geschwindigkeit nach allen Seiten des Zimmers fliegen. Man wird sehen, wie die Fische ohne irgendwelchen Unterschied nach allen Richtungen schwimmen; die fallenden Tropfen werden sich alle in dem untergestellten Gefäß sammeln. Wenn Ihr Eurem Gefährten einen Gegenstand zuwerft, so braucht Ihr nicht kräftiger nach der einen als nach der anderen Richtung zu werfen, vorausgesetzt, daß es sich um gleiche Entfernungen handelt. Wenn Ihr, wie man sagt, mit gleichen Füßen einen Sprung macht, werdet Ihr nach jeder Richtung hin gleich weit gelangen. Achtet darauf, Euch aller dieser Dinge sorgfältig zu vergewissern, wiewohl kein Zweifel obwaltet, daß bei ruhendem Schiffe alles sich so verhält. Nun laßt das Schiff mit jeder beliebigen Geschwindigkeit sich bewegen: Ihr werdet – *wenn nur die Bewegung gleichförmig ist* und nicht hier- und dorthin schwankend – bei allen genannten Erscheinungen nicht die geringste Veränderung eintreten sehen. *Aus keiner derselben werdet Ihr entnehmen können, ob das Schiff fährt oder stille steht.*«

Heute fassen wir Galileis Entdeckung in knappen Worten folgendermaßen zusammen: Es gibt kein wissenschaftliches Experiment, das imstande wäre, uns verläßlich darüber Auskunft zu geben, ob sich ein Körper im Ruhezustand befindet oder aber sich mit konstanter Geschwindigkeit bewegt. Des weiteren: Die physikalischen Gesetze sind identisch in allen Bezugssystemen, die sich geradlinig und gleichförmig zueinander bewegen. Die Schlußfolgerung aus Galileis Relativitätsprinzip liegt auf der Hand. Es gibt keine »Fixsternsphäre« oder ein anderweitiges Bezugssystem, von welchem wir sagen könnten, daß es sich in einem Ruhezustand befände. So sind unsere Sinne also durchaus im Recht, wenn sie im Zug oder im Flugzeug nicht zu unterscheiden vermögen, ob wir stillstehen oder uns gleichförmig bewegen. Wie könnte sich dies auch anders verhalten, wenn doch sämtliche physikalischen und chemischen Vorgänge, die in uns ablaufen, in diesem wie in jenem Zustand identisch sind? Daß wir überhaupt zu einer Entscheidung gelangen, verdanken wir ausschließlich Erfahrungswerten, die uns – allerdings beschränkt auf Phänomene des Alltags – erlauben, die Masten

Links: Die Leuchtschweife verdeutlichen im Bezugssystem der Erde den Umlauf der Gestirne um den Himmelspol. Für dieses Foto wurde eine Kamera auf einem Stativ befestigt und auf das Kreuz des Südens gerichtet; die Belichtungszeit betrug 90 Minuten.

ZU ANFANG EIN WENIG BEWEGUNG · 11

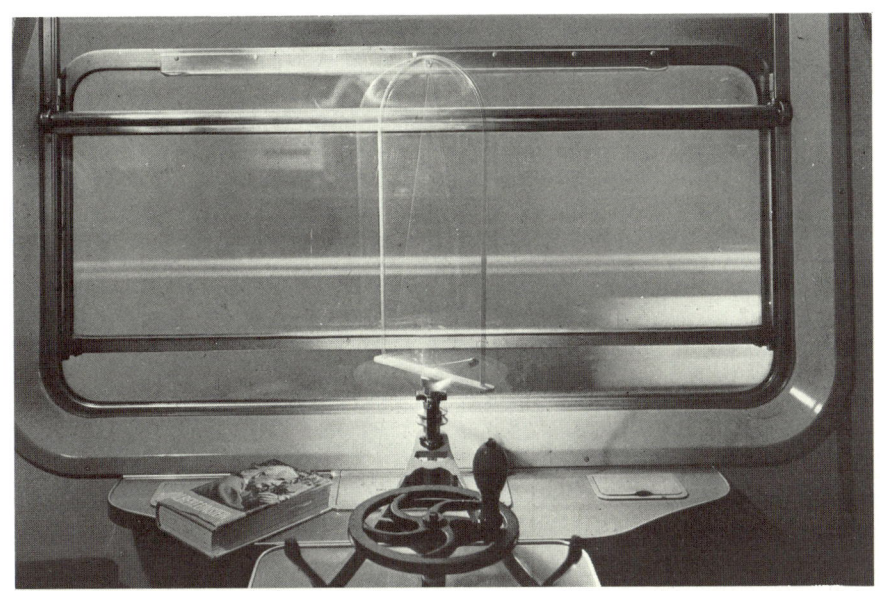

Oben: Die Bewegungen eines Pendels in einem Zug, der mit konstanter Geschwindigkeit eine gerade Strecke zurücklegt, folgen exakt den gleichen Gesetzen wie die Bewegungen eines Pendels auf ebener Erde.

Unten: Dieses einfache Beispiel verdeutlicht, wie wichtig die Wahl des Bezugssystems ist, wenn man physikalische Erscheinungen miteinander vergleichen möchte. Die Flugbahn eines Gegenstandes, der in einem fahrenden Eisenbahnwaggon fallengelassen wird, erscheint dem unmittelbaren Beobachter als senkrechte Linie, während ein unbewegt außerhalb des Waggons stehender Beobachter sie als gekrümmte Linie wahrnimmt.

am Bahnhof oder die Berge unter uns als »unbewegt« zu bezeichnen. Im kosmischen Maßstab ist dies jedoch völlig unmöglich: Die »Fixsterne«, die als kleine Punkte am Himmel leuchten, bewegen sich relativ zueinander mit einer Geschwindigkeit von vielen Kilometern in der Sekunde. Darüber hinaus sind sie Bestandteil unserer Galaxie – der Milchstraße –, die ihrerseits nichts anderes darstellt als ein bißchen Materie, die durch den Urknall vor zehn Milliarden Jahren mit einer ungeheuren Geschwindigkeit in den Weltraum gejagt worden ist. Die absolute Bewegung existiert auch aus dem Grunde nicht, weil nichts absolut Ruhendes existiert ...

Warum ist eine Reise in westlicher Richtung nicht kürzer als eine in östlicher?

Die folgende kleine Geschichte zeigt, wie leicht man mit den Bezugssystemen durcheinandergeraten kann. Ein Passagier an Bord eines Jumbo-Jets auf dem Rückflug aus den Vereinigten Staaten wollte sich partout nicht mit der Tatsache abfinden, daß die Flugzeit in beiden Richtungen die gleiche sei. Er überlegte sich folgendes: »Auf dem Hinflug von Rom nach New York bin ich entgegen der Erdumdrehung geflogen, so daß mir Amerika sozusagen entgegenkam; nun aber fliegt das Flugzeug von West nach Ost und eilt praktisch dem Ziel hinterher, so daß dieser Flug eigentlich viel länger dauern müßte.« Wenn der beunruhigte Fluggast Ihnen seine Zweifel anvertraut hätte, wäre es Ihnen gelungen, seine Vorstellungen wieder zurechtzurücken, oder hätten Sie sich womöglich anstecken lassen? Kurz und gut, überlegen Sie sich die Angelegenheit folgendermaßen: Zuallererst müssen wir uns darüber einigen, in welchem Bezugssystem wir die Bewegung des Flugzeugs betrachten wollen – also entweder im System der »Fixsterne«, innerhalb dessen wir beobachten können, daß sich die Erde wie im Vorspann mancher Fernsehnachrichten um sich selbst dreht, oder aber in dem von uns tagtäglich benutzten System der Erde mit seinen Längen- und Breitenkreisen.

Nennen wir nun die Strecke Rom – New York d und untersuchen wir die Bewegung des Flugzeugs im Bezugssystem der Erde. Natürlich muß innerhalb dieses Systems die Erde als unbewegt gedacht werden – ganz so, wie dies unsere Vorfahren für real hielten. Das Flugzeug, das mit einer Geschwindigkeit v von Rom nach New York und dann von New York nach Rom mit einer Geschwindigkeit von $-v$ (gleicher Betrag, aber entgegengesetzte Richtung) fliegt, benötigt eine Zeit von $t = d/v$ für den Hinflug und eine Zeit von $t' = -d/-v$ für den Rückflug, wobei seine Bewegung in die eine Richtung d ist und die in die andere Richtung $-d$. Offenkundig kommen wir auf ein Ergebnis

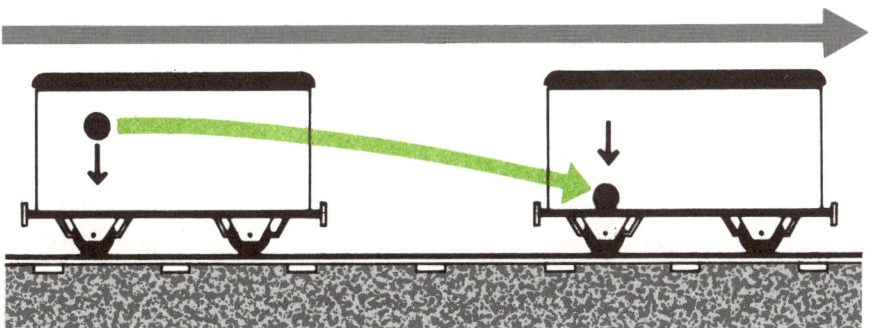

von $t = t'$, und der Passagier hat sich – zumindest innerhalb dieses Systems – geirrt.

Betrachten wir das Problem nun aus der Perspektive eines Beobachters, der sich am System der »Fixsterne« orientiert. Wenn das Flugzeug in Erwartung der Starterlaubnis auf dem Rollfeld steht, hat es bereits eine Geschwindigkeit von $-v'$, denn die Erde dreht sich mitsamt aller Dinge, die sich auf der Erdoberfläche befinden, ostwärts. Während der Reise beträgt die Geschwindigkeit gegenüber den Sternen also $v - v'$. Auch die Entfernung, die das Flugzeug überwinden muß, ist nicht mehr d, sondern, da ihm Amerika mit einer Geschwindigkeit von v' entgegenkommt, $d - (v't)$, wobei t die Flugzeit bedeutet. Die Reisezeit des Hinfluges wäre damit:

$$t = Entfernung/Geschwindigkeit = (d-v't)/(v-v')$$

Hieraus folgt: $t(v-v') + v't = d$

und somit: $t = d/v$

Auf dem Rückflug von New York nach Rom fliegt das Flugzeug für einen Betrachter aus dem Weltall mit einer Geschwindigkeit von $v + v'$, während die zu überwindende Entfernung größer wäre und $d + v't'$ entspräche, wobei t' die Dauer des Rückfluges bezeichnet. Nach der Berechnung, die wir eben angestellt haben, erhalten wir also:

$$t' = (d + v't')/(v + v') = d/v$$

Auch innerhalb dieses Bezugssystems ist $t = t'$: Der Rückflug dauert genauso lange wie der Hinflug, und die Reisezeit ist die gleiche wie jene, die wir im Bezugssystem der Erde errechnet hatten. Welcher Fehler ist dem Passagier des Jumbo-Jets unterlaufen? Er benutzte gleichzeitig das Bezugssystem der Erde, in welchem er die Geschwindigkeit des Flugzeuges ermittelte (in der Annahme, daß sie für beide Richtungen identisch sei), sowie das Bezugssystem der Sterne, in welchem er die zu überwindende Distanz maß. Er mußte also zu paradoxen Ergebnissen gelangen.

Im übrigen sind Transatlantikflüge je nach Richtung tatsächlich von unterschiedlicher Dauer, genauso wie die Flugzeuge unterschiedlich viel Kraftstoff verbrauchen, doch dies hängt mit dem sogenannten Strahlstrom (Jetstream) zusammen, den in den höheren Luftschichten vorhandenen richtungskonstanten Strömungen.

Der Physiker und der Richter

Eine andere Geschichte handelt von einem Physiker, der auf das Auto seines Vordermannes auffährt, als dieser plötzlich an einer Ampel bremst. Das Gerangel um den Schadensersatz wurde schließlich vor dem Amtsgericht ausgefochten, und der Physiker hielt unbeeindruckt an seiner Auffassung fest, daß innerhalb seines Bezugssystems eindeutig das gegnerische Auto im Rückwärtsgang auf das seinige aufgefahren sei (diesen Eindruck teilt allerdings jeder Fahrer, der ein anderes Fahrzeug rammt). Auf die entrüsteten Proteste des gegnerischen Anwalts antwortete der Physiker treuherzig, daß kein Artikel der Straßenverkehrsordnung festlege, in welchem Bezugssystem man die Verantwortlichkeiten bei einem Verkehrsunfall zu bemessen habe. Auf die Gesetzesvertreter machte dieses Argument jedoch wenig Eindruck, und der Physiker wurde für schuldig befunden.

GLEICHGEWICHTSSPIELE

Nicht nur Dinge in Bewegung können verwunderliche und manchmal amüsante Täuschungen hervorrufen. Wir wollen hier eine Reihe von Tricks und Spielen vorstellen, die unsere Vorstellungen vom Gleichgewicht auf eine harte Probe stellen. Die Ideen dazu stammen von Umberto Buontempo, der am Dipartimento di Fisica an der Universität »La Sapienza« in Rom lehrt. In den Mußestunden seiner akademischen Tätigkeit hat er ein breites Repertoire wissenschaftlicher Spiele zusammengetragen, wobei er einige verbesserte und viele hinzuerfand.

Die nach unten hin zusammenlaufenden Schienen veranlassen den Doppelkegel, um so stärker hervorzutreten, je weiter er nach unten rollt (Abb. 1).

Es ist nicht schwierig, entsprechende Neigungs- und Spreizwinkel zu finden, die bewirken, daß sich der Schwerpunkt des Körpers waagerecht bewegt. In diesem Falle befindet sich der Doppelkegel im Zustand des indifferenten Gleichgewichts (Abb. 2).

Ein Doppelkegel mit einer größeren Weite als der »kritischen« (mit der das indifferente Gleichgewicht erreicht wird) rollt dem Anschein nach die Schienen hinauf, obgleich sich sein Schwerpunkt in Wirklichkeit senkt (Abb. 3).

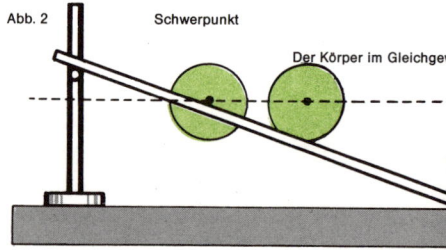

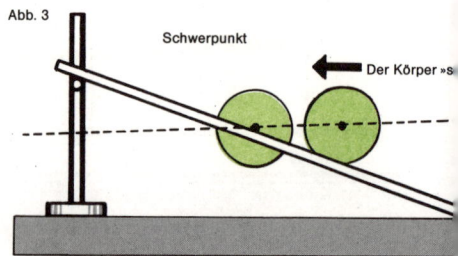

ZU ANFANG EIN WENIG BEWEGUNG · 13

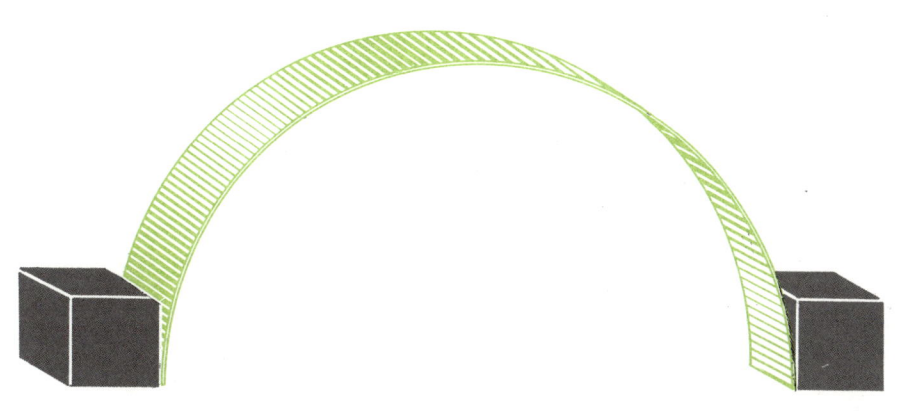

Versuchsaufbau zur Errichtung einer stabilen Brücke aus Sperrholzteilen. Dieses psychologische Experiment wurde in einem Londoner Kindergarten durchgeführt und beruht auf der Fähigkeit des Bogens, erstaunliche Gewichte tragen zu können.

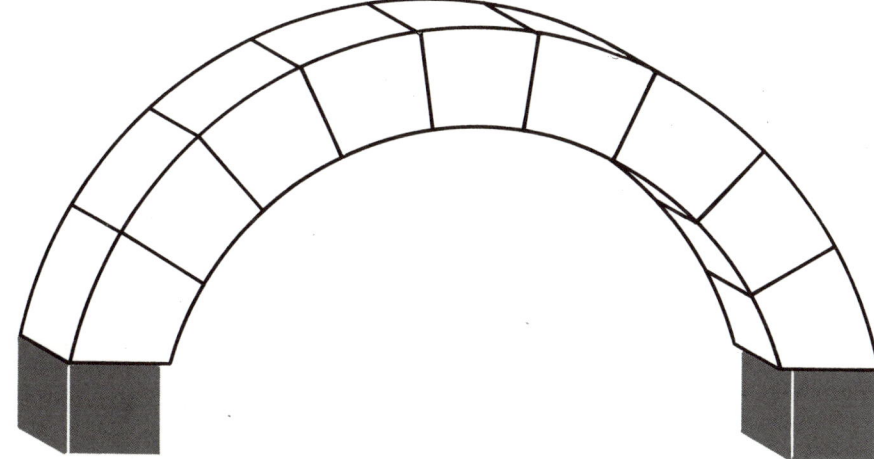

Eine Herausforderung an die Schwerkraft?

Vor uns befindet sich eine Bahn, die aus zwei schräg nach unten geneigten und leicht zusammenlaufenden Schienen besteht. Wenn man einen Zylinder aus Metall oder Plastik daraufsetzt, rollt dieser erwartungsgemäß recht schnell die Bahn hinunter. Setzt man aber einen Doppelkegel (siehe Abbildung) darauf, wird sich dieser hartnäckig weigern, zügig hinunterzurollen, obgleich seine Oberfläche genauso glatt und er aus demselben Material ist wie der Zylinder. Probiert man, ihn ein wenig anzustoßen, stellt man fest, daß sich der Körper im Zustand des indifferenten Gleichgewichts befindet, wie dies bei dem Zylinder auf einer horizontal ausgerichteten Schiene der Fall wäre. Doch damit nicht genug der Überraschungen. Es werden nun zwei weitere Doppelkegel, die sich von dem anderen in nichts unterscheiden, auf die Schienen gesetzt. Der erste rollt tiefer nach unten als erwartet, und der ein wenig fassungslose Zuschauer macht sich bereits mit dem Gedanken vertraut, daß der zweite womöglich in die entgegengesetzte Richtung nach oben rollt – was dann tatsächlich auch eintrifft.

Selbstverständlich sind hier keinerlei übernatürliche Kräfte im Spiel, und man begreift dies auch sofort, wenn man die Verlagerung des Schwerpunktes bei einem derartigen Doppelkegel in Betracht zieht. Dieser strebt tatsächlich in allen drei Fällen nach unten oder bleibt bestenfalls auf gleicher Höhe, selbst wenn sich der Körper nach oben zu bewegen scheint. Schauen wir einmal, wie der Körper im Gleichgewicht gehalten wird. Die in einem beliebigen Winkel geneigten Schienen laufen nach oben hin auseinander, so daß sich der Schwerpunkt des Körpers auf der Schiene hebt, je weiter dieser nach unten rollt. Wenn man den Winkel der Schienen ein wenig vergrößert oder verkleinert, findet man schließlich eine Position, in der sich der Schwerpunkt des Körpers – bezogen auf die Horizontale – weder nach unten noch nach oben verlagern kann. Der Körper befindet sich trotz der abwärts geneigten Schienen im Zustand des indifferenten Gleichgewichts. Auf einer Drehbank kann man sich nun einen Körper herstellen, der eine geringfügig größere Weite aufweist als der im Gleichgewicht befindliche. Setzt man diesen Körper auf die Schienen, wird er die schiefe Ebene scheinbar hinaufrollen (obgleich sich sein Schwerpunkt in Wirklichkeit nach unten verlagert). Ein Körper mit geringfügig kleinerer Weite wird dagegen tiefer hinunterrollen, als der Zuschauer erwartet hatte. Mit einer entsprechenden Farbgebung kann man den drei Körpern ein völlig identisches Aussehen verleihen. Und wenn man eine Kugel die Schienen entlangrollen ließe? Was würden Sie erwarten?

Der Schlußstein

Von alters her wissen die Architekten, daß ein Bogen aus ineinander verkeilten Elementen großen Belastungen standzuhalten vermag; daß diese Entdeckung jedoch in beträchtlicher

Links: Ein antiker Steinbogen. Die einzelnen Steine, aus denen der Bogen zusammengesetzt ist, verhalten sich wie Keile: Durch das Gewicht, das sie tragen müssen, werden sie fest gegeneinandergepreßt, so daß sie sich gegenseitig halten und der Druck des Gewichtes über die Säulen, auf denen der Bogen ruht, abgeleitet wird.

runden Kugel, auf deren Oberfläche die üblichen »Augen« aufgemalt sind, zu würfeln? Ich habe geantwortet, daß ich mir nicht vorstellen könne, wie die Kugel – vorausgesetzt, daß sie einen Schwerpunkt hat – aus dem Rollen heraus ausgerechnet bei einer bestimmten Augenzahl und nicht auf einem beliebigen Punkt zu liegen kommen sollte. Selbstverständlich irrte ich mich. Sobald sich die Kugel verlangsamte, geriet sie ein wenig ins Trudeln und kam schließlich so zum Stillstand, daß ich oben unmißverständlich eine Zahl zwischen eins und sechs ablesen konnte. Wenn man sie schüttelte, hörte man nichts Verdächtiges, und mir gelang es nicht, den Trick zu durchschauen; man mußte ihn mir erklären. Im Inneren der Kugel befand sich eine Art hohler, sechszackiger Stern, der seinerseits eine kleine Stahlkugel enthielt. Beim Ausrollen geriet die Stahlkugel in einen der sechs Zacken und bewirkte, daß der »Würfel« mit der entsprechenden Stelle aufliegt. Listi-

Unten: Das Geheimnis des »runden Würfels«. Das kleine Gewicht bewegt sich innerhalb des ölgefüllten Sterns und fällt schließlich in einen der sechs Zacken, wodurch die Kugel in einer der sechs vorgesehenen Stellungen zum Stillstand kommen muß.

Weise die gängigen Vorstellungen in Frage gestellt haben dürfte, zeigt das folgende psychologische Experiment. In einem Londoner Kindergarten ließ man die Kinder aus leichten Sperrholzwürfeln eine kleine Brücke bauen. Die Elemente hatten leicht konvergierende Seitenflächen und wurden auf einen bogenförmig gekrümmten Metallstreifen aufgelegt, der seinerseits zwischen zwei am Boden befestigten Grundsteinen eingespannt war. Nachdem man den Streifen entfernt hatte, forderte man die Kinder auf, über die Brücke zu klettern. Niemand traute sich; das bedenkliche Bauwerk schien viel zu zerbrechlich. Unter den besorgten Rufen der Kinder, die einen katastrophalen Zusammenbruch erwarteten, überwand nun ein Erwachsener die Brücke. Während die Kinder bloß erstaunt zusahen, gelangte der Beherzte unversehrt auf die andere Seite. Kurz darauf stürmten die Kinder auf die kleine Brücke.

Der runde Würfel
Was würden Sie sagen, wenn man Ihnen vorschlüge, mit einer völlig

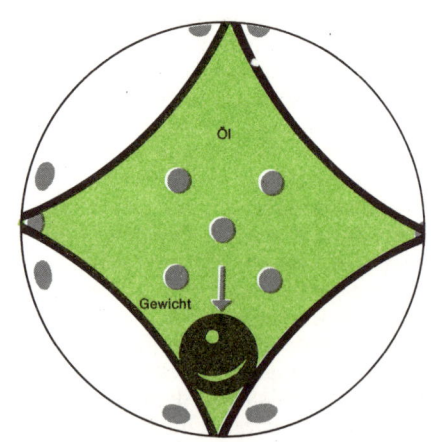

ZU ANFANG EIN WENIG BEWEGUNG · 15

Anordnung der Messer beim Vier-Gläser-Spiel.

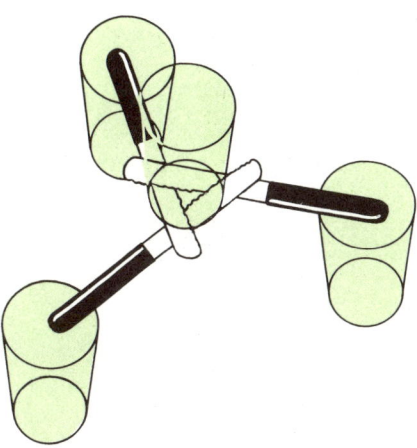

gerweise war der Stern mit Öl gefüllt: Das Gewicht blieb beim Schütteln unbemerkt.

Ein Spiel mit vier Gläsern

Nehmen Sie drei Messer und vier Gläser zur Hand, und füllen Sie ein Glas je nach Geschmack und Vorliebe mit Wein oder Wasser. Können Sie aus diesen Gegenständen eine Pyramide bauen, bei der das gefüllte Glas die Spitze bildet, die Gläser einander nicht berühren und die unteren drei Gläser weiter als eine Messerlänge voneinander entfernt sind?

Der Bücherstapel

Zum Abschluß eine klassische Statikübung. Auf welche Weise stapelt man Bücher übereinander, deren oberstes so weit wie möglich über die Tischkante herausragt? Wenn alle Bücher gleich sind: Wie viele benötigt man, damit das oberste vollständig herausragt? Versuchen Sie einmal, die in Jearl Walkers hübschem Buch *Der fliegende Zirkus der Physik* nachzulesende Regel in die Praxis umzusetzen: »Der Massenmittelpunkt aller Bücher über einem beliebigen Buch muß auf einer Senkrechten liegen, die dieses Buch schneidet. (...) Bei einem Überhang von der Länge eines Buches brauchen Sie mindestens fünf Bücher. Bei einem Überhang von drei Büchern benötigen Sie 227 Bücher, und bei einem Überhang von zehn Büchern $1{,}5 \cdot 10^{44}$ Bücher!«

VOM BEZUGSSYSTEM DER ERDE ZUM BEZUGSSYSTEM DER SONNE

Wie wir wissen, stützte sich die Himmelsmechanik – also die Wissenschaft von der Bewegung der Gestirne – bis weit in das 16. Jahrhundert hinein auf das komplizierte ptolemäische System. Dieses ging von der Annahme aus, daß die Erde unbeweglich im Mittelpunkt des Universums stünde; um die scheinbare Bewegung der Sonne, des Mondes und der fünf damals bekannten Planeten (Merkur, Venus, Mars, Jupiter und Saturn) zu erklären, nahm diese Theorie umständliche Überlagerungen der Kreisbewegungen an. Immerhin ermöglichte das verworrene Berechnungssystem eine hinlänglich zuverlässige Voraussicht zahlreicher Himmelserscheinungen, wie zum Beispiel die Eklipsen und die Konjunktionen der Planeten.

Im letzten Viertel jenes Jahrhunderts sammelte der dänische Astronom Tycho Brahe, der die mit bloßem Auge möglichen Beobachtungsverfahren entscheidend verbessert hatte, neue Meßwerte, die sich nicht mit dem ptolemäischen System in Einklang bringen ließen und anhand derer die Vorzüge der Kopernikanischen Theorie demonstriert werden konnten. Der Pole Nikolaus Kopernikus hatte die Sonne in den Mittelpunkt des Universums gestellt: Um die Sonne kreisen nicht nur die Planeten, sondern auch die Erde, die sich gleichzeitig um sich selbst drehte. Kopernikus hatte nicht den Mut, die Vorstellung von der Kreisbewegung der Himmelskörper aufzugeben, denn sie galt noch immer als ein Symbol der Harmonie und als Zeichen göttlicher Vollkommenheit; so geriet sein System nicht weniger kompliziert als das ptolemäische. Wenig später jedoch löste Brahes deutscher Schüler Johannes Kepler das Problem, indem er die elliptische Planetenbewegung einführte und jenes Bild des Sonnensystems schuf, das noch heute in den Schulen gelehrt wird. Die »Kopernikanische

16 · ZU ANFANG EIN WENIG BEWEGUNG

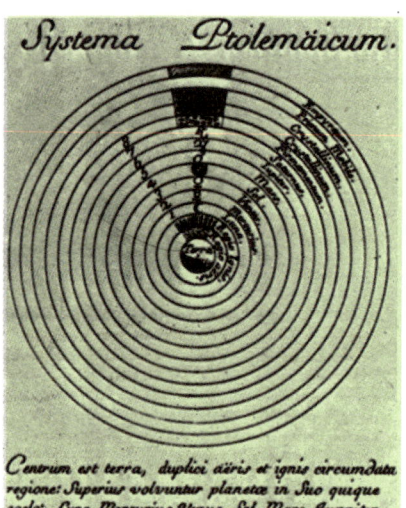

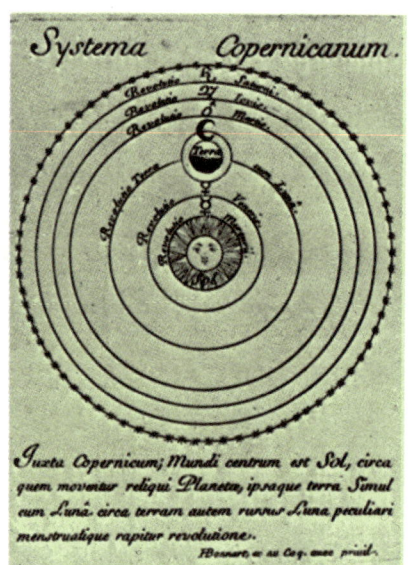

Wende« darf mit Sicherheit als die berühmteste Ablösung eines Bezugssystems in der Geschichte gelten: Die Gelehrten und Gebildeten des 17. Jahrhunderts begaben sich vom Bezugssystem der Erde in das der Sonne. Unzufrieden geworden mit dem, was sie mit bloßen Augen zu sehen gewohnt waren, begannen die Astronomen angestrengt darüber nachzudenken, wie wohl ein auf der Sonne befindlicher Beobachter das Universum wahrnähme. Bis dahin nämlich hatte man versucht, die Welt zu erklären, als säße man – natürlich ohne es zu wissen – in einem Karussell. Wenn Sie das nächste Mal einen Rummel oder Freizeitpark besuchen, sollten Sie die Probe machen: Beobachten Sie während der Fahrt vor einem unbewegten Hintergrund eine geradlinige Bewegung wie etwa die eines Passanten oder eines Radfahrers, und versuchen Sie, sich darauf zu konzentrieren, was Sie tatsächlich *sehen*, und Ihr gesamtes Wissen für einen Augenblick über Bord zu werfen. Die Bewegung wird Ihnen hochkompliziert erscheinen: Sie bemerken Pausen, Verlangsamungen und sogar rückläufige Bewegungen. Ganz zu schweigen von den Eindrücken, die das Kind im Karussell neben Ihnen hervorruft! Sobald Sie wieder festen Boden unter den Füßen haben, verhält sich alles völlig normal: Der Pas-

Oben: Antike Darstellungen des geozentrischen Systems von Ptolemäus (links) und des heliozentrischen Systems von Kopernikus (rechts).

Unten: Die ersten von Galilei konstruierten Fernrohre.

Auf der nebenstehenden Seite: Der »Sonnenstein« oder auch »Kalenderstein« der Azteken, die vielleicht berühmteste Skulptur der präkolumbischen Kunst. Der riesige Basaltmonolith befindet sich heute im Museo Nacional de Antropología in Mexico-City. Die auf dem Stein dargestellte Weltgeschichte ist entsprechend der kosmogonischen Vorstellungen der Azteken in fünf verschiedene Epochen untergliedert. Im Mittelpunkt erkennt man den Sonnengott Tonatiuh. Die Bilder des inneren Kreises versinnbildlichen die vorangegangenen kosmischen Epochen des Jaguars, der Sturmwinde, des Feuers und des Wassers. Die Schriftzeichen des äußeren Kreises bedeuten die Tage des Monats, die Sonnenwenden, Tagundnachtgleichen und Zeitalter sowie die Himmelsrichtungen (zwischen Sonnenstrahlen und Blumen). Der untere Teil zeigt die Gottheiten des Tages und der Nacht, die sich in einem immerwährenden Kampf gegeneinander befinden.

Wie die Azteken erkannten auch andere Völker die Notwendigkeit, eine Zeiteinteilung vorzunehmen, um die Erinnerung an die Geschehnisse bewahren zu können, und es stellte sich seit jeher das Problem, die kleineren und größeren Einheiten jener Zeitrechnung festzulegen. Generell können wir jedoch die Messung der Zeit als eine der ersten, auch nach heutigem Verständnis wissenschaftlichen Unternehmungen des Menschen bezeichnen. Die Zeit ist neben Länge, Masse und einer beliebigen elektromagnetischen Größe eine der vier Grundgrößen, aus denen sich jedwede meßbare physikalische Quantität ableiten läßt. Um allerdings eine Länge oder eine Masse zu bestimmen, hat man sich stets des unmittelbaren Vergleichs mit einem allseits als gültig anerkannten Muster bedient (so wie heute in vielen Ländern der Meter und das Kilogramm gelten); wenn wir ein Lineal oder eine Waage benutzen, tun wir nichts anderes. Im Falle der Zeit wurden die Dinge dadurch erschwert, daß man offenkundig kein Muster davon aufbewahren konnte; dieses Problem setzte einen langwierigen Forschungsprozeß in Gang. Es mußten periodisch wiederkehrende Phänomene gefunden werden, die man in der Bewegung der Himmelskörper ausmachen konnte (wie etwa die scheinbare Bewegung der Sonne um die Erde). Diese Perioden (den Sonnentag beispielsweise) nahm man als zeitliche Musterabschnitte. Allerdings mußte man sich davon überzeugen, daß sie keinerlei Schwankungen unterlagen; deshalb konstruierte man Instrumente, mit denen sich diese Annahme experimentell bestätigen ließ. Kaum waren diese Instrumente einigermaßen präzise geworden, stellte man Unregelmäßigkeiten und Abweichungen fest: Man korrigierte das ursprüngliche Muster und bildete Mittelwerte. Der mittlere Sonnentag war geboren; die momentan international gültige Zeiteinheit, die Sekunde, ist der 86.400ste Teil des mittleren Sonnentages.

Auf der nebenstehenden Seite: Dieses Bild erscheint auf dem Monitor des Computers, wenn man das auf Seite 20 wiedergegebene Programm eingibt. Die Umlaufbahnen der berücksichtigten Planeten (also der ersten fünf des Sonnensystems) entsprechen den realen Bahnen. Auf Seite 21 hingegen verdeutlichen zwei Beispiele, was geschieht, wenn man die Anfangsgeschwindigkeiten der Planeten verändert.

Das Verfahren der Computersimulation, das wir in diesem kleinen Versuch vorstellen, hat sich innerhalb der letzten beiden Jahrzehnte auf allen Gebieten der Wissenschaft und Technik durchgesetzt. Wenn man genaue Kenntnisse über ein Phänomen erlangen möchte, das zwar zum Glück so gut wie nie in Wirklichkeit vorkommt (wie eine kosmische Katastrophe), dessen mathematische Gesetze jedoch bekannt sind, so vermag der Computer genaueste Auskünfte zu erteilen. Selbst das Verhalten von Maschinen und Materialien unter extremen Belastungen oder auch das eines komplizierten physikalischen Systems wie etwa ein Konglomerat von Tausenden von Molekülen wird heutzutage mit Hilfe solcher Verfahren, die sich im Grenzbereich zwischen theoretischer und experimenteller Wissenschaft einordnen lassen, untersucht.

sant geht geradeaus seines Weges, das Kind im Karussell dreht mit gleichbleibender Geschwindigkeit seine Runden. Zugegeben, jahrhundertelang hatte sich die Menschheit den Kopf zerbrochen und immer abstrusere geometrische Konstruktionen entworfen, mit denen das Universum – wie es sich von ihrer Gondel auf dem Planetenkarussel aus gesehen darstellte – erklärt werden sollte. Kopernikus' Schüler, Giordano Bruno, den man dafür lebendig verbrannte, Galilei, der in Arcetri unter Arrest gestellt wurde, und viele andere verständige Leute hatten es nicht leicht, ihre Mitmenschen davon zu überzeugen, daß man in Gedanken vom Karussell abspringen müsse.

SIMULATION DES SONNENSYSTEMS AUF DEM COMPUTER

Das erste der drei berühmten Gesetze, in denen Kepler seine Erkenntnisse über das Sonnensystem zusammenfaßte, besagt, daß sich die Planeten auf elliptischen Bahnen bewegen, in deren einem Brennpunkt die Sonne steht. Weiter unten werden wir sehen, wie man mit Hilfe eines Rechners eine getreue Darstellung des Sonnensystems erhalten kann, doch zuvor wollen wir uns das altbewährte manuelle Verfahren ins Gedächtnis zurückrufen. Um eine Ellipse auf ein Blatt Papier zu zeichnen, legen Sie es auf ein Stück Pappe oder Sperrholz und schlagen zwei kleine Nägel in einem Abstand d ein (Abbildung rechts). Verknoten Sie die beiden Enden eines Fadens, der drei- bis viermal so lang ist wie d, miteinander, und legen Sie ihn um die beiden Nägel. Fahren Sie nun mit einem Bleistift über das Papier, indem Sie den Faden von innen heraus straff gespannt halten, so daß sich ein Dreieck bildet. Die geschlossene Figur, die Sie erhalten werden, ist eine Ellipse, und die Löcher der beiden Nägel bilden deren Brennpunkte. Dieses Verfahren beruht

Eine totale Sonnenfinsternis, dargestellt in einer Mehrfachbelichtung. Obwohl man sich damals auf falsche Theorien stützte, gelang es bereits unseren Vorfahren, mit einiger Sicherheit Verfinsterungen und andere Himmelserscheinungen vorauszusagen.

Wie man eine Ellipse zeichnet: Die durch die beiden Nägel entstandenen Löcher bilden die Brennpunkte der Ellipse. Ihre Entfernung voneinander ist gleich der Länge des Fadens abzüglich der Länge des Segments AB, d. h. der Hauptachse.

ZU ANFANG EIN WENIG BEWEGUNG

PLANETEN	a (cm)	d (mm)
Merkur	3,9	16
Venus	7,2	0
Erde	10,0	4
Mars	15,2	28
Jupiter	52,0	50
Saturn	95,5	104
Uranus	192,2	180
Neptun	301,1	50
Pluto	394,4	1964

bekanntlich darauf, daß an allen Punkten der Ellipse die Summe a der Abstände zu den Brennpunkten konstant ist. Weiterhin ist diese Summe gleich der Länge der Hauptachse, also $l - d$, wobei l die Länge des Fadens ist. Die Wahl der Werte für d und a bestimmt die Form oder auch die Exzentrizität der Ellipse. Je mehr das Verhältnis d/a gegen 1 geht, desto exzentrischer (d. h. flacher) verläuft die Kurve. Wenn im entgegengesetzten Extremfall $d = 0$ ist, verwandelt sich die Ellipse in einen gewöhnlichen Kreis mit dem Radius a. Abgesehen von wenigen Ausnahmen (Merkur und Pluto) sind die Umlaufbahnen der Planeten nahezu kreisförmig. Wir können uns dies verdeutlichen, indem wir eine maßstabgetreue Zeichnung des Sonnensystems anfertigen: Einem Nagel (der Sonne) wird ein fester Ort zugewiesen, während der Abstand zu den anderen Nägeln sowie die Länge des Fadens nach der oben angegebenen Tabelle verändert wird (ich habe für die Erde $a = 10$ cm gewählt und die Tatsache, daß die Bahnen nicht genau in einer Ebene liegen, unberücksichtigt gelassen).

Um die Umlaufbahnen sämtlicher Planeten einzuzeichnen, müßte man ein Stück Papier von der Größe eines Zimmers verwenden, während - mit Ausnahme von Pluto - die Entfernung zwischen den beiden Brennpunkten auf einige Zentimeter begrenzt bliebe.

Wer allerdings im Besitz eines Computers ist, muß nicht unbedingt auf Nägel und Faden zurückgreifen, um die Planetenbahnen darzustellen. Außerdem kann man interessante Beobachtungen machen, wenn man das Verhalten der Planeten am Computer simuliert.

Die untenstehende Tabelle gibt ein Programm in BASIC wieder, das, ausgehend von den Grundlagen der Mechanik sowie den Keplerschen Gesetzen, in einzelnen Rechenschritten die Umlaufbahnen der Planeten auf den Monitor bringt. Das Programm ist für das Betriebssystem MS-DOS (IBM-PC, Olivetti M 24 und kompatible, Ausnahme: Herkules-Graphik) geschrieben, doch Sie können es auch problemlos auf einem anderen Rechner fahren, wenn Sie die Graphik-Befehle entsprechend ändern.

Zunächst wird für jeden der fünf Planeten die Entfernung von der Sonne (ANFANGSWERT VON Y) sowie die mittlere Geschwindigkeit (ANFANGSWERT VON VX) eingegeben. Diese Werte werden in den jeweiligen astronomischen Einheiten (AE) ausgedrückt, also in Vielfachen der mittleren Entfernung zwischen Sonne und Erde bzw. in Vielfachen der Durchschnittsgeschwindigkeit der

Die Abbildungen auf der nebenstehenden Seite zeigen zwei sehr interessante Computersimulationen dessen, was geschieht, wenn das empfindliche Gleichgewicht des Sonnensystems gestört würde. Oben: Die durch eine geringfügige Abänderung der Anfangsgeschwindigkeit erzielte Deformierung der Planetenumlaufbahnen (man stelle sich einmal vor, was für schwerwiegende Folgen aus einem solchen »Unfall« für unsere Erde entstehen würden).

Unten: Simulation einer kosmischen Katastrophe. Die nach außen »fliehenden« Umlaufbahnen schicken die Planeten auf Nimmerwiedersehen in den Raum.

```
*PROGRAMM "SONNENSYSTEM"*(SYSTEM.BAS)


10 REM "SONNENSYSTEM"
20 P=3.14159266#
30 C=1/(2*P)^2
40 CLS
60 INPUT"MERKUR: ANFANGSWERT VON Y, ANFANGSWERT VON VX";Y0(1),VX0(1)
80 INPUT"VENUS: ANFANGSWERT VON Y, ANFANGSWERT VON VX";Y0(2),VX0(2)
100 INPUT"ERDE: ANFANGSWERT VON Y, ANFANGSWERT VON VX";Y0(3),VX0(3)
120 INPUT"MARS: ANFANGSWERT VON Y, ANFANGSWERT VON VX";Y0(4),VX0(4)
140 INPUT"JUPITER: ANFANGSWERT VON Y, ANFANGSWERT VON VX";Y0(5),VX0(5)
180 DT=.01
190 CLS
200 SCREEN 2
210 KEY OFF
220 X0=320:Y0=100
230 PSET(X0,Y0)
240 CIRCLE(X0,Y0),2
300 FOR I=1 TO 5
320 X(I)=0:VY(I)=0
340 Y(I)=Y0(I):VX(I)=VX0(I)
380 T=0
400 X(I)=X(I)+VX(I)*DT/2
410 Y(I)=Y(I)+VY(I)*DT/2
420 R=SQR(X(I)^2+Y(I)^2)
430 D=C*R^3
440 FX(I)=-X(I)/D
450 FY(I)=-Y(I)/D
460 VX(I)=VX(I)+FX(I)*DT
470 VY(I)=VY(I)+FY(I)*DT
480 X(I)=X(I)+VX(I)*DT/2
490 Y(I)=Y(I)+VY(I)*DT/2
500 PSET(X0+X(I)*56,Y0+Y(I)*18)
510 T=T+DT
520 IF T<Y0(I)^(3/2) THEN GOTO 400
530 NEXT I
550 END
```

Erde, die 2 π AE/Jahr entspricht (π = 3,1415).[1]

Dies dient zur Vereinfachung des Programms; wenn Sie beispielsweise das »echte« Sonnensystem nachbilden wollten, müßten Sie als Antwort auf die auf dem Monitor erscheinenden Fragen folgende Daten eingeben:
»MERKUR: ANFANGSWERT VON Y, ANFANGSWERT VON VX?«
0.39, 10
»VENUS: ANFANGSWERT VON Y, ANFANGSWERT VON VX?«
0.72, 7.41
»ERDE: ANFANGSWERT VON Y, ANFANGSWERT VON VX?«
1, 6.28
»MARS: ANFANGSWERT VON Y, ANFANGSWERT VON VX?«
1.52, 5.08
»JUPITER: ANFANGSWERT VON Y, ANFANGSWERT VON VX?«
5.2, 2.74

Die Abbildung auf Seite 18 zeigt das uns hinlänglich vertraute Keplersche Sonnensystem, wie es auf dem Bildschirm des Rechners erscheint. Um jedoch eine Vorstellung von der Empfindlichkeit der Mechanismen, die es zusammenhalten, zu gewinnen, sollte man die Anfangsgeschwindigkeiten der Planeten ein wenig variieren: Sie werden sofort feststellen, daß sich die Umlaufbahnen grundlegend verändern. Wenn Sie nun Werte eingeben, die von den natürlichen noch weiter entfernt sind, können Sie Planeten beobachten, die sich spiralförmig um die Sonne bewegen[2] oder sich in der Weite des Raumes verlieren. Denn wenn Sie auf diese Weise die Planeten ihrer himmlischen Ruhe berauben, sehen Sie vor sich nichts anderes als eine kosmische Katastrophe. Um längere Flugbahnen auf den Monitor zu bringen, empfiehlt es sich, die Zeile 520 durch folgende zu ersetzen:

520 IF T < 3*YO(I) ^ (3/2) THEN GOTO 400

---

[1] Die benutzten Gleichungen sind mit Hilfe des 3. Keplerschen Gesetzes skaliert.

[2] Spiralen darf es nach dem Gravitationsgesetz eigentlich nicht geben. Sie entstehen durch Rundungsfehler im Computer.

Einsteins Uhren

Albert Einstein

Von zwei Ideen Galileis rettet Einstein eine
Seinem Assistenten und Biographen Leopold Infeld hatte Einstein einmal gestanden, daß er in jungen Jahren sich vorzustellen versucht hatte, was der Mensch sähe, wenn er mit einem Lichtstrahl mitfliegen könnte. Der große Wissenschaftler fand die Lösung mit sechsundzwanzig Jahren, als er 1905 in den *Annalen der Physik* seinen Artikel »Zur Elektrodynamik bewegter Körper« veröffentlichte, dessen Schlußfolgerung besagte, daß kein materieller Körper sich mit Lichtgeschwindigkeit bewegen könne. Doch dies war nicht einmal das interessanteste Ergebnis dieser Arbeit, aus der jene unter dem Namen »spezielle Relativitätstheorie« berühmt gewordene Vorstellung entwickelt werden konnte.
Einstein untersuchte genauestens, zu welchen Ergebnissen man gelangt, wenn man eine Bewegung innerhalb zweier unterschiedlicher Bezugssysteme beobachtet. Wie wir wissen, hatte sich bereits Galilei mit diesem Problem auseinandergesetzt und war dabei zu zwei wichtigen Ergebnissen gelangt. Allem voran das »Relativitätsprinzip«, das er mit seinem Gedankenexperiment des »großen Schiffes« auf brillante Weise vorgeführt hatte: Für alle Bezugssysteme, die sich gleichförmig zueinander bewegen, gelten dieselben physikalischen Gesetze. Die zweite Entdeckung betrifft das Prinzip der Addition von Geschwindigkeiten, das man folgendermaßen umreißen kann: Wenn ich mit einer Geschwindigkeit von 5 km/h über ein Fließband, das sich seinerseits mit einer Geschwindigkeit von 7 km/h bewegt, auf eine Mauer zulaufe, so beträgt meine Geschwindigkeit gegen das Bezugssystem der Mauer 12 km/h. Einstein akzeptierte zwar das Relativitätsprinzip, doch er fragte sich, ob die Regel der Addition der Geschwindigkeiten auch auf einem idealen Fließband gelte, das sich mit Lichtgeschwindigkeit bewegen würde.
Lichtwellen oder auch andere elektromagnetische Wellen breiten sich im Vakuum mit sehr großer Geschwindigkeit aus; seit dem letzten Jahrhundert sind wir in der Lage, diese Geschwindigkeit relativ genau zu bestimmen. Nach neuesten Berechnungen beträgt der Wert der Lichtgeschwindigkeit $c = 299.792,5$ km/sek. Im Jahre 1887 verglichen die beiden amerikanischen Wissenschaftler Michelson und Morley in einem ausgeklügelten Versuch die Geschwindigkeit eines sich parallel zur Umlaufbewegung der Erde um die Sonne ausbreitenden Lichtstrahls mit der eines weiteren senkrecht zum ersten verlaufenden Strahls. Sollte Galileis Prinzip der Addition der Geschwindigkeiten auch für das Licht gelten, müßte die Geschwindigkeit der beiden Strahlen um einen der Bahngeschwindigkeit der Erde (ca. 30 km/sek) entsprechenden Wert differieren. Die sehr empfindlich ausgelegten Messungen ergaben jedoch zwei identische Werte.
Die Geschwindigkeit des Lichts ist in allen gleichförmig bewegten Bezugssystemen gleich und unabhängig von der Geschwindigkeit der Lichtquelle. Einstein nahm an, daß Galileis Prinzip lediglich in einem Spezialfall Geltung besäße - nämlich nur dann, wenn es sich bei den Geschwindigkeiten um weitaus kleinere Werte als dem der Lichtgeschwindigkeit handelt -, und setzte dabei gleichzeitig entsprechend seiner Theorie das Relativitätsprinzip voraus.
Obgleich das Ergebnis des Versuches von Michelson und Morley seit Jahren und das Relativitätsprinzip Galileis seit langer Zeit bekannt waren, hatte vor Einstein nie jemand daran gedacht, die beiden Ansätze einander gegenüberzustellen und sich mit den umwälzenden Konsequenzen eines solchen Vergleichs auseinanderzusetzen, wie zum Beispiel mit der Tatsache, daß die Länge oder die Masse eines Körpers innerhalb zweier mit hoher und gleichförmiger Geschwindigkeit bewegter Bezugssysteme nicht gleich groß sind, bzw. mit der noch verwirrenderen Vorstellung, daß nicht einmal die Zeit stets gleich schnell verstreicht.
Das Theorem einer absoluten Zeit hatte seit mehr als zwei Jahrhunderten den Grundstein der Newtonschen Mechanik gebildet, und genauso wie Galilei 300 Jahre zuvor mit den Axiomen der aristotelischen Physik verfahren war, hob der junge Einstein diese Vorstellung mit Hilfe seiner Gedankenexperimente aus den Angeln. Hier nun die berühmte Überlegung über Züge und Uhren in einer Version nach George Gamow.

Schweizer Uhren und relativistische Züge
Wir alle haben eine Vorstellung davon, was der Ausdruck »gleichzeitige Ereignisse« bedeutet, doch vielleicht haben wir uns nie damit aufgehalten, ihn einmal gründlich zu überdenken. Nehmen wir an, wir wollten unsere hochgradig präzise Uhr (eine Atomuhr oder sogar eine bessere, aber leider noch nicht erfundene Uhr) mit der eines Bekannten, der sich gerade in einer anderen Stadt aufhält, synchronisieren. Wir könnten uns hierzu des Telefons bedienen, doch da das Signal unseres Bekannten in einem Koaxialkabel zwar mit sehr hoher (200 000 km/sek), aber nicht mit unendlicher Geschwindigkeit weitergeleitet wird, empfangen wir es immer mit einer gewissen Verzögerung. Folglich kön-

nen wir auch nicht sagen, daß zwei Ereignisse, die unseren Uhren zufolge in beiden Städten zur gleichen Zeit passieren, auch wirklich gleichzeitig ablaufen. Statt dessen könnte man sich jedoch in einer genau festgelegten Entfernung von einem Fernsehsender aufstellen (Abbildung unten) und die Uhren in beiden Städten nach dem Fernsehzeitzeichen, dessen Geschwindigkeit rund 300 000 km/sek beträgt, einstellen. In diesem Falle wäre die Verzögerung des Signals für beide Uhren gleich, und man erhielte zwei recht genau synchronisierte Uhren, mit denen sich feststellen ließe, ob Ereignisse, die an weit voneinander entfernten Orten stattfinden, tatsächlich gleichzeitig geschehen.

Hiervon ausgehend stellte sich Einstein die Frage, wie sich zwei Uhren synchronisieren ließen, die sich mit so hoher Geschwindigkeit zueinander bewegten, daß die relative Geschwindigkeit der beiden Bezugssysteme der Lichtgeschwindigkeit nahekäme. Stel-

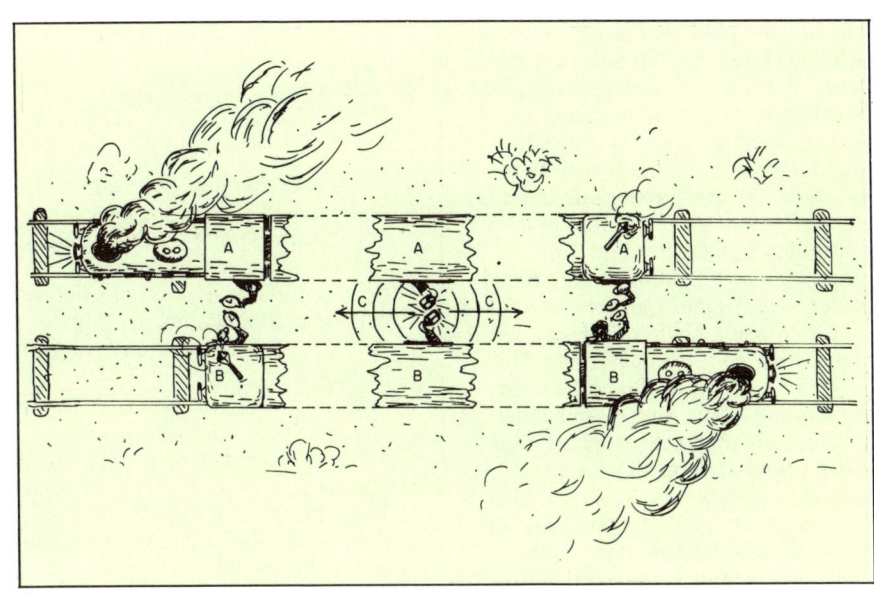

Oben: Synchronisation der Uhren auf zwei Zügen, die nahezu mit Lichtgeschwindigkeit aneinander vorbeifahren. Die Zeichnung stammt von Georg Gamow und ist seinem Buch Biographie der Physik *entnommen.*

Unten: Da sich Licht mit einer endlichen Geschwindigkeit ausbreitet, kann man sich zur Synchronisierung zweier weit voneinander entfernt befindlicher Uhren in einer genau festgelegten Entfernung vor einen Fernsehsender, der ein Zeitzeichen sendet, aufstellen.

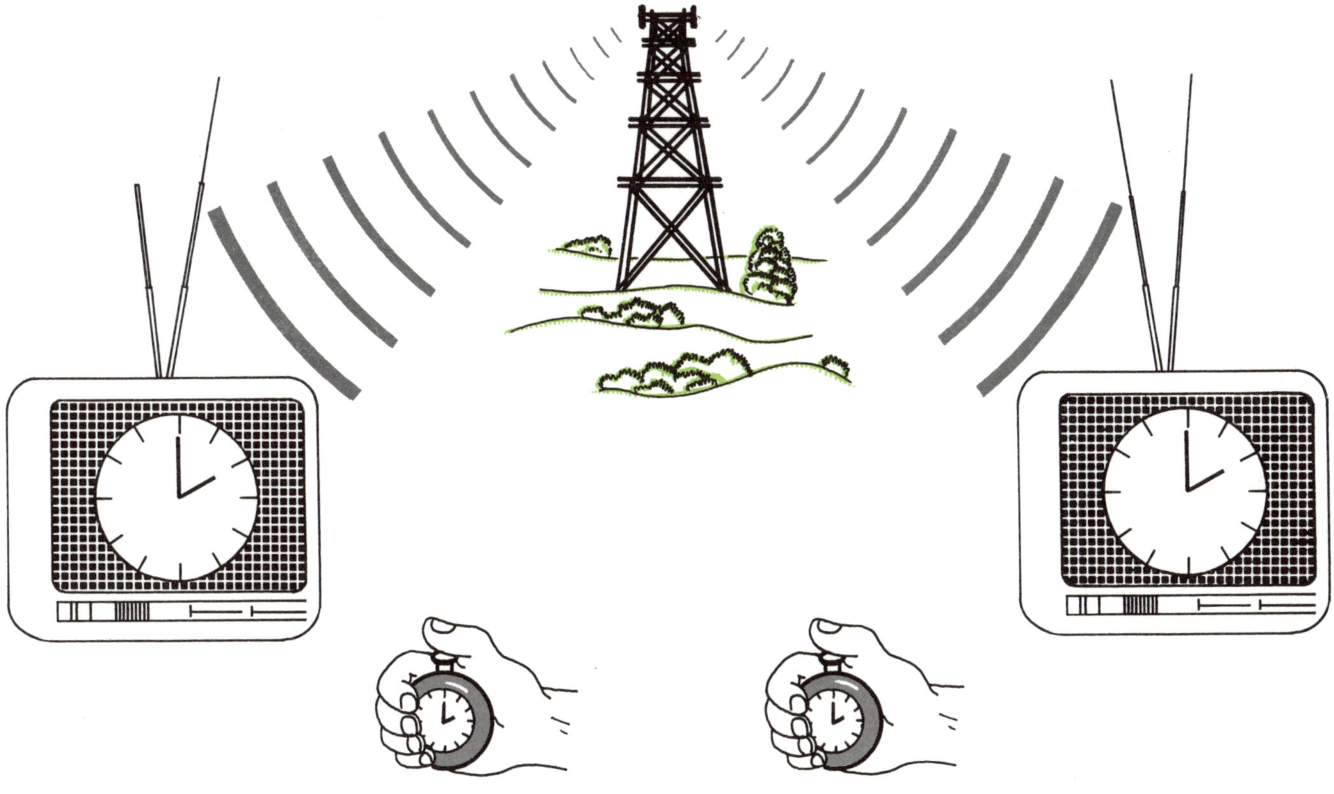

len wir uns zwei sehr lange und sehr schnelle Züge vor, die auf zwei parallelen Gleispaaren in entgegengesetzte Richtungen fahren (Abbildung s. S. 23). Im Zug *A*, der in nördliche Richtung fährt, befinden sich drei Eisenbahner: der Lokomotivführer an der Spitze des Zuges, genau in der Mitte der Signalgeber und am Zugende der Kontrolleur. Der Signalgeber ist mit einer Laterne ausgerüstet, und seine beiden Kollegen verfügen über sehr genaue Uhren. Die gleiche Situation in Zug *B*, der gen Süden fährt. Nun sind Eisenbahner bekanntermaßen sehr stolz auf ihre Uhren, und als Einstein dieses Gedankenexperiment erdachte, hielt er sich gerade in Zürich auf, was ihn vielleicht auf die eine oder andere Weise beeinflußt haben wird. Doch wie dem auch sei, das Personal der beiden Züge möchte die Uhren so genau wie möglich synchronisiert wissen und beschließt deshalb, folgendermaßen vorzugehen: Ein Stationsvorsteher, der nicht an der Reise teilnimmt, sondern sich exakt auf halbem Wege zwischen den beiden Zügen befindet, gibt ein Lichtsignal. Im selben Moment (wir dürfen nicht vergessen, daß es sich hier um ein Gedankenexperiment handelt) halten nun die beiden Signalgeber, die ja in der Mitte des jeweiligen Zuges stehen, ihre Laternen aus dem Fenster. Um an die Zugenden zu gelangen, benötigt das Licht von dort aus die gleiche Zeit in jeder Richtung: Sobald der Lokomotivführer und der Kontrolleur dieses Licht wahrnehmen, stellen sie ihre Uhren auf eine vorher vereinbarte Zeit ein. Auf diese Weise sind die Uhren in beiden Zügen perfekt synchronisiert.
An dieser Stelle bleibt allerdings zu überprüfen, ob die Uhren von Zug *A* mit denen von Zug *B* übereinstimmen. Entsprechend der Abmachungen müßte die Probe in jenem Augenblick gemacht werden, in dem die beiden Züge aneinander vorbeifahren. Genau dann, wenn sich die beiden Signalgeber sozusagen gegenüberstehen, halten sie ihre Laternen hinaus, und sobald das Licht die vier Eisenbahner an den jeweiligen Zugenden erreicht, vergleichen diese

D*AS »PARADOX« DER ZWILLINGE*

Wenn das Zeitmaß *aller* Uhren – die biologischen Uhren, die unseren Organismus steuern, inbegriffen – tatsächlich von der Geschwindigkeit des Bezugssystems, in welchem sie sich befinden, abhängig ist, so führt dies zu recht verwunderlichen Schlußfolgerungen.
Stellen Sie sich ein jugendliches Zwillingspaar vor: Einer der beiden möchte unbedingt Astronaut werden und darf dann auch eines schönen Tages in einem ganz besonderen Raumschiff, daß sich fast mit Lichtgeschwindigkeit fortzubewegen vermag, eine lange Reise in den Weltraum unternehmen. Die Reiseroute sieht vor, den der Erde am nächsten stehenden Stern Proxima Centauri anzufliegen und danach sofort zurückzukehren. Dieser Fixstern ist rund 4,5 Lichtjahre von uns entfernt; wenn die mittlere Reisegeschwindigkeit ungefähr 90% der Lichtgeschwindigkeit ($0,9 \times c$) betrüge, dauerte die Reise

$$\frac{(4,5 + 4,5)}{0,9} = 10 \text{ Jahre}$$

Wenn also das Raumschiff auf die Erde zurückkehrt, wird der andere Zwilling zehn Jahre älter sein. Sein Bruder, der mit einer Geschwindigkeit von 0,9 c durch den Raum gereist ist, war dem relativistischen Phänomen der Zeitdilatation (Zeitdehnung) ausgesetzt: Ebenso wie die Uhren des Raumschiffs liefen auch die biologischen und chemischen Prozesse in seinem Körper langsamer ab als auf der Erde.
Im Bezugssystem des Raumschiffs ist also definitiv weniger Zeit vergangen als derweil auf der Erde, und diese Zeit läßt sich mit Hilfe einer der Formeln der Lorentz-Transformation – also jenen Gleichungen, auf die Einstein in seiner speziellen Relativitätstheorie zurückgegriffen hatte – leicht berechnen:

$$10\,[1 - (0,9)^2]^{1/2} = 4,3 \text{ Jahre}$$

Bei seiner Rückkehr wird der Astronaut also mehr als fünf Jahre jünger sein als sein Zwillingsbruder.
Die relativistische Zeitdilatation eröffnet dem Menschen – zumindest in der Theorie – die Möglichkeit, die zur Erforschung des Universums erforderlichen langen Reisen durch den Raum zu überleben.

Die Kessler-Zwillinge in einer Fernsehsendung aus dem Jahre 1969. Eine der beiden könnte noch heute so aussehen, wenn sie eine lange Reise mit einer Geschwindigkeit von 0,99 c unternommen hätte.

ihre Uhren mit denen ihrer Kollegen, die gerade an ihnen vorüberfahren. Das Verfahren, das sich die Eisenbahner zur Synchronisierung ihrer Uhren ausgedacht haben, ist vollkommen richtig, und nach den Grundlagen der klassischen Physik würde niemand erwarten, daß die von den vier Uhren angezeigte Zeit differieren könnte. Doch ist genau dies der Fall. Denn während sich das Licht mit der Geschwindigkeit c innerhalb beider Bezugssysteme bewegt, fahren die Züge mit hoher Geschwindigkeit in entgegengesetzte Richtungen. Wenn nun zum Beispiel das Licht, das in Zug B »mitfährt«, den Kontrolleur am Zugende erreicht, hat der Lokführer von Zug A das Leuchtsignal noch gar nicht wahrgenommen, weil das Licht in seiner Richtung noch eine gewisse Entfernung überwinden muß. Und obgleich er in dem Moment, in dem ihn das Licht der Laterne erreicht, seine Uhr auf die vereinbarte Zeit eingestellt hat, wird er bemerken müssen, daß sie, verglichen mit der Uhr des Kontrolleurs von Zug B, ein wenig nachgeht. An den entgegengesetzten Enden der Züge sind die Rollen vertauscht. Wenn der Kontrolleur des Zuges A und der Lokführer des Zuges B aneinander vorbeifahren, wird die Uhr des Kontrolleurs ein wenig vorgehen, denn das Licht der Laterne erreicht ihn eher als den Lokführer von Zug B, weil ihm das Ende des Zuges A entgegenkommt.

Wenn sich die Eisenbahner nach dem Experiment treffen, wird man eine erregte Diskussion verfolgen können: Das Personal des Zuges B ist der Ansicht, daß ihren Uhren zufolge – die auf das sorgfältigste nach der Laternenmethode synchronisiert worden seien – die Uhr des Lokführers von A nach- und die des Kontrolleurs vorgehe. Folglich, so befindet man, seien die Uhren auf Zug A nicht genau synchronisiert. Umgekehrt behaupten die Eisenbahner von Zug A, daß sie ihre Uhren nicht minder sorgfältig synchronisiert hätten und daß eben diesen Uhren zufolge die Uhr des Lokführers von Zug B nach- und die des Kontrolleurs vorgehe. Es seien also die Uhren auf Zug B, deren Synchronisierung zu wünschen übrig lasse.

An diesem Punkt kümmert sich Einstein nicht weiter um die ebenso langwierige wie müßige Debatte der Eisenbahner, sondern bemerkt statt dessen, daß keiner Mannschaft ein Vorrecht zukäme, da man auf beiden Zügen das gleiche Verfahren zur Synchronisierung der Uhren angewendet habe. Der Widerspruch läßt sich nur auflösen, wenn man sich zu der Annahme durchringt, daß die Zeit innerhalb aller sich mit gleichförmiger Geschwindigkeit zueinander bewegenden Bezugssysteme nicht unbedingt identisch ist.

Natürlich werden wir nie bemerken können, daß eine unserer Uhren plötzlich einem anderen Zeitmaß folgt, denn die relativen Geschwindigkeiten der Bezugssysteme, mit denen wir in Berührung kommen (Planeten des Sonnensystems und Raumschiffe inbegriffen), sind verglichen mit der Lichtgeschwindigkeit bei weitem zu gering. Als jedoch die Physiker in ihren Laboratorien winzige Teilchen nahezu auf Lichtgeschwindigkeit beschleunigten, bestätigten sich sämtliche Voraussagen der speziellen Relativitätstheorie.

Mithin käme es heutzutage niemandem mehr in den Sinn, die außergewöhnlichen Überlegungen Einsteins zu belächeln, wie es viele seiner Zeitgenossen taten.

VERSUCHE, DIE REIBUNG ZU ÜBERWINDEN

Um die Fallbewegung von Körpern unter idealen Bedingungen untersuchen zu können, verlangsamte Galilei diese Körper künstlich, indem er sie eine schiefe Ebene hinunterrollen ließ. Auf diese Weise konnte man die Zeit bequemer messen und obendrein den Luftwiderstand außer acht lassen. Dem Problem des Reibungswiderstands begegnet man, indem man geduldig sämtliche Oberflächen glättete. Heutzutage wenden wir weniger mühevolle Verfahren an, um den Reibungswiderstand zu überlisten, und einige von ihnen kann man ebenso mühelos nachvollziehen.

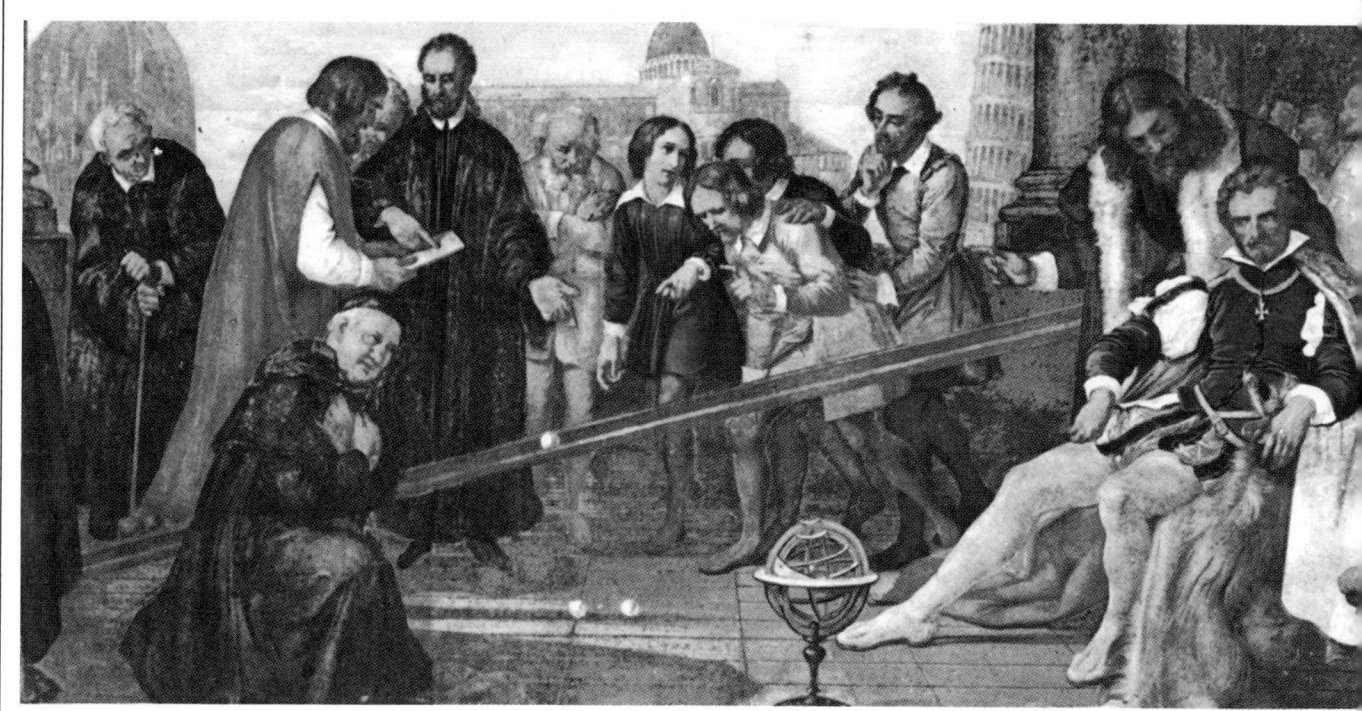

Galilei bei der Durchführung eines seiner berühmten Fallexperimente.

GALILEI GEGEN DEN »GESUNDEN MENSCHENVERSTAND«

Die Vorstellungen über die Natur, zu denen man sich bis Mitte des 16. Jahrhunderts in Europa gemeinhin bekannte, stützten sich maßgeblich auf das durch Averroes und die arabischen Gelehrten des Mittelalters weitergeführte Gedankengut der aristotelischen Schule. So glaubte man beispielsweise, daß es einer konstanten Krafteinwirkung bedürfe, um einen Körper mit konstanter Geschwindigkeit in Bewegung zu halten. Die allgemeine Erfahrung schien den Aristotelikern recht zu geben. Doch wollten sich Gelehrte wie Leonardo da Vinci und Giordano Bruno, die durchaus Widersprüche entdeckten und diese zur Diskussion stellten, nicht länger von diesen Argumenten überzeugen lassen, und um so weniger überzeugten sie Galileo Galilei, der sie durch seine berühmten Fallversuche schließlich widerlegte. Als erster hatte Galilei begriffen, daß man sich nicht darauf beschränken dürfe, die Natur nur zu beobachten; vielmehr war es notwendig, das Phänomen in einem Laboratorium zu isolieren, alle zweitrangigen Erscheinungen, die es verdecken oder verfälschen könnten, auszuschließen und es so zu *messen*, daß sich daraus Zahlenwerte ermitteln und mathematische Gesetzmäßigkeiten ableiten ließen. Dieses Prinzip, das er in dem ehrwürdigen Motto »sensate esperienze e certe dimonstrazioni« (»Vernünftige Experimente und sichere Beweisführungen«) zusammenfaßte und durch welches er zum ersten modernen Wissenschaftler avanciert war, wendete er nun auch mit großem Geschick auf das Problem der Bewegung an.

Als er beobachtet hatte, daß alle Körper der gleichen Fallbewegung folgen und es deshalb der Mühe wert sei, sich über die allgemeinen Gesetze Gedanken zu machen, erdachte Galilei ein geniales System, das die störende Einwirkung der Luft vermindern und gleichzeitig der Zeitmessung dienen sollte. Mit großer Ausdauer baute er aus Holz lange, sorgsam geglättete schiefe Ebenen, auf denen er Kugeln hinabrollen ließ. Es handelte sich hierbei immer noch um eine Fallbewegung, doch sie geschah so langsam, daß man ihre Dauer mittels der eigenen Pulsschläge messen konnte und der Luftwiderstand so gut wie keine Rolle mehr spielte. Zunächst beobachtete Galilei, daß die Kugeln unter Einwirkung einer konstanten Kraft wie der Schwerkraft keineswegs eine gleichförmige Geschwindigkeit beibehielten, sondern nach entsprechend langer Zeit eine höhere Geschwindigkeit aufwiesen, was bedeutete, daß ihre Bewegung eine Beschleunigung erfahren haben mußte. Diese einfache Beobachtung machte die überlieferten Wahrheiten und ein auf dem Fundament des gesunden Menschenverstandes ruhendes Gedankengebäude zunichte. Doch dem Gelehrten aus Pisa entging auch nicht, daß die Kugeln über das Ende der schiefen

Ebene hinaus praktisch mit gleichbleibender Geschwindigkeit weiterrollten und daß diese Art der Bewegung ohne jegliche Krafteinwirkung geschah. Da sich die Reibung jedoch nicht völlig ausschließen ließ und auf gerader Strecke die Kugeln verlangsamte, zog es Galilei vor, mittels Überlegungen über den »äußersten Fall« zu einem Ergebnis zu gelangen, und erteilte damit seinen Zeitgenossen eine weitere umwälzende Lektion im Fach Experimentalmethodologie.

Galilei dachte folgendermaßen: Wenn wir die Kugeln eine Bahn entlangrollen lassen, die wir zuvor in einem bestimmten Winkel geneigt haben, so nimmt ihre Geschwindigkeit beständig zu. Nun beschleunigen wir sie am unteren Ende der Bahn und lassen sie wieder hinaufrollen: Die Kugeln verlieren nach und nach an Geschwindigkeit. Verringert man den Neigungswinkel der Bahn, so werden die Kugeln weniger stark an Geschwindigkeit gewinnen oder verlieren. Was aber geschieht im äußersten Fall, also bei einer vollkommen horizontal ausgerichteten Bahn? Da die Kugel genausowenig in der einen Richtung beschleunigt wie in der anderen Richtung verlangsamt werden könnte, müßte ihre Geschwindigkeit folglich in beiden Richtungen gleich sein.

In der Sprache unserer Tage ausgedrückt: Wenn die Kugel hinunterrollt, beträgt ihre Geschwindigkeit a, und wenn sie hinaufrollt, $-a$; der Wert von a verringert sich konstant in dem Maße, in dem der Neigungswinkel der Ebene kleiner wird. Beträgt der Neigungswinkel null, ist es gleichgültig, in welcher Richtung die Bahn durchlaufen wird, und es gilt $a = -a$. Nun ist allerdings null die einzige Zahl, die die Eigenschaft besitzt, ihrem negativen Wert gleich zu sein, so daß auf einer horizontalen Bahn die Beschleunigung null und die Geschwindigkeit konstant sein muß. Trotz allem beobachten wir gewöhnlich, daß sich ein Körper unter diesen Bedingungen dennoch verlangsamt und zum Stillstand kommt; dies hängt mit der Einwirkung einer bremsenden Kraft (der Reibung) zusammen.

Ein weiterer Grundpfeiler der aristotelischen Physik, der sich auf eine recht unkritische Beobachtung der Natur stützte, war die Vorstellung, daß schwere Körper schneller fallen als leichte. Wenn m ein leichter und M ein schwerer Stein sei, so versicherten die Aristoteliker, treffe M früher am Boden auf als m. Galilei entkräftete diese Behauptung anhand verschiedener Experimente, denen folgende Überlegung zugrunde lag. Man befestige M und m so aneinander, daß sie einen einzigen Stein bilden. In der Fallbewegung müßte M durch m gebremst werden, da ja m angeblich langsamer fällt. Die beiden Steine zusammen würden also schneller als m und langsamer als M fallen, doch den Gesetzen der aristotelischen Physik zufolge ist $m+M$ schwerer als M und muß daher schneller als M fallen. Folglich ist die Aussage, daß die Fallgeschwindigkeit eines Körpers von seinem Gewicht abhänge, in sich widersprüchlich. Leider war das Prinzip des Schwerpunktes den Gegnern Galileis weitgehend unbekannt, denn sonst hätten sie seinen Überlegungen einiges entgegenhalten können. Nehmen wir einmal an, daß die leichten Körper – da sie einer geringeren Erdanziehungskraft (oder, wie wir heute sagen, einer geringeren Gravitationskraft) ausgesetzt sind – eine größere Trägheit (Trägheitsmasse) besäßen als die schweren Körper. Der Schwerpunkt der beiden miteinander verbundenen Steine würde somit eine größere Anziehung erfahren als jeder Stein einzeln, da sich die beiden Anziehungskräfte addieren. Darüber hinaus wäre die Trägheit von $m+M$ geringer als die Trägheit von m bzw. M, und folglich müßten beide Steine zusammen schneller fallen. So war Galilei zwar nicht der endgültige Beweis gelungen, doch er hatte durchaus die entscheidenden Versuche über Trägheit und Gravitation eines Körpers durchgeführt (vgl. auch S. 48).

Wie läßt sich Reibung messen?
Hierzu fertigen Sie sich zunächst einmal ein ganz einfaches Gerät zur Messung der Reibungskraft an. Sie benötigen dazu ein Holzbrettchen mit einer Länge von 50 cm und einer Breite von rund 20 cm, auf das Sie ein Stück Glas oder Kunststoff mit den gleichen Maßen aufkleben. Befestigen Sie das Ganze, wie auf der untenstehenden Abbildung dargestellt, auf einem Tisch. Das eine Ende der Platte wird in einen Laborständer geklemmt (natürlich können Sie auch eine andere Vorrichtung erfinden, mit der sich die Platte stufenlos nach oben oder unten verstellen läßt). Das andere Ende fixieren Sie mit einem Stückchen Kitt oder Knete, um zu verhindern, daß die Platte abrutscht oder vibriert. Nun messen Sie den Neigungswinkel der schiefen Ebene: Längs der Platte bringen Sie an deren oberer Schmalseite einen Nagel an und hängen ein Bleilot daran auf. Um den Neigungswinkel im Verhältnis zur Ebene mit einiger Genauigkeit zu bestimmen, brauchen Sie nur die Strecke y (also vom Nagel bis zum Punkt P, in dem sich Lot und Tischkante schneiden) und die Entfernung x (zwischen P und dem Ende der Ebene) in Millimetern auszumessen. Die Neigung

Die einfachste Vorrichtung zur Messung der Reibungskraft. Das Verhältnis y/x gibt hierbei die Neigung der schiefen Ebene an.

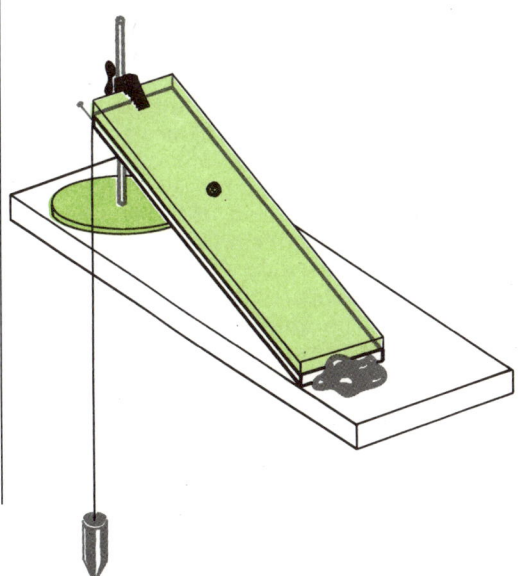

ergibt sich aus dem Verhältnis dieser beiden Größen:

$$Neigung\ A = \frac{y}{x}$$

Nun ist das Gerät bereit für den ersten Versuch. Wählen Sie zunächst eine starke Neigung, und legen Sie ein Geldstück auf das erhöhte Ende der Ebene. Wenn es hinunterrutscht, verringern Sie die Neigung, bis sich das Geldstück nicht mehr bewegt. Bestimmen Sie den Grenz-Neigungswinkel durch geringfügiges Verstellen der Ebene. Messen Sie jetzt y und x und bestimmen Sie $A = y/x$.
Wir können nun genauestens beweisen, daß A ebenso das Verhältnis zwischen der Reibungskraft, die das Geldstück unbewegt auf der Ebene hält, und jener Kraft, die es auf die Ebene drückt, wiedergibt. Man bezeichnet diesen Wert, der von der Beschaffenheit der Kontaktflächen abhängt, als *Reibungskoeffizienten*. Ihr Versuchsgerät mißt also eine sehr aussagekräftige physikalische Größe. Kleben Sie mit einem Tropfen Klebstoff zwei Münzen aufeinander, und legen Sie sie auf die Ebene. Die auf die Oberfläche wirkende Kraft verdoppelt sich ebenso wie die Reibungskraft, doch der Reibungskoeffizient bleibt konstant. Mit anderen Worten: Der maximale Neigungswinkel, bei dem die Geldstücke gerade noch liegenbleiben, verändert sich nicht. Wenn Sie diesen Versuch mit anderen Gegenständen durchführen und jedesmal A bestimmen, können Sie eine Tabelle mit den Reibungskoeffizienten zwischen Glas (oder Kunststoff) und den verschiedenen Oberflächen der Gegenstände aufstellen. Oder aber Sie nehmen verschieden große Gegenstände aus demselben Material und probieren aus, ob der Reibungskoeffizient – nach dem, was Sie mit Ihrem Gerät feststellen können – von der Größe der Auflagefläche abhängt oder nicht. Sie können Ihre »Gewichte« auch mit Schmieröl einreiben und messen, um wieviel sich der Reibungskoeffizient verringert. Wahrscheinlich werden Sie danach nie wieder vergessen, bei Ihrem Auto regelmäßig den Ölstand zu kontrollieren!

Wenn Sie die Messungen mit bereits in Bewegung befindlichen Gewichten durchführen – also unter dynamischen Bedingungen –, werden Sie feststellen, daß die Werte für den Reibungskoeffizienten niedriger ausfallen. Bestimmen Sie nach der oben erläuterten Methode die größtmögliche Neigung, und stoßen Sie das Geldstück ein wenig an, damit es sich in Bewegung setzt. Man erwartet, daß es mit einer gewissen Beschleunigung die Ebene hinabgleitet, während es doch, sofern es die gleiche Reibungskraft erfährt wie im unbewegten Zustand, mit gleichbleibender Geschwindigkeit über die Ebene rutschen müßte. Dieses Phänomen, bei dem die durch die relative Bewegung der beiden Oberflächen entstandenen Mikrovibrationen eine wichtige Rolle spielen, ist jedem Ingenieur wohlbekannt, und man unterscheidet daher bei jedem Paar von aufeinandertreffenden Gegenständen den »statischen« vom – niedrigeren – »dynamischen« Reibungskoeffizienten, bzw. Haftreibung und Gleitreibung.

Trockeneisfahrzeuge

Der Reibungswiderstand ist zwar eine für den Menschen äußerst nützliche Kraft (insbesondere, wenn er ein Fahrzeug benutzt), doch für die wissenschaftliche Erkenntnis wirkte sie sich über Jahrhunderte hinweg in geradezu zerstörerischer Weise aus. Die Existenz der Reibung führte zu unzähligen falschen Vorstellungen über die Bewegung der Körper, mit denen aufzuräumen es immerhin eines Leonardo und eines Galilei bedurfte. Aus diesem Grunde ist es um so spannender, Bewegung einmal bei fast vollständiger Abwesenheit von Reibungskraft zu beobachten. Hier nun also einige Möglichkeiten, diesen ungewohnten Zustand herzustellen.
Eine erfolgversprechende Methode besteht im Einsatz von Trockeneis. Trockeneis ist festes (gefrorenes) Kohlendioxid; es hat eine Temperatur von –78 °C und sublimiert, sobald es mit der Umgebung in Berührung kommt. Es geht also direkt in den gasförmigen Zustand über, ohne vor-

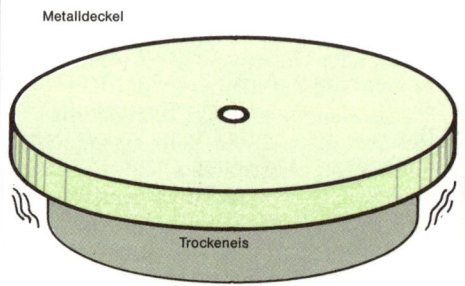

Oben: Das einfachste Konstruktionsprinzip eines Trockeneisfahrzeugs: Man setzt auf eine möglichst glatt geschnittene Scheibe einen runden, in der Mitte durchbohrten Metalldeckel.

Unten: Das Trockeneis kann auch in einen Behälter gefüllt werden, der an seiner Unterseite durch ein Metallsieb und einen entsprechend großen, durchbohrten Gummistopfen abgedichtet wird. Der Stopfen ist seinerseits auf einer ebenfalls in der Mitte durchbohrten Scheibe befestigt, die über die gegebene Fläche gleitet.

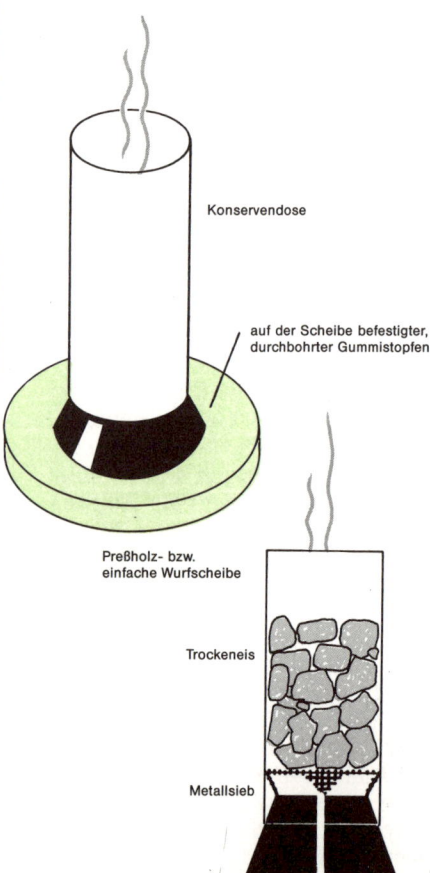

her Tropfen zu bilden. Wenn Sie ein Stückchen Trockeneis auf einen Tisch legen, entsteht darunter eine dünne Kohlendioxidschicht, die eine Art »Luftkissen« bildet. Zur Bearbeitung Ihres Trockeneisstückchens sollten Sie unbedingt Handschuhe anziehen und eine schwere Klinge zu Hilfe nehmen. Versuchen Sie, ihm eine annähernd zylindrische Form zu geben, und schneiden Sie nun von einer der beiden Grundflächen so sauber und gerade wie möglich eine Scheibe ab. Legen Sie die Scheibe auf den Tisch, und setzen Sie einen mit einem oder mehreren Löchern für den Dampfabzug versehenen Deckel darauf, den Sie – falls notwendig – mit etwas Plastilin beschweren können. Die ausgefeiltere Version dieses Modells erhalten Sie, wenn Sie das gefrorene Kohlendioxid in eine leere Konservendose geben, deren Boden zuvor ausgeschnitten wurde. Den Boden ersetzen Sie durch ein feines Metallsieb und einen großen durchbohrten Gummistopfen, der für einen festen Zusammenhalt mit der äußeren Umhüllung sorgt. Der Stopfen, der übrigens in jedem Geschäft für Laborbedarf erhältlich ist, wird seinerseits auf eine ebenfalls in der Mitte durchbohrte Scheibe aufgeklebt, deren Oberfläche so fest und glatt sein sollte, daß sie ohne nennenswerte Reibung über eine ebene Fläche gleiten kann. Messen Sie nun den Reibungskoeffizienten Ihres Trockeneisfahrzeugs auf der schiefen Ebene. Sie werden feststellen, daß der größtmögliche Neigungswinkel A praktisch gleich null ist. Wenn Sie das Fahrzeug über eine waagerechte Fläche gleiten lassen, beobachten Sie folglich eine gleichförmige Bewegung (die Geschwindigkeit bleibt konstant). Hätte Galilei ein Stück Trockeneis zur Verfügung gestanden, wäre es ihm bestimmt mit erheblich weniger Zeitaufwand gelungen, die Behauptung der Aristoteliker zu widerlegen, der zufolge jeder Körper bei ausbleibender Krafteinwirkung zum Stillstand kommt.

Die Schwebebahn
Auch mit Hilfe von komprimierter Luft lassen sich nahezu reibungsfrei schwebende Fahrzeuge konstruieren. Zum Beispiel kann man einen prall aufgeblasenen Luftballon mit einem Gummiband auf einem durchbohrten Korken befestigen. Der Luftkanal wird mit einem Finger verschlossen gehalten und der Korken in die Öffnung einer zuvor behandelten dicken Sperrholzplatte eingesetzt. Das Loch soll sehr fein, doch bis zur Grundfläche der Platte durchgebohrt sein, so daß die Luft ungehindert ausströmen kann. Es empfiehlt sich, mit den dünnsten Bohrern zu beginnen und die Öffnung je nach Bedarf zu erweitern.

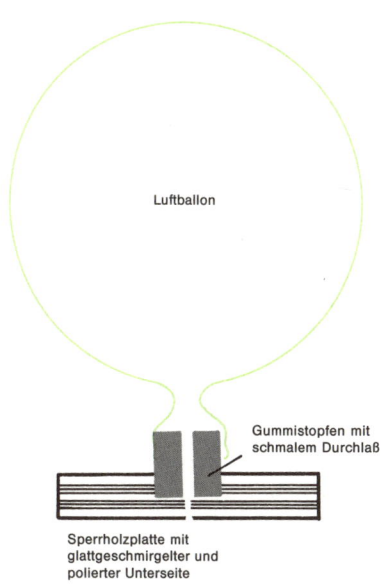

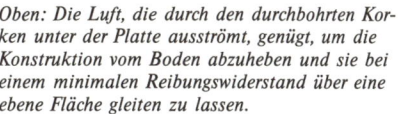

Oben: Die Luft, die durch den durchbohrten Korken unter der Platte ausströmt, genügt, um die Konstruktion vom Boden abzuheben und sie bei einem minimalen Reibungswiderstand über eine ebene Fläche gleiten zu lassen.

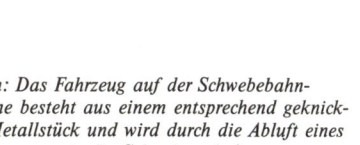

Unten: Das Fahrzeug auf der Schwebebahnschiene besteht aus einem entsprechend geknickten Metallstück und wird durch die Abluft eines Staubsaugers in der Schwebe gehalten.

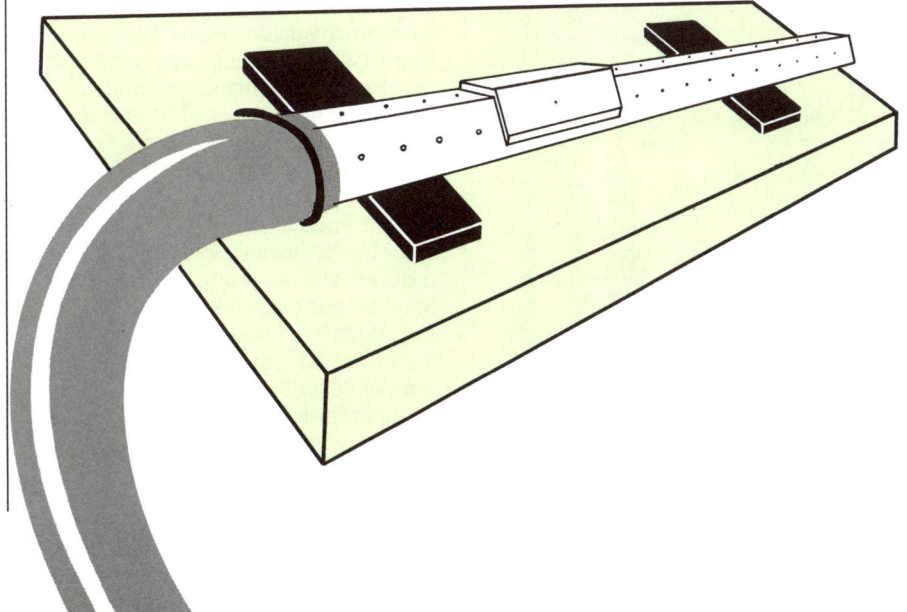

Nach diesem Prinzip läßt sich sogar eine Schwebebahn bauen. Wenn Sie sich an einer solchen Konstruktion versuchen möchten, werden Ihnen die folgenden Ratschläge vielleicht von Nutzen sein. Besorgen Sie sich beim Eisenwarenhändler oder in einem Baumarkt eine zwei Meter lange Leichtmetallschiene mit dreieckigem Querschnitt (Profilbreite 25–30 mm, Wanddicke 1–2 mm). Ziehen Sie auf zwei Seiten eine durchgehende gerade Mittellinie, und bohren Sie nun mit viel Geduld und Ihrer Bohrmaschine (2-mm-Bohrer) feine Löcher im Abstand von 2 cm in das Metall. (Die Werte richten sich natürlich auch nach der Leistung des zur Luftkompression verwendeten Gerätes. Ich rate Ihnen, zunächst möglichst kleine Löcher zu bohren und diese eventuell nach einem Probedurchlauf zu vergrößern.) Nach dieser Prozedur schmirgeln Sie die Oberfläche ab und entfernen die Metallspäne aus den Bohrlöchern. Verschließen Sie nun das eine Ende Ihrer Schwebebahnschiene mit einem dreieckig zurechtgeschnittenen Stopfen aus Gummi oder Kork. Diesen können Sie nach dem Prinzip des Sektkorkens fixieren, indem Sie einen dünnen Draht durch die beiden

Oben: Ein »Hovercraft« auf dem Ärmelkanal. Transportmittel dieser Art bewegen sich über einer Art »Kissen« aus komprimierter Luft auf der Wasseroberfläche.

Links unten: Christopher S. Cockerel, der Erfinder des »Hovercraft«, überprüfte die Richtigkeit seiner Idee anhand einer Katzenfutterdose, einer Kaffeebüchse und eines Staubsaugers.

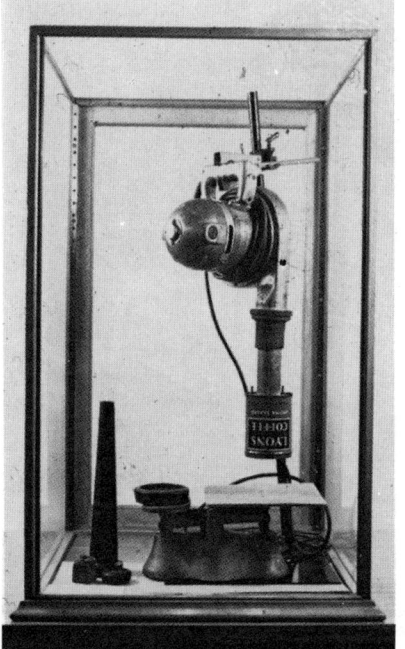

nächstliegenden Löcher ziehen. Dichten Sie die Zwischenräume zwischen dem Stopfen und der Metallschiene mit Silikonmasse ab. Entfernen Sie den Staubbeutel aus Ihrem Staubsauger, und setzen Sie einen dicken Gummischlauch an seine Stelle, dessen Ausgang mit dem unverschlossenen Ende der Schiene verbunden wird. Sie können diese Verbindungsstelle mit Hilfe einer Muffe oder eines O-Rings (erhältlich im Kfz.-Ersatzteilhandel) sichern. Befestigen Sie die Schlauchanschlüsse zusätzlich mit Metallschellen, und sparen Sie nicht an Silikon. Wenn Sie nun den Staubsauger einschalten (achten Sie darauf, daß die Ansaugdüse frei ist), wird die Luft durch die an den Seiten der Metallschiene angebrachten Lochpaare strömen. Sofern Größe und Abstand der Löcher sowie die Leistung des Staubsaugers in einem günstigen Verhältnis zueinander stehen, bildet sich ein »Luftkissen«, auf dem sich leichte Fahrzeuge ohne jeglichen Reibungswiderstand schwebend fortbewegen können. Man erhält ein solches Fahrzeug, indem man beispielsweise einen über mehrere Löcher reichenden Aluminium- oder Kupferstreifen auf der Schiene deren Winkel anpaßt. Das schwebende Gefährt läßt sich durch ein wenig Plastilin beschweren oder ausbalancieren.

Wenn die Schiene exakt horizontal ausgerichtet ist, brauchen Sie Ihrem »Hovercraft« nur einen kleinen Schubs zu geben, um etwas beobachten zu können, was man nicht alle Tage sieht, nämlich eine geradlinige und gleichförmige Bewegung. Wenn Sie kleine »Stoßstangen« aus Plastilin an zwei Fahrzeugen anbringen, können Sie sogar unter optimalen Bedingungen einen vollkommen unelastischen Stoß miterleben oder auch erkennen, daß die Endgeschwindigkeit der beiden aneinandergeratenen Fahrzeuge von ihrer Geschwindigkeit vor dem Aufprall und nicht von ihrer Masse abhängt. Um die Bewegung der Körper unter Einwirkung der Schwerkraft genauer zu erforschen, brauchen Sie die Bahn nur in verschiedenen Winkeln zu einer schiefen Ebene aufzurichten.

RÜCKSTOSS UND GEGENKRAFT ALS FORTBEWEGUNGSMITTEL

Stellen Sie sich vor, Sie befinden sich auf einem zugefrorenen See, auf dem es so glatt ist, daß man weder darauf laufen noch auf allen vieren kriechen oder auf irgendeine abenteuerliche Weise vorwärtsrobben könnte. Sie haben zwar einen Rucksack dabei, doch darin findet sich kein Eispickel, kein Messer und auch kein anderer spitzer Gegenstand. Im übrigen ist das Gelände völlig abgelegen, und Sie können jegliche Hoffnung auf etwaige Retter aufgeben. Hätten Sie eine Idee, wie Sie sich aus dieser unangenehmen Lage befreien könnten, außer sich fortwährend zu kneifen und zu hoffen, bald aus einem solchen Alptraum zu erwachen?

Da die Oberfläche des Sees absolut keinen Reibungswiderstand bietet, können Sie sich darauf nicht in gewohnter Weise fortbewegen. Doch sofern Sie sich einige physikalische Gesetzmäßigkeiten zunutze machen, kann sich dieses Hindernis leicht in einen Vorteil verwandeln. Wenn keinerlei bremsende Kraft wirkt, warum dann nicht mit Hilfe des Rückstoßprinzips das heißersehnte Ufer erreichen? Sie nehmen also den schwersten Gegenstand, den Sie bei sich tragen – den Rucksack vielleicht –, und schleudern ihn mit aller Kraft in die ihrem gewünschten Weg entgegengesetzte Richtung über das Eis. Sie werden sich augenblicklich in Ihrer Richtung in Bewegung setzen und mit gleichförmiger Geschwindigkeit das Ufer erreichen.

Der Impulserhaltungssatz besagt nämlich folgendes: Das Produkt aus Ihrer Masse und Ihrer Geschwindigkeit (also der Impuls oder Bewegungsgröße) kann sich nicht verändern, ganz gleich was Sie unternehmen, während Sie sich auf dem See befinden. Um Mißverständnissen vorzubeugen, nennen wir Sie samt

Zielort Mond: der spektakuläre Start der Saturn 5 mit der Raumkapsel von Apollo 10 im Jahre 1969.

Ihrem Rucksack ein »System«. Bevor Sie den Rucksack losgeschleudert haben, war die Bewegungsgröße des Systems gleich null, da sowohl Ihre Geschwindigkeit als auch die des Rucksacks null betrug (alles befand sich im Ruhezustand). Durch den Wurf gewinnt der Rucksack jedoch eine gewisse Geschwindigkeit, und seine Bewegungsgröße ist nicht länger gleich null. Entsprechend dem Erhaltungssatz muß die Bewegungsgröße des gesamten Systems null bleiben, und die einzige Möglichkeit, diesem Gesetz zu folgen, besteht darin, daß Sie eine negative Bewegungsgröße annehmen und somit die positive Bewegungsgröße des Rucksacks ausgleichen. Mit anderen Worten bedeutet dies, daß Sie sich langsam in die entgegengesetzte Richtung bewegen. Da keinerlei Reibungswiderstand vorhanden ist, werden Sie diese Geschwindigkeit bis zum Ende der vereisten Fläche beibehalten.

An dieser Stelle könnte uns vielleicht ein wenig Algebra helfen, die Argumentation etwas deutlicher zu gestalten. Die Masse des Rucksacks beträgt m, Ihre eigene Masse (wohlgemerkt ohne den Rucksack) beträgt M; wenn nun also v die Geschwindigkeit angibt, die Sie dem Rucksack durch Ihre Wurfbewegung verleihen, so müßte die Bewegungsgröße des gesamten aus Ihnen und dem Rucksack bestehenden Systems

$$MV + mv = 0$$

betragen.

In dieser Gleichung bezeichnet V die Geschwindigkeit, mit der Sie sich nach dem Wurf vom Mittelpunkt des Sees entfernen. Um diese Größe zu ermitteln, genügt es, von beiden Seiten der Gleichung den Wert mv zu subtrahieren und beide Seiten durch M zu dividieren; man erhält:

$$V = -mv/M$$

Das Minuszeichen verdeutlicht hierbei, daß sich die Geschwindigkeit, die der Werfer annimmt, in der dem »Geschoß« entgegengesetzten Richtung verläuft.

Ein Rückstoß, mit dessen Hilfe wir in diesem Fall das Problem auf dem vereisten See gelöst haben, tritt grundsätzlich dann auf, wenn wir einen Gegenstand von uns werfen oder drücken. Daß wir diese Kraft jedoch nur unter besonderen Umständen wahrnehmen, liegt teils an den Reflexen unserer Muskeln und teils an der Wirkung des Reibungswiderstands. Doch stellen Sie sich einmal auf Rollschuhe, und versuchen Sie, einem anderen Rollschuhläufer einen Schubs zu geben. Wenn er genausoviel wiegt wie Sie, werden Sie sich beide mit der glei-

Foto auf der nebenstehenden Seite: Auch dieser seltsame Motor arbeitet nach dem Prinzip des Raketenantriebs. Mit Hilfe dieses Gerätes, das wie ein Rucksack auf den Rücken geschnallt wird, kann der Pilot bis zu einer bestimmten Höhe über dem Boden schweben.

Unten: Die Nutzung von Raketentriebwerken bietet dem Menschen die einzige Möglichkeit, sich im Weltraum fortzubewegen.

ZU ANFANG EIN WENIG BEWEGUNG · 33

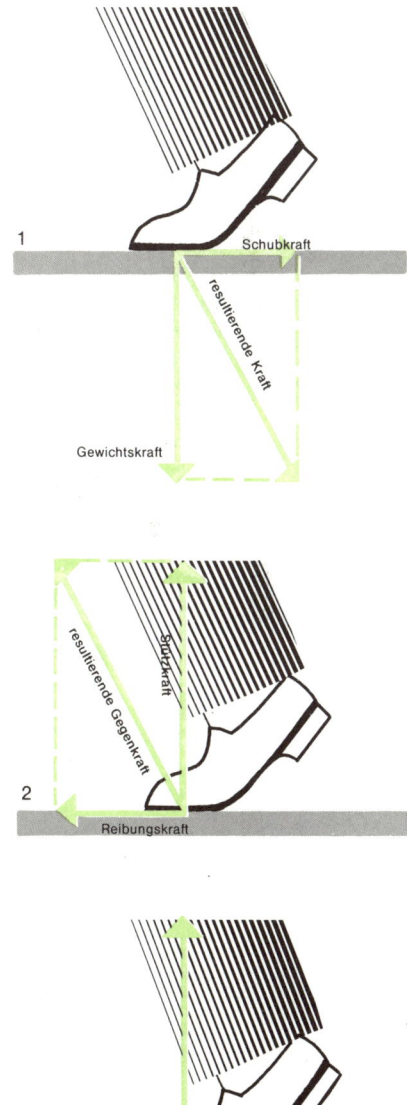

Unten: Beim Laufen lassen wir auf den Boden eine nach unten und eine nach hinten gerichtete Kraft wirken (dargestellt durch den längsten Pfeil; Abb. 1). Der Boden gibt die gleiche Kraft in entgegengesetzter Richtung – also nach oben und nach vorn wirkend – wieder und ermöglicht uns damit eine Fortbewegung (Abb. 2). Ohne Reibungswiderstand würde der Boden auf uns lediglich eine vertikal ausgerichtete Kraft ausüben, und wir könnten keinen Schritt laufen (Abb. 3).

hende Gasteilchen aus (das Gas bildet sich infolge der Treibstoffverbrennung) und verhilft somit der Rakete zu einem konstanten Geschwindigkeitszuwachs in Bewegungsrichtung. Wie im Falle des zugefrorenen Sees stellt diese Methode die einzige Möglichkeit dar, sich in dem leeren Raum, der die Erde umgibt, überhaupt bewegen zu können.
Alle anderen, uns vielleicht vertrauteren Arten der Fortbewegung arbeiten mit dem Reibungswiderstand des Untergrundes oder der Viskosität des Wassers oder der Luft. Diese Systeme gründen auf einem anderen, wenn auch dem Satz von der Erhaltung des Impulses eng verwandten Prinzip: dem der Kraft (»actio«) und der Gegenkraft (»reactio«). Was zum Beispiel geschieht, wenn Sie dem anderen Rollschuhläufer einen Schubs geben, ließe sich folgendermaßen beschreiben: Die Kraft, die durch ihn auf Sie einwirkt, ist der Kraft, mit der Sie ihn geschoben haben, (vom Betrag her) gleich und verläuft in entgegengesetzter Richtung auf der gleichen Wirkungslinie. Solange diese Berührung andauert und solange also diese Kräfte einwirken, werden Sie beide in entgegengesetzte Richtungen beschleunigt.
Eben dieses Prinzip von Kraft und Gegenkraft läßt uns auch eine Straße entlanggehen. Schauen Sie sich die nebenstehenden Zeichnungen an; die Pfeile bezeichnen die wirkenden Kräfte. Der Fuß lastet auf dem Untergrund; dank des Reibungswiderstands wirkt diese Kraft nicht ausschließlich vertikal, sondern hat auch eine in horizontaler Richtung rückwärtig einwirkende Komponente. Der Boden antwortet darauf mit einer gleichen und entgegengesetzten Kraft, die folglich eine vorwärtsgerichtete Komponente hat. Diese Kraft beschleunigt uns in unserer Bewegungsrichtung und erlaubt uns, den Schwerpunkt zu verlagern, den einen Fuß vor den anderen zu setzen, uns mit diesem Fuß erneut abzudrücken und so zu laufen. Es ist also die »Reaktion« des Bodens, die uns gehen und laufen läßt, und in gewisser Weise bewegen also auch wir uns dank einer Gegenkraft fort.

chen Geschwindigkeit voneinander entfernen; wenn er schwerer ist, werden Sie schneller zurückrollen. Wie die letzte Gleichung angibt, hängt V vom Verhältnis der beteiligten Massen ab.
Zu verblüffenden Auswirkungen kommt es, wenn – wie im Falle eines Geschosses – die Geschwindigkeit v des Gegenstandes relativ hoch ist. Nach unserer Gleichung wird der Schütze abrupt nach hinten geworfen, obgleich er sehr viel schwerer ist als das Geschoß. Besonders deutlich läßt sich die Erscheinung in alten Filmen über den Ersten Weltkrieg beobachten: Die damals bereits recht starken Geschütze waren durch keinerlei Vorrichtungen gegen den Rückstoß gesichert, so daß sie nach jedem Schuß um einige Meter zurücksetzten und die Artilleristen zu hastigen Sprüngen zwangen. Der bekannteste Anwendungsbereich dieses Prinzips ist jedoch die Konstruktion von Raketenantriebssystemen. Ein Raketentriebwerk stößt winzigkleine glü-

STROBOSKOPE

Um in seinen Bildern den Eindruck von Bewegung entstehen zu lassen, entwickelte der futuristische Maler Giacomo Balla Anfang des Jahrhunderts die Technik, Darstellungen verschiedener »Bewegungszustände« zu überlagern. Es gibt einige Verfahren, einen solchen Effekt auch auf Fotografien zu erzielen. Die Ergebnisse sind nicht nur von hohem ästhetischen Wert, sondern werden auch im wissenschaftlichen und didaktischen Bereich erfolgreich eingesetzt. Um gute »hausgemachte« Stroboskop-Fotografien aufzunehmen, bieten sich im wesentlichen zwei Methoden an, die sich darin unterscheiden, wie die Blitze erzeugt werden, die das bewegte Objekt periodisch beleuchten und es somit in aufeinanderfolgenden Positionen auf dem Bild erscheinen lassen. Bei der ersten Methode wird der Gegenstand ununterbrochen beleuchtet und das Stroboskop vor das Objektiv der Kamera gesetzt. Dieses auch als *Chopper* bezeichnete Stroboskop besteht aus einer lichtundurchlässigen Schlitzscheibe, die durch einen kleinen Motor mit hoher Geschwindigkeit gedreht wird und auf diese Weise das Objektiv der Kamera in regelmäßigen Abständen abdeckt und wieder freigibt. Bei der anderen Methode benutzt man ein Lichtblitzstroboskop, das – gesteuert durch einen leicht nachzubauenden elektronischen Schaltkreis – den Gegenstand in einer vorher eingestellten Frequenz beleuchtet. Um ein Stroboskop-Foto aufzunehmen, muß das Zimmer in jedem Fall vollständig verdunkelt werden. Die Kamera sollte auf einem Stativ befestigt sein. Wählen Sie die Blende mit der größten Öffnung, und stellen Sie den Verschluß auf »B«. Sorgen Sie für einen völlig schwarzen Hintergrund, und bestimmen Sie den Bildausschnitt, in welchem die Bewegung stattfindet. Das nächste Problem besteht in der Ausleuchtung des Gegenstandes, doch wie wir eben gesehen haben, läßt sich dieses auf zwei verschiedene Arten lösen.

Das Scheibenstroboskop

Wir wollen zunächst die Funktionsweise des *Choppers* (Abb. S. 37) beschreiben und greifen hierbei auf die Anweisungen der Autoren des PSSC (siehe »Bibliographische Hinweise«) zurück, das als erstes Lehrbuch der Physik in weitem Umfang mit der Stroboskop-Fotografie gearbeitet hat. Das Objekt bewegt sich in einer Entfernung von ungefähr einem Meter parallel zum Hintergrund. Um es zu beleuchten, stellt man rechts und links neben der Kamera zwei leicht gegeneinander geneigte Strah-

Bewegungsrhythmus eines Hundes an der Leine (1912) von Giacomo Balla (Albright-Knox Art Gallery, Buffalo). Eine seiner besonderen Bewegungsstudien.

Auf der nebenstehenden Seite: Eine besonders gelungene Fotografie, die mit Hilfe eines Lichtblitzstroboskops (siehe S. 37 ff.) aufgenommen wurde. Selbstverständlich verlangen Aufnahmen dieser Art eine hochmoderne Ausrüstung und sehr viel Erfahrung. Der Engländer Stephen Dalton, ein Spezialist von Weltrang für die naturgetreue Darstellung der Flugbewegungen von Vögeln und Insekten, hat dieses Bild fotografiert. Da besonders Insekten oftmals sehr klein sind, müssen sie aus entsprechend geringer Entfernung aufgenommen werden. Man verwendet daher Makro-Objektive oder auch normale Objektive, die man mit Zwischenringen oder Balgen einsetzt, um die Brennweite zu vergrößern. Die Fokussierung gestaltet sich dennoch schwierig, da die Tiefenschärfe abnimmt und sich die resultierende Lichtmenge merklich verringert. Um die Tiefenschärfe soweit wie möglich zu erhöhen und das Insekt vollständig scharf abzubilden, müssen sehr kleine Blendenöffnungen verwendet werden, weshalb das verfügbare Licht weiterhin abnimmt. Eine für diese Zwecke geeignete Beleuchtungsanlage ist also unverzichtbar. Für die Stroboskop-Fotografie bedeutet dies, daß man Blitzgeräte benötigt, die sehr kurze Blitze von hoher Lichtintensität produzieren. Darüber hinaus sollte die Blitzfolgezeit sehr kurz sein, denn das fliegende Insekt kann sich in Bruchteilen einer Sekunde aus dem Bildfeld bewegen, zumal dieses in der Makrofotografie stets sehr gering bemessen ist.
Im allgemeinen verwendet man für diese Art der Fotografie sogenannte »elektronische Fallen«. Das Insekt, das aufgenommen werden soll, wird eingefangen und in einen Käfig gesetzt. Um sich daraus zu befreien, steht nur ein einziger Durchgang zur Verfügung. Auf der einen Seite dieses Durchlasses ist ein Lämpchen angebracht, das eine hochempfindliche Photozelle auf der anderen Seite anstrahlt. Das vorüberfliegende Insekt unterbricht dieses Lichtbündel und bewirkt damit über einen elektronischen Schalter, daß der Auslöser der mit entsprechender Fokussierung plazierten Kamera betätigt wird und die Blitze einsetzen. Um Verzögerungen zu vermeiden, wie sie bei herkömmlichen Schlitzverschlüssen eintreten, hat man Spezialverschlüsse entwickelt.

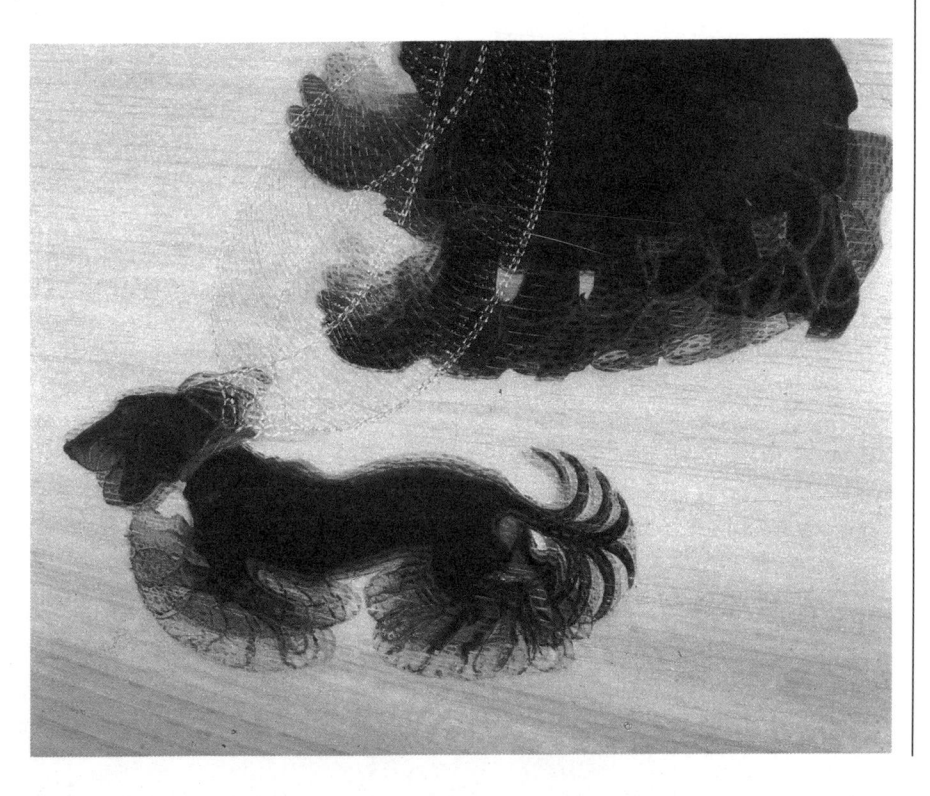

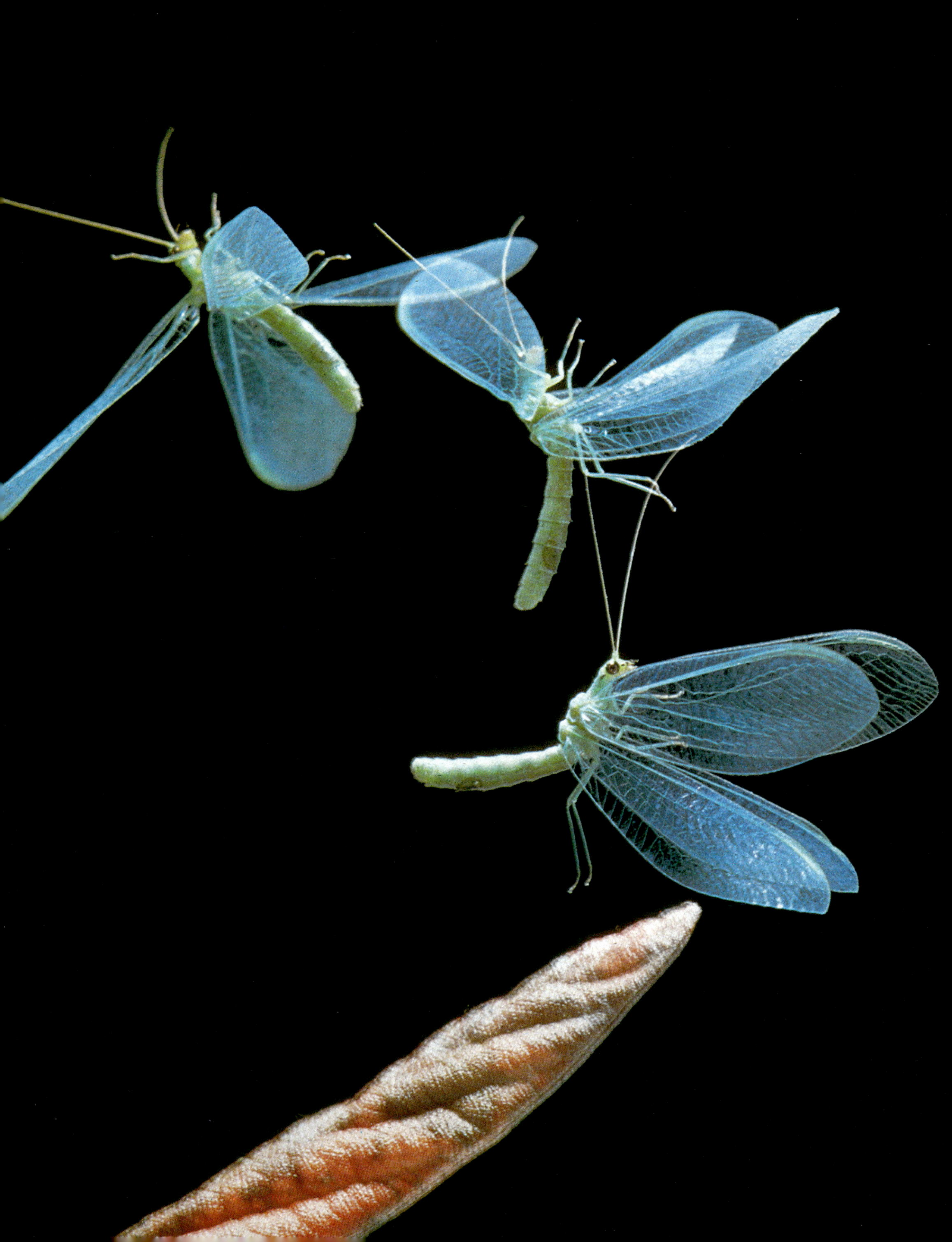

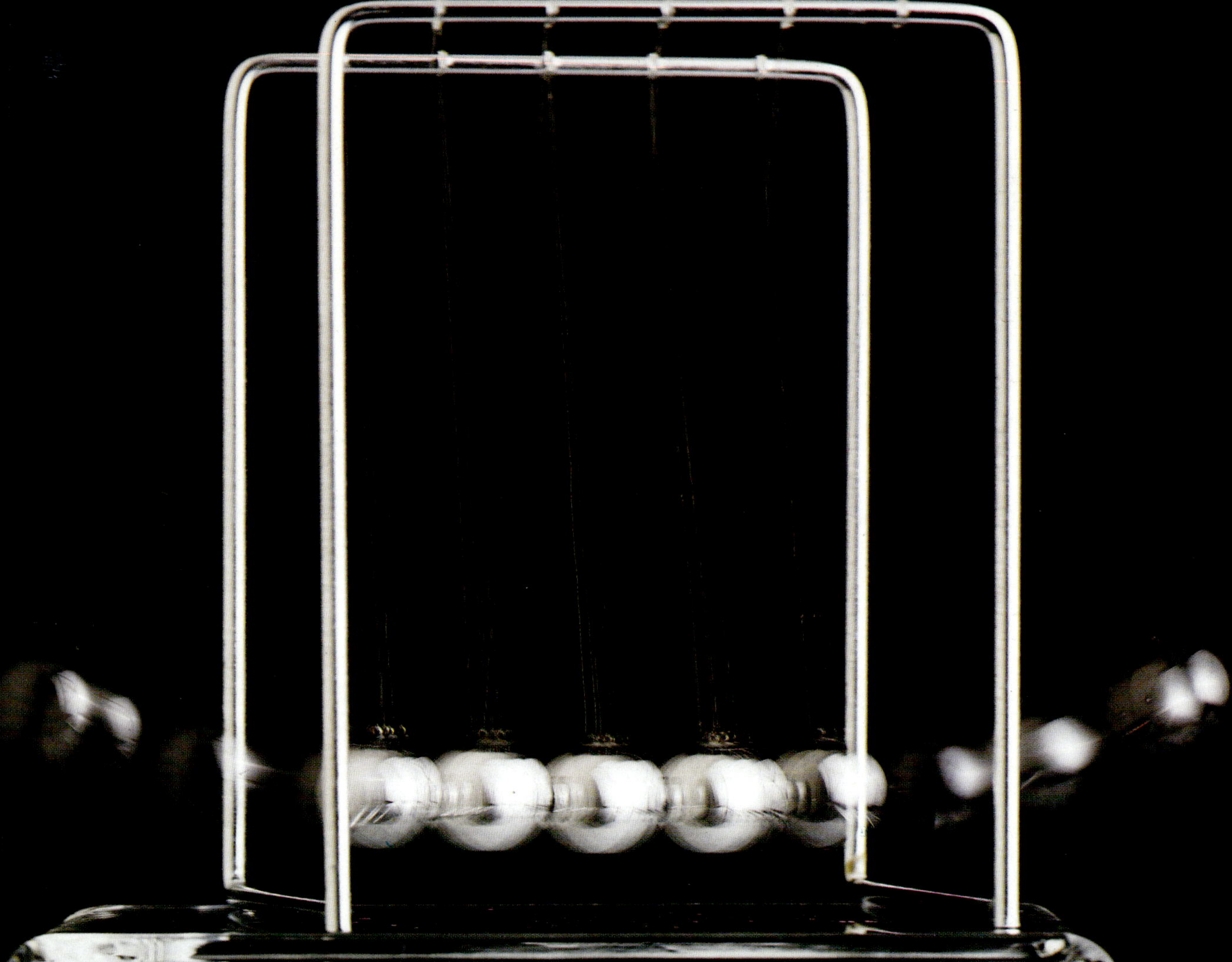

ler mit einer Leistung von 150 Watt in einem Abstand von einem Meter auf. Es empfiehlt sich, eine Sofortbildkamera zu verwenden, da man auf diese Weise die Ergebnisse gleich überprüfen kann. Die Kamera sollte rund eineinhalb Meter vom Objekt entfernt sein; sofern man nicht irgendwelche Spezialeffekte erzielen möchte, sollte die Filmebene möglichst parallel zur Bewegungsebene verlaufen. Handelt es sich um eine senkrechte Bewegung, ist es günstiger, eine Lampe aufwärts gerichtet am Boden aufzustellen und die andere in etwa zwei Meter Höhe und nach unten geneigt zu befestigen, wobei beide Strahler in einem Winkel von etwa 80 Grad zur Bewegungsebene stehen sollten. Wenn man lediglich die Bahn eines bestimmten Punktes (etwa des Schwerpunktes) festhalten möchte, erzielt man sehr gute Ergebnisse, indem man direkt auf dem Gegenstand eine kleine Taschenlampe anbringt.

Die Scheibe des Stroboskops sollte ausreichend fest (Karton, Plastik oder Feinblech) und absolut lichtundurchlässig sein sowie einen Durchmesser von 15 bis 25 Zentimeter haben. Abgestimmt auf die Drehzahl des Motors (auf dessen Antriebswelle sie später befestigt wird) sowie auf die gewünschte Blitzfrequenz, versieht man nun die Scheibe mit einer bestimmten Anzahl von rechteckigen Schlitzen. Für eine Frequenz von zehn Blitzen pro Sekunde und bei einer Motordrehzahl von 300 Umdrehungen pro Minute genügen zwei gleich große, sich exakt gegenüberliegende Schlitze. Für den Antrieb können Sie den Motor einer elektrischen Uhr, eines Elektrohaushaltsgerätes oder eines elektrischen Spielzeuges verwenden; er muß nur langsam genug sein. Zwar hängt die präzise Abfolge der Aufnahmen von der Gleichförmigkeit der Rotation ab, doch normalerweise braucht man sich über diesen Punkt keine übermäßige Sorge zu machen. Das Stroboskop wird nun so nah wie möglich standfest vor der Kamera aufgestellt, wobei es diese natürlich keinesfalls berühren darf. Das Objektiv wird seinerseits mit einem schwarzen Deckel verschlossen, der mit einem rechteckigen Schlitz in der gleichen Größe wie auf der Scheibe versehen ist. Nun ist die Apparatur bereit für die erste Aufnahme. Beim Einsetzen der Bewegung öffnen Sie den Verschluß (am besten benutzen Sie einen Drahtauslöser, um Vibrationen zu vermeiden) und schließen ihn erst, wenn Ihr Gegenstand das Bildfeld verlassen hat. Nach einigen Versuchen werden Sie die optimale Blitzfrequenz und die günstigste Aufstellung der Leuchten herausgefunden haben.

Das Lichtblitzstroboskop
Die zweite Methode, die ich jedem empfehlen möchte, der Spaß hat an Elektronik-Basteleien, setzt den Bau eines Lichtblitzstroboskops voraus. Heutzutage sind Geräte dieser Art recht verbreitet; vielleicht haben Sie es einmal bei Ihrem Reifenspezialisten im Einsatz gesehen, als die Reifen Ihres Autos ausgewuchtet wurden, oder auch beim Autoelektriker, der Ihnen den Motor eingestellt hat, ganz zu schweigen von seiner ausgiebigen Verwendung in Diskotheken. Ein leistungsfähiges Gerät dieser Art läßt sich leicht nachbauen, und das Material kostet ungefähr soviel wie ein Kinobesuch mit der ganzen Familie.

Abbildung auf der nebenstehenden Seite: Ein mit Hilfe eines Lichtblitzstroboskops gemachtes Foto eines Kugelpendels, auf dem die aufeinanderfolgenden Bewegungsabschnitte der Kugeln deutlich zu erkennen sind. Dieses unterhaltsame Spiel beruht auf den Gesetzen des elastischen Stoßes. Fünf Kugeln sind mittels eines doppelten Fadens in einer Reihe an einem horizontalen Träger befestigt, so daß sie stets in ihrem Mittelpunkt aufeinandertreffen, sobald sie bewegt werden. Zieht man eine der äußeren Kugeln aus der Vertikalen und läßt sie wieder los, wird man beim Zusammenprall der Kugeln ein seltsames Schauspiel beobachten. Während die Kugeln in der Mitte nahezu unbewegt bleiben, wird die äußere Kugel am anderen Ende in die Höhe geschleudert. Wenn diese Kugel nun wieder nach unten schwingt, wird wiederum die erste Kugel wegspringen und so fort. Bei einem entsprechend sorgfältig konstruierten Spiel hält die merkwürdige Pendelbewegung, bei der sich die beiden Kugeln immer wieder gegenseitig den Schwarzen Peter zustecken, ein Weilchen an. Die mittleren Kugeln verharren dabei still. So mysteriös dieses Phänomen auch erscheinen mag, die Erklärung findet sich im Abschnitt Physik am Billardtisch (S. 41 ff.), wo gezeigt wird, wie eine Kugel eine andere – völlig gleich beschaffene – Kugel in deren Mittelpunkt anstößt, woraufhin die erste sofort zum Stillstand kommt und die zweite mit der gleichen Geschwindigkeit losrollt. In unserem Fall kommt also die unten auftreffende Kugel zum Stillstand und setzt die zweite Kugel in Bewegung. Diese wird ihrerseits abgetrennt, um die nächste Kugel in Bewegung zu setzen, ohne daß sie Zeit hätte, sich selbst zu bewegen, da sie sich bereits in Kontakt mit einer anderen Kugel befindet. Die dritte Kugel, die in diesem Augenblick die vierte Kugel berührt, kann sich nicht anders verhalten und so weiter und so fort. Die letzte Kugel jedoch hat keine weitere Kugel neben sich und wird folglich mit der anfänglichen Geschwindigkeit der ersten Kugel beschleunigt. Wenn diese Kugel ihrerseits erneut auftrifft, beginnt das ganze Spiel in entgegengesetzter Richtung.

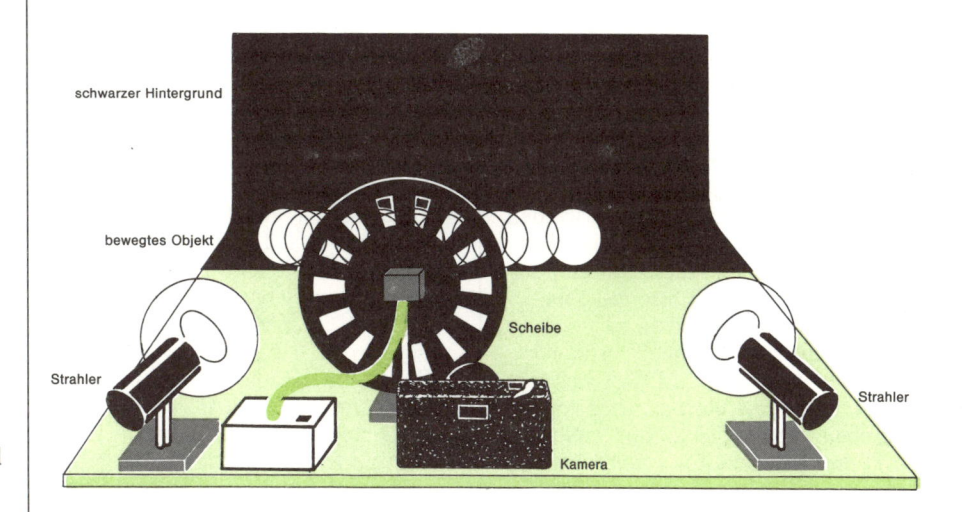

Anordnung von Kamera und Strahlern bei Verwendung eines Scheibenstroboskops.

Das Prinzip ist folgendes: Ein Stromkreis (der beispielsweise einen unipolaren Transistor enthält) öffnet und schließt sich periodisch, wobei die Frequenz durch entsprechend stärkere oder schwächere Widerstände und Kondensatoren verändert werden kann. Während der Stromkreis offen ist, lädt sich ein Kondensator auf, der seine Ladung an die Stroboskopenlampe weiterleitet, sobald sich der Stromkreis wieder schließt, wodurch der Blitz ausgelöst wird. Des weiteren ist eine Gleichrichterschaltung vorgesehen, welche die Lampe versorgt und den Kondensator auflädt, sowie ein Transformator, der die für die Entladung des Blitzes erforderliche Spannung von ungefähr 10 000 Volt herstellt.

Unter den unzähligen geeigneten Schaltplänen habe ich in der Zeitschrift *Nuova Elettronica* einen gefunden, der sich besonders leicht realisieren läßt. Dieses Stroboskop läßt sich auf eine Frequenz zwischen 10 und 0,5 Blitzen pro Sekunde einstellen, und um eine höhere Frequenz zu erreichen, braucht man lediglich einige Bauelemente auszuwechseln. Der Schaltplan ist auf der nebenstehenden Seite (Abb. 1) abgebildet.

Funktionsweise: Die Spannungsverdoppelung, bestehend aus DS1, DS2, C1, C2, C3, erzeugt aus der Netzspannung von 220 VAC eine Gleichspannung von ca. 620 VDC, die der XENON-Blitzlampe von C3 mit der Ladung von ca 620 µAs zur Verfügung steht. Die Blitzintensität wird durch die Kapazität von C3 festgelegt, bei 1µF beträgt die Blitzenergie 0.4 Ws. Bei einer Wiederholfrequenz von 10 Hz ergibt sich damit eine Leistung von 4W. Der Kondensator C3 sollte also bei Verwendung der in der Stückliste angegebenen Röhre nicht mehr vergrößert werden.

Die Zündung der Röhre erfolgt durch Entladung des Kondensators C5 auf die Primärwicklung des Transformators T1, der auf der Sekundärseite die zur Ionisation der XENON-Gasfüllung erforderliche Spannung von 10 KV in Form eines kurzen Impulses zur Verfügung stellt. Die Dimensionierung von R3 und C5 ist auf den Transformator abgestimmt und sollte nicht geändert werden. Kondensator C5 wird durch Widerstand R3 geladen und über Thyristor SCR1 auf den Zündtransformator T1 entladen. Thyristor SCR1 wird gezündet, wenn die Schwellenspannung des DIAC an C4 erreicht ist. Kondensator C4 wird über die Widerstände R1 und R2 geladen, die somit die Wiederholfrequenz festlegen. R2 dient dabei als Begrenzung der maximalen Frequenz. Die Summe von R1 + R2 begrenzt die Frequenz nach unten. Falls der Bereich nicht dem gewünschten entspricht, kann Kondensator C4 geändert werden (kleinerer Kondensator → höhere Frequenz). Bei angegebener Dimensionierung beträgt der Bereich ca. 10...0,5 Hz.

Achtung: Bitte beachten Sie bei der Inbetriebnahme der Schaltung, daß Spannungen von nahezu 1000 V z. B. an den Anschlüssen der Röhre gegenüber »Erde« anliegen!
Der Zündimpuls von 10 kV hingegen ist wegen der geringen Energie für den Menschen weniger gefährlich, setzt aber für die Zuleitung eine gute Isolation gegenüber anderen Bau- oder Gehäuseteilen voraus (in Luft ca. 5 mm Abstand).

Wie überprüft man die Präzision seines Plattenspielers?
Auch bei der Bestimmung der Umdrehungsleistung eines Motors kann man das Prinzip des Stroboskops nutzen. So sollte beispielsweise ein guter Plattenspieler unbedingt über die Eigenschaft verfügen, den Plattenteller je nach der vorgesehenen Umdrehungszahl der Schallplatte

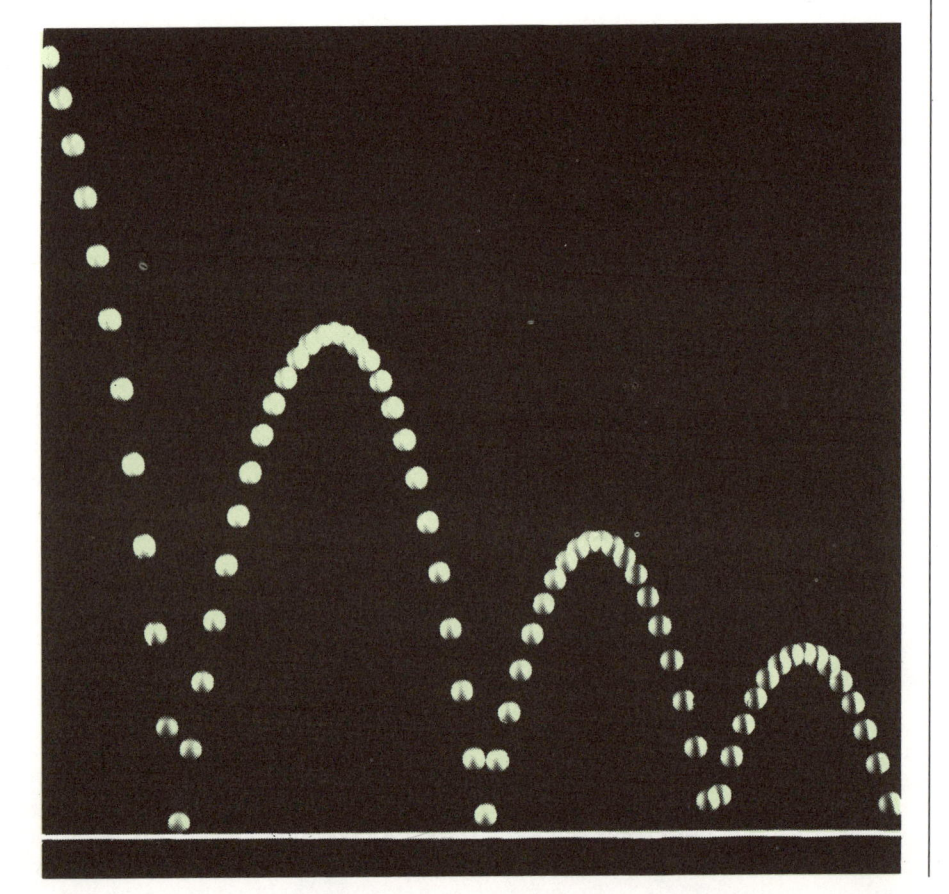

Links: Stroboskop-Foto eines springenden Gummiballs. Durch das regelmäßige Aufleuchten des Blitzes werden die Geschwindigkeitsveränderungen in den gekrümmten Flugbahnen des Bällchens sichtbar.

ZU ANFANG EIN WENIG BEWEGUNG · 39

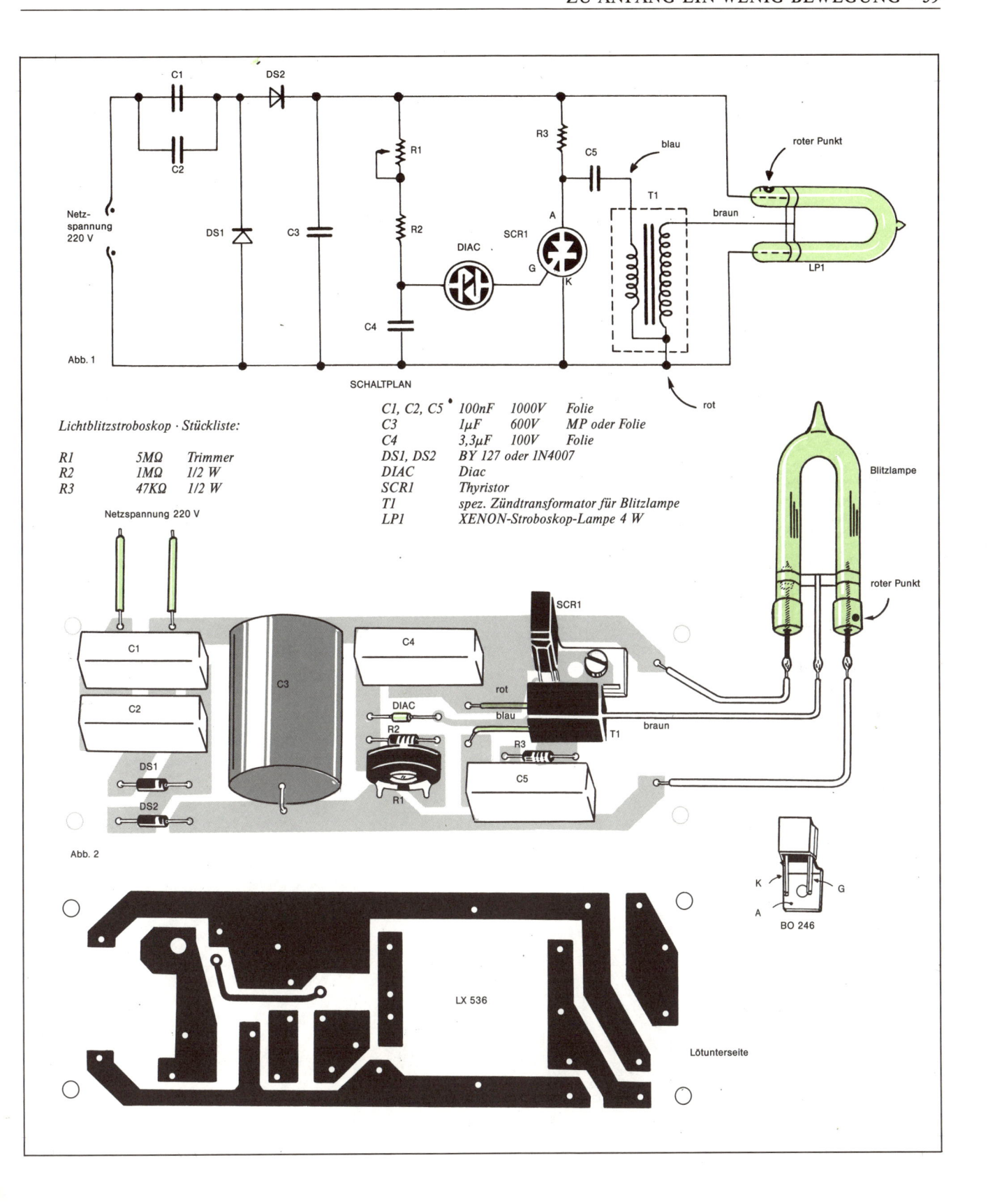

Abb. 1

SCHALTPLAN

Lichtblitzstroboskop · Stückliste:

R1	5MΩ	Trimmer
R2	1MΩ	1/2 W
R3	47KΩ	1/2 W
C1, C2, C5	100nF 1000V	Folie
C3	1μF 600V	MP oder Folie
C4	3,3μF 100V	Folie
DS1, DS2	BY 127 oder 1N4007	
DIAC	Diac	
SCR1	Thyristor	
T1	spez. Zündtransformator für Blitzlampe	
LP1	XENON-Stroboskop-Lampe 4 W	

Abb. 2

LX 536

Lötunterseite

BO 246

40 · ZU ANFANG EIN WENIG BEWEGUNG

mit absolut konstanter Geschwindigkeit zu drehen, was bei einer normalen Langspielplatte einer Frequenz von 33⅓ Umdrehungen pro Minute entspricht. Um zu überprüfen, ob Ihr Plattenspieler hält, was der Händler versprochen hat, können Sie auf eine Methode zurückgreifen, die auch von den Konstrukteuren angewendet wird. Schneiden Sie eine Fotokopie der auf der nebenstehenden Seite abgedruckten Scheibe aus, kleben Sie sie auf leichten Karton, und legen Sie die »Platte« (auf der sich übrigens 180 weiße und genauso viele schwarze Sektoren befinden) auf den Plattenteller. Beobachten Sie den sich drehenden Plattenteller im Licht einer möglichst hellen Lampe, fixieren Sie Ihren Blick auf einen nicht zu klein gewählten Punkt auf der

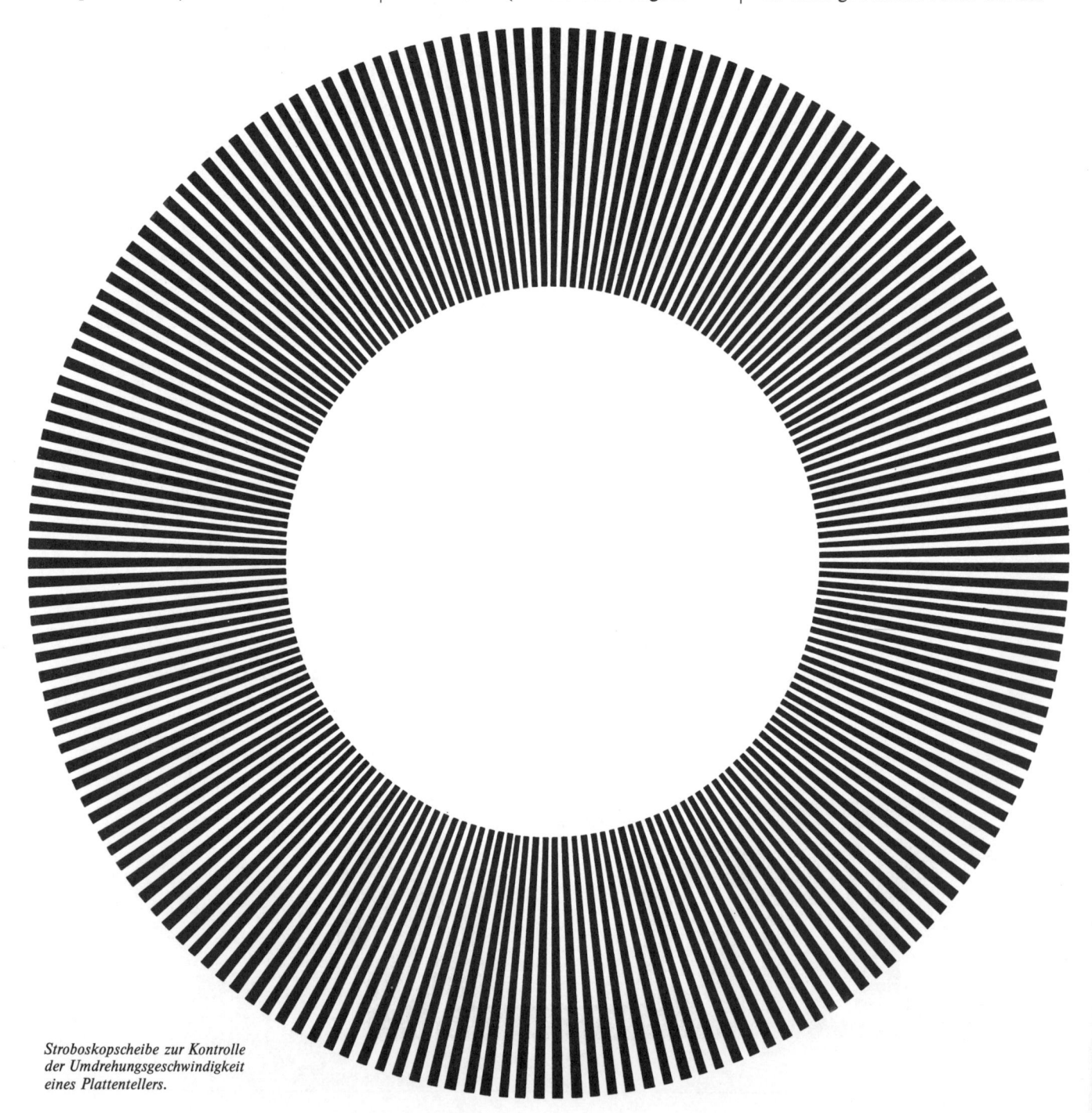

Stroboskopscheibe zur Kontrolle der Umdrehungsgeschwindigkeit eines Plattentellers.

Scheibe, und versuchen Sie, der Drehung nicht zu folgen. Wenn Sie sauber voneinander abgegrenzte und scheinbar bewegungslose dunkelgraue Streifen im Wechsel mit hellgrauen Streifen erkennen, so ist Ihr Plattenspieler auf die richtige Geschwindigkeit eingestellt. Um alle Zweifel auszuräumen, schalten Sie auf 45 Umdrehungen: Die Scheibe wird eine gleichmäßig graue Färbung annehmen. Doch wie kann das Bild der stroboskopischen Scheibe plötzlich »stillstehen«, wenn die Geschwindigkeit offenbar korrekt ist? Bei einer Geschwindigkeit von 33,33 Umdrehungen in der Minute beträgt die Zeit, die ein weißer Sektor benötigt, um exakt an den Platz des vorangegangenen weißen Sektors zu treten, (60:33,33) : 180 = 0,01000 Sekunden. (Nebenbei gefragt, verstehen Sie nun, warum man für die Umdrehungen in der Minute eine scheinbar so krumme Zahl gewählt hat?) Wenn also ein Lichtblitzstroboskop mit einer Frequenz von 100 Blitzen pro Sekunde die Scheibe beleuchtet, entsteht der Eindruck der Bewegungslosigkeit, denn zwischen den einzelnen Blitzen hatte jeder Sektor exakt die Zeit, auf den Platz seines Vorgängers zu gelangen. Natürlich werden wir uns nun suchend umschauen und uns fragen, wo sich jenes Blitzgerät befindet, das den Plattenteller Sekunde für Sekunde mit 100 Blitzen beleuchtet. Allerdings braucht man gar nicht weit zu suchen. Das Blitzgerät ist schlicht und einfach eine Haushaltsglühbirne, die – obgleich wir es nicht wahrnehmen, weil unsere Augen zu langsam reagieren – mit doppelter Netzfrequenz (Netzfrequenz = 50 Hertz), also 100mal in der Sekunde, aufblitzt. Um sich vollständig zu überzeugen, sollten Sie das Experiment im kontinuierlich einwirkenden Sonnenlicht wiederholen: Sie werden weder helle noch dunkle Streifen erkennen können. Dieser Versuch gestaltet sich in Amerika komplizierter, denn dort beträgt die Netzfrequenz 60 Hertz, und die Lampen leuchten mit einer Frequenz von 120 Blitzen pro Sekunde auf. Die kostspieligen Hi-Fi-Geräte haben am Rand des Plattentellers eine Reihe gleichmäßig angebrachter Markierungen, so daß der Benutzer auf iese Weise mit Hilfe des stroboskopischen Prinzips von Zeit zu Zeit die Geschwindigkeit des Plattenspielers nachstellen kann.

Physik am Billardtisch

Irgendwann einmal habe ich im Kino eine recht müde, aber publikumsumlagerte Billardpartie gesehen.
Da der Film recht mittelmäßig war, vertrieb ich mir die Zeit damit, mir auszumalen, was alles passieren könnte, wenn sich in einer solchen Situation plötzlich ein Physiker durch die Menge kämpfen und in gelehrter Manier erläutern wollte, weshalb die Kugeln auf diese Weise und nicht anders rollen, wie sie aufeinandertreffen und wo sie abprallen. Möglicherweise wäre dem Besserwisser ein schreckliches Ende beschert ... und den Anwesenden wäre die Gelegenheit genommen, viele interessante Beobachtungen zu machen. Warum sollten wir uns aber nicht hier, in einer etwas entspannteren Atmosphäre, mit diesen Dingen beschäftigen? Schließlich ist es nicht ausgeschlossen, daß es Ihnen nach beendeter Lektüre dieser Seiten endlich gelingt, Ihren Stil zu verbessern. Jeder Zuschauer einer Billardpartie macht zunächst die einfache Feststellung, daß die Kugeln – sofern die Spieler keine bestimmten Tricks (auf die wir noch zu sprechen kommen werden) anwenden – ohne zu rutschen oder zu schleudern vorwärtsrollen. Dies wäre allerdings nicht der Fall, wenn man die Tuchbespannung gegen eine glattgeschmirgelte und polierte Spielfläche austauschte. Bekanntlich spielt man beim Eishokkey nicht mit dem üblichen Ball, sondern mit einer kleinen Scheibe aus Hartgummi. Da eine Kugel auf diesem Untergrund nicht ins Rollen kommen kann, würde sie bei jedem Schlag ein störendes Hindernis darstellen. Die Rollbewegung verlangt die Einwirkung eines starken Reibungswiderstandes, und beim Billardspiel wird diese Reibung durch das Tuch erzeugt. Trotz dieser bremsenden Kraft (zweite Beobachtung) legen die Kugeln weite Strecken zurück, bevor sie zum Stillstand kommen. Um diesen scheinbaren Widerspruch aufzulösen, betrachten wir die Abbildungen auf der folgenden Seite. Das Rollen der Kugel entsteht aus der Verbindung zweier verschiedener Bewegungen, nämlich aus einer *Translationsbewegung* des Schwerpunkts (der bei der Kugel mit dem geometrischen Mittelpunkt zusammenfällt) und einer *Drehbewegung* um eine horizontale Achse, die ihrerseits den Schwerpunkt schneidet. Wir können jedoch noch eine andere Untersuchung anstellen, um uns zu verdeutlichen, wie die Bewegung der Kugel den Reibungswiderstand überwindet und ihn gleichermaßen unbedingt benötigt. Denken Sie sich eine weitere horizontale Achse, die im Berührungspunkt von Kugel und Tuch auf dem Billardtisch aufliegt. In einer gedachten Momentaufnahme würde man die Kugel »sich vorwärts beugen« und um diese Achse eine unmerkliche Drehbewegung ausführen sehen; die Physiker nennen dies eine »augenblickliche Rotationsachse«. Zirkusakrobaten führen gelegentlich ein Kunststück vor, bei dem sich zwei Akrobaten an den Fesseln halten, sich so weit krümmen, daß sie ein Rad bilden, und schließlich durch die Manege rollen. In dem Moment, in dem sie sich in Bewegung setzen, erkennt man deutlich, wie der obere der beiden sein Gewicht nach vorn verlagert, während der Rücken des unteren für einen Augenblick völlig unbewegt verharrt. Die gesamte Drehbewegung des Paares geschieht also um jene Achse, die den Berührungspunkt mit dem Boden schneidet, denn kurz darauf ergibt sich ein neuer Berührungspunkt, der seinerseits eine neue Rotationsachse bildet, und so fort. Bei keiner dieser winzigen Drehbewegungen der Kugel um die momentane Achse – denn wie in einer Abfolge von Fotoaufnahmen können wir die Gesamtbewegung der Kugel zerlegen – kann der Reibungswiderstand (wie groß er auch sein mag) angreifen, denn der Berührungspunkt

42 · ZU ANFANG EIN WENIG BEWEGUNG

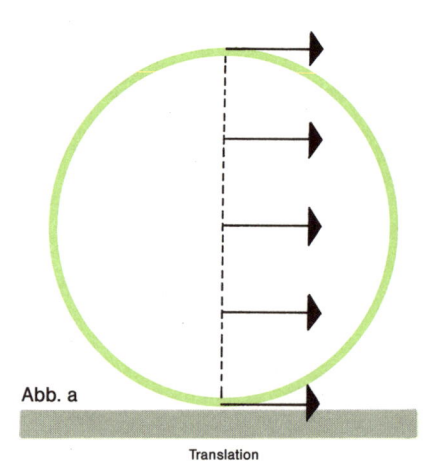

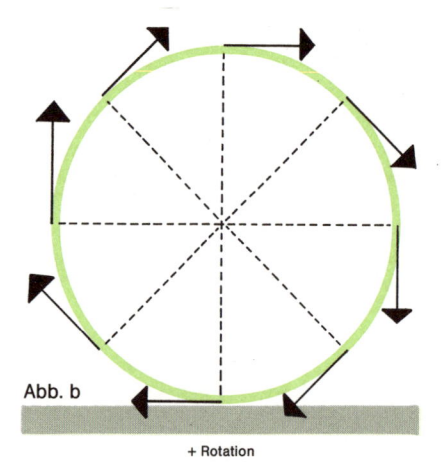

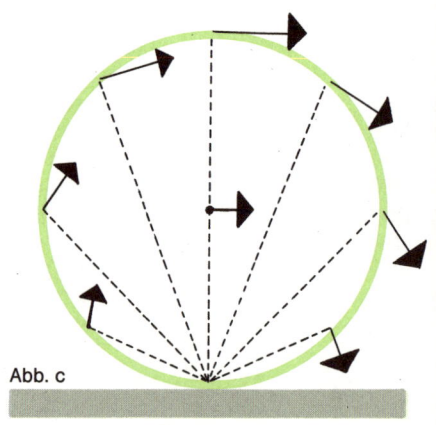

Abb. a — Translation

Abb. b — + Rotation

Abb. c — = Rollenbewegung

bleibt unbewegt. Addiert man sämtliche Rotationen und geht davon aus, daß die Reibungskraft in jedem der einzelnen Fälle null beträgt, erhält man als Summe natürlich null. Zumindest solange die Kugel ohne jegliche Gleitbewegung rollt, wird die Energie der Kugel von der Reibungskraft auch nicht zur Wärmeerzeugung verbraucht. In Wirklichkeit kann die Kugel selbstverständlich keine ideale Rollbewegung ausführen: Um vorwärtszukommen, muß sie einerseits den Luftwiderstand überwinden und andererseits den Filz ein wenig zusammendrücken. Sie verliert also fortschreitend an Energie und kommt schließlich zum völligen Stillstand.

Die interessantesten Beobachtungen lassen sich jedoch beim Zusammenprall der Kugeln machen. Trifft eine gewöhnliche Spielkugel eine stilliegende Malkugel in deren Mittelpunkt, so verliert die Spielkugel zwar an Geschwindigkeit, rollt aber dennoch in ihrer ursprünglichen Richtung weiter. Wenn nun aber die Malkugel auf die Spielkugel auftrifft, verlangsamt sie sich abrupt und prallt zurück, sobald sie die Spielkugel in Bewegung gesetzt hat. Eine Spielkugel, die eine andere Spielkugel im Zentrum trifft, kommt genau am Ort des Zusammenpralls zum Stillstand, während die bis dahin unbewegte Kugel mit der Geschwindigkeit der ersteren davonschießt. Um diese Phänomene zu erklären, genügen zwei physikalische Gesetze: das Gesetz von der Erhaltung der Energie und das Gesetz von der Erhaltung des Impulses.

Auch beim Zusammenprall bleibt die kinetische Gesamtenergie beider Kugeln unverändert. Die tatsächlich sehr elastischen Kugeln verbrauchen selbst keine Energie, da sie keinen permanenten Deformationen ausgesetzt sind, wie dies bei verformbaren Materialien der Fall wäre. Die anfänglich zur Verfügung stehende Energie teilt sich also nach dem Aufprall entsprechend den Massen der beiden Körper auf.

Ebenfalls unverändert bleibt die Bewegungsgröße (Impuls), also das Produkt aus Masse und Geschwindigkeit der Kugel. Dies hängt mit der Tatsache zusammen, daß beim Zusammenprall keinerlei Kräfte beteiligt sind, die sich wie beispielsweise die Schwerkraft oder Reibung durch »außenstehende« Körper auf das System der beiden Kugeln auswirken. Wer keine Abneigung gegen Formeln hegt, kann einmal überprüfen, ob sich mit Hilfe dieser beiden Gesetze die Phänomene erklären lassen, die wir vorhin auf dem Billardtisch beobachtet haben. Bezeichnen wir die Masse der von uns beschleunigten Kugel mit M und die Masse der unbewegten Kugel mit m. Die bewegte Kugel kommt mit einer Geschwindigkeit V an, während V' und v' die jeweiligen Geschwindigkeiten der Kugeln nach dem Aufprall angeben. Die kinetische Energie eines Körpers beträgt die Hälfte des Produkts aus seiner Masse und dem Quadrat seiner Geschwindigkeit. Die Tatsache, daß diese Energie beim Aufprall erhalten bleibt, läßt sich also folgendermaßen ausdrücken:

$$(1/2) \cdot M \cdot V^2 = (1/2) \cdot M \cdot V'^2 + (1/2) \cdot m \cdot v'^2$$

Wir hatten eingangs festgelegt, daß wir Großbuchstaben für die von uns in Bewegung gesetzte Kugel und Kleinbuchstaben für die angestoßene Kugel verwenden. Die Erhaltung des Impulses läßt sich also umschreiben als:

$$M \cdot V = M \cdot V' + m \cdot v'$$

Die Unbekannten in unserem Falle sind die beiden Geschwindigkeiten nach dem Zusammenstoß V' und v', doch wir können sie mit Hilfe unserer Gleichungen ermitteln. Die zweite Gleichung läßt sich umformen zu:

$$V' = (M/m) \cdot (V - V')$$

oder auch:

$$V' = V - (m/M) \cdot v'$$

Oben: Die Rollbewegung einer Kugel läßt sich auf zwei verschiedene Arten betrachten: 1) als eine Zusammensetzung aus der Translation des Schwerpunktes und einer Rotation um diesen (Abb. a + b); 2) als Rotationsbewegung der gesamten Kugel um die jeweilige Achse, die in einem bestimmten Moment den Berührungspunkt der Kugel mit dem Untergrund schneidet (Abb. c).

Auf der nebenstehenden Seite: Die Stroboskop-Aufnahmen zeigen den Zusammenprall von Billardkugeln. 1) Die Spielkugel trifft die unbewegte Malkugel in deren Zentrum; 2) Die Malkugel prallt auf eine unbewegte Spielkugel; 3) Eine Spielkugel trifft frontal auf eine zweite.

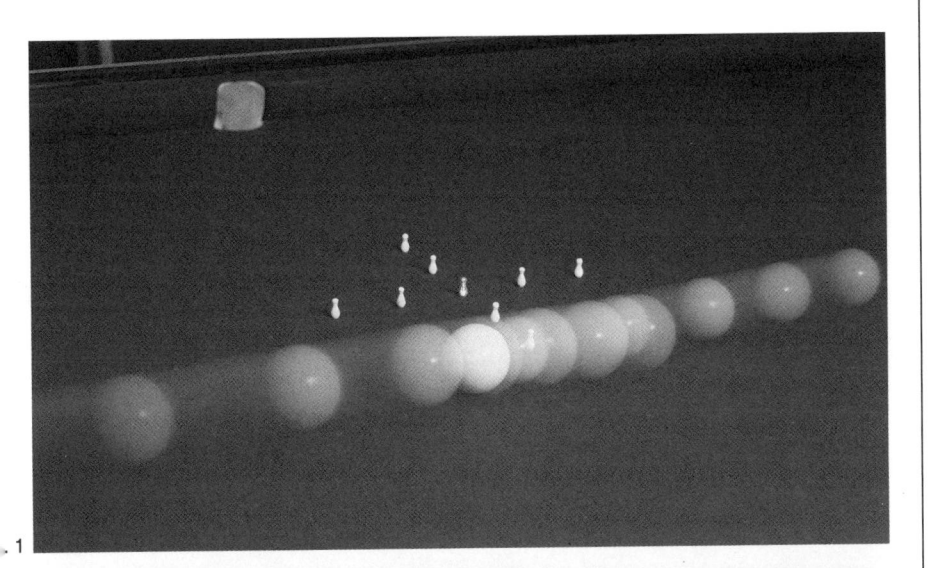

Wenn wir nun zunächst die letzte und danach die vorletzte Gleichung im Satz von der Erhaltung der kinetischen Energie substituieren, erhalten wir zwei Gleichungen zweiten Grades mit folgender Auflösung:

$$V' = V \cdot (M-m) / (M+m)$$
$$v' = V \cdot 2 \cdot M / (M+m)$$

Es ist nun nicht mehr schwer, durch diese beiden Formeln das Gesuchte zu ermitteln. Nehmen wir an, daß eine Spielkugel mit einer Geschwindigkeit V auf die unbewegte Malkugel auftrifft. In diesem Fall ist die Masse M größer als die Masse m (in Symbolen: $M > m$), die Differenz $M-m$ ist positiv, und V' hat deshalb das gleiche Vorzeichen wie V. Dies bedeutet, daß die Kugel ihre Bewegungsrichtung nicht umkehrt (ansonsten würde sich das Vorzeichen der Geschwindigkeit ändern). Dennoch verringert sich die Geschwindigkeit um den Faktor $(M-m)/(M+m)$. Wenn die Malkugel halb so schwer ist wie die Spielkugel, so beträgt die Endgeschwindigkeit der Spielkugel ein Drittel ihrer Ausgangsgeschwindigkeit:

$$V' = V \cdot [M - (1/2) \cdot M] / [M + (1/2) \cdot M] = (1/3) \cdot V$$

Trifft hingegen die Malkugel auf die Spielkugel, gilt $M < m$ (M ist kleiner als m), und aus $M-m$ ergibt sich eine negative Zahl. Die Endgeschwindigkeit V' hat also ein anderes Vorzeichen als V: Die Malkugel rollt nach dem Aufprall ein Stückchen zurück. Wir haben auch beobachtet, daß bei einem frontalen Zusammenprall zweier Spielkugeln die auftreffende Kugel sofort zum Stillstand kommt, während die getroffene Kugel mit deren Geschwindigkeit davonsaust. Unsere Gleichungen ergeben für $M = m$:

$$V' = 0$$
$$v' = V$$

Was geschieht nun aber, wenn die Kugel im rechten Winkel gegen die Bande trifft? Wir haben bemerkt, daß sie ohne sich zu verlangsamen ihre Geschwindigkeit »umkehren« kann, und dies läßt sich leicht durch die Erhaltungssätze erklären. Die fest mit den übrigen Teilen des Spieltisches verbundene Bande hat eine weitaus größere Masse als die kleine Kugel. Kehren wir zu unseren Relationen zurück:

$$V' = V \cdot (M-m) / (M+m)$$
$$v' = V \cdot 2 \cdot M / (M+m)$$

Indem man Zähler und Nenner durch m dividiert, ergibt sich umgeformt:

$$V' = V \cdot [(M/m) - 1] / [(M/m) + 1]$$
$$v' = 2 \cdot (M/m) / [(M/m) + 1]$$

Da die Masse des Tisches m um einige hundertmal größer ist als M, muß M/m folglich eine sehr kurze kleine Zahl ergeben, die man bei Addition oder Subtraktion von 1 vernachlässigen kann. Im übrigen ist es in der Physik wenig sinnvoll, daß die Genauigkeit der Berechnungen die Präzision der Meßgeräte übersteigt; daher begnügt man sich oftmals mit Näherungswerten, über die ein Mathematiker möglicherweise die Nase rümpfen würde. Wir können also (selbst wenn es im strengsten Sinne natürlich nicht stimmt) $M/m = 0$ setzen und erhalten:

$$V' = V$$
$$v' = 0$$

Die Kugel wird mit gleicher und ihrer Aufprallgeschwindigkeit ent-

Stroboskopische Darstellung des Aufpralls einer Kugel gegen die Bande. Die Bahn der Kugel entspricht der eines Lichtstrahls, der von einem Spiegel reflektiert wird (Zeichnung unten). Die Kugel wurde selbstverständlich ohne »Effet« gespielt.

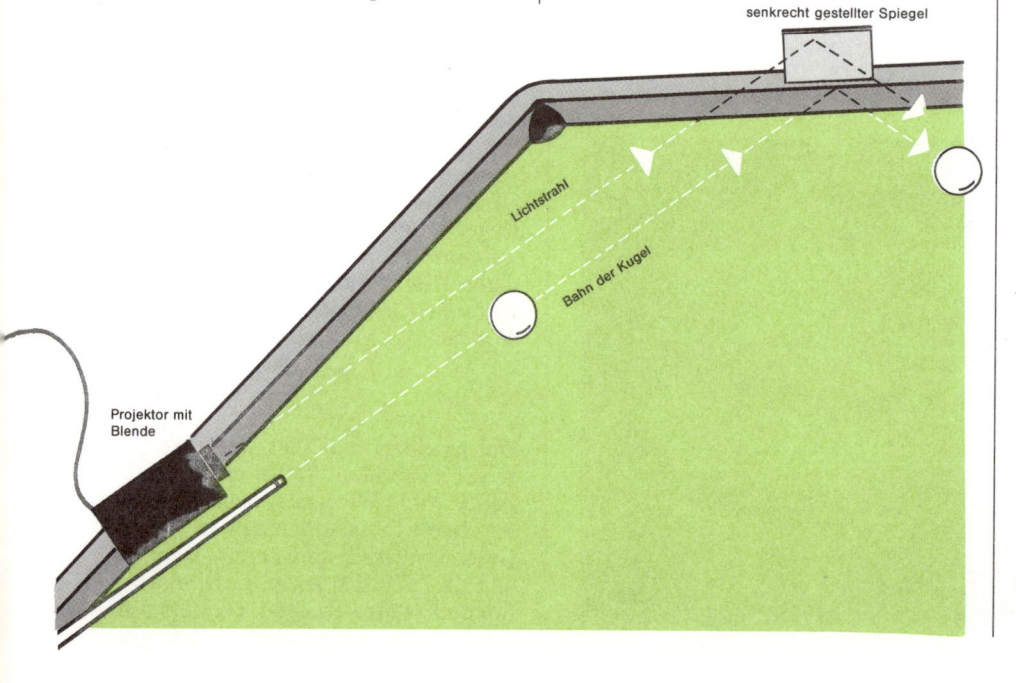

gegengerichteter Geschwindigkeit von der Bande zurückgestoßen (die Relation $v' = 0$ drückt aus, daß sich die Bande nach dem Aufprall nicht bewegt). Daß es sich hierbei um eine echte *Reflexion* handelt, bestätigt die Tatsache, daß bei einem schrägen Aufprall der Kugel – genau wie bei der Reflexion von Licht durch einen Spiegel – der Eintritts- gleich dem Austrittswinkel ist. Das Verhalten der Kugel wie auch das des Lichts beruht auf dem Gesetz von der Erhaltung des Impulses. Bis jetzt sind wir davon ausgegangen, daß die Kugeln eine reine Rollbewegung ausführen, doch wie jeder Billardspieler nur allzu gut weiß, ist dies nur dann der Fall, wenn das Queue die Kugel an einem ganz bestimmten Punkt trifft. Wäre unsere Erde eine Billardkugel, könnten wir sagen, daß sich dieser Punkt auf dem Nullmeridian und ungefähr auf der Höhe des Wendekreises des Krebses befindet. Die Virtuosen des Billardspiels wissen jedoch auch, in welchem Punkt sie die Kugel anspielen müssen, um sie auf Bahnen zu schicken, die sämtliche Bewegungsgesetze über den Haufen zu werfen scheinen. Um eine wissenschaftliche Erklärung für derart spektakuläre Stöße zu finden, können wir auf eine

Untersuchung von Jearl Walker zurückgreifen (*Spektrum der Wissenschaft*, September 1983, S. 124–129). Relativ leicht lassen sich angeschnittene Stöße ausführen, bei denen eine Kugel der anderen entweder ein Stückchen hinterherrollt oder aber nach dem Aufprall zurückrollt. Der Anspielpunkt für eine reine Rollbewegung befindet sich auf der oberen Kugelhälfte, und zwar genau ⅖ des Radius vom Zentrum entfernt. Wenn das Queue oberhalb dieses Punktes auftrifft, erzeugt es eine Extrarotation nach vorn, wodurch die Kugel in eine Gleitbewegung gezwungen und somit einem starken Reibungswiderstand ausgesetzt wird. Die momentanen Achsen der einzelnen »Rotationsabschnitte« bleiben also nicht

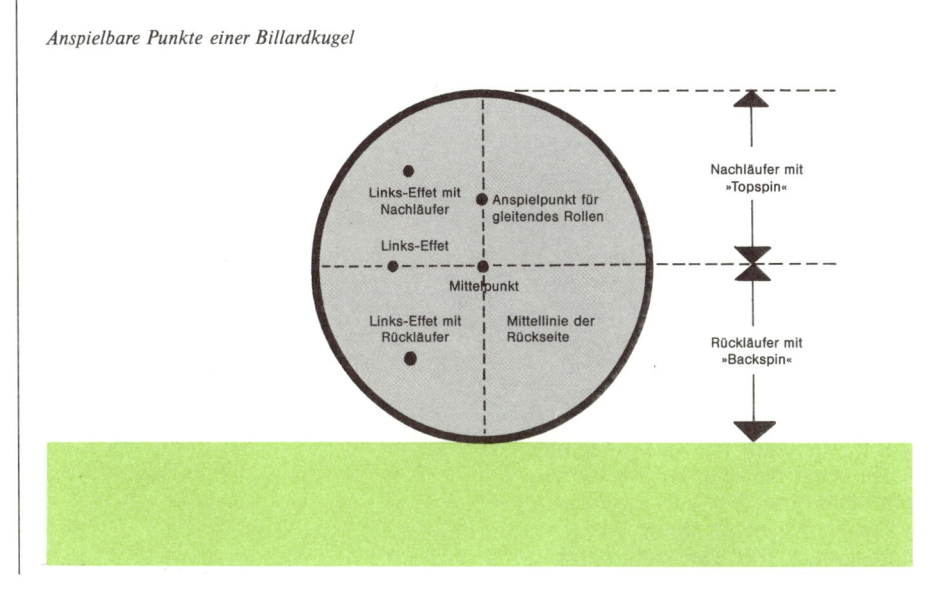

Anspielbare Punkte einer Billardkugel

Die vier Bewegungsphasen des Nachläufers

unbewegt, sondern rutschen über die Tuchbespannung nach hinten weg. Da er der Gleitbewegung entgegenwirkt, ist der Reibungswiderstand vorwärts gerichtet und gibt deshalb paradoxerweise dem Schwerpunkt der Kugel einen zusätzlichen Schub, der sie beschleunigt. Nehmen wir an, daß eine auf diese Weise beschleunigte Kugel auf eine unbewegte Kugel auftrifft. Nach den Erhaltungssätzen muß der Schwerpunkt am Aufprallort zum Stillstand kommen; wenn jedoch eine zusätzliche Rotationsbewegung gegeben ist, wird die Drehbewegung um den Schwerpunkt weiter anhalten. Nach einem kurzen Augenblick wird sich die Kugel aufgrund der erneut einwirkenden Reibung in Bewegung setzen und der anderen Kugel, die sie zuvor getroffen hatte, langsam folgen. Man nennt diesen Stoß deshalb auch »Nachläufer«.

Wird die Kugel nun in einem Punkt angespielt, der sich im Bereich oberhalb der Mittellinie, aber unterhalb des auf der Höhe von ⅖ des Radius liegenden Punktes befindet, bleibt die Rotation zu langsam, um sofort die Bedingungen für eine vollkommene Rollbewegung zu schaffen. Solange sich der ideale Zustand nicht eingestellt hat, wird die Bewegung durch den einwirkenden Reibungswiderstand gebremst. In dieser Zeit verliert

46 · ZU ANFANG EIN WENIG BEWEGUNG

die Kugel jedoch eine beträchtliche Menge ihrer Energie und legt deshalb eine kürzere Strecke zurück. Möchte man einen »Rückläufer« ausführen, muß man die Kugel ebenfalls auf dem mittleren Längenkreis, allerdings etwas unterhalb der »Äquatorlinie« anspielen. Auf diese Weise erhält die Kugel eine rückwärtsgerichtete Rotation, die sie vorwärts über den Stoff rutschen läßt, denn der Reibungswiderstand ist in diesem Falle seinerseits rückwärtsgerichtet und verlangsamt somit die Bewegung des Kugelschwerpunktes. Im Moment des Zusammenpralls mit einer anderen Kugel sorgt die überschüssige Rotation dafür, daß der Reibungswiderstand die Kugel auf ihrem Weg zurückrollen läßt. Die Stoßtechnik wendet man besonders gern an, wenn dicht vor den Löchern gespielt wird und man sicherstellen möchte, daß die eigene Kugel nicht das Schicksal der versenkten gegnerischen Kugel teilt.

Bei einem Nachläufer oder Rückläufer ist die Richtung der Kugeln vor und nach dem Aufprall die gleiche wie im Falle der reinen Rollbewegung. Dennoch vermag ein guter Spieler die durch den Satz von der Erhaltung des Impulses vorgegebenen Bahnen zu verändern. Natürlich bleibt das Gesetz unangetastet, solange der Reibungswiderstand bei einem Aufprall eine zu vernachlässigende Rolle spielt; doch diese Voraussetzung läßt sich durchaus verändern. Beispielsweise erzielt man recht erstaunliche – wenn auch nicht ganz erlaubte – Effekte, wenn man

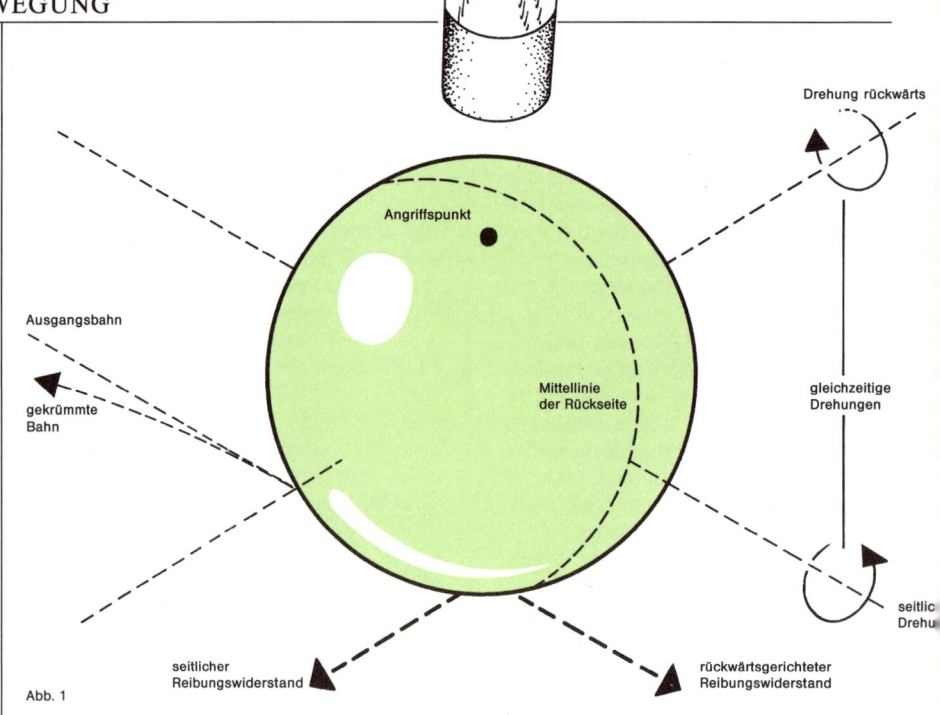

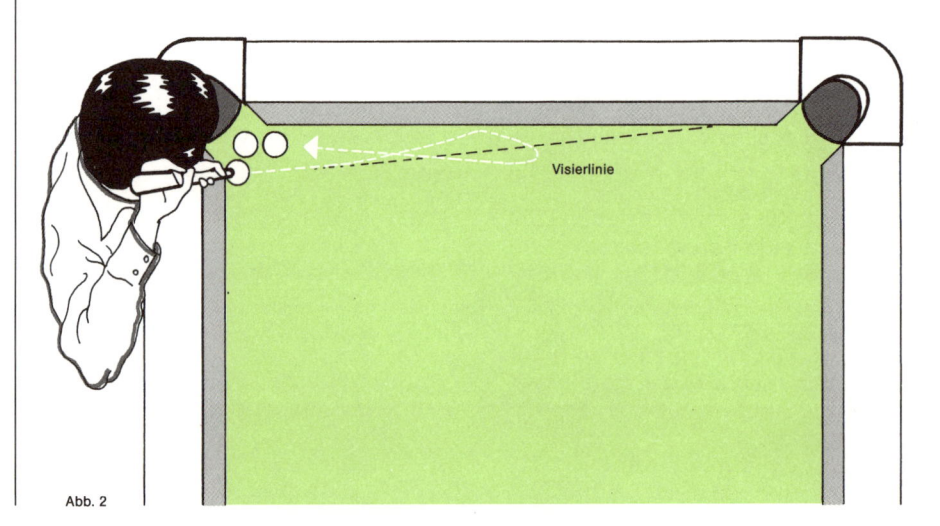

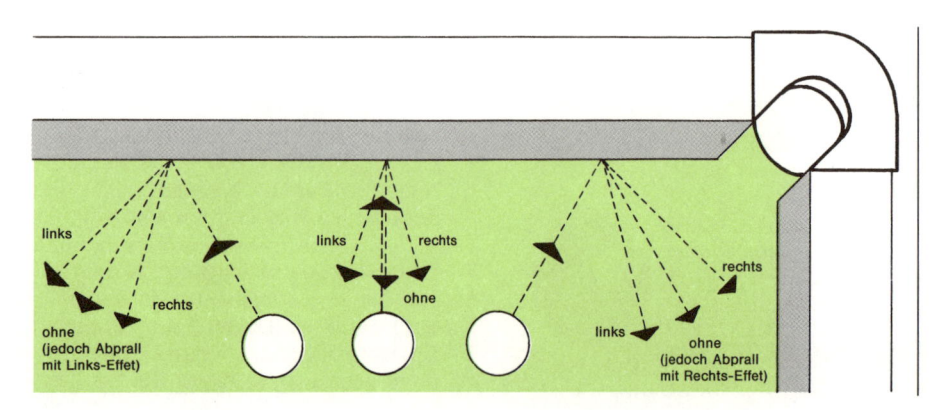

Oben: Ausführung und Wirkung des Massé-Stoßes (Abb. 1 und 2)

Links: Der »Effet« der Kugel und sein Einfluß auf das Bandenspiel (angegeben wird die Richtung der Ausgangsrotation)

die Oberfläche der Kugeln mit einer dünnen Gipsschicht überzieht. Um nun in jedweder Partie seine Meisterschaft zu beweisen, verleiht man der Kugel mit einem gekonnt rechts oder links neben dem mittleren Meridian plazierten Stoß eine zusätzliche Drehbewegung um eine vertikale Achse.

Nehmen wir an, der Spieler spielte die Kugel frontal gegen eine Bande. Hat das Queue exakt den mittleren Längengrad getroffen, rollt die Kugel auf dem gleichen Weg zurück. Wird die Kugel jedoch in einem Punkt getroffen, der links dieser Linie liegt, wird sie sich – von oben betrachtet – mit einer Drehbewegung im Uhrzeigersinn der Bande nähern. Im Moment des Aufpralls rutscht sie mit einer nach rechts gerichteten Drehbewegung gegen den Stoffbezug der Bande, woraufhin eine nach links gerichtete Reibung entsteht und die Rückkehrbahn der Kugel entsprechend nach links abgelenkt wird. Selbstverständlich geschieht dieser Vorgang bei einer rechts vom Zentrum angespielten Kugel seitenverkehrt. Indem man das Queue in einem entsprechend hoch gelegenen Punkt der Kugeloberfläche auftreffen läßt, kann man diesen Trick mit einem Nach- oder Rückläufer verbinden. Ein nicht minder effektvoller Stoß ist der »Massé-Stoß«. Diese Technik ermöglicht es, eine (entsprechend präparierte) Kugel um ein Hindernis herumzulenken. Hierzu spielt man sie ein wenig neben der Mittellinie schwungvoll von oben an. Mittels dieser senkrecht gerichteten Kraft verleiht man der Kugel neben einer Vorwärtsbewegung auch eine starke Drehbewegung, die einen entsprechenden Reibungswiderstand erzeugt.

Die Rotationsbewegung vollzieht sich um eine waagerechte Achse, die jedoch schräg zur Bewegungsrichtung steht. Die parallel zur Visierlinie wirkende Komponente des Reibungswiderstandes entspricht dem Prinzip eines Rückläufers, während die senkrecht zu dieser wirkende Komponente die Bahn der Kurve krümmt, so daß die Kugel bei guter Plazierung das Hindernis sicher umgeht.

Rutherfords »Kugeln«

Die Gesetze, mit deren Hilfe die Physik einen Einblick in das »Innenleben« der Atome gewinnen konnte, sind letztlich – so merkwürdig dies auch zunächst klingen mag – keine anderen als die für die Kugeln auf dem grünen Filz.

Zu Anfang des 20. Jahrhunderts war das Phänomen der Radioaktivität bereits wohlbekannt, und die Wissenschaftler hatten die Möglichkeit, sich kleine Mengen des Alpha-Teilchen aussendenden Polonium 210 zu beschaffen. Obgleich sie lediglich über eine Masse von $6{,}7 \times 10^{-24}$ g verfügen, muß man diese Teilchen im Vergleich zu den ihnen verwandten Beta-Teilchen, die immerhin achttausendmal leichter sind, als wahre Bowlingkugeln bezeichnen. (Ganz zu schweigen von den Gamma-Teilchen: Sie haben keine Masse, sondern gelten als Lichtquanten.)

Um das Jahr 1910 kam in Cambridge der neuseeländische Wissenschaftler Ernest Rutherford auf einen Gedanken, von dem später Generationen von Physikern profitieren sollten: Um etwas über eine unsichtbare Zielscheibe zu erfahren, ist es das beste, sie zu beschießen und dabei zu beobachten, was mit den Geschossen geschieht. Rutherfords »Ziel« war das Atom, und geeignetere Geschosse als die Alpha-Teilchen des Poloniums standen nicht zur Verfügung. Mit viel Geduld stellte man Goldbleche her, die schließlich eine Stärke von wenigen Tausendstel Millimetern erreichten. Rutherford plazierte diese Folien vor einer geringen Menge Poloniumsalz. Obgleich Gold aus sehr schweren und eng aneinandergelagerten Atomen besteht, war die Folie dünn genug, eine Vielzahl von Alpha-Teilchen durchzulassen. Rutherford umschloß die Apparatur mit seinem »Detektor«, einem Szintilloskop, das am Auftreffpunkt eines Teilchens einen schwachen Lichtblitz abgab. Überraschenderweise drangen jedoch sehr viele Alpha-Teilchen durch die Goldfolie, denn das Szintilloskop zeigte mit Folie die gleiche Blitzfrequenz wie ohne sie. Da die Goldatome in etwa so eng aneinanderliegen wie Sardinen in der Sardinenbüchse, blieb nur eine einzige Erklärung: Die Atome selbst mußten für die relativ großen Alpha-Teilchen »durchlässig« sein. Rutherford überprüfte die Hypothese, indem er die kaum wahrnehmbaren Leuchterscheinungen bei völliger Dunkelheit geduldig beobachtete; er mußte schließlich feststellen, daß rundgerechnet nur ein einziger von tausend Blitzen auf dem Schirm *vor* dem Goldblech auftrat. Folglich traf von tausend Teilchen lediglich ein einziges auf etwas, das sehr viel schwerer war als es selbst und es wie eine Billardkugel an der Bande zurückprallen ließ. Die gesamte Masse des schweren Goldatoms schien sich also in diesem harten Kern zu konzentrieren, dessen Ausmaße verglichen mit dem Gesamtvolumen offenkundig verschwindend gering waren.

Der Atomkern wird von Elektronenwolken umgeben, die sich in Rutherfords Experiment als durchlässig erwiesen, weil die Elektronen mit ihrem achttausendfach geringeren Gewicht von den Alpha-Teilchen beiseite geschoben wurden wie Pingpongbälle von einer schwungvoll aufgesetzten Bowlingkugel.

Schematische Darstellung des Rutherford-Versuchs

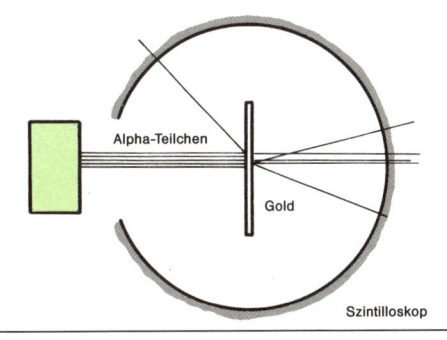

GRAVITATIONSBESCHLEUNI-GUNG IN HAUSGEMACHTEN MESSVERFAHREN

Man hört und liest recht häufig Sätze wie: »Der Pilot flog eine Kurve von 5 g«, »Die Astronauten sind darauf trainiert, Beschleunigungen von vielen g zu ertragen« und so weiter. Die Konstante g, der Anfangsbuchstabe von »Gravitation«, hat sich als natürliche Maßeinheit der Erdbeschleunigung (Fall-, Gravitationsbeschleunigung) durchgesetzt. Diese Beschleunigung ist ihrerseits – wenn mir die Formulierung erlaubt ist – die Schnelligkeit, mit welcher sich die Geschwindigkeit innerhalb eines Zeitintervalls verändert. Stellen Sie sich vor, Sie klettern auf einen Sprungturm und springen im Streckprung hinunter. Ihre Geschwindigkeit, die beim Absprung gleich null ist, nimmt konstant zu und erreicht ihren Höchstwert in dem Moment, in dem Sie in das Wasser eintauchen. Ihre Beschleunigung indessen bleibt unverändert (abgesehen von einem geringfügigen Luftwiderstand) und beträgt 9,8 m/sec^2 (lies: Meter pro Sekunde zum Quadrat). Dies ist exakt der Wert von g, also der Beschleunigung, mit der – wenn man den Luftwiderstand übergeht bzw. mittels bestimmter Verfahren ausschließt – jedweder Körper zu Boden fällt. Wir müssen allerdings präzisieren, daß es sich hierbei um einen Mittelwert handelt, denn die Gravitationsbeschleunigung variiert ein wenig in Abhängigkeit von Höhe, geographischer Breite und Beschaffenheit des Bodens, wobei g jedoch nur indirekt bestimmt werden kann; das heißt, daß andere Größen gemessen werden müssen, die durch mathematische Relationen mit g verbunden sind. So wächst zum Beispiel die Geschwindigkeit eines fallenden Körpers proportional zur Zeit, und da diese Proportionalitätskonstante dem Wert von g entspricht, kann man nach einer Sekunde Fallzeit die Geschwindigkeit messen und findet damit den gesuchten Wert. Doch leider ist es alles andere als einfach, die Geschwindigkeit direkt zu messen; deshalb zieht man es vor, die in einem bestimmten Zeitraum zurückgelegte Strecke zu definieren. Im Grunde bedeutet g nämlich nichts anderes als der zurückgelegte Weg mal zwei, geteilt durch das Quadrat der Zeit. Wenn wir mit s die Anzahl der Meter bezeichnen, die ein Körper in einer Zeit t gefallen ist, erhalten wir für g folgende Formel:

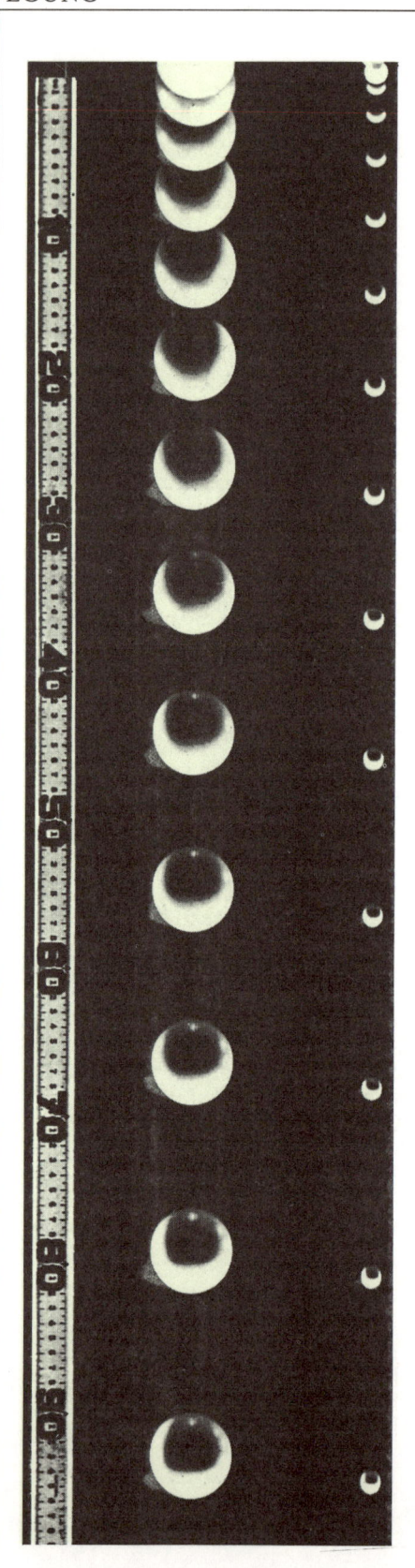

$$g = 2 \cdot s/t^2$$

Die Messung läßt sich leicht durchführen. Im folgenden stellen wir drei Methoden vor, mit denen Sie jene für die Geschichte der Wissenschaft so bedeutsame physikalische Größe zu Hause ermitteln können. In den ersten beiden Verfahren, die sich auf die oben erläuterte Formel stützen, wird ein Wassertropfen bzw. ein Plattenspieler als Meßgerät verwendet, während die dritte und zugleich zuverlässigste Möglichkeit darin besteht, die Schwingungen eines Pendels zu zählen.

Nicht alle Wasserhähne tropfen vergebens

Um g zu erhalten, müssen wir nicht nur die Distanz messen, die ein »Körper« – wie sich die Physiker in ihrer gelegentlich an das 17. Jahrhundert erinnernden Sprache gerne ausdrücken – fällt, sondern auch die Zeit, die er dazu benötigt. Doch wie stellt man die Falldauer fest? Auf kurzen Entfernungen ist diese Zeit zu kurz, als daß sie mit einer Stoppuhr gemessen werden könnte, und auf längeren Strecken könnte der Luftwiderstand die Meßergebnisse empfindlich beeinträchtigen. Die einfachste Art und Weise, derlei Hindernisse zu umgehen, ist meines Wissens nach ein tropfender Wasserhahn. Wenn es bei Ihnen einen gut regulierbaren Wasserhahn in etwa 1 m

Die Lichtblitze des für diese Aufnahme verwendeten Stroboskops folgen in exakt gleichbleibenden Zeitabständen aufeinander. Die zurückgelegten Strecken der beiden Körper verlängern sich mit zunehmender Falldauer. Abstandsmessungen zeigen, daß die Geschwindigkeit proportional zur seit dem Beginn der Bewegung vergangenen Zeit anwächst. Außerdem erfahren die beiden Körper offenkundig die gleiche Beschleunigung, obwohl sie unterschiedlich schwer sind.

Bodenhöhe gibt, sollten Sie einen Metalldeckel darunterstellen, damit Sie die Geräusche besser wahrnehmen, und den Hahn tropfen lassen. Drehen Sie den Hahn so weit zu, bis sich ein Tropfen exakt dann löst, wenn Sie hören, wie der vorangegangene auf den Metalldeckel prallt. An diesem Punkt entspricht die Falldauer t der Zeit, die zwischen dem Herabfallen zweier Tropfen verstreicht, und um sie zu messen, braucht man nur die Zahl der Tropfen pro Minute zu zählen und das Ergebnis durch 60 zu teilen:

$t = 60$: *Anzahl der im Verlauf einer Minute herabgefallenen Tropfen*

Nun messen Sie die Entfernung zwischen dem unteren Rand des Wasserhahnes und dem Deckel (vergessen Sie nicht, daß dieser Wert in Metern ausgedrückt wird), multiplizieren Sie sie mit zwei und teilen Sie anschließend zweimal – wie in der Formel angegeben – durch die Zeit t. Wenn Sie für g einen Wert gefunden haben, der auch nicht annähernd bei 9,8 liegt, sollten Sie vielleicht Ihr Gehör ein wenig schulen; allerdings ist bei einem Versuchsaufbau dieser Art ein um 20 % von den im Labor ermittelten Werten abweichendes Ergebnis noch durchaus respektabel. Einen näherliegenden Wert erhalten Sie, wenn Sie die Messung viele Male wiederholen und einen Mittelwert bilden, da Sie mit einer Addition aller Ergebnisse und der anschließenden Teilung durch die Anzahl der Versuche erreichen, daß sich zu niedrig und zu hoch liegende Werte ausgleichen. Oder aber Sie verbessern Ihr »Meßgerät«: Im Fachhandel für Laborbedarf gibt es Erlenmeierkolben und Reagenzgefäße, die mit einem Hahn ausgestattet sind; wenn Sie diesen mit einem für Glas geeigneten Schmiermittel versehen, läßt sich der Verschluß genau regulieren. Außerdem hat der »mobile Wasserhahn« den Vorteil, daß Sie die Tropfen aus der günstigsten Höhe fallen lassen können.

Der Plattenspieler als Stoppuhr
Mit Hilfe eines Plattenspielers lassen sich auf ebenso geniale wie genaue Weise Fallzeiten ermitteln. Der Plattenteller dreht sich mit einer bekannten Geschwindigkeit (33⅓ oder 45 Umdrehungen in der Minute), die zudem mit Sicherheit konstant bleibt (ansonsten gäben die Lautsprecher schauerlich verzerrte Töne von sich) und hoch genug ist, um selbst extrem kurze Zeiten zu messen. Sobald man den Plattenteller in Bewegung gesetzt hat, braucht man nur noch zu bestimmen, um welchen Winkel er sich bewegt hat, während der Körper fiel, und erhält daraus einen recht genauen Wert für t. Versehen Sie ein weißes Blatt und einen Bogen Kohlepapier in der Mitte mit einem Loch und legen Sie beide auf den Plattenteller, so daß die beschichtete Seite des Kohlepapiers auf dem weißen Papier zu liegen kommt; schneiden Sie die überstehenden Enden ab. Jeder kleine Gegenstand, der nun auf den Plattenteller fällt, wird einen deutlich sichtbaren Abdruck auf dem weißen Bogen hinterlassen. Danach befestigen Sie an den beiden Enden eines ungefähr eineinhalb Meter langen Zwirnfadens zwei wenige Gramm schwere Bleigewichte wie etwa den Senker Ihrer Angel oder eine Paketplombe. Legen Sie den Faden über eine waagerecht zum Plattenteller angebrachte Stange, und ziehen Sie eines der Gewichte nach unten. Es sollte möglichst dicht über dem Plattenteller hängen, aber bei einem Aufprall immer noch einen deutlichen Abdruck hinterlassen. Messen Sie nun die Höhe s, auf der sich das andere Gewicht befindet, und richten Sie den »Galgen« so aus, daß beide Gewichte in einer Linie über dem Radius des Plattentellers hängen und nah an dessen Rand auftreffen.

Stellen Sie den Plattenspieler auf 45 Umdrehungen, schalten Sie ihn an, und lassen Sie den Faden abbrennen. (Wenn Sie ihn mit einer Schere oder einem Messer zerschneiden, erzeugen Sie Pendelbewegungen, die das Meßergebnis stark beeinträchtigen.) Beide Gewichte beginnen also im selben Augenblick zu fallen. Das untere Gewicht trifft fast sofort auf und wird seinen »Startschuß« mit einer sehr geringen Verspätung auf dem Papier markieren, während sich der Plattenteller bis zum Auftreffen des anderen Gewichtes um ein gutes Stück weiterbewegt. Um diese Bewegung und somit die Falldauer t zu ermitteln, verbinden Sie auf dem weißen Papier die beiden Markierungen der aufgeprallten Gewichte mit

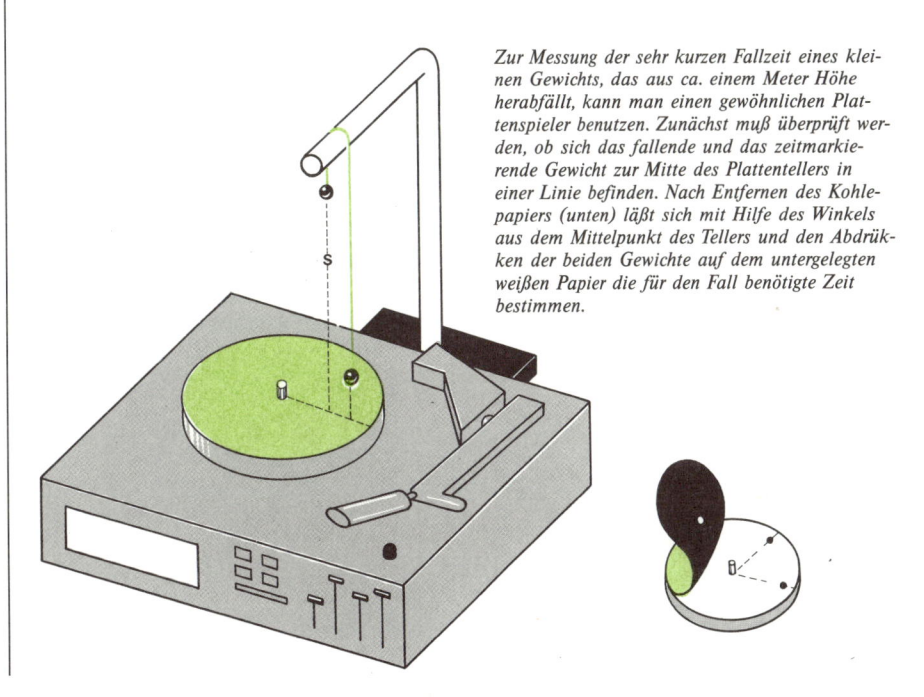

Zur Messung der sehr kurzen Fallzeit eines kleinen Gewichts, das aus ca. einem Meter Höhe herabfällt, kann man einen gewöhnlichen Plattenspieler benutzen. Zunächst muß überprüft werden, ob sich das fallende und das zeitmarkierende Gewicht zur Mitte des Plattentellers in einer Linie befinden. Nach Entfernen des Kohlepapiers (unten) läßt sich mit Hilfe des Winkels aus dem Mittelpunkt des Tellers und den Abdrücken der beiden Gewichte auf dem untergelegten weißen Papier die für den Fall benötigte Zeit bestimmen.

der ausgeschnittenen Öffnung in der Mitte der Papierscheibe. Den Winkel dieser beiden Linien zum Mittelpunkt messen Sie mit Hilfe eines Winkelmessers, teilen das Ergebnis durch 360 und erhalten auf diese Weise den Bruchteil einer Umdrehung, die der Plattenteller während des Falles vollzogen hat. Wenn Sie diese Zahl nun durch 45 teilen und anschließend mit 60 multiplizieren, kommen Sie auf den Wert von t in Sekunden.

Falls Sie sich in Ihren Berechnungen verhaspelt haben sollten, kann Ihnen vielleicht mit einem Beispiel geholfen werden: Nehmen wir an, die Winkelmessung habe 30 Grad ergeben. Die Anzahl der Umdrehungen wäre also

$$30 : 360 = 0{,}083$$

Da der Plattenteller 45 Umdrehungen pro Minute macht, entspricht dies einem Zeitintervall von

$$(0{,}083 : 45) \times 60 = 0{,}11 \text{ Sekunden}$$

Um g zu erhalten, muß dieser Wert zusammen mit der Entfernung s, die wir zuvor gemessen haben, in die Formel

$$g = 2 \cdot s/t^2$$

eingesetzt werden.

Auch hier kann es nicht schaden, einen Mittelwert aus den Ergebnissen möglichst vieler Versuche zu bilden, um einen vergleichsweise exakten Wert zu erhalten. Darüber hinaus können Sie sich daran versuchen, eine Möglichkeit zu finden, das erste Gewicht so nah wie irgend möglich über den Plattenteller zu hängen, um auf diese Weise den »Start« des oberen Gewichts genauer zu bestimmen. Überprüfen Sie jedoch immer, ob sich die Gewichte nebeneinander in einer geraden Linie zum Mittelpunkt befinden.

Das Pendelgravimeter
In seiner einfachsten Version ist ein Pendel nichts anderes als ein Faden mit einem Bleigewicht, das zu schwingen beginnt, wenn man es aus der Vertikalen, also aus der Gleichgewichtslage, bringt. Galilei entdeckte

WIE DIE ERDE GEWOGEN WURDE

Mit Kepler hatte sich die mathematische Beschreibung des Sonnensystems mehr und mehr vereinfacht, und man konnte darangehen, eine physikalische Erklärung zu versuchen. Mit anderen Worten bedeutete dies, daß sich die Wissenschaftler gegen Ende des 17. Jahrhunderts durchaus mit Aussicht auf Erfolg Fragen stellen konnten wie etwa: »Warum kreisen die Planeten seit Urzeiten mit chronometrischer Genauigkeit um die Sonne?« »Warum beschleunigen sie, wenn sie sich dem Perihel, und verlangsamen, wenn sie sich dem Aphel nähern?« Und vor allem: »Was hält diese riesigen Himmelskörper zusammen und hindert sie, sich im Raum zu verlieren?« Es war Isaac Newton, der die Antworten auf diese Fragen finden sollte. Newton hatte gerade in Cambridge die Doktorwürde erhalten, als das Trinity College geschlossen werden mußte, weil – wie so häufig im Europa dieser Zeit – die Pest wütete (man schrieb das Jahr 1665). Dem jungen Gelehrten blieb nichts anderes übrig, als sich nach Woolsthorpe, seinem Geburtsort, zurückzuziehen, wo er der Überlieferung zufolge den berühmten Apfel fallen sah. Als er zwei Jahre später nach Cambridge zurückkehrte, brachte er einen so umfangreichen

Schatz von wissenschaftlichen Ergebnissen und Erkenntnissen mit, daß er im Jahre 1669 einen Lehrstuhl erhielt und drei Jahre später in die Royal Society aufgenommen wurde. Zu seinen Entdeckungen gehörte auch der Grundstein der Gravitationstheorie, die man selbst heutzutage nicht selten als die genialste Synthese in der Geschichte der Wissenschaft bezeichnet.

Newton hatte geahnt, daß man die Kraft, die das Universum zusammenhält, nicht allzuweit entfernt suchen müsse: Es war eben jene Kraft, die einen in die Luft geworfenen Stein, die Regentropfen und natürlich auch die Äpfel von Baum zu Boden fallen ließ. Bereits zwanzig Jahre später war Newton so weit, mit einer präzisen Beweisführung an die Öffentlichkeit zu treten. Zuvor war es nötig gewesen, eine neue Rechenmethode (die Infinitesimalrechnung) zu entwickeln, die Physik auf den von Galilei konzipierten Weg zurückzuführen und schließlich mit Hilfe der Keplerschen Berechnungen und in geduldiger Durchforstung der astronomischen Daten die mathematischen Gesetzmäßigkeiten der neuen Kraft zu finden.

Die Newtonsche Gravitationskraft F ist umgekehrt proportional zum Quadrat der Entfernung R zweier sich gegenseitig anziehender Körper und direkt proportional zum Produkt ihrer Massen M_1 und M_2. In mathematischen Symbolen lautet dieses Gesetz:

$$F = G \cdot M_1 \cdot M_2 / R^2$$

Oben: Aufbau des Cavendish-Versuchs zur Messung der Gravitationskraft. Die beiden großen Massen M, die zur Beobachtung des Verhaltens der Kraft in Abhängigkeit von der Entfernung auch verschoben werden können, üben auf die Massen m eine Massenanziehung aus und bewirken dadurch über den Torsionsfaden eine leichte Drehung des Spiegels. Von der Bewegung des Lichtpunktes auf der Skala schließt man auf die Intensität der Kraft.

Auf der nebenstehenden Seite: die Erde, aufgenommen aus einer Entfernung von ca. 36 000 km.

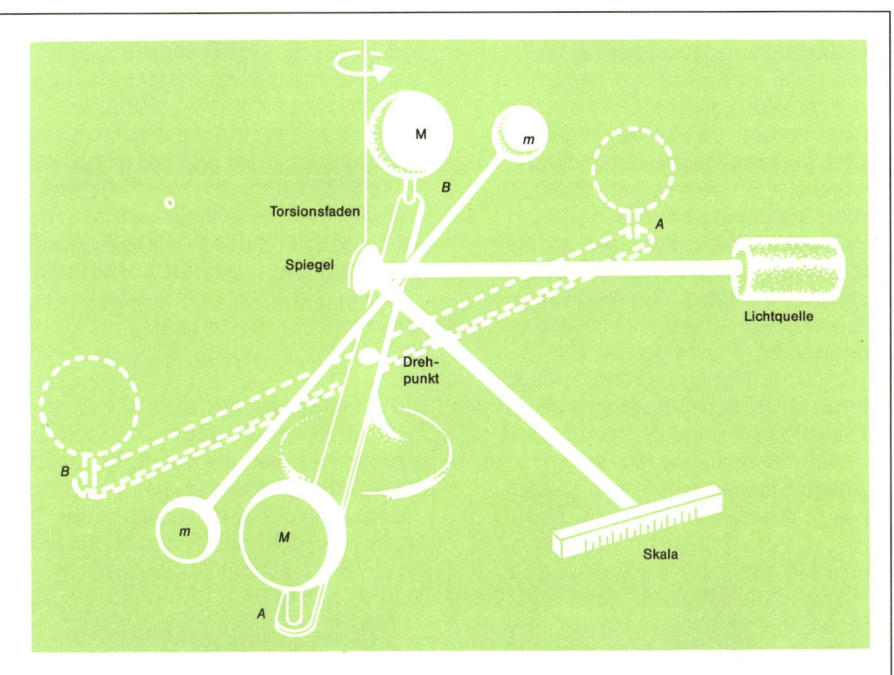

Die universale Konstante G wurde einmal und damit allgemeingültig experimentell ermittelt; dies glückte im Jahre 1798 einem anderen englischen Wissenschaftler, Henry Cavendish. Im Grunde bildete er im Labor die Kraft nach, die kugelförmige Körper wie die Planeten oder die Sonne in einem größeren Maßstab aufeinander ausüben. Zwei große unbewegliche Kugeln wurden in die Nähe eines Paares kleinerer Kugeln gebracht (siehe Abbildung oben). Letztere waren auf einem Stab befestigt, der an einem Torsionsfaden an der Decke hing. Der Winkel, in dem sich der Faden verglichen zur normalen Stellung verdrillte, maß die kaum wahrnehmbare Gravitationskraft zwischen den beiden Kugelpaaren. Mit Hilfe dieser Vorrichtung war es Cavendish gelungen, Newtons Gesetz im Labor zu bestätigen und mit einer für die damalige Zeit erstaunlichen Genauigkeit den Wert von G zu ermitteln. Heute nehmen wir für G an:

$$G = 6{,}67 \cdot 10^{-11} \; Newton \cdot m^2/kg^2$$

»Newton« ist die im Internationalen Einheitensystem (SI) gültige Maßeinheit für die Kraft.

Cavendishs Experiment ging als das »Abwiegen der Erde« in die Geschichte ein, denn die beiden physikalischen Konstanten G und g sind durch folgende Relation miteinander verbunden:

$$g = G \cdot M/R^2,$$

wobei $R = 6320$ km den zu dieser Zeit bereits recht genau bekannten Radius der Erde bezeichnet und M die gesuchte Masse unseres Planeten. Da man auch g kannte (die genauesten Messungen heutzutage ergeben $g = 9{,}81$ m/sek^2), war die Partie gewonnen, nachdem es Cavendish gelungen war, G zu ermitteln. Aus der vorangegangenen Formel erhalten wir:

$$M = g \cdot R^2/G$$

beziehungsweise nach Einsetzen aller Meßwerte:

$$M = 9{,}81 \cdot (6{,}32 \cdot 10^6)^2 : 6{,}67 \cdot 10^{-11}$$
$$= 58{,}7 \cdot 10^{23} \; kg$$

Dieses Resultat ist durchaus geeignet, uns das Gefühl einer gewissen Sicherheit zu vermitteln, denn der Autobus, in dem wir – bitte gut festhalten – kreuz und quer durch den Weltraum reisen, wiegt stolze 5 870 000 000 000 000 000 000 t.

als erster, daß ein Pendel ein sehr interessanter Gegenstand ist, und berichtete auch seinen Zeitgenossen ausführlich darüber. Der Überlieferung zufolge soll sich der Wissenschaftler einmal im Dom zu Pisa aufgehalten und – sei es, weil er allzu weltlich gesonnen war oder das Latein ihn langweilte – nach einem Zeitvertreib gesucht haben, so daß er schließlich begann, die Pendelbewegungen eines schweren Leuchters zu beobachten. Leider erzählt die Geschichte nicht, ob diese vielleicht durch einen der in Italien so häufigen Erdstöße hervorgerufen wurden; Galilei jedenfalls verglich sie mit den Schlägen seines Pulses und stellte fest, daß sie isochron waren: Die Zeit, die das Pendel für einen Hinweg und einen Rückweg – wir nennen es heute »Periode« des Pendels – benötigte, blieb Ausschlag um Ausschlag gleich. Galilei hatte eine hervorragende »Grundlage« für die Zeitmessung entdeckt. 20 Perioden eines bestimmten Pendels entsprechen nämlich genau dem doppelten Zeitraum von 10 Perioden, dem vierfachen von 5 Perioden und so weiter. Wenn man also einmal herausgefunden hatte, wie viele Schwingungen für die Dauer eines Sonntages benötigt wurden, brauchte man nur noch nachzuzählen, um zu wissen, wann eine Stunde, eine Minute, eine Sekunde verstrichen waren.

Ich möchte mich an dieser Stelle nicht über die unzähligen ausgeklügelten Systeme der Uhrenhersteller verbreiten, die seit Galileis Zeit erdacht worden sind, um die Schwingungen automatisch zu zählen, um dem Pendel die durch den Reibungswiderstand verlorene Energie zurückzugeben oder gar um es durch immer kleinere und praktischere Schwingungssysteme zu ersetzen ... außerdem wird das Pendel in dem Versuch, den ich Ihnen hier vorstelle, nicht zur Messung der Zeit dienen, sondern zur Bestimmung von g.

Es gibt eine Formel, die uns erlaubt, eine schwingende Bleischnur in ein Meßgerät für g zu verwandeln: Die Periode eines leicht ausschlagenden Pendels verhält sich proportional zur Quadratwurzel seiner Länge l und umgekehrt proportional zur Quadratwurzel von g. Die Proportionalitätskonstante ist nichts anderes als das Doppelte von π, dem hinlänglich bekannten Verhältnis zwischen Kreisumfang und Kreisdurchmesser π = 3,14159265 ... In unserem Falle können wir uns auf eine Zahl beschränken, die nicht ganz so viele Dezimalstellen aufweist, und für die Periode des Pendels T folgende Formel aufstellen:

$$T = 2 \cdot 3{,}14 \cdot \sqrt{l/g}$$

Im übrigen sagt uns diese Gleichung, daß, wenn wir die heimische Penduluhr auf den Mond stellten, der kleine Zeiger 30 Stunden für einen vollständigen Umlauf benötigte, da g dort oben sechsmal kleiner ist als auf der Erde. Doch kehren wir zu unserer Fragestellung zurück. Wenn wir beide Seiten der Gleichung quadrieren, erhalten wir:

$$T^2 = 4 \cdot 9{,}86 \cdot l/g$$

Nun beide Seiten mit g multiplizieren und durch T^2 teilen:

$$g = 39{,}5 \cdot l/T^2$$

Mit Hilfe dieser Formel läßt sich g durch die einfache Messung der Länge sowie der Schwingungsperiode eines Pendels bestimmen. Um eine möglichst große und bequem zu messende Periode zu erhalten, muß das Pendel recht lang sein. Sie können etwa folgendermaßen vorgehen: Besorgen Sie sich drei Meter feinen Nylonfaden, und befestigen Sie an einem Ende ein schweres Bleigewicht. Knüpfen Sie am anderen Ende eine Schlaufe, und führen Sie diese durch einen Haken an der Decke, wobei das Gewicht dicht über dem Boden schwingen sollte. Nun messen Sie exakt die Entfernung zwischen dem Berührungspunkt von Schlaufe und Haken und dem Mittelpunkt des Gewichts; dies ist die Länge l, die Sie (in Metern) in der Formel einsetzen müssen. Stellen Sie einen kleinen weißen Pappdeckel hinter dem Pendel auf. Bringen Sie nun bei straff gespanntem Faden das Pendel um

Ein an der Decke aufgehängter Nylonfaden mit einem am Ende befestigten Gewicht bildet ein sehr zuverlässiges Pendel, mit dessen Hilfe Sie g recht genau bestimmen können.

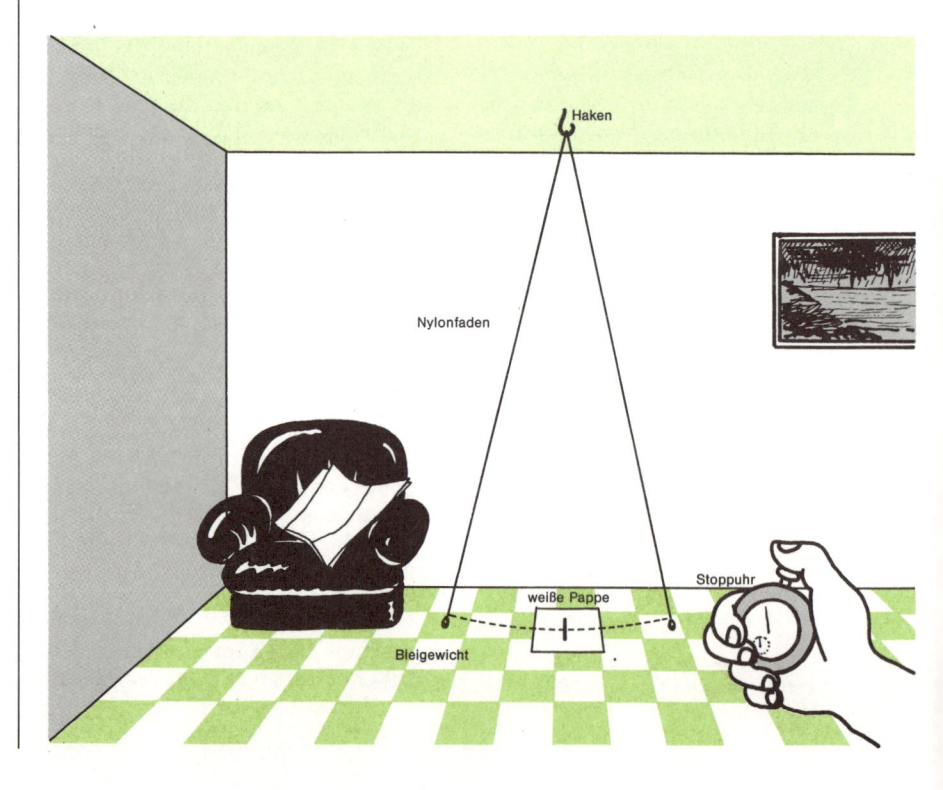

eine oder zwei Handbreit aus seiner Ruhestellung, und lassen Sie es schwingen. Nach den ersten drei oder vier Ausschlägen können Sie mit der Messung der Periode beginnen. Um die Zuverlässigkeit der Ergebnisse zu erhöhen, lassen Sie Ihre Stoppuhr laufen, sobald der Senker das weiße Pappkärtchen passiert hat, und halten sie nach zwanzig weiteren Durchschwüngen wieder an. Da eine Periode aus Hin- und Rückweg besteht, teilen Sie die Gesamtzeit (in Sekunden) durch zehn und erhalten somit die Periode T. Durch entsprechendes Einsetzen in die Formel erhalten Sie g. Ihr Wert dürfte nicht allzuweit von den berühmten 9,8 Metern pro Quadratsekunde entfernt liegen.

»SCHWERELOSE« ASTRONAUTEN?

Durch die Fernsehübertragungen aus dem Weltraum ist uns der Anblick vertraut, daß Astronauten an Bord ihrer Kapsel halb durch die Luft schweben und dabei bisweilen recht merkwürdige Haltungen einnehmen. Das gleiche geschieht mit sämtlichen Gegenständen, die nicht fest an den Wänden befestigt sind. Hin und wieder hört man auch, daß in Satelliten erprobt wird, wie sich im Zustand der Schwerelosigkeit Pflanzen entwickeln, Metallegierungen erstarren und Kristalle wachsen. Wie kommt es zu Phänomenen dieser Art? Verliert die Gravitationskraft der Erde womöglich an Wirkung, wenn wir uns nur weit genug von ihr entfernen? Um diese Annahme zu überprüfen, berechnen wir die Anziehungskraft der Erde auf einen Astronauten in einer 500 Kilometer entfernten kreisförmigen Umlaufbahn bzw. dessen Gewicht bei dieser Distanz. Die Kraft, mit der ein kugelförmiger Körper wie die Erde einen kleineren Körper wie einen Astronauten anzieht, folgt dem Newtonschen Gesetz: Sie verhält sich proportional zum Produkt aus den Massen der beiden Körper und umgekehrt proportional zu dem Quadrat der Distanz des kleineren Körpers zum Mittelpunkt des größeren Körpers. In unserem Falle ändern sich die Massen nicht dadurch, daß sich der Astronaut im Flug befindet. Der mittlere Radius der Erde beträgt 6320 km, und wir können behaupten:

Gewicht am Boden : Gewicht im Raum $= (6320+500)^2 : 6320^2$

und erhalten daraus:

Gewicht im Raum = Gewicht am Boden $\cdot\ 0{,}86$

Mit anderen Worten, ein Astronaut wiegt in 500 km Höhe aufgrund der größeren Entfernung zum Erdmittelpunkt nur 14 % weniger als am Boden. Auch wenn viele von uns glücklich wären, 14 % ihres Gewichtes

Ein amerikanischer Astronaut außerhalb der Gemini-Kapsel. Die Anziehungskraft, die von der Erde auf einen in 500 km Höhe schwebenden Astronauten ausgeübt wird, ist nur 14 % geringer als am Boden.

zu verlieren, würde sich doch niemand die Hoffnung machen, infolgedessen leicht wie eine Libelle durch die Luft zu schweben. Andere Kräfte können jedoch nicht im Spiel sein, da die Raumkapseln, wenn sie ihre Umlaufbahn erreicht haben, mit ausgeschalteten Motoren weiterfliegen und die geringe Anziehungskraft des Mondes ebenfalls vernachlässigt werden darf.

Es muß also eine andere Erklärung geben, und diese stützt sich ganz

54 · ZU ANFANG EIN WENIG BEWEGUNG

ein einfacheres Beispiel. Stellen Sie sich einen Fallschirmspringer vor: Er ist gerade abgesprungen und befindet sich jetzt in aufrechter Sprunghaltung im freien Fall. Nehmen wir an, daß in großer Höhe der Luftwiderstand unberücksichtigt bleiben darf. Plötzlich geschieht etwas Merkwürdiges: Der Fallschirmspringer sieht neben sich das Schlüsselbund fliegen, das er vorhin in seine Tasche gesteckt hatte. Nun löst sich das Abzeichen von seiner Jacke und schwebt in der Luft. Unmöglich? Nein, durchaus vorhersehbar: Wie Galilei festgestellt hat, fallen alle Körper mit der gleichen Beschleunigung zu Boden, und anders als im Flugzeug vor dem Absprung drückt das Schlüsselbund im freien Fall nicht länger gegen den Boden der Tasche. Das Abzeichen kann sich nicht entfernen, da es bereits mit der maximalen Beschleunigung, nämlich der seines Besitzers, fällt. In diesem Bezugssystem des freien Falls, in das sich der Fallschirmspringer hineindenken kann, wenn er überflüssige Blicke nach unten vermeidet, beträgt das Gewicht der Gegenstände null. Und um sich davon zu überzeugen, daß die »Levitation« nur in einem beschleunigten

Links: das Weltraumlabor Skylab 4 auf seiner Umlaufbahn um die Erde

Unten: Im Bezugssystem der Erde ist der Satellit einer zentripetalen Beschleunigung ausgesetzt, die seine Flugbahn beständig krümmt.

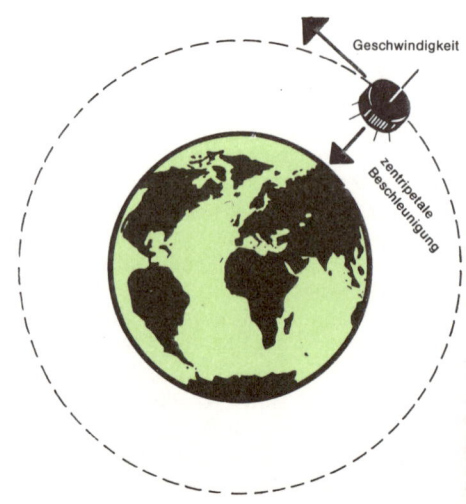

und gar – so wenig einleuchtend das auch klingen mag – auf das Prinzip des Bezugssystems. Doch untersuchen wir das Problem einmal ganz rational. Der Astronaut fühlt sich gegenüber den Wänden seiner Kapsel, gegenüber den darin enthaltenen Gegenständen und somit gegenüber sämtlichen mit ihm im Weltraum befindlichen Objekten »schwerelos«. Auch die Kamera, die uns zeigt, wie er in diese oder jene Richtung schwebt, ist fest am Satelliten verankert: Sie gehört zu seinem Bezugssystem, und das, was sie uns sehen läßt, zwingt uns zu der Annahme, daß innerhalb dieses Systems der Astronaut ohne jegliches Gewicht ist. Von der Erde aus betrachtet hat er jedoch nur 14 % seines Gewichts verloren. Allerdings berücksichtigt unsere Berechnung nicht, daß der Astronaut um die Erde kreist (unser Ergebnis bezieht sich auf einen zur Erde völlig stillstehenden Raumfahrer).

Um zu verstehen, was in der Raumkapsel vor sich geht, betrachten wir

System funktionieren kann, braucht er lediglich seinen Fallschirm zu öffnen: Schlüsselbund und Abzeichen werden auf Nimmerwiedersehen in die Tiefe sausen, sobald er mit konstanter Geschwindigkeit hinabgleitet. Dem Astronauten widerfährt das gleiche wie dem Fallschirmspringer, denn ein mit ausgeschalteten Motoren in seiner Umlaufbahn um die Erde fliegender Satellit befindet sich fortwährend im Zustand des freien Falls. Sobald er in seine Umlaufbahn eingetreten ist, hält er eine konstante Geschwindigkeit, die ihn vor dem Absturz bewahrt; dennoch wirkt – ganz als ob der Satellit in einer permanenten Fallbewegung begriffen wäre – eine starke Beschleunigung zum Erdmittelpunkt hin auf ihn ein und hält ihn auf diese Weise in seiner gekrümmten Bahn.

Die Physiker ließen sich von der Entdeckung, daß ihre Gesetze innerhalb eines beschleunigten Bezugssystems wie dem eines Fallschirmspringers oder dem eines Astronauten offenkundig nicht galten, keineswegs aus der Ruhe bringen und erfanden kurzerhand die »Scheinkräfte«.

In diese Kategorie fällt auch die Zentrifugalkraft, die mittlerweile in unseren täglichen Sprachgebrauch eingegangen ist. Wenn wir beispielsweise mit dem Auto eine scharfe Linkskurve fahren, fühlen wir uns nach rechts und bei einer Rechtskurve entsprechend nach links gedrückt. Wir sind es gewohnt, dies der Einwirkung einer Kraft zuzuschreiben, welche alle sich im Kreise bewegenden Körper nach außen schleudert. Für einen unbewegt am Straßenrand stehenden Betrachter stellt sich die Szene jedoch ganz anders dar: Aufgrund seiner Trägheit möchte der Fahrer den geradeaus gerichteten Weg weiterverfolgen, wird aber durch das sich unter ihm drehende Auto nach links gedrückt und somit gezwungen, die Kurve mitzumachen. In den Augen dieses Betrachters sind keine weiteren Kräfte beteiligt. Ebenso wie das Phänomen der »Levitation«, über das wir oben gesprochen haben, tritt auch die Zentrifugalkraft ausschließlich innerhalb beschleunigter Bezugssysteme auf.

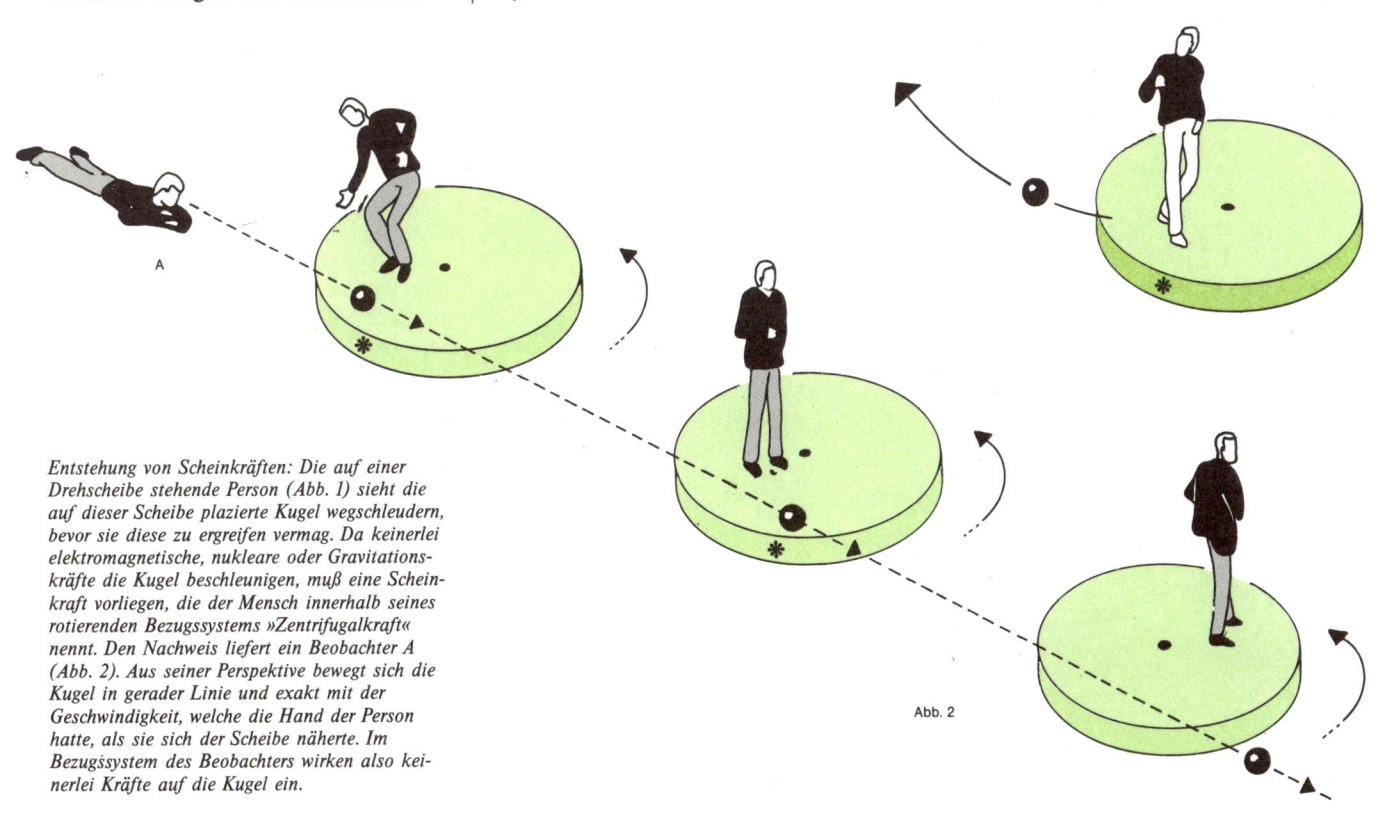

Entstehung von Scheinkräften: Die auf einer Drehscheibe stehende Person (Abb. 1) sieht die auf dieser Scheibe plazierte Kugel wegschleudern, bevor sie diese zu ergreifen vermag. Da keinerlei elektromagnetische, nukleare oder Gravitationskräfte die Kugel beschleunigen, muß eine Scheinkraft vorliegen, die der Mensch innerhalb seines rotierenden Bezugssystems »Zentrifugalkraft« nennt. Den Nachweis liefert ein Beobachter A (Abb. 2). Aus seiner Perspektive bewegt sich die Kugel in gerader Linie und exakt mit der Geschwindigkeit, welche die Hand der Person hatte, als sie sich der Scheibe näherte. Im Bezugssystem des Beobachters wirken also keinerlei Kräfte auf die Kugel ein.

TIEFDRUCKWIRBEL – DURCH SCHEINKRÄFTE ENTFESSELT

Eine der Attraktionen im Pariser Naturwissenschaftlichen Museum *Cité des Sciences et de l'Industrie La Villette* ist ein großes Behältnis in Form eines Hagelzuckerkringels, das eine klare und ein wenig zähe Flüssigkeit enthält. Das Gefäß dreht sich langsam um sich selbst; während die Wandung um die Mittelöffnung kalt bleibt, wird die Außenwand von unten beheizt. Die träge Flüssigkeit folgt der Rotation, und gleichzeitig sorgt die Strömungsbewegung von den wärmeren zu den kälteren Zonen dafür, daß sich die Oberfläche der Flüssigkeit zur Mitte hin verlagert. Mehr oder weniger auf halber Strecke zwischen den beiden kreisförmigen Begrenzungswänden bilden sich große Wirbel oder Strudel.

Die Faszination dieser Apparatur besteht darin, daß es sich um ein »gestauchtes« Modell unserer Hemisphäre handelt, wie sie sich einem oberhalb des Nordpols befindlichen Astronauten darstellen würde. Die Wandung der inneren Öffnung bildet den Polarkreis, der äußere Kreisumfang den Äquator und die zähe Flüssigkeit nichts anderes als unsere Atmosphäre, deren langsame Bewegungen wir Tag für Tag auf den Satellitenbildern verfolgen können. Die Strudel, die sich vor unseren Augen bilden, sind die miniaturisierten Tiefdruckwirbel der mittleren Breiten. Das Modell im Pariser Museum zeigt, wie simpel jene Tiefdruckgebiete, die uns schlechtes Wetter bringen, aufgebaut sind: Man braucht lediglich eine warme Zone (den Äquator) und eine kalte Zone (den Polarkreis); das Ganze (also die Erde, die gleichzeitig das Bezugssystem darstellt) läßt man ständig rotieren.

Die Luftzirkulation auf der nördlichen Halbkugel funktioniert in etwa folgendermaßen: Nehmen wir zunächst einmal an, die Erde drehte sich nicht um sich selbst, sondern bildete – wie die Physiker es nennen würden – ein Inertialsystem. Am Äquator stiege die warme und daher weniger dichte Luft in höhere Luftschichten auf, müßte zum Ausgleich des entstehenden Vakuums Luft aus dem Norden nachziehen und bewegte sich dann selbst in Richtung Pol. In den kühleren Zonen angelangt, senkte sich die Luft wieder und wäre somit in den Kreislauf nach Süden integriert. Auf einer unbewegten Erde hätten wir also eine Luftbewegung entlang den Meridianen, wobei die Strömung in nord-südlicher Richtung kühle Luft in geringer Höhe und die Strömung von Süden nach Norden wärmere Luft in größerer Höhe transportierte. (Der »Motor« dieser immensen Maschine wäre natürlich – wie auch in Wirklichkeit – die Energie der Sonne.) Nun lassen wir in unserem Bild die Erde eine Rotationsbewegung von Westen nach Osten vollführen. Nicht nur in der Raumkapsel, die mit hoher Geschwindigkeit um uns kreist, sondern auch auf der Erde entstehen aufgrund der Einwirkung von Scheinkräften mitunter recht merkwürdige Phänomene. Für die Bewegung der Luftmassen beispielsweise spielt die Coriolis-Kraft eine weitaus bedeutendere Rolle als die Zentrifugalkraft. Benannt wurde diese Kraft nach dem französischen Adligen Coriolis, dessen Familie durch die Revolution von 1789 verarmt war. Er strich das aristokratische »de« vor seinem Namen, erlangte die Doktorwürde und verdiente sich seinen Lebensunterhalt als Professor für Mathematik an der *Ecole Polytechnique*. Schließlich machte er folgende Entdeckung: Wenn sich ein Gegenstand mit einer Geschwindigkeit v innerhalb eines Bezugssystems bewegt, das seinerseits (wie die Erde) mit einer Winkelgeschwindigkeit a rotiert, entsteht eine Kraft, die sich sowohl zu v als auch zu a proportional verhält und bestrebt ist, diesen Gegenstand aus seiner Bahn zu bringen. Die Coriolis-Kraft ist eine Scheinkraft, denn es existiert kein Körper, der sie ausübt bzw. eine entsprechende Reaktion zeigt, und solange man sie nicht von einem Inertialsystem (zum Beispiel der Fixsternsphäre) aus beobachten kann, braucht man sich nicht weiter

Ein spiralförmiges Tiefdruckgebiet, aufgenommen aus einem Flugzeug während einer Wetterbeobachtung. Im Zentrum des Gebietes ist deutlich das Auge des Hurrikans zu erkennen.

ZU ANFANG EIN WENIG BEWEGUNG · 57

Rechts oben: Infolge der Erdrotation treten Scheinkräfte auf (in erster Linie die Coriolis-Kraft) und lenken die Luftströmungen in bestimmte Richtungen, so daß auf der Höhe der mittleren Breiten ein Streifen von Tiefdruckgebieten entsteht. Darunter: Verteilung der Luftmassen auf der nördlichen Erdhalbkugel

Unten: Luftzirkulation in der Atmosphäre, wenn sich die Erde nicht um sich selbst drehen würde

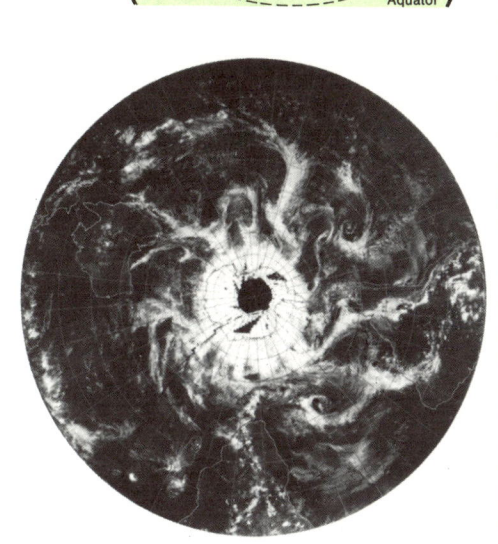

PHYSIK AUF DEM RUMMELPLATZ

Nicht selten sollen Physikstudenten in den schriftlichen Prüfungen Aufgaben lösen, die mit der raffinierten Maschinerie der Vergnügungsparks zu tun haben. Auch wenn einigen Studenten darüber jegliche Lust auf weitere Rummelbesuche vergangen sein dürfte, so beweist dies, daß jedes kleine Volksfest eine ganze Reihe wissenschaftlicher Denkanstöße bereithält. Eines der aufregendsten Karussells ist der sogenannte »Rotor«. Es handelt sich hierbei um einen großen Hohlzylinder, an dessen Innenwand zahlreiche, Seite an Seite aufgestellte Personen Platz finden. Nun beginnt sich der Rotor immer schneller zu drehen, und irgendwann müssen die Passagiere erleben, daß sich der Boden unter ihren Füßen öffnet. Zur allgemeinen Verwunderung rutscht man jedoch nicht hinab, sondern hat eher den Eindruck, an der Wand festzukleben. Nachdem das anfängliche Mißtrauen geschwunden ist, entdeckt man, daß man sich auf seinen Nachbarn zubewegen, mit dem Kopf nach unten »stehen« oder ebenso lustige wie ungewöhnliche »Standfiguren« bilden kann. Sobald sich der Rotor verlangsamt, ist der Zauber plötzlich gebrochen, und alle kugeln ein wenig hilflos über den Boden, der inzwischen günstigerweise wieder in seine Ausgangslage zurückgekehrt ist.

Das Spiel beruht auf der gemeinsamen Einwirkung von Reibung und Zentrifugalkraft. Die Reibungskraft zwischen der Bekleidung der Passagiere und der Wand des Rotors ist nach oben gerichtet, wirkt somit einer Bewegung entgegen (in diesem Falle dem Abrutschen der Personen nach unten) und überwindet ab einer bestimmten Intensität die Schwerkraft, so daß niemand hinunterfallen kann. Die Intensität des Reibungswiderstands verhält sich proportional zu jener Kraft, die beide Kontaktflächen aneinandergedrückt hält (die Zentripetalkraft der Wand); diese ist ihrerseits proportional zum Quadrat der Rotationsgeschwindigkeit. Wenn also

darum zu kümmern. Dennoch ist sie ohne weiteres in der Lage, die Schnee und Regen bringenden Tiefdruckgebiete entstehen zu lassen. Wir haben gesehen, daß auf einer stillstehenden Erde die Winde entlang der Meridiane wehen würden. Aufgrund der Coriolis-Kraft werden sie jedoch in unserer Hemisphäre nach rechts abgelenkt (auf der südlichen Halbkugel folglich nach links). Die Luftströmung, die sich in geringer Höhe vom Pol nach Süden bewegt, wendet sich also westwärts, während die in großer Höhe nach Norden fließende Luft nach Osten abdreht.

Im Bereich der mittleren Breiten (also auf der Höhe des südlichen Mitteleuropa, Zentralasiens usw.) wird die fortschreitende Umleitung durch die Überlagerung beider Luftströmungen abgeschlossen, und es bilden sich die charakteristischen Zyklonwirbel. Ein außertropischer Tiefdruckwirbel hat natürlich einen Durchmesser von vielen Tausenden von Kilometern und beeinflußt durch seine Bewegung bekanntlich die meteorologischen Verhältnisse ganzer Kontinente.
Es sei daran erinnert, daß sich dies alles ganz anders verhielte, wenn ... die Erde ein Inertialsystem wäre.

58 · ZU ANFANG EIN WENIG BEWEGUNG

Reibungskraft

Zentripetalkraft

Gewichtskraft

Auf die Karussellfahrerin im »Rotor« wirkt einerseits ihre eigene Gewichtskraft ein und andererseits die aufgrund der Rotation entstehende Zentripetalkraft der Wand. Diese Kraft erzeugt eine starke, nach oben gerichtete Reibungskraft, welche die Gewichtskraft ausgleicht und somit den Passagier an seinem Platz hält.

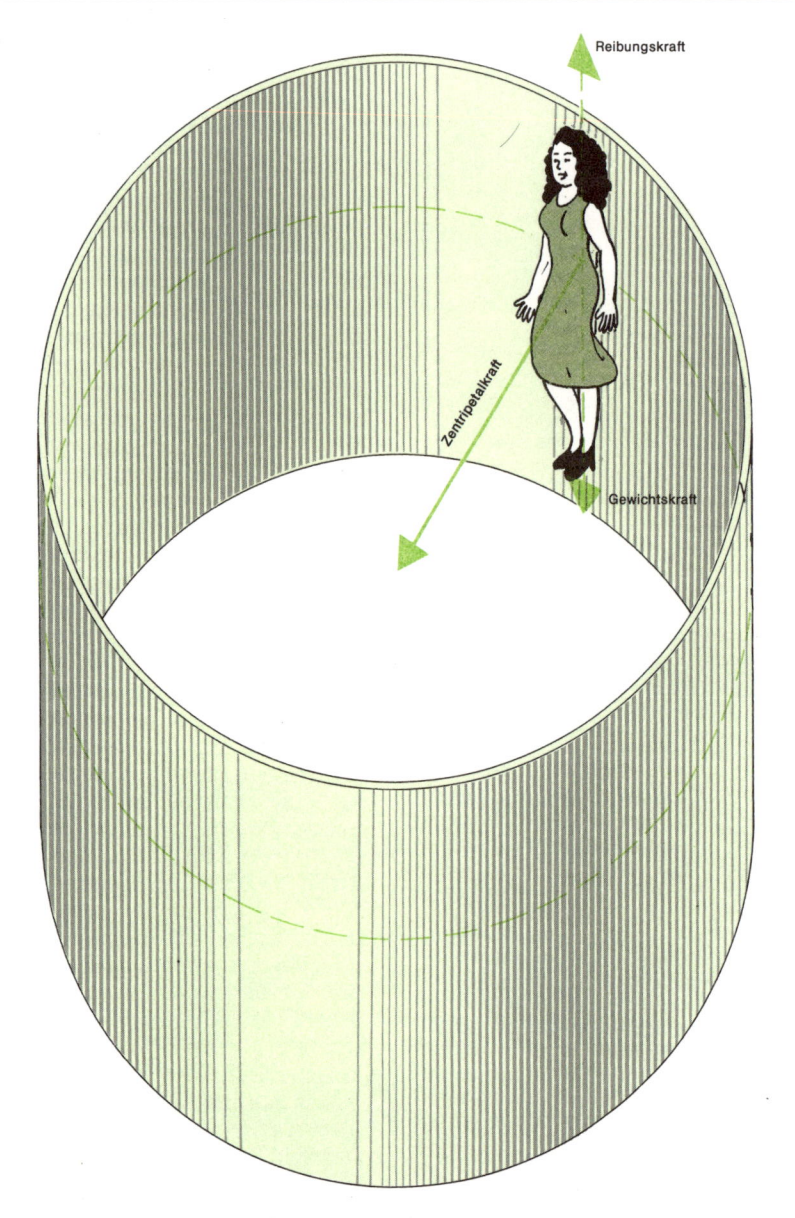

der Rotor eine bestimmte (»kritische«) Geschwindigkeit erreicht hat, kann man den Boden öffnen, ohne daß die Passagiere einen Absturz zu befürchten hätten.
Die Leute amüsieren sich auf dem Rummel, weil sie dort aufregende und ungewohnte Erfahrungen machen können. Um dies zu gewährleisten, greift man oftmals auf das altbewährte Rezept zurück, den Körper sehr starken Beschleunigungen auszusetzen, denn das Innenohr als Gleichgewichtsorgan und auch die Organe mit großer Trägheit wie Magen und Gehirn reagieren sehr sensibel auf derartige Reize.
Das klassische Beispiel hierfür ist natürlich die Achterbahn: Ein kleiner Wagen wird mit Hilfe einer Zahnstange über eine Schiene bis zum höchsten Punkt einer recht kühnen Konstruktion hinaufgezogen und von dort aus einem komplizierten Parcours aus steilen Abfahrten, kurzen Steigungen und Kurven überlassen, in denen es einem den Atem verschlagen kann. Im übrigen scheinen die kurzen Steigungen – wie bei jeder ausgeklügelten Foltermethode – dem Zweck zu dienen, den Passagier zwischenzeitlich wiederzubeleben. Darüber hinaus ermöglichen sie eine beachtliche Verlängerung der Fahrt, ohne daß dafür Energie verbraucht würde. Tatsächlich verdeutlicht eine Achterbahn in sehr anschaulicher Weise, wie leicht sich die verschiedenen Energieformen mehrfach ineinander überführen lassen. Ist der Wagen auf dem höchsten Punkt der Bahn angelangt, hat er bis zum Rand potentielle Energie getankt, also jene Form der mechanischen Energie, die sich durch die Lage eines Körpers innerhalb eines bestimmten Bezugssystems ergibt. In unserem Falle handelt es sich um eine potentielle Gravitationsenergie, die sich ganz einfach aus dem Produkt von *g*, der Masse des Wagens und seiner Distanz zum Boden errechnet. Im Verlauf der Abfahrt verbraucht der Wagen fortwährend Gravitationsenergie, indem er sie in kinetische Energie umwandelt. Die kinetische Energie entspricht der Hälfte des Produkts aus der Masse des Wagens sowie dem Quadrat seiner Geschwindigkeit und betrug folglich null, als der Wagen den höchsten Punkt der Bahn erreicht hatte und noch stillstand. Unter Idealbedingungen würde sich die Situation am Ende der Bahn genau umgekehrt darstellen: Die potentielle Energie wäre auf null zurückgegangen, und der Betrag der kinetischen Energie entspräche genau dem Betrag der anfänglichen Gravitationsenergie des Wagens. In Wirklichkeit wird jedoch infolge des Reibungswiderstands zwischen den Rädern und der Schiene sowie durch den Luftwiderstand ein Teil der potentiellen Energie nach und nach verbraucht (indem sich Räder, Schiene und Luft erwärmen) und verwandelt sich somit in innere Energie dieser Körper (oder anders ausgedrückt: sie beschleunigt die chaoti-

schen Bewegungen der Atome und Moleküle, aus denen diese Körper bestehen). Die am Ende der Abfahrt angesammelte kinetische Energie kann ganz leicht wieder in potentielle Energie zurückverwandelt werden, indem man den Wagen erneut eine Steigung erklimmen läßt. Der Wagen wird langsamer werden und dabei kinetische Energie verlieren, doch indem er sich wieder weiter vom Boden entfernt, gewinnt er an Gravitationsenergie. Selbstverständlich kann er nicht mehr die Höhe erreichen, aus der er losgefahren ist. Die aufgrund der Reibung des Wagens verlorengegangene Energie berechnet sich aus dem Höhenunterschied, multipliziert mit g und der Masse des Fahrzeugs.

Wer noch prägnantere Eindrücke vorzieht, sollte es mit dem »Looping« versuchen. Nehmen wir einmal an, daß deren Wagen mit dem Passagier spricht, in den Sitz gedrückt. Wenn wir also auch die in der gleichen Richtung wirkende Gewichtskraft in Betracht ziehen, beträgt seine Beschleunigung ungefähr 5 g. Die Empfindungen bei einer solchen Fahrt stehen denen eines Jagdfliegers in keiner Weise nach. Glücklicherweise verlangsamt sich der Wagen im nächsten Halbkreis, so daß man ein wenig zu Atem kommen kann!

Es gibt zahlreiche kompliziertere Karussells, die sich die Zentrifugal- und die Schwerkraft zunutze machen, um ganz bestimmte Eindrücke hervorzurufen. Häufig verwenden sie Exzenter oder Ausleger, die den Passagier abwechselnd zur Rotationsachse hinziehen und wieder davon entfernen. Der Rotationsradius verändert sich also während der Bewegung, so daß man eine Zentrifugalkraft wahrnimmt, deren Intensität sich unausgesetzt verändert. Bei

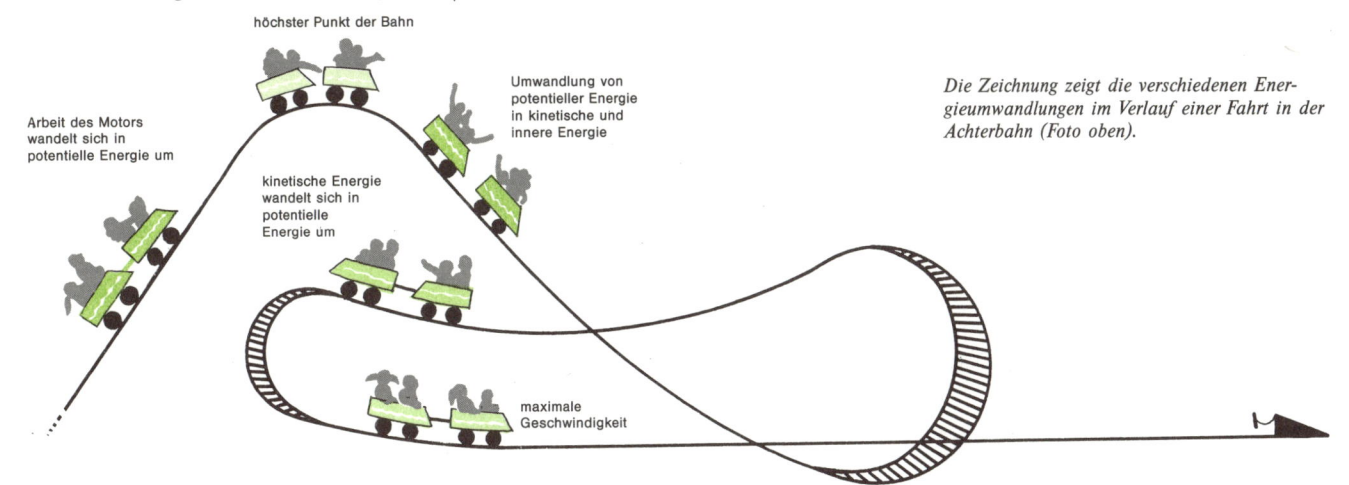

Die Zeichnung zeigt die verschiedenen Energieumwandlungen im Verlauf einer Fahrt in der Achterbahn (Foto oben).

bei jedem Durchlauf in der »12-Uhr-Position« eine sehr niedrige Geschwindigkeit hat und sich praktisch aus dem Stillstand von dieser Position wieder entfernt.

Von diesem Augenblick an beschreibt der Fahrgast unter Einwirkung der Schwerkraft bei voller Beschleunigung einen Halbkreis: Seine Geschwindigkeit nimmt beständig zu und erreicht ihren höchsten Wert in der »6-Uhr-Position«, also am tiefsten Punkt. Der Passagier fühlt sich dort mit einer Zentrifugalkraft, die seiner Masse, multipliziert mit 4 g, ent- anderen Geräten wiederum verbleibt die Achse nicht in der Vertikalen, sondern neigt sich nach und nach, so daß der Zentrifugalkraft eine variable Schwerkraft-Komponente hinzugefügt wird. Die Bewegungsgleichungen einiger dieser Karussells können mitunter schwerwiegende mathematische Probleme aufwerfen.

Selbst die dem Anschein nach weniger aufregenden Attraktionen halten einige Überraschungen bereit. So zum Beispiel die verschiedenen Varianten der »Liebestunnel« oder auch »Schreckenstunnel«, bei denen man – vornehmlich zu zweit – in ein kleines Boot einsteigt, das allein durch die Strömung des Kanals vorwärtsgetrieben wird. Obgleich die Bahn geschlossen ist, fließt das Wasser immer in dieselbe Richtung, so daß man sich fast in einer der berühmten Perspektiven Eschers glaubt, die sämtliche Gesetze der klassischen Physik durchbrechen. Doch keine Angst: Allen Blicken entzogen befindet sich irgendwo eine Pumpe oder ein Schaufelrad, wodurch das Wasser am Ende der Bahn »angehoben« und somit der

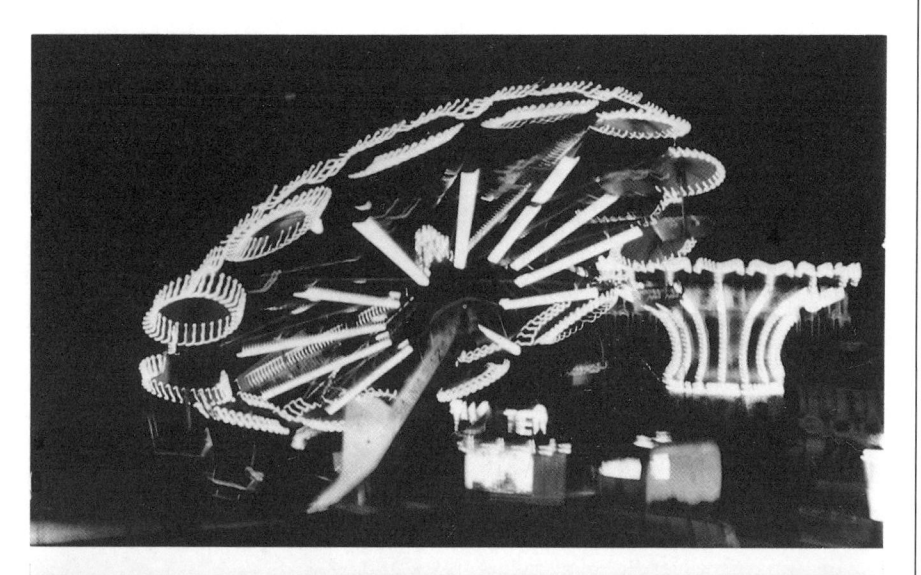

Niveauabfall um exakt jene Differenz ausgeglichen wird, die im Durchlauf des Parcours entstanden ist.
Der »Autoscooter« hingegen bietet die interessante Möglichkeit, am eigenen Leibe und ohne allzu große Schäden die Wirkung eines unelastischen Stoßes zu erfahren. Bei einem elastischen Stoß, wie wir ihn bereits in dem Abschnitt über die Billardkugeln besprochen haben, bleibt sowohl der Gesamtimpuls (Produkt aus Masse und Geschwindigkeit) als auch die gesamte kinetische Energie (die Hälfte des Produkts aus der Masse und dem Quadrat der Geschwindigkeit) erhalten. Bei einem unelastischen Stoß hingegen geht ein beträchtlicher Teil der kinetischen Anfangsenergie bei der Verformung der sich begegnenden Körper verloren. Bei einem frontalen Zusammenstoß zweier Autos, die je eine Tonne wiegen und mit einer Geschwindigkeit von 120 km/h fahren, wird bei der Dissipation der kinetischen Energie – d. h. bei deren Umwandlung in Wärme – eine Kraft frei, die in etwa 1,1 Millionen Joule entspricht. Sagen wir, die Dauer des Aufpralls beträgt $1/10$ Sekunden, so überschreitet die mittlere Zerstörungsleistung die 10-Megawatt-Marke (dies ist ungefähr die Nennleistung der Maschine eines Großtankers). In kleinerem Maßstab lassen sich beim Autoscooter dieselben Phänomene beobachten. Da die Wagen annähernd mit gleicher Geschwindigkeit fahren und dieselbe Masse haben, verfügen sie bei einem Frontalzusammenstoß über identische Impulse mit unterschiedlichen Vorzeichen (wenn man festlegt, daß der sich nach rechts bewegende Wagen eine positive Geschwindigkeit hat, muß die Geschwindigkeit des sich nach links bewegenden Wagens folglich negativ sein). Der Gesamtimpuls, also die Summe aus beiden Werten, beträgt somit null. Nach dem Erhaltungssatz, den wir schon mehrfach angewandt haben, muß der Wert die-

Bildfolge links: Die verschiedenen Bewegungsphasen eines Karussells mit einer sich neigenden Rotationsachse sind deutlich zu erkennen.

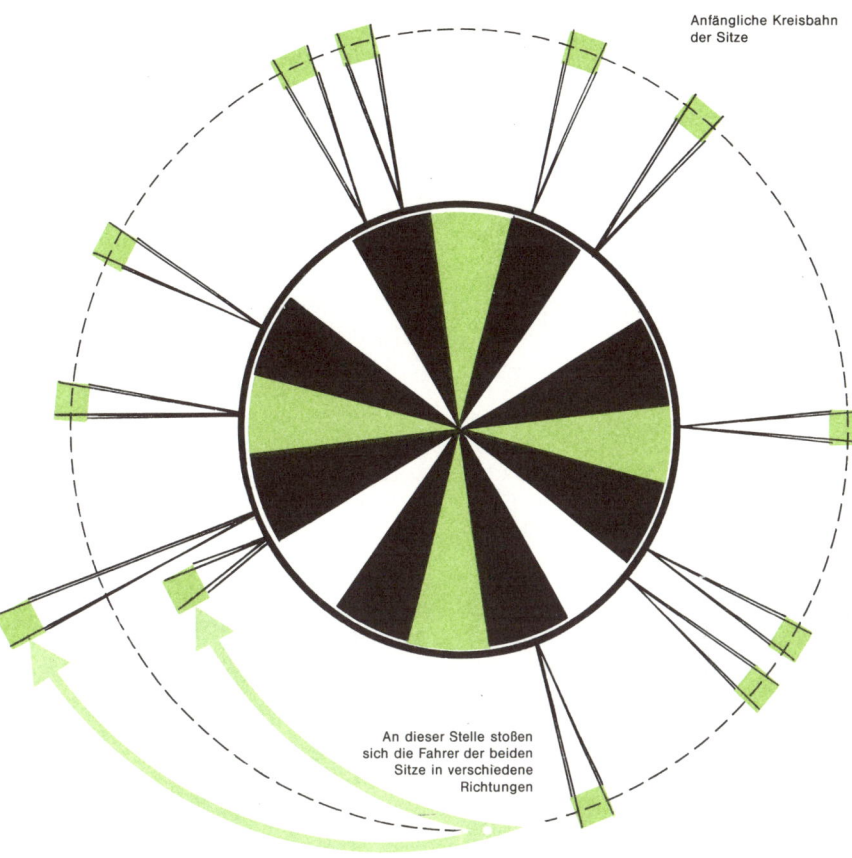

ZU ANFANG EIN WENIG BEWEGUNG · 61

Anfängliche Kreisbahn der Sitze

An dieser Stelle stoßen sich die Fahrer der beiden Sitze in verschiedene Richtungen

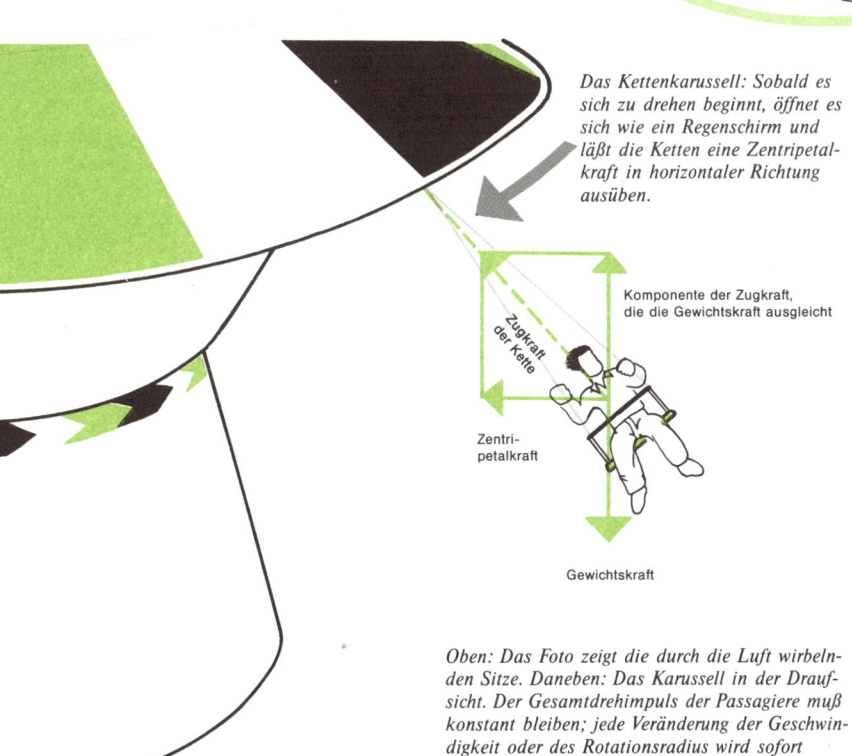

Das Kettenkarussell: Sobald es sich zu drehen beginnt, öffnet es sich wie ein Regenschirm und läßt die Ketten eine Zentripetalkraft in horizontaler Richtung ausüben.

Komponente der Zugkraft, die die Gewichtskraft ausgleicht

Zugkraft der Kette

Zentripetalkraft

Gewichtskraft

Oben: Das Foto zeigt die durch die Luft wirbelnden Sitze. Daneben: Das Karussell in der Draufsicht. Der Gesamtdrehimpuls der Passagiere muß konstant bleiben; jede Veränderung der Geschwindigkeit oder des Rotationsradius wird sofort durch die Mitfahrer ausgeglichen.

ser Größe auch nach dem Zusammenstoß unverändert bleiben. Die einzige Möglichkeit, nach einem frontalen Zusammenprall eine Bewegungsgröße von null zu erhalten, besteht darin, daß beide Fahrzeuge an Ort und Stelle zum Stillstand kommen. Und genau dies können wir auf dem Rummel beobachten. Die gesamte kinetische Energie vor dem Stoß betrug nämlich nicht null: Sie ist die Summe zweier positiver Größen (die Geschwindigkeit erscheint hier im Quadrat, und das Quadrat einer Zahl ist immer positiv, unabhängig vom Vorzeichen); wenn nun aber die beiden Wagen zum Stillstand kommen, sinkt dieser Wert augenblicklich auf null. Die nunmehr zur Verfügung stehende Energie wird die Gummistoßstangen eindrücken und den beiden Fahrern vielleicht zu ein paar blauen Flecken verhelfen; diese hätten nämlich lieber ihre eigene geradlinige und gleichförmige Bewegung weiterverfolgt, wenn sie nicht durch ihre schweren Metallgefährte unsanft daran gehindert worden wären.

Es ist also durchaus verständlich, daß von Frontalkollisionen abgeraten wird. Bilden die Fahrtrichtungen der beiden Wagen beispielsweise einen rechten Winkel, so bleibt nur der »auffahrende« Wagen abrupt stehen, während der andere ein wenig seine Richtung ändert oder sich schlimmstenfalls um die eigene Achse dreht. In beiden Fällen bleibt ein Großteil der kinetischen Energie erhalten, und der wirksame Restbetrag, der irgendwelche Schäden anrichten könnte, ist sehr viel geringer als bei einem Frontalzusammenstoß.

Zum Abschluß ein Karussell, das wir unmöglich übergehen dürfen: das Kettenkarussell. Wenn es in Bewegung gesetzt wird, öffnet es sich mit ansteigender Geschwindigkeit wie ein Regenschirm, denn um den Sitz auf eine kreisförmige Bahn zu bringen, muß die Kette eine Zentripetalkraft ausüben. Wie die vorseitige Abbildung zeigt, ist man gezwungen, die Vertikalstellung zu verlassen und somit der Zugkraft eine horizontale und in die gewünschte Richtung ausgerichtete Komponente zu verleihen, während sich die vertikale Komponente nach wie vor dem Gewicht entgegensetzt. An diesem Punkt versuchen sich die Karussellfahrer in den verschiedensten Manövern, die meist das Ziel verfolgen, den Mitfahrer im Sitz nebenan zu ärgern, indem man sich an ihm festhält, ihn nach rechts oder nach links schwingen läßt, ihn mit Fußtritten traktiert oder schubst.

Unter streng physikalischen Gesichtspunkten ist dieses Karussell die brillante Demonstration eines weiteren und ebenfalls sehr wichtigen Erhaltungssatzes: Der Drehimpuls der in ihren Sitzen kreisenden Personen ist das Produkt aus ihrer Bewegungsgröße und dem Radius des Kreises, den sie in der Luft beschreiben. Das Gesetz von der Erhaltung des Drehimpulses besagt, daß trotz aller möglichen Kräfte, die von den Personen untereinander und gegeneinander ausgeübt werden, ihr Gesamtdrehimpuls konstant bleibt, sofern der Motor des Karussells mit gleichbleibender Geschwindigkeit läuft. Wenn also jemand angestoßen wird und sich sein eigener Drehimpuls vergrößert, indem er sich in eine Kreisbahn mit einem größeren Radius begibt, muß es in diesem Augenblick einen anderen Karussellfahrer geben, der sich entsprechend näher am Mittelpunkt befindet; verlangsamt sich einer der Sitze, muß ein anderer schneller werden, um den bisherigen Drehimpulsbetrag wiederherzustellen. Daß sich dies tatsächlich so verhält, können Sie bei Ihrem nächsten Rummelbesuch nachprüfen, denn dieses ebenso lustige wie aufregende Karussell fehlt auf keiner Festwiese.

KREISEL, JO-JOS UND ANDERE WIRBELNDE WUNDERDINGE

Um beim Blindekuhspiel die Person mit den verbundenen Augen schnell und gründlich die Orientierung verlieren zu lassen, braucht man sie nur ein wenig um sich selbst zu drehen. In der Natur jedoch geschieht genau das Gegenteil. Jeder starre Körper, der dazu veranlaßt wird, sich mit hoher Geschwindigkeit um sich selbst zu drehen, richtet sich mit unglaublicher Hartnäckigkeit auf einen bestimmten Punkt im Raume aus. Auch das Gyroskop beruht auf diesem Phänomen. Es funktioniert ebenso zuverlässig wie präzise, und man vertraut seinem simplen Prinzip bei der Orientierung im Flugverkehr, bei der Ausrichtung von Raumsonden und ballistischen Raketen und sogar bei der Steuerung von riesigen und selbst vollkommen »blinden« Atom-U-Booten. Zur »Familie« des Gyroskops, auf das wir später ausführlicher zu sprechen kommen werden, gehören zahlreiche bekannte oder auch weniger bekannte Spiele, die jedoch allesamt von großem wissenschaftlichen Interesse sind.

Der Kreisel
Dieser Klassiker des Spielzeugsortiments wird immer wieder wegen seiner Fähigkeiten als Gleichgewichtskünstler bewundert. Solange der Kreisel mit hoher Geschwindigkeit um seine eigene Achse rotiert, ist er in der Lage, sich auf einer stecknadelkopfgroßen Spitze vollkommen gerade aufrecht zu halten. Wenn sich die Rotation verlangsamt, wird der Bewegungsablauf komplizierter, und eine Präzession um die Senkrechte wird deutlich erkennbar. Bei der Präzession beschreibt die Rotationsachse eine kegelförmige Bewegung. (Auch die Erdachse präzessiert, doch sie beschreibt eine Bewegung in Form eines Doppelkegels mit dem Erdmittelpunkt als Scheitelpunkt; die Umlaufzeit beträgt ca. 26 000 Jahre). Je mehr sich die Rotationsgeschwindigkeit aufgrund des Reibungswiderstands verringert, desto größer wird – seltsamerweise – die Geschwindigkeit der Präzession um die Senkrechte. Sie können dieses Phänomen sogar hören, wenn Sie eine hochkant aufgestellte Münze auf einer Tischplatte kreiseln lassen. Sie wird zunächst um eine senkrechte Achse rotieren, dann zu taumeln beginnen und schließlich flach zu liegen kommen. Das Taumeln ist in diesem Falle die Präzessionsbewegung, deren Periode man anhand der Tonfrequenz bemessen kann. Die rasch ansteigende Tonhöhe zeigt, daß die Geschwindigkeit der Präzession in dem Maße anwächst, in dem die Rotationsgeschwindigkeit abnimmt.

Wie kommt es zu diesem seltsamen Verhalten? Wenn wir einstweilig den

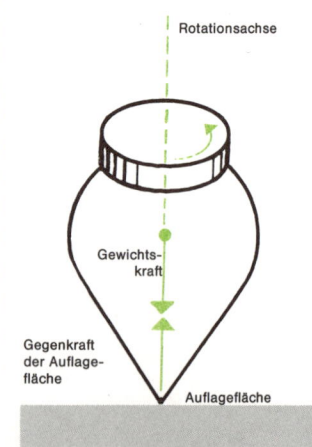

ZU ANFANG EIN WENIG BEWEGUNG · 63

Reibungswiderstand übergehen, verbleiben zwei Kräfte, die auf einen rotierenden Kreisel einwirken: die im Schwerpunkt angreifende Gravitationskraft und die Reaktionskraft des Untergrundes, auf dem er sich bewegt. Diese beiden Kräfte sind gleich und entgegengesetzt. Solange der Kreisel vollkommen senkrecht steht, wirken sie auf der gleichen Linie und heben sich gegenseitig auf. Wenn jedoch die Rotationsgeschwindigkeit abzunehmen und sich die nunmehr instabile Achse zu neigen beginnt, bilden sie ein Kräftepaar, das den Kreisel immer weiter in die Parallele zum Boden zu bringen sucht. Je weiter sich der Kreisel neigt, desto intensiver wirkt das Kräftepaar (da sich die Kraftpfeile verlängern), und entsprechend beschleunigt sich auch die Präzessionsbewegung. Doch woher kommt die benötigte Energie? Während sich der Kreisel neigt, senkt sich natürlich auch sein Schwerpunkt, und die potentielle Energie nimmt ab: Der *Zuwachs* an Gravitationsenergie wird zur Steigerung der Präzessionsgeschwindigkeit verwendet.

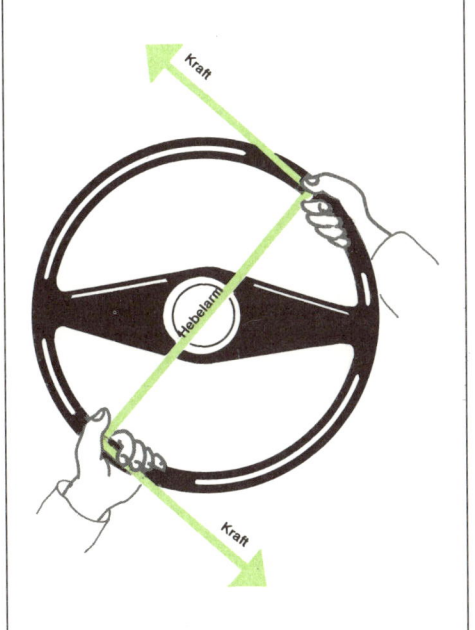

Der ptolemäische Kreisel
Eine sehr interessante Variante des Kreisels ist der »ptolemäische Kreisel«, der – in rasche Drehung versetzt – eine erstaunliche Achsenakrobatik zeigt. Wenn Sie beispielsweise seine Spitze ein wenig zur Seite drücken, wird er nicht wie ein gewöhnlicher Kreisel ins Taumeln geraten, sondern an Ihren Finger gelehnt selbst bei geneigter Achse weiterhin gleichmäßig rotieren. Um zu zeigen, daß die Spitze des Kreisels – allerdings ohne daß sich der Auflagepunkt dabei verändert – komplizierte Figuren auszuführen vermag, montiert man ihn häufig auf einen entsprechend geformten Untersatz.
Das Geheimnis des ptolemäischen Kreisels liegt darin, daß sich sein Schwerpunkt unterhalb des Auflagepunktes befindet. Das Kräftepaar aus Schwerkraft und Zwangskraft verstärkt nun also nicht die Präzessionsbewegung, sondern ist eher bestrebt, den Kreisel wieder aufzurichten, so daß sich dieser an jegliches Profil anschmiegt, das ihn ablenkt.

Intrigante Kreisel
Einige Kreisel sind offensichtlich dazu erfunden worden, den Zuschauer zu verblüffen oder in größte Verwirrung zu bringen – was ihnen natürlich auch gelingt. Zwar sehen sie aus wie gewöhnliche Kreisel, doch legen sie äußerst merkwürdige Verhaltensweisen an den Tag.
So gibt es zum Beispiel einen, der sich nur mit großer Mühe in Gang setzen läßt. Wenn man ihn jedoch entsprechend stark gedreht hat und ihn anschließend mit einem Finger anhält, bleibt er überraschenderweise auf der Spitze stehen und zeigt eine beachtenswerte Stabilität, obgleich sich jeder davon überzeugen kann, daß er offenkundig nicht mehr rotiert. Sein Geheimnis verbirgt sich in seinem Inneren: Der Kreisel ist mit einer sehr schweren viskosen Flüssigkeit gefüllt.
Zunächst einmal ist es aufgrund der großen Trägheit dieser Flüssigkeit nicht leicht, den Kreisel auf Touren zu bringen, doch wenn er zu rotieren beginnt, verleiht gerade die Flüssigkeit dem Gehäuse des Kreisels seine Stabilität, selbst wenn dieser angehalten wird. Die Flüssigkeit in seinem

Auf der nebenstehenden Seite: Wenn der Kreisel um die Senkrechte rotiert, gleichen sich das Gewicht und die Reaktion der Grundfläche aus. Unten: Wenn sich der Kreisel zu neigen beginnt, bilden das Gewicht und die Reaktion des Bodens ein Kräftepaar, das ihn zusätzlich in eine horizontal gerichtete Rotation bringt (Präzession). Die Achse des Kreisels beschreibt eine kegelförmige Linie, die sich in dem Maße erweitert, in dem der Kreisel an Geschwindigkeit verliert. Abbildung rechts unten: Der ptolemäische Kreisel kann außergewöhnliche Kunststücke vollbringen, weil sein Schwerpunkt tiefer liegt als sein Auflagepunkt.

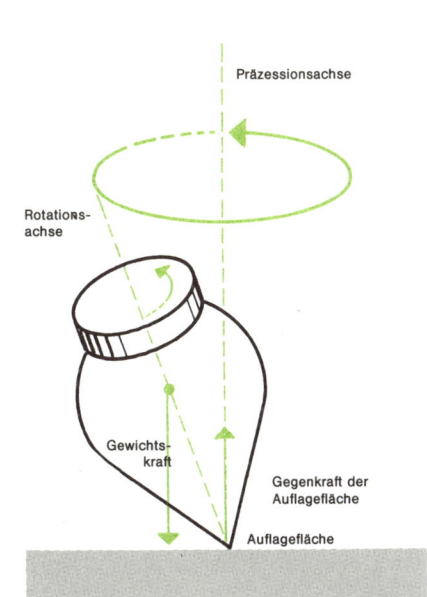

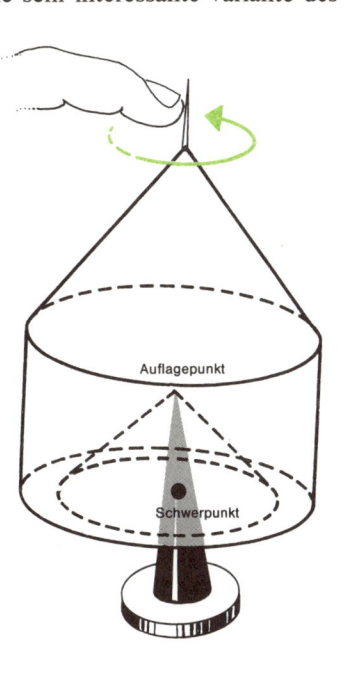

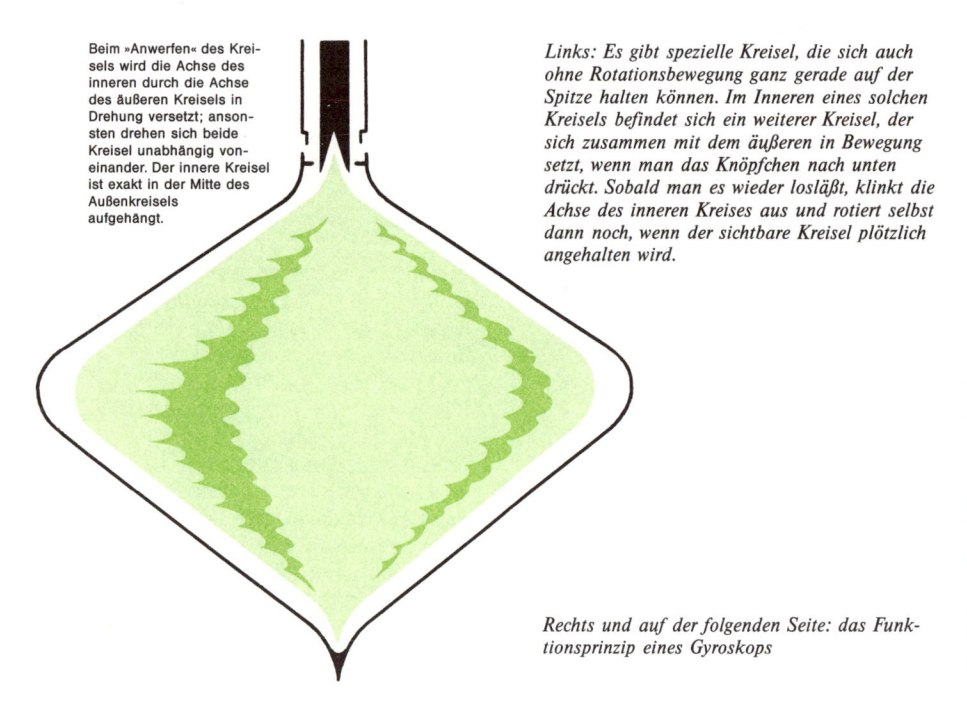

64 · ZU ANFANG EIN WENIG BEWEGUNG

Beim »Anwerfen« des Kreisels wird die Achse des inneren durch die Achse des äußeren Kreisels in Drehung versetzt; ansonsten drehen sich beide Kreisel unabhängig voneinander. Der innere Kreisel ist exakt in der Mitte des Außenkreisels aufgehängt.

Links: Es gibt spezielle Kreisel, die sich auch ohne Rotationsbewegung ganz gerade auf der Spitze halten können. Im Inneren eines solchen Kreisels befindet sich ein weiterer Kreisel, der sich zusammen mit dem äußeren in Bewegung setzt, wenn man das Knöpfchen nach unten drückt. Sobald man es wieder losläßt, klinkt die Achse des inneren Kreises aus und rotiert selbst dann noch, wenn der sichtbare Kreisel plötzlich angehalten wird.

Rechts und auf der folgenden Seite: das Funktionsprinzip eines Gyroskops

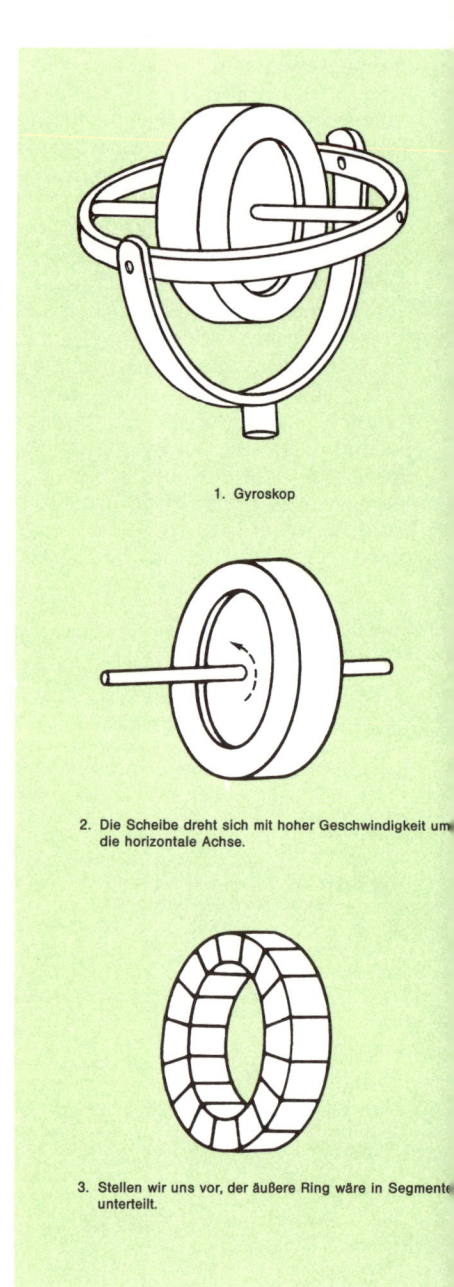

1. Gyroskop

2. Die Scheibe dreht sich mit hoher Geschwindigkeit um die horizontale Achse.

3. Stellen wir uns vor, der äußere Ring wäre in Segmente unterteilt.

Inneren wird noch für eine ganze Weile um die Inertialachse kreisen. Ein anderer Kreisel aus dieser Familie vermag sogar noch unerklärlichere Kunststücke vorzuführen. Während man bei dem flüssigkeitsgefüllten Kreisel sofort dessen ungewöhnliches Verhalten bemerkt, erweckt diese Variante zunächst keinerlei Verdacht. Es überrascht daher um so mehr, daß man die Rotationsbewegung zum Stillstand bringen kann und der Kreisel nicht wie erwartet umfällt, sondern sich weiterhin auf seiner winzigen Spitze hält. Natürlich hat auch er sein Geheimnis: Der für uns »sichtbare« Kreisel ist in Wirklichkeit hohl und enthält einen zweiten, völlig gleichgeformten, aber etwas kleineren Kreisel, dessen Achse unbemerkt in Rotation versetzt wird, wenn man den Kreisel »aufzieht«. Sobald man den Knopf wieder losläßt, gibt eine Klemme die Achse des inneren Kreisels frei, so daß sich diese selbständig weiterdreht und auch beim Blockieren des äußeren Kreiselgehäuses das gesamte System stabilisiert.

Das Gyroskop
Abgesehen von den unzähligen und oftmals äußerst verantwortungsvollen Aufgaben, die man dem Gyroskop anvertraut, ist es vielleicht auch eine der verblüffendsten Erfindungen, die je erdacht wurden.
Es handelt sich hierbei um eine schwere, durch einen Elektromotor in konstanter Rotation gehaltene Scheibe, die der unbehinderten Neigbarkeit wegen kardanisch aufgehängt ist. Bekanntlich besagt das Gesetz von der Erhaltung des Drehimpulses, daß die Drehachse eines starren Körpers bestrebt ist, konstant zu bleiben. Ist das Gyroskop also einmal in Betrieb gesetzt, zeigt es eine stabile Rotationsachse, und wenn Sie versuchen, diese Achse anders auszurichten, werden Sie ein recht unerwartetes Verhalten beobachten können.
Nehmen wir einmal an, die Achse des Gyroskops stünde horizontal und wäre gegen Norden ausgerichtet. Wollten Sie es nun nach Westen ausrichten, bewegt sich das Gyroskop überraschenderweise senkrecht zu Ihrem Stoß; es neigt sich in vertikaler Richtung, wird aber nach wie vor nach Norden zeigen. Obgleich man es zunächst denken möchte, hat dies natürlich nichts mit Zauberei zu tun. Wir wollen den Effekt in der obenstehenden Abbildungsreihe einmal nachvollziehen.
Die gleiche Wirkung entsteht – wenngleich in größerem Maßstab – durch die Erdrotation. Im Bogen eines Tages beschreibt die Rotationsachse innerhalb der Kardanaufhängung eine kegelförmige Bahn. Allerdings kann das Gyroskop im Bezugs-

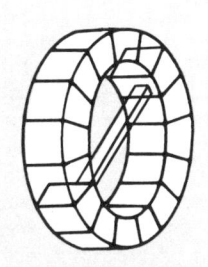

4. Greifen wir zwei dieser Segmente heraus, und betrachten wir ihre Bewegung.

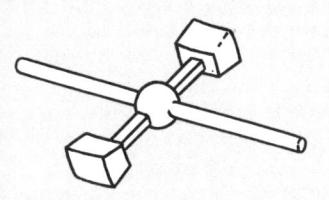

5. Die beiden Segmente sind starr mit der Achse verbunden.

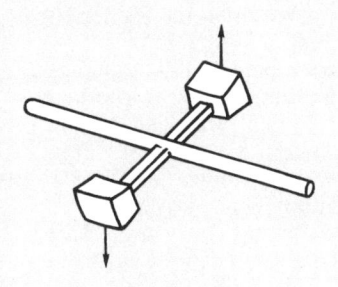

6. Wenn sich die Segmente um die Achse drehen, bewegt sich das eine nach oben und das andere nach unten.

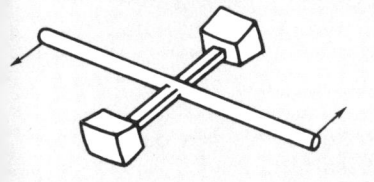

7. Nehmen wir an, daß sich die waagerecht ausgerichtete Achse in Pfeilrichtung dreht.

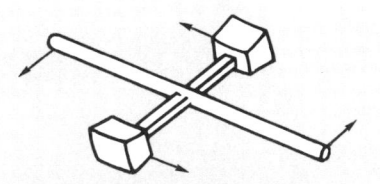

8. Die beiden Segmente werden folglich in einander entgegengesetzte Richtungen bewegt.

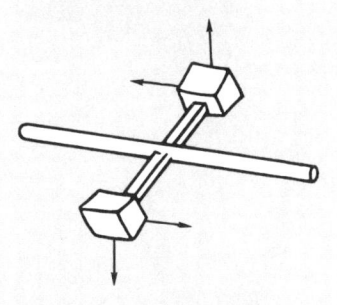

9. Folglich bewegen sie sich zugleich in eine vertikale und eine horizontale Richtung.

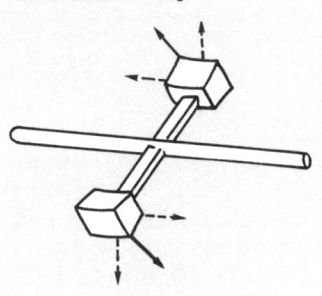

10. Dadurch entsteht eine diagonale Drehbewegung.

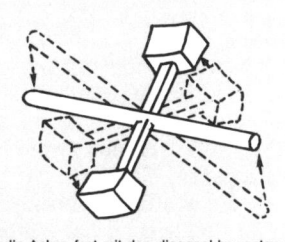

11. Da die Achse fest mit den diagonal bewegten Segmenten verbunden ist, muß sie sich neigen.

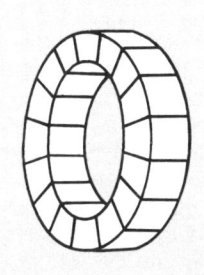

12. Das gleiche gilt natürlich auch für alle anderen Segmente in die wir den Ring in Gedanken eingeteilt hatten.

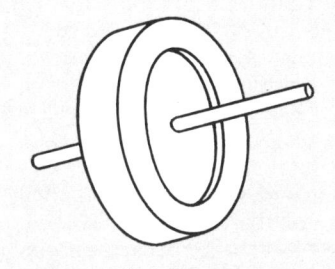

13. Deshalb neigt sich die gesamte Scheibe.

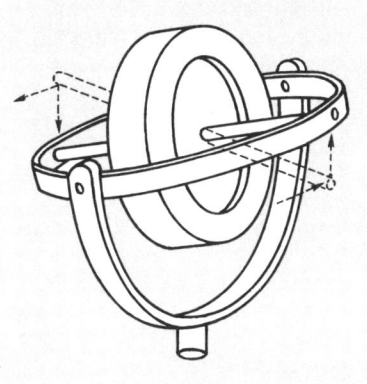

14. Wenn man also ein Gyroskop anstößt, neigt es sich im rechten Winkel zur Stoßrichtung.

system der Fixsterne in seiner Neigung die Ebene des Meridians, der mitten durch Ihr Haus verläuft, niemals verlassen; statt dessen ist es die Halterung, die sich einmal vollständig gedreht hat. Wenn also das Gyroskop ein für allemal nach den Sternen ausgerichtet ist und in konstanter Rotation gehalten wird, verhält es sich folglich wie ein Kreiselkompaß bzw. ist jeglichem Kompaß überlegen, denn es bleibt unempfindlich gegenüber Eisenmassen, elektrischem Strom sowie magnetischen Störungen und ist deshalb in der Lage, den tatsächlichen geographischen und nicht den magnetischen Pol anzuzeigen. Wenn Sie ein Gyroskop in der Hand halten, werden Sie sofort bemerken, welchen enormen Widerstand es allen Formen der Drehbewegung entgegensetzt. Deshalb nutzt man es zur Konstruktion von leistungsstarken Stabilisatoren. Schiffe werden oft mit riesigen Gyroskopen ausgerüstet, um das Stampfen und Schlingern zu dämpfen, während nur drei senkrecht zueinander rotierende Gyroskope einen Satelliten vor jeglichen Eigenschwingungen schützen.

Die Fahrradfelge

Mit Hilfe eines ausgedienten Rades Ihres »Drahtesels« läßt sich ein primitives, doch sehr unterhaltsames Gyroskop bauen. Nachdem Sie das Rad ausgebaut haben, befestigen Sie auf beiden Seiten der Nabe zwei kurze Stangen (Sie können sie anschweißen oder fest anschrauben). Wenn sich das Rad dann später um sein Kugellager dreht – ich empfehle Ihnen, es gründlich zu schmieren –, dienen Ihnen die Stangen als Haltegriffe. Nun entfernen Sie den Schlauch und ersetzen ihn durch ein Bleiband von der Art, wie es die Installateure zum Schweißen verwenden. Legen Sie das Band um die gesamte Felge herum, und befestigen Sie es mit Klebeband. Um die Sauberkeit bzw. auch den ästhetischen Wert Ihres »Gyroskops« zu erhöhen, können Sie die Felge entweder vollständig mit dem Klebeband umwickeln oder den Mantel wieder aufziehen. Auf diese Weise haben Sie das Trägheitsmoment des Rades beträchtlich erhöht und somit für einige amüsante Experimente präpariert. Zunächst sollten Sie das gyroskopische Verhalten des Rades überprüfen. Halten Sie es senkrecht, lassen Sie es mit hoher Geschwindigkeit rotieren, und versuchen Sie nun, es mittels der angebrachten Griffe nach links oder rechts zu drehen. Sie werden einige erstaunliche Feststellungen machen: Das Rad tut keineswegs das, was Sie erwartet haben, es wird Ihnen vielmehr »belebt« erscheinen. Doch es verhält sich natürlich wie im vorangegangenen Abschnitt bildlich dargestellt. Wenn Sie einen Drehstuhl oder auch einen Klavierhocker im Hause haben, können Sie folgendes Experiment durchführen: Während sich das Rad möglichst schnell um die Senkrechte dreht, nehmen Sie mit dem Rad auf dem Stuhl Platz. Was meinen Sie, was nun passiert, wenn Sie, ohne mit den Füßen den Boden zu berühren, die Rotation des Rades unvermittelt unterbrechen? Sie, der Drehstuhl und das Rad bilden ein System, das seinen Drehimpuls erhalten will: Sobald Sie das Rad anhalten, muß etwas anderes sich zu drehen beginnen! Um mehr über dieses physikalische Gesetz zu erfahren, brauchen Sie nur die Rotationsgeschwindigkeit des Rades und die Stellung seiner Achse zu verändern. Oder aber Sie überlegen sich spaßeshalber weitere Anwendungsmöglichkeiten für dieses Gesetz.

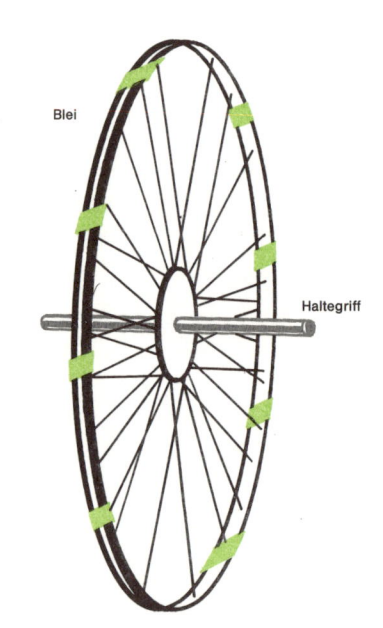

Bei entsprechender Beschwerung verhält sich eine ausgediente Fahrradfelge wie ein Gyroskop und eignet sich deshalb für viele interessante und unterhaltsame Experimente.

Dreh-Bücher

Wie wir alle wissen, gilt für die Addition zweier Zahlen das Kommutativgesetz: Wenn zwei plus drei gleich fünf ist, so muß drei plus zwei ebenfalls fünf ergeben. Genauso verhält es sich bei der Multiplikation zweier Zahlen und desgleichen bei komplexeren Rechenoperationen verschiedenster Art. Diese Eigenschaft ist uns sogar derart selbstverständlich und vertraut geworden, daß wir sie stillschweigend als allgemeingültig betrachten. Dennoch genügt ein ganz gewöhnliches Buch, um uns das Gegenteil zu beweisen (es gibt im übrigen zahlreiche weitere Ausnahmen). Die Summe zweier Rotationsbewegungen eines starren Körpers ist im allgemeinen nicht kommutativ. Überzeugen Sie sich selbst: Stellen Sie ein Buch vor sich auf eine Tischplatte (der Rücken soll senkrecht und der Deckel zu Ihnen hin ausgerichtet sein), und wenden Sie es entsprechend dem Abbildungsschema auf der nebenstehenden Seite. Bei den beiden Bewegungen in der oberen Reihe handelt es sich um eine Drehung um 90 Grad um die parallel zu Ihrem Blick verlaufende horizontale Achse (R1) und eine Drehung von 90 Grad um die senkrechte Achse (R1+R2). Die Summe der beiden Drehbewegungen ergibt, daß Sie das Buch mit dem Rücken nach oben auf dem Schnitt stehen sehen. Bringen Sie das Buch nun wieder in die Ausgangsposition, und führen Sie die beiden Drehbewegungen in umgekehrter Reihenfolge durch, wie im unteren Teil der Abbildung angegeben. Diesmal wird das Buch auf dem Deckel zu liegen kommen. Bei Drehbewegungen verändert sich also das Ergebnis, wenn man die Reihenfolge der Summanden umkehrt.

Es gibt noch ein anderes Experiment zur Drehbewegung von Büchern: Nehmen Sie ein Buch – am besten eines, von dem Sie eh nicht viel halten –, und umspannen Sie es mit einem Gummiband. Das Spiel besteht darin, das Buch in die Höhe zu werfen und es dabei gleichzeitig um sich selbst drehen zu lassen. Wahrscheinlich werden Sie den Rücken zwischen Daumen und Zeigefinger halten und für den Wurf die lotrecht zum Deckel stehende Rotationsachse nutzen wollen, denn man spürt instinktiv, daß man auf diese Weise eine stabile Rotation erhält. Doch versuchen Sie nun, das Buch um die senkrecht zu den beiden anderen Seiten stehenden Achsen rotieren zu lassen. Mit ein wenig Geschick werden Sie bei einer der Achsen ebenfalls eine stabile Rotation erreichen, während sich die dritte Achse als hoffnungsloser Fall erweisen wird: Anstatt sich um eine feste Achse zu bewegen, gerät das Buch ins Taumeln und überschlägt sich. Sie können diesen Versuch auch mit einer Schachtel oder irgendeinem anderen Quader, dessen Gewicht jedoch gleichmäßig verteilt sein muß, durchführen und werden stets zu dem gleichen Ergebnis kommen. Darüber hinaus ist Ihnen sicher auf-

ZU ANFANG EIN WENIG BEWEGUNG · 67

Die Summanden der Drehbewegungen eines Buches sind nicht vertauschbar. R 1 ist eine Drehung von 90 Grad um die über den Buchdeckel verlaufende horizontale Achse, R 2 dagegen ist eine Drehung von 90 Grad um eine senkrechte Achse.

Wenn man mit einem aufrecht stehenden Buch zunächst die Drehung R 1 und danach die Drehung R 2 durchführt, wird sich das Buch auf den Schnitt stellen (Abbildung rechts oben); vollzieht man jedoch erst R 2 und danach R 1, wird es auf dem Deckel zu liegen kommen.

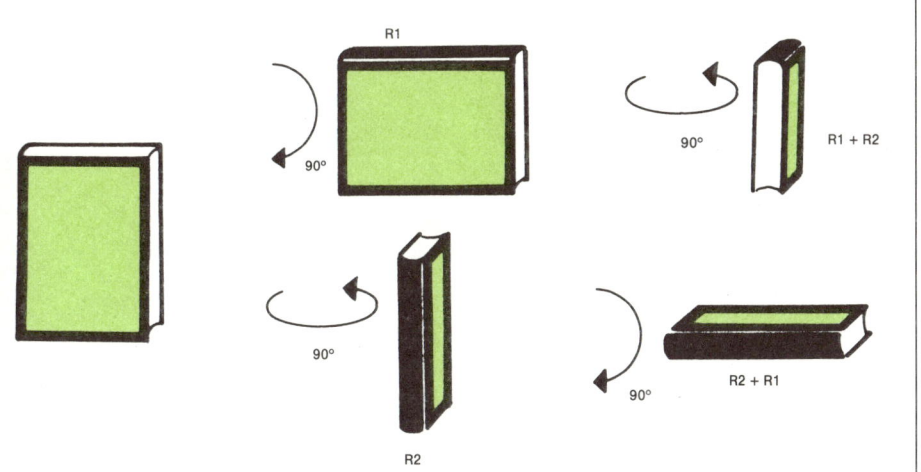

gefallen, daß nur die beiden Achsen stabil bleiben, zu denen der Körper das größte respektive das kleinste Trägheitsmoment aufweist. Es müssen also jene Achsen sein, die sich entweder in der größten oder in der geringsten Entfernung zu den Buchkanten befinden, wie in den Fällen *a* und *b* in der untenstehenden Abbildung. Weist die Achse jedoch ein mittleres Trägheitsmoment auf (Fall *c*), so ist sie nicht stabil und kann durch Schwerkraft oder Luftwiderstand empfindlich gestört werden.

Das Jo-Jo

Das Jo-Jo, das vor einigen Jahrzehnten bei den Kindern besonders hoch in Kurs stand, ist eine verkleinerte Version des Maxwell-Pendels. Letzteres besteht aus einem Scheibenrad und einer durchgängigen Achse, an der beidseitig eine Schnur aufgewickelt ist. Die beiden oberen Enden der Schnüre sind miteinander verbunden. Wenn man die Schwungscheibe losläßt, wird die Schnur abgerollt, und die Scheibe bewegt sich abwärts, bis sie den tiefsten Punkt erreicht hat. Aufgrund des enormen Trägheitsmoments kommt die Rotation jedoch nicht zum Stillstand, sondern bewirkt, daß die Scheibe wieder hinaufklettert. Könnte man jegliche Reibungskräfte ausschließen, kehrte der Schwerpunkt der Schwungscheibe exakt in seine Ausgangshöhe zurück, und die seltsame Pendelbewegung würde sich ewig fortsetzen. Das Jo-Jo (Sie finden es auf der folgenden Seite abgebildet) funktioniert nach dem gleichen Prinzip, nur daß es aus einer Schnur und zwei Schwungscheiben besteht. Der Spieler muß hierbei regelmäßig eingreifen, indem er einen leichten Ruck ausübt, sobald das Jo-Jo unten angelangt ist; auf diese Weise gleicht er den durch die Reibung entstehenden Energieverlust aus und läßt es die gesamte Schnurlänge wieder hinaufklettern. Der Trick besteht ganz einfach darin, daß die Zugbewegung des Spielers und die »Pendelbewegung« des Jo-Jos genau synchronisiert sein müssen (das gleiche geschieht, wenn man eine Schaukel in Schwung bringt), denn sonst könnte sich die Schnur nicht wieder aufwickeln.

Eine weitere, sehr beliebte Version dieses Spiels ist folgende: Wenn sich die Schnur vollständig abgewickelt hat, steigt das Jo-Jo nicht auf, sondern dreht sich so lange am Schnurende, bis man es durch einen leichten Ruck wieder heraufklettern läßt. Dieses Verhalten kommt dadurch zustande, daß die Haftreibung zwischen der Achse des Jo-Jos und der

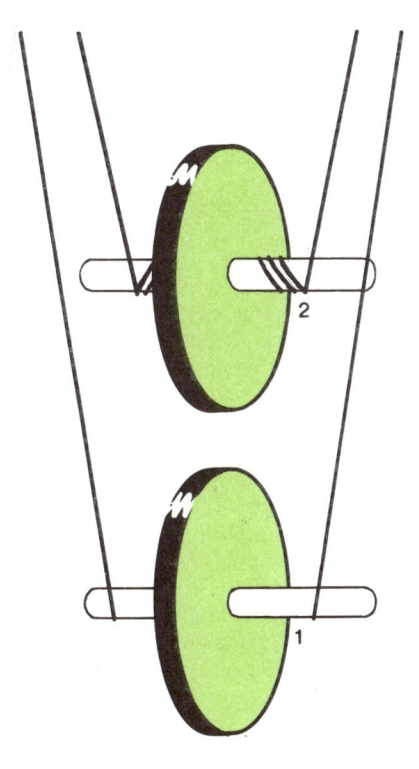

Oben: das Maxwell-Pendel. Sobald es seinen tiefsten Punkt erreicht hat (1), klettert es dank der Trägheit der Schwungscheibe wieder an seinen Fäden hinauf (2).

Links: Welche der drei Rotationsachsen verhält sich stabil, wenn das Buch in die Luft geworfen wird?

68 · ZU ANFANG EIN WENIG BEWEGUNG

Jo-Jo

Wie die rechte Abbildung verdeutlicht, ist der Bumerang aufgrund seiner Rotationsbewegung in der Luft einem Kräftepaar ausgesetzt, das seine kreisförmige Flugbahn bewirkt. Unten: Die Flugbahn eines Bumerangs über den Gärten des Kapitols in Washington, dargestellt in einer Nachtaufnahme. Dieser meisterhafte Wurf stammt aus der Hand des amerikanischen Spezialisten Eric Darnells. In den USA ist das Bumerang-Werfen inzwischen zu einer Art Volkssport geworden.

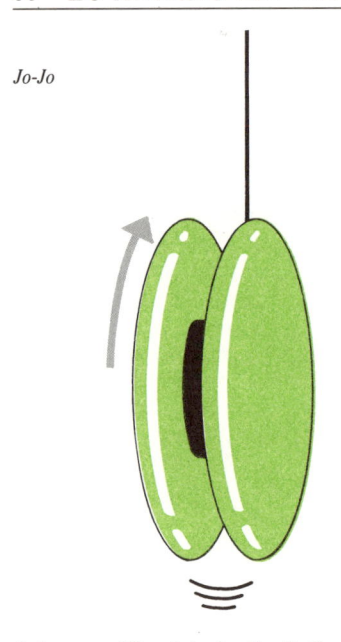

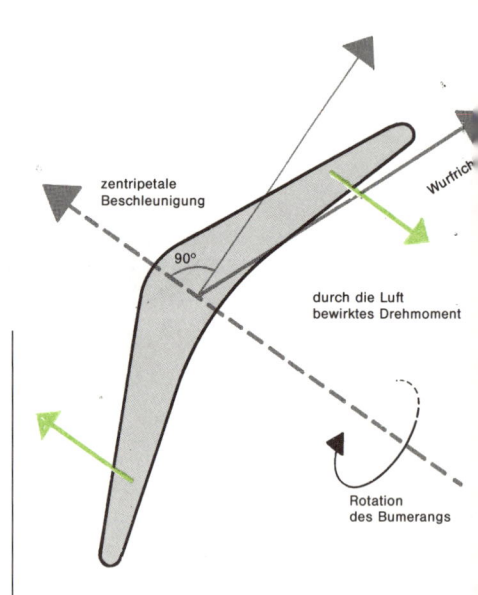

Schnur größer ist als die Rollreibung. Achse und Schnur werden fest aneinandergedrückt, und somit wird Rollreibung in Haftreibung überführt; durch den Ruck bleibt die Achse an der Schnur »kleben«, und das Jo-Jo klettert hinauf.

Der Bumerang
Jeder australische Ureinwohner vom Stamm der Kula oder Kamilaroi weiß, wie man einen Bumerang herstellt, der eine Entfernung von 80 bis 90 Meter überwindet und dabei immer wieder zum Werfenden zurückkehrt. Manche Stämme verwenden eine andere Art dieses Wurfholzes, das eine Wurfweite von über hundert Meter erreicht, jedoch nicht zurückkehrt.
Beim ersten Gerät handelt es sich um ein flügelförmiges und in der Mitte leicht abgewinkeltes Stück Holz, das in senkrechter Position losgeschleudert wird. In der Flugphase erhält der Bumerang – ähnlich einer Tragfläche – dank seines Profils einen starken Auftrieb. Da nun aber der Bumerang senkrecht fliegt, greift der Auftrieb seitlich an. Darüber hinaus dreht sich das Wurfgeschoß um sich selbst; folglich gibt es stets eine Hälfte, die sich – vom Schwerpunkt aus betrachtet – in der Bewegungsrichtung voranbewegt, und eine andere, die in die entgegengesetzte Richtung strebt. Aus diesem Grunde wirkt der seitliche Auftrieb an einer der beiden Hälften nach rechts und an der anderen nach links, wodurch ein Kräftepaar entsteht, das den Bumerang eigentlich aus der Vertikalen bringen müßte.
Hier divergieren nicht nur die tatsächlichen Flugbahnen des Bumerangs, sondern auch die diesbezüglich abgegebenen Erklärungen der Physiker. Ein von Jearl Walker beschriebener Bumerang zeigt unter Einwirkung des Kräftepaares, von dem wir eben gesprochen haben, keine Neigung, sondern behält seine Fluglage bei und beschreibt eine weitläufige Wendebewegung gegen die linke Seite des Werfenden (vergleichbar der Bewegung eines Düsenjägers, wenn der Pilot seine Maschine eine Drehung von 90 Grad um die Längsachse fliegen läßt). Bei einem sauber ausgeführten Wurf und vorausgesetzt natürlich, daß das Wurfgeschoß sein Opfer vielleicht doch verfehlt hat, kehrt der Bumerang durch diesen komplexen Bewegungsablauf zum Werfenden zurück.

Der zweite Typus des Bumerangs dagegen neigt sich und vollzieht eine Wendung; je mehr er an Geschwindigkeit verliert, desto mehr dreht er sich aus der Senkrechten heraus und erreicht schließlich eine horizontale Flugbahn.
Einer meiner Freunde – ebenfalls ein Physiker – besitzt eine kleine Bumerang-Sammlung, die nicht nur einige westliche Modelle enthält, sondern auch zwei australische Exemplare. Eines Tages gestand er mir, daß es ihm noch nie gelungen sei, die »echten« Bumerange zu einer halbwegs zielsicheren Rückkehr zu bewegen, während sich die westlichen problemlos werfen ließen ...

LICHTER UND KLÄNGE

EIN WICHTIGER TEIL UNSERER AUFGABE BESTEHT DARIN, ANSCHAULICHE EXPERIMENTE ZU DEMONSTRIEREN, ANDERE AUFZUFORDERN, DIESE NACHZUVOLLZIEHEN UND IN JEDER WEISE JENE GEDANKEN AUSZUBILDEN, DIE DURCH DIE VERSUCHE VERDEUTLICHT WERDEN. JE EINFACHER UND GELÄUFIGER SICH DIE GEGENSTÄNDE EINES ANSCHAULICHEN EXPERIMENTS FÜR DEN LERNENDEN GESTALTEN, DESTO EHER WIRD DER ZU VERDEUTLICHEN BEABSICHTIGTE GEDANKE BEGRIFFEN.
(James Clerk Maxwell)

KLINGENDE WELLEN

Den Klang einer Violine, das Licht eines Sternes und die Kreise, die sich auf der Wasseroberfläche ausbreiten, bezeichnen wir als Wellen. Zwar unterscheiden sich diese drei Wellen ganz beträchtlich in ihrer Art, ihren Frequenzen und Geschwindigkeiten, doch unterliegen sie allesamt denselben physikalischen Gesetzen, wie beispielsweise der Brechung oder der Beugung. Viele Dinge, die uns in einem bestimmten Zusammenhang als ganz selbstverständlich erscheinen, können uns bei anderer Gelegenheit durchaus überraschen oder verblüffen. Man findet es völlig normal, eine Brille aufzusetzen, um besser zu sehen, während die meisten von uns einer akustischen Linse eher ratlos gegenüberstehen. (Eine akustische Linse besteht aus einem großen, mit Kohlendioxid gefüllten Ballon, der selbst die leisesten Flüstertöne fokussiert und dadurch hörbar macht. Einige der Unterschiede zwischen Schall und Licht sind von grundlegender Bedeutung, und der wichtigste läßt sich in einem einfachen Versuch demonstrieren. Unter einer Glasglocke werden eine Lampe und ein Glöckchen aufgestellt und in Reihe geschaltet an ein Stromnetz angeschlossen (die Kabel werden durch eine große Gummischeibe gezogen, damit die Glasglocke zuverlässig abgedichtet ist).

Wenn man auf den außerhalb der Apparatur angebrachten Knopf drückt, leuchtet die Lampe auf, und das Glöckchen beginnt zu klingeln. Nun wird mit Hilfe einer entsprechenden Pumpe ein Vakuum in der Glasglocke erzeugt und der Knopf erneut gedrückt: Die Lampe leuchtet auf, doch zu hören ist nichts. Unser Experiment hat gezeigt, daß sich Licht auch in einem Vakuum ausbreitet, während der Schall diese Eigenschaft nicht besitzt.

Wenn man unter der Glasglocke ein Vakuum erzeugt, ist das Klingeln nicht zu hören. Im Unterschied zum Licht, das uns aus allen Bereichen des Universums erreicht, besitzt der Schall also nicht die Eigenschaft, sich im luftleeren Raum auszubreiten.

Mach 1

Die Schallgeschwindigkeit bei geringer Luftfeuchtigkeit und einer Temperatur von 0 °C beträgt 331,3 Meter pro Sekunde bzw. 1192,7 Stundenkilometer. Wir sprachen gerade von Unterschieden: Da die Geschwindigkeit des Schalls ungefähr eine Million mal geringer ist als die des Lichts, nehmen wir den Lichtschein einer entfernten Explosion und das darauffolgende Geräusch mit einer gewissen Zeitverzögerung wahr, die sich mit jeder Stoppuhr messen läßt. In Kriegszeiten nutzten die Artilleristen diese Verzögerung, um die Entfernung der feindlichen Geschütze zu berechnen.

Natürlich hängt die Schallgeschwindigkeit von der Elastizität des Mediums ab, in welchem sich die Wellen ausbreiten. Wenn zum Beispiel unsere Atmosphäre unglücklicherweise aus Wasserstoff bestünde, erreichten die Schallwellen eine Geschwindigkeit von rund 1286 Metern pro Sekunde. Und wie jeder Taucher bemerkt haben wird, breiten sie sich unter Wasser sogar noch schneller aus: Hier kommt man bei einer Temperatur von 15 °C auf einen Wert von 1450 Metern pro Sekunde. Die erste Messung der Schallgeschwindigkeit unter Wasser fand im Jahre 1827 im Genfer See statt. Man ließ gleichzeitig eine Lampe auf einem Boot aufleuchten und eine im Wasser montierte Glocke ertönen. Auf einem vierzehn Kilometer ent-

70 · LICHTER UND KLÄNGE

fernt liegenden zweiten Boot wurde nun der Zeitraum zwischen dem Leuchtsignal und dem akustischen Signal aus der Tiefe des Sees (das man mit einer Art Hörrohr empfing) gemessen. Die Zeitspanne betrug 9,4 Sekunden, und die Schallgeschwindigkeit ergab einen Wert von 1490 Metern pro Sekunde. Allerdings wissen wir nicht, bei welcher Wassertemperatur der Versuch durchgeführt worden war. Werte, die man durchaus in das »Guinness Buch der Rekorde« aufnehmen könnte, sind die der Schallausbreitung in Granit (6000 Meter pro Sekunde) und in vulkanisiertem Gummi (nur 54 Meter pro Sekunde).

In den Spiegel reden

Erst seit Ende des 18. Jahrhunderts – oder besser: erst seit Ernst Chladni – weiß man, daß ein Echo nichts anderes ist als die Reflexion von Schallwellen durch eine große, feste Fläche. Seit dieser Entdeckung hat man verschiedenste Apparaturen und Experimente erdacht, um das Phänomen auf jede erdenkliche Weise zu demonstrieren. Kein naturwissenschaftliches Museum, das etwas auf sich hält, wird es heutzutage versäumen, seinen Besuchern ein Hohlspiegel-Paar zu präsentieren, an welchem die Fernübertragung der Stimme ausprobiert werden kann. Das Spielchen erfreut sich vor allem bei Verliebten größter Beliebtheit: Er flüstert zärtliche Worte in den Brennpunkt eines

Oben: eine Parabolantenne zur Übertragung von Hertzschen Wellen. Auch die auf einen Hohlspiegel gerichteten Schallwellen werden entsprechend der Achse des Paraboloids weitergeleitet.

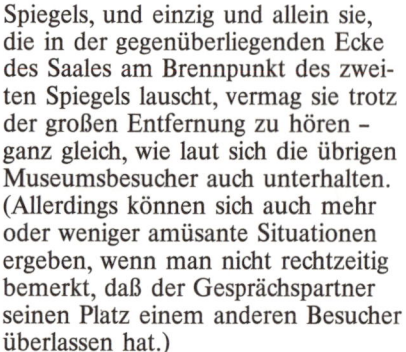

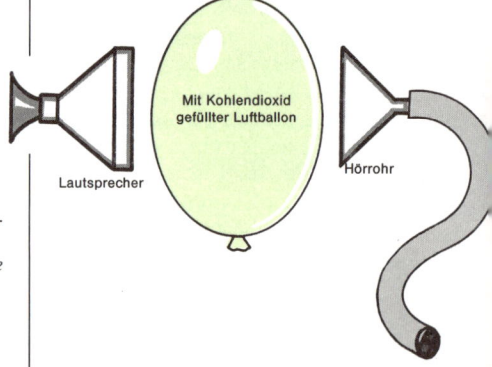

Rechts: Versuch zur Brechung des Schalls. Man hält einen mit Kohlendioxid gefüllten Luftballon zwischen einen Lautsprecher und ein selbstgebautes »Hörrohr«.

Unten: In einem Physiklabor werden mittels einer akustischen Linse Schallwellen sichtbar gemacht. Man setzt bei diesem Experiment eine Neonlampe ein, deren Leuchtkraft im gleichen Maße variiert, wie sich der Ton verändert. Dieser wird durch einen Trichter ausgesendet und von einem Mikrophon aufgenommen. Man erkennt deutlich die Wellenfronten sowie die Interferenzmaxima und -minima.

Spiegels, und einzig und allein sie, die in der gegenüberliegenden Ecke des Saales am Brennpunkt des zweiten Spiegels lauscht, vermag sie trotz der großen Entfernung zu hören – ganz gleich, wie laut sich die übrigen Museumsbesucher auch unterhalten. (Allerdings können sich auch mehr oder weniger amüsante Situationen ergeben, wenn man nicht rechtzeitig bemerkt, daß der Gesprächspartner seinen Platz einem anderen Besucher überlassen hat.)

Obgleich dieses Spiel zunächst sehr verwunderlich erscheinen mag, baut es auf einem ganz einfachen Prinzip auf: Der erste Hohlspiegel wandelt die in seinen Brennpunkt gelangten Geräusche in ebene Wellen um und überträgt sie quer durch den Saal auf den zweiten Spiegel, in dessen Brennpunkt die Wellen erneut gebündelt und somit hörbar gemacht werden. Auf die gleiche Weise funktionieren auch die Parabolantennen für den Fernsehempfang.

Akustische Linsen

Wie vorhin kurz angedeutet, pflegt der Museumsbesucher am meisten über eine akustische Linse zu staunen. Sie hat gewöhnlich das Aussehen einer milchig-trüben Kugel mit einem Durchmesser von zwei oder drei Metern. Einige Personen sitzen im Kreis um die Kugel herum und können sich fast flüsternd mit ihrem Gegenüber unterhalten, ohne sich durch die Stimme ihres Nachbarn gestört zu fühlen. Wie bei jeder Linse werden auch hier die Wellen entlang der Senkrechten zur Oberfläche abgelenkt und gebündelt. Der Höreindruck ist am deutlichsten, wenn sich die beiden Gesprächspartner gegenüberstehen. Da auch die Stimmen der anderen genau in der Richtung ihres jeweiligen Gegenübers gebündelt werden, ist die wechselseitige Störung minimal.

In etwas kleinerem Maßstab kann man die Schallbrechung auch zu Hause ausprobieren. Eine akustische Linse läßt sich ganz einfach herstellen: Man füllt ein Stückchen Trockeneis in einen nicht aufgeblasenen Luftballon, hält die Öffnung zu und wartet, bis das Kohlendioxid in den gasförmigen Zustand übergegangen ist. Um den erwünschten Druck zu erhalten, kann man je nach Bedarf weiteres Trockeneis zugeben oder ein wenig Gas entweichen lassen. Nun wird der Ballon sorgfältig verschlossen. Schallwellen breiten sich in Kohlendioxid langsamer aus als in Luft, und folglich verhält sich der Ballon nach dem gleichen Prinzip wie eine Glaskugel, durch die ein Lichtstrahl fällt. Setzen Sie einen Trichter auf das eine Ende eines kurzen Gummischlauches und überprüfen Sie mit Hilfe dieses Hörrohrs die Eigenschaften Ihrer akustischen Linse. Der Versuch funktioniert folgendermaßen: Sie halten das freie Schlauchende an Ihr eigenes Ohr und stopfen sich ein wenig Oropax in das andere. Legen Sie den Trichter vor den Lautsprecher Ihres Plattenspielers, und streichen Sie mit dem Finger leicht über die Nadel des Tonabnehmers. Nun montieren Sie den Ballon zwischen Lautsprecher und Trichter und machen eine weitere Hörprobe.

Warum kann man »um die Ecke« hören?
Wenn die Kinder Verstecken spielen, können sie aus ihrem Unterschlupf hinter dem Baum oder der Häuserecke jedes Wort ihrer Kameraden verstehen. Da sie sich im Freien befinden, kann man ein Echo, das durch entsprechende Hindernisse den Schall in ihre Richtung reflektieren würde, ausschließen. Das Phänomen, das den Wellen erlaubt, sich »um die Ecke« auszubreiten, nennt man »Beugung«. Wenn wir hinter einer

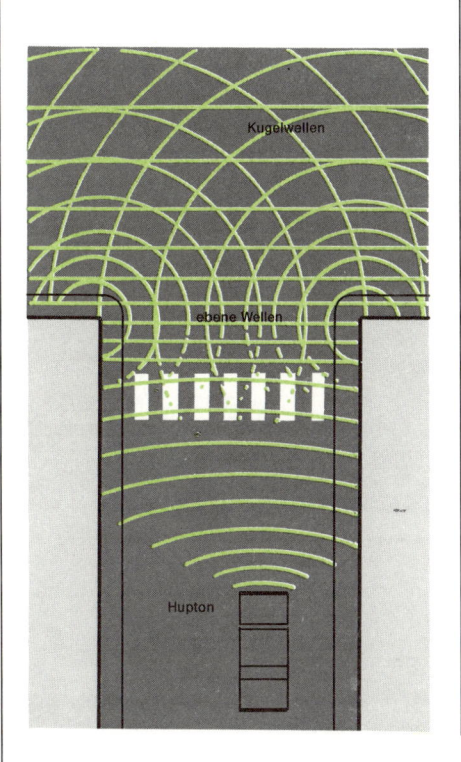

Ecke stehen und uns jemand ruft, verhält sich die Ecke selbst wie eine Schallquelle, die durch das Auftreffen der Stimme, also der Hauptwelle, in Schwingungen gerät. Diese virtuelle »Quelle« sendet ihrerseits Wellen in alle Richtungen, so daß sie letztlich auch die Kinder in ihren Verstecken erreichen. Je größer die Wellenlänge im Vergleich zum Ausmaß des Hindernisses, desto wirkungsvoller gestaltet sich die Ausbreitung. Wir können uns diesen Mechanismus (das Huygenssche Prinzip) am besten verdeutlichen, wenn wir das Ausbreitungsverhalten von Wellen auf einer Wasseroberfläche beobachten. Die Interferenz ist vielleicht eines der eigentümlichsten und überraschendsten Phänomene der Wellenbewegung: Sie

Links: Beugungserscheinung an einer Mauerecke

Unten: Durch die Interferenz zweier Quellen, die frequenzgleiche Wellen aussenden, entstehen Zonen der Verstärkung und der Auslöschung.

72 · LICHTER UND KLÄNGE

Links: Wie bei jedem Saiteninstrument hängt auch bei der Harfe die Tonhöhe von der Länge der angeschlagenen Saite ab.

einer Saite höher wird, wenn man sie verkürzt, und tiefer, wenn man sie entsprechend verlängert. Dennoch mußten mehr als 2000 Jahre vergehen, bis Galilei das mathematische Verhältnis zwischen Tonfrequenz und Saitenlänge entdeckte.
Die Schwingungsbewegungen der Saiten lassen sich in einem ganz einfachen Experiment demonstrieren.

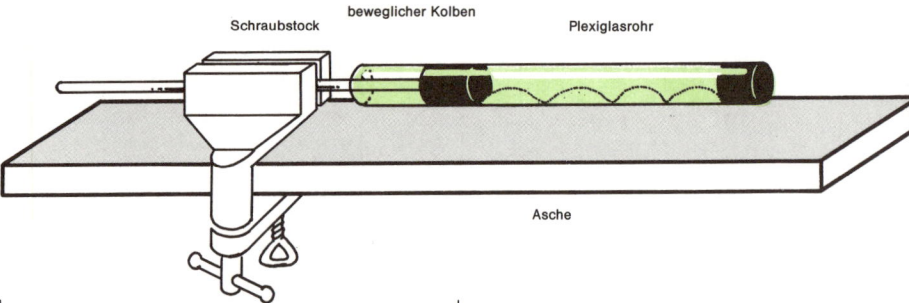

Unten: Ein Gummiband, das über einer Keksdose aus Metall zum Schwingen gebracht wird, ergibt den Grundton sowie den ersten Oberton. Der Resonanzbogen macht den Unterschied zwischen den beiden Tönen deutlich wahrnehmbar.

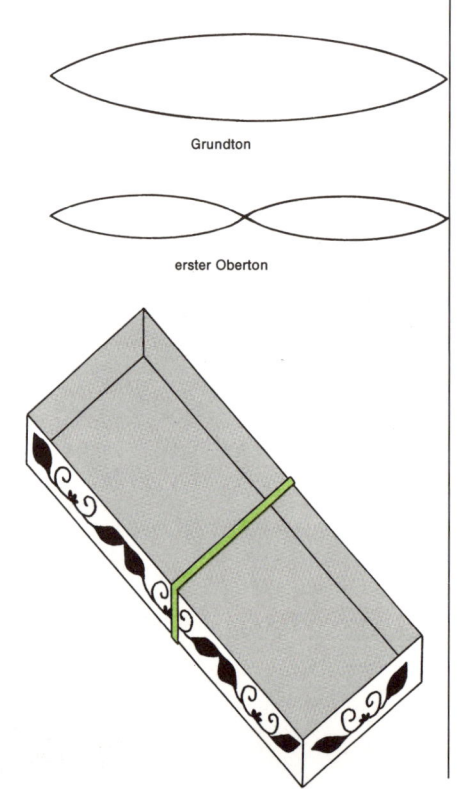

Spannen Sie ein nicht zu kurzes und nicht zu schmales Gummiband über eine Keksdose (ohne Deckel) aus Metall; nun schlagen Sie die Gummisaite in der Mitte an: Sie erzeugen einen recht tiefen Ton und sehen das Gummi, wie in der oberen Zeichnung der untenstehenden Abbildung angegeben. Dies ist seine Grundschwingung, und der Ton, den Sie hören, ist der Grundton Ihrer Gummisaite. Die Vibration zeigt zwei Schwingungsknoten, die sich an den Berührungspunkten von Gummi und Metall befinden, während die Amplitude in der Mitte des Gummis zu erkennen ist (wenn Sie die Schachtel hochkant stellen, sehen Sie die Bewegung ganz deutlich). Wenn Sie nun einen Finger leicht in der Mitte auf das Gummi legen und es am Rand anzupfen, erhalten Sie die doppelte Frequenz des ersten Tones, d. h. dessen ersten Oberton. Dieser Ton klingt deutlich höher, und die Bewegung des Gummis weist diesmal drei Schwingungsknoten auf (zwei an den Schachtelrändern und einen in der Mitte); die Wellenlänge beträgt nunmehr die Hälfte von der des Grundtons. Sobald Sie die Saite wieder loslassen und noch einmal am Rand anschlagen, sehen Sie die Überlagerung des Grundtons mit dem ersten Oberton.

tritt auf, wenn sich Wellen von gleicher Frequenz, jedoch verschiedenen Ursprungs überlagern.
In einigen Raumpunkten verstärken sich die Wellen gegenseitig, in anderen löschen sie einander aus. Im Fall von Schallwellen bilden sich aufgrund dieser Erscheinung Ruhezonen innerhalb eines Raumes, in welchem zwei Schallquellen mit voller Leistung aktiv sind – wie auf einer Open-air-Veranstaltung. Normalerweise werden zu beiden Seiten der Bühne zwei zum Publikum hin ausgerichtete leistungsstarke Lautsprecher aufgestellt. Wenn man um den Platz herumgeht und sich dabei in annähernd gleichbleibender Entfernung zur Bühne hält, wird man in Bereiche geraten, in denen der Ton sehr laut, und in andere, in denen er relativ leise zu hören ist. Hätte der Ton aus beiden Lautsprechern – wie etwa bei einer Sirene – exakt die gleiche Frequenz, würden sich auf dem Platz sogar Zonen bilden, in denen absolute Stille herrschte.

Grundtöne und Obertöne
Seit jeher beschäftigt sich die Menschheit mit schwingenden Saiten und ihren Verwendungsmöglichkeiten in der Musik. Schon Pythagoras, der im 6. Jh. v. Chr. lebte, wußte, daß der Ton

Die Kundtsche Röhre
Ende des letzten Jahrhunderts entwickelte August Kundt eine einfache Apparatur zur Messung der Schallgeschwindigkeit in Gasen. Das Gas wird in eine Röhre eingeleitet, die durch zwei Metallkolben abgedichtet ist; einer der beiden Kolben ist frei beweglich, während der andere mit einem Metallstab verschweißt ist, der

LICHTER UND KLÄNGE · 73

bei einer gegebenen Frequenz zu »klingen« beginnt. Auf dem Boden der Röhre befindet sich eine Schicht aus feinen Eisenfeilspänen. Sobald der Stab angestoßen wird, breiten sich die Schallwellen im Gas aus und werden vom beweglichen Kolben reflektiert. Indem man den Abstand zum feststehenden Kolben entsprechend reguliert, kann man stehende Schallwellen erzeugen: Die Eisenspäne bilden Anhäufungen, zwischen denen völlig freie Zwischenräume liegen. Die Erhebungen entsprechen den Schwingungsknoten, und ihr Abstand zueinander ist gleich der halben Wellenlänge. Nun benötigt man nur noch ein Metermaß, um diese Größe zu bestimmen, und kann mittels der folgenden Gleichung

Das obige Foto und die Zeichnung auf der nebenstehenden Seite zeigen eine Kundtsche Röhre, die zur Messung der Schallgeschwindigkeit in Gasen verwendet wird.

Unten: Wenn sich eine Schallquelle mit hoher Geschwindigkeit auf den Beobachter zubewegt, werden die Wellen in ihrer Ausbreitungsrichtung gestaucht und als höherer Ton wahrgenommen. Entsprechend klingt der Ton tiefer, wenn sich die Schallquelle entfernt. Dieses Phänomen erleben wir beispielsweise auf dem Bahnhof, wenn ein signalgebender Zug an uns vorüberfährt.

die Schallgeschwindigkeit berechnen:

$$Schallgeschwindigkeit = Frequenz \times Wellenlänge$$

Sie können auch selbst eine Kundtsche Röhre nachbauen und dieses Phänomen eingehend studieren (siehe Abbildung auf der nebenstehenden Seite). Beschaffen Sie sich ein Plexiglasrohr mit einem Durchmesser von wenigen Zentimetern und einer Länge von ca. 1 Meter; verschließen Sie das eine Ende mit einem eingeklebten Metallstopfen, und stellen Sie einen Kolben her, der, ohne irgendwo anzustoßen, durch das Rohr gleitet (nehmen Sie hierfür einen Metallzylinder mit einer Weite, die dem Innendurchmesser des Rohrs entspricht, und verschrauben oder verschweißen Sie ihn mit einem 20 bis 30 Zentimeter langen Messingstab). Füllen Sie das Rohr mit etwas Herdasche (falls vorhanden) oder ersatzweise mit einem anderen feinen Pulver. Schütteln Sie das Rohr, bis sich das Pulver gleichmäßig verteilt hat, halten Sie es so ruhig wie möglich in der Waagerechten, und setzen Sie den Kolben ein. Wenn Sie nun mit einem Hammer leicht auf den Messingstab klopfen, wird sich die Asche bewegen. Versuchen Sie, den Abstand zwischen Stopfen und Kolben so zu regulieren, daß Sie eine stehende Welle erhalten. Wenn es gar nicht gelingen will, sollten Sie es mit einem längeren oder kürzeren Messingstab versuchen oder die Pulvermenge verringern.

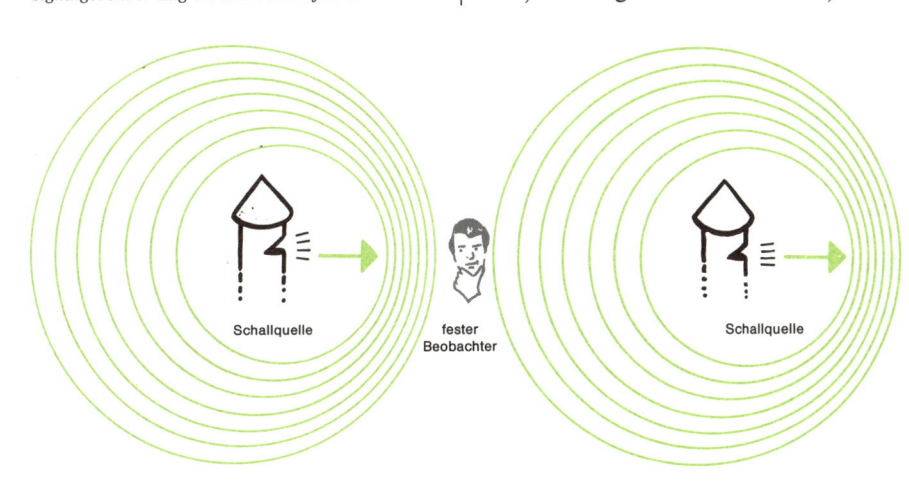

Das Pfeifen des Zuges
Haben Sie schon einmal auf einem kleinen Provinzbahnhof die Durchfahrt eines Schnellzuges erlebt und dabei ein eigentümliches Pfeifen wahrgenommen? Dann ist Ihnen sicherlich aufgefallen, daß sich die Klangfarbe dieses Geräusches spürbar veränderte; solange sich der Zug näherte, war ein relativ hoher Ton zu hören, als er jedoch an Ihnen vorbeibrauste und sich wieder entfernte, klang der Ton tiefer. Nun ist aber das Pfeifen eines stehenden Zuges „monoton" (im wortwörtlichen Sinne, denn es hat tatsächlich nur eine einzige Frequenz) und wird von den Reisenden im Zug auch als ein solches wahrgenommen, dies auch beim Durchfahren des kleinen Bahnhofes. Wir müssen folglich annehmen, daß die Tonfrequenz nicht in allen Bezugssystemen, die sich gleichförmig zueinander bewegen, identisch ist. Wenn sich das System, in welchem der Ton ausgesendet, und das System, in welchem er empfangen wird, einander nähern, ergibt sich eine höhere Frequenz; entfernen sich beide Systeme voneinander, haben wir es mit einer niedrigeren Frequenz zu tun. Der österreichische Physiker Christian Johann Doppler

74 · LICHTER UND KLÄNGE

wandte dieses Prinzip im Jahre 1842 zum ersten Mal auf Lichtwellen an; später wurde es auf alle anderen Wellen übertragen.

Stellen wir uns vor, der Zug sendete einen Pfeifton von 3400 Schwingungen pro Sekunde, d. h. einer Frequenz von 3400 Hertz, aus. Die Schallgeschwindigkeit in mäßig warmer Luft beträgt ungefähr 340 Meter pro Sekunde. Wenn also gilt:

Wellenlänge (λ) = Schallgeschwindigkeit/Frequenz,

dann ist die Wellenlänge des Pfeiftons im Bezugssystem des Zuges (oder des stehenden Zuges, wenn Sie wollen):

$$\lambda = 340/3400 = 0{,}10 \text{ m}$$

Im Verlauf einer Schwingungsperiode (die 1/3400 Sekunden beträgt) hat sich der Zug mit einer Geschwindigkeit von 125 km/h bzw. 34 m/sek um folgende Strecke vorwärts bewegt:

x = Geschwindigkeit x Schwingungsperiode = Geschwindigkeit/Frequenz = 0,01 m

Im Bezugssystem des außenstehenden Beobachters beträgt der Abstand vom ersten zum nachfolgenden Wellenkamm aus dem Zug allerdings nicht 0,10 m, sondern nur

$$\lambda' = 0{,}10 - 0{,}01 = 0{,}09 \; m;$$

dies gilt auch für alle anderen Wellenkämme, vorausgesetzt natürlich, daß sowohl die Geschwindigkeit des Schalls als auch die des Zuges konstant bleiben. Als Ergebnis halten wir fest, daß der außenstehende Beobachter den Pfeifton mit einer um 10 % höheren Frequenz hört als der Reisende im Zug. Sobald der Zug sich wieder entfernt, entsteht der umgekehrte Effekt: Diesmal fährt der Zug in eine Richtung, die der Ausbreitungsrichtung der zum Beobachter gelangenden Schallwellen entgegengesetzt ist. Im Bezugssystem des Beobachters liegen die Wellenkämme nunmehr weiter auseinander; die Wellenlänge beträgt jetzt:

$$\lambda'' = 0{,}10 \text{ m} + 0{,}01 \text{ m} = 0{,}11 \; m,$$

und die Frequenz wird um 10 % tiefer wahrgenommen als im Zug.

Hochbetrieb an der Börse: Die Makler haben sichtlich Schwierigkeiten, sich verständlich zu machen bzw. selbst etwas zu verstehen. Nicht selten muß man in solchen Situationen fast schreien, um die Stimmen der anderen zu übertönen. Allerdings kommt es weniger auf die Lautstärke des Tones an, als vielmehr auf das Verhältnis zwischen dieser und der Lautstärke des Hintergrundgeräusches.

Die Empfindlichkeit des Gehörs

Das Sinnesorgan Ohr ist eine Membran (das Trommelfell), die durch Schallwellen in Schwingung versetzt wird. Die Wahrnehmungsgrenze dieses komplizierten menschlichen Hörapparates liegt bei 20 Hertz für die niedrigen Frequenzen und bei 20 000 Hertz für hohe Frequenzen, doch sobald 5000 Hertz überschritten werden, vermag das Ohr verschiedene Tonhöhen nicht mehr zu unterscheiden. Für den Frequenzbereich von 1300 bis 3000 Hertz beweist es jedoch eine erstaunliche Empfindlichkeit: In diesem Bereich hören wir sogar Töne einer Schallintensität von 10^{-14} Watt/m². Dieser Wert ist unvorstellbar klein: Wollte man mit der entsprechenden Energie ein Gramm Wasser verlustfrei erhitzen, benötigte man mehr als zehn Milliarden Jahre, um die Temperatur um ein Grad Celsius ansteigen zu lassen. (Die Berechnung stammt von Gilberto Bernardini und findet sich in seinem Buch *Fisica Generale,* Rom 1965.) Eine solche Leistung vermag zwar kein Mikrophon zu erbringen, doch einige sind durchaus in der Lage, aus einem Hintergrundgeräusch schwache Töne herauszufiltern, die das menschliche Ohr nicht wahrgenommen hätte, denn das Mikrophon konzentriert seine Aufnahme auf einen begrenzten Bereich um die Schallquelle (Richtmikrophon). Was zählt, ist also nicht so sehr die absolute Lautstärke des Tons, sondern vielmehr der Quotient aus dieser und der Intensität des Hintergrundgeräusches.

Wenn Sie sich davon überzeugen wollen, brauchen Sie nur ein Fernsehgerät, das mit einem skalierten Lautstärkeregler ausgerüstet ist. Sie werden bemerken, daß Sie bei Nacht einen fünf- bis zehnmal kleineren Wert als im Alltagslärm wählen und trotz allem die Sendung laut genug hören können.

Resonanzkörper

Jedes System, das einen Ton einer bestimmten Frequenz erzeugen

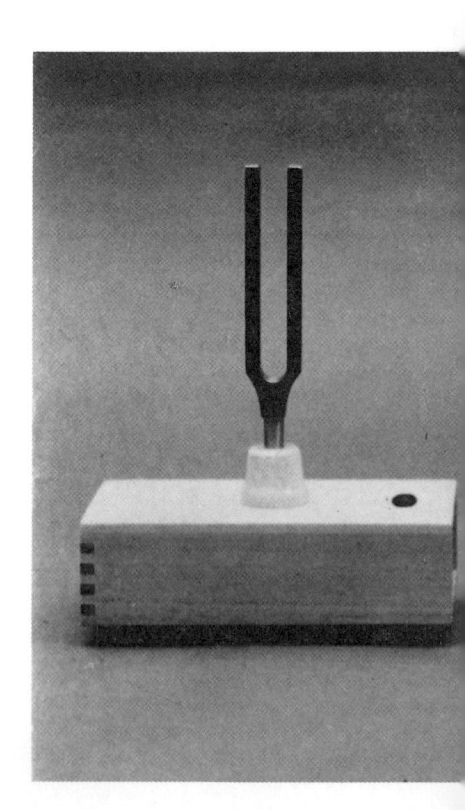

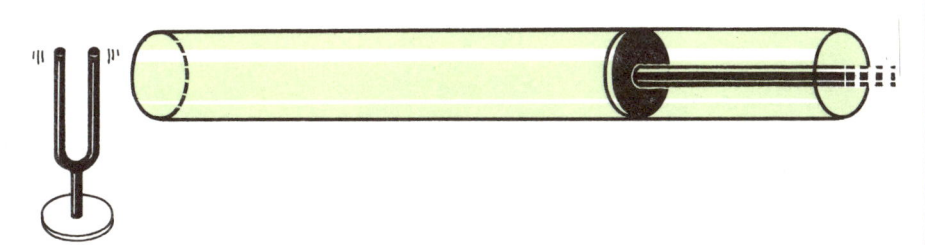

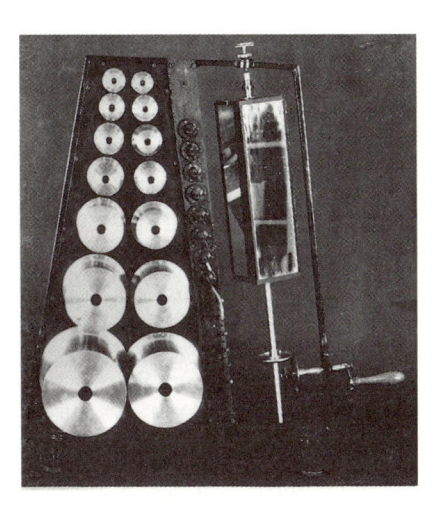

LICHTER UND KLÄNGE · 75

Unten: Auch eine Flasche ist ein Resonanzkörper. Die Größe des Hohlraums – und damit auch die verstärkbare Frequenz – kann verändert werden, indem man die Flasche teilweise mit Wasser füllt.

Oben: Wenn man den Kolben entsprechend einstellt, erhält man einen Hohlkörper, der exakt in der Frequenz der Stimmgabel erklingt. Der Ton ist merklich lauter zu hören.

Rechts: Die moderne Version eines Helmholtz-Resonators, die man heute zur Messung von Schallfrequenzen einsetzt. Aufgrund der Resonanz gerät nur jeweils die Platte in Schwingung, welche der Frequenz des zu untersuchenden Tons entspricht.

Unten in der Mitte: Das Foto zeigt ein weiteres Beispiel für die Wirkung von Resonanz. Wenn man mit einem Schlegel die Enden der Stimmgabel anschlägt, erzeugt man einen Ton, der jedoch augenblicklich aussetzt, sobald man einen Finger an die Gabel legt. Stellt man zwei Stimmgabeln gegenüber und schlägt eine der beiden an, wird der Ton auch nach dem Versuch, ihn zum Verstummen zu bringen, weiterklingen. Er kommt nunmehr durch die Resonanz der anderen Gabel zustande.

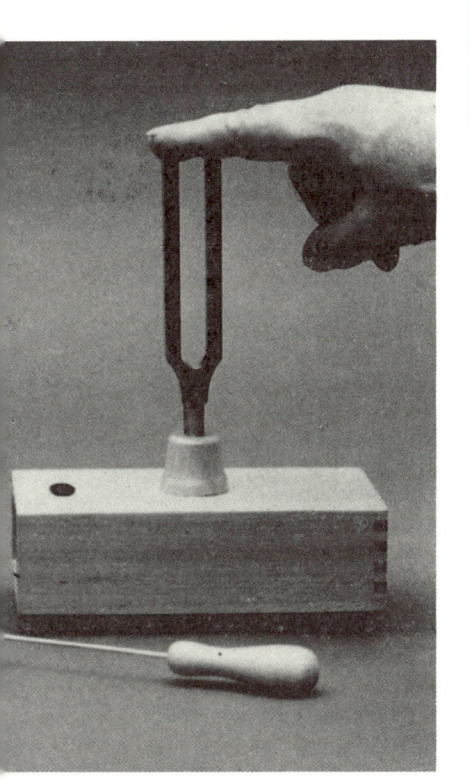

kann, gerät in eine Schwingung mit großer Amplitude, sobald es eine Welle derselben Frequenz auffängt. Nach diesem Prinzip funktionieren die Resonanzkörper zahlreicher Musikinstrumente, wobei deren Elastizität die Klangfarbe des erzeugten Tones bestimmt.
Falls in Ihrer Familie jemand ein Instrument spielt und eine Stimmgabel besitzt, können Sie einige interessante Experimente zum Thema »Resonanz« durchführen.
Montieren Sie ein langes Rohr, das an einem Ende durch einen beweglichen Kolben verschlossen und am anderen Ende offen ist, vor eine Stimmgabel, und verschieben Sie den Kolben so lange, bis das Rohr in der gleichen Frequenz wie die Stimmgabel zu klingen beginnt: In diesem Augenblick werden Sie den Ton der Stimmgabel deutlich lauter hören. Die effektive Rohrlänge entspricht nun genau ¼ der Stimmgabel-Wellenlänge. Sofern Sie keine Stimmgabel zur Hand haben, können Sie einen ähnlichen und nicht minder anschaulichen Versuch mit einer leeren Flasche ausprobieren. Wenn Sie hineinblasen, hören Sie einen ihrer Resonanzfrequenz entsprechenden Ton. Füllen Sie die Flasche nach und nach mit Wasser: Der Ton wird sich je nach Größe des verbliebenen Hohlraumes verändern. Für den Fall, daß sich in Ihrem Haushalt zwei identische Stimmgabeln befinden, sollten Sie unbedingt jenes klassische Experiment wiederholen, in welchem man Ihnen wahrscheinlich noch zu Schulzeiten das Phänomen der Resonanz demonstriert hat. Stellen Sie die beiden Stimmgabeln einander gegenüber, und plazieren sie hinter jeder – ebenfalls in einer Linie – ein Rohr. Richten Sie die beiden Rohre (wie bereits geschildert) auf die Frequenz der Stimmgabeln ein, schlagen Sie eine Gabel an, und unterbrechen Sie den Ton kurz danach, indem Sie einen Finger über die Gabelenden legen; was Sie nun hören, ist der Klang der anderen Stimmgabel, die sich beim Auftreffen der von der ersten Gabel ausgehenden Wellen ebenfalls in Schwingung versetzt hat. In zahlreichen Museen werden sogenannte »Helmholtz-Resonatoren« ausgestellt; es handelt sich hierbei um Hohlkugeln, die mit einer schmalen Öffnung zum Anschließen eines Hörrohres versehen sind. Die Kugeln haben unterschiedliche Ausmaße, und jede einzelne erklingt auf einen Ton einer bestimmten Oktave.

76 · LICHTER UND KLÄNGE

Akustische Kuriositäten

Einige äußerst indiskrete Orte
Die natürliche Reflexion von Schallwellen birgt zahlreiche Überraschungen. Abgesehen einmal vom Echo, das jeder von uns schon einmal irgendwo erlebt hat, lassen sich die Phänomene wie das der Schallbündelung (vergleichbar der Fokussierung durch zwei Parabolspiegel) in vielen Felsgrotten beobachten. Das berühmteste Beispiel für eine Erscheinung dieser Art ist das »Ohr des Dionysios« in Syrakus: Der Legende zufolge soll der Tyrann dort seine politischen Gegner gefangengehalten und aufgrund der Akustik der Höhle durch eine kleine Öffnung in der Felswand jedes Wort ihrer heimlichen Flüstereien verstanden haben können.

Doch es gibt auch einige Bauwerke mit ebenso erstaunlichen wie unbeabsichtigten akustischen Eigenschaften; die Reiseführer versäumen nie, ausführlichst darauf hinzuweisen. Nehmen wir als Beispiel die Kathedrale von Agrigent: Sie entspricht ihrer Form nach einem Rotations-

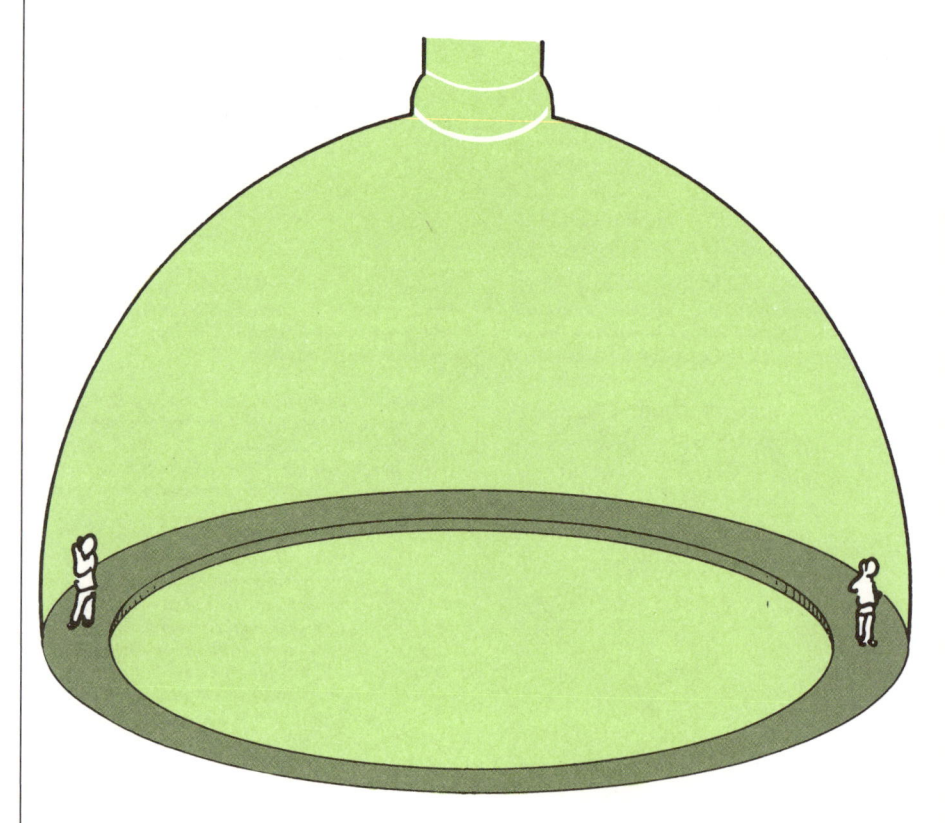

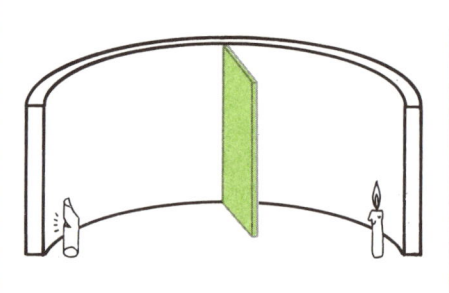

Oben: In der kreisförmigen »Flüstergalerie« der St.-Paul's-Kathedrale von London breiten sich Schallwellen besser entlang der Mauer als auf direktem Wege aus. Lord Rayleigh war mit Hilfe eines Modells der Galerie (obere Zeichnung) die Aufklärung der seltsamen Erscheinung gelungen. Er demonstrierte, daß eine Kerze nicht auf den ihr gegenüber erzeugten Ton reagierte, wenn ein Schirm die Galerie versperrte.

Links: Das »Ohr des Dionysios« in Syrakus. Die Felsgrotte ist berühmt für ihre ungewöhnliche Akustik.

ellipsoid und hat folglich zwei einige Dutzend Meter auseinanderliegende Brennpunkte. Diese Konstruktion verhält sich wie ein hohles Gebilde aus zwei lückenlos verbundenen Parabolspiegeln; wenn jemand in den einen Brennpunkt spricht, hört man die Stimme im anderen Brennpunkt fast ebenso klar und deutlich. Die Agrigentiner erzählen, daß man unbedachterweise den Beichtstuhl in einem der beiden Brennpunkte aufgestellt habe und wenig später irgend jemandem die Existenz des zweiten Brennpunktes aufgefallen sein müsse. Dieser jedenfalls berichtete seinen Freunden von der Entdeckung, und man amüsierte sich fortan gemeinsam auf Kosten der armen Sünder. Nun ergab es sich aber, daß während einer dieser »öffentlichen Anhörungen« die Frau des mitteilungsfreudigen Entdeckers den Beichtstuhl betrat ... woraufhin er es für eine Weile vorzog, sich nicht mehr außer Hauses zu begeben.

Ein vielleicht bekannterer Fall ist die »Flüstergalerie« in der Kuppel der St.-Pauls-Kathedrale in London. An jedwedem Punkt der kreisförmig angelegten Galerie versteht man jedes noch so leise gesprochene, von anderswo stammende Wort. Dieses Phänomen war den Londonern stets

LICHTER UND KLÄNGE · 77

ein Rätsel geblieben, bis Lord Rayleigh vor etwa hundert Jahren ein maßstabgetreues und recht großes Modell der Galerie anfertigte und darin verschiedene Experimente durchführte. Rayleigh verwendete eine Trillerpfeife als Schallquelle und eine Kerzenflamme als Detektor. Sobald der Pfeifton erklang, begann die genau gegenüber aufgestellte Kerze zu flackern. Allerdings »spürte« die Flamme offenkundig das Pfeifen auch dann noch, als er einen Trennschirm in gerader Linie zwischen den beiden Versuchsobjekten anbrachte, während sie keinerlei Bewegung zeigte, als die Trennwand senkrecht zur Galeriewand befestigt wurde. Der Versuch hatte gezeigt, daß sich die Schallwellen aufgrund der unzähligen Reflexionen an der Kuppel entlang der runden Galeriewand verstärkten und diese somit eine Art »Führungsschiene« für den Ton bildete. Innerhalb solcher Räumlichkeiten werden Flüstergeräusche zudem besser übertragen als andere Tonlagen der Stimme, da sie eine kürzere Wellenlänge haben und sich folglich mehr Zonen ausbilden, in denen die reflektierten Wellen verstärkend interferieren.

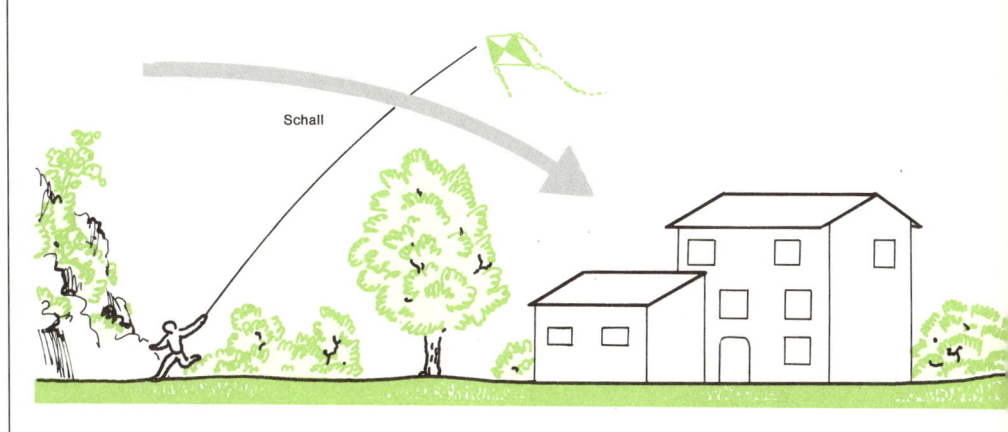

Der Wind trägt Geräusche mit sich fort
Ich wohne ungefähr einen Kilometer von einem großen Bahnhof entfernt, und wenn am Abend der Wind in meine Richtung weht, höre ich ganz deutlich die Lautsprecherdurchsagen. Im Winter klingt es sogar noch ein wenig lauter. Warum spielt der Wind, der schließlich weitaus langsamer ist als der Schall, dabei eine so entscheidende Rolle? Und was hat die Lufttemperatur mit alledem zu tun? Die Antwort auf diese Fragen vermag eine einzige physikalische Erscheinung zu geben: die *Brechung,* die jede Welle erfährt, wenn sie sich nahe den Grenzflächen zweier Medien ausbreitet, die verschiedene Ausbreitungsgeschwindigkeiten bewirken. Die einfallenden Wellen werden in die Richtung des Mediums mit der geringeren Geschwindigkeit abgelenkt. Da in einer Stadt bekanntlich meist zu viele Häuser im Wege stehen, erreicht der Wind über dem Asphalt eine geringere Geschwindigkeit als in hundert oder zweihundert Metern Höhe. Nach dem Satz von der Addition der Geschwindigkeiten ist eine sich in Windrichtung ausbreitende Schallwelle in den höheren Luftschichten schneller als weiter unten. Die Wellen werden also zum Boden hin abgelenkt, und man hört den Ton am deutlichsten zu ebener Erde oder in nur leicht erhöhter Position. Wenn sich jedoch der Schall entgegen der Windrichtung ausbreitet, werden die Wellen nach oben hin abgelenkt und von uns leiser wahrgenommen. Nun muß bei dieser Erscheinung allerdings auch die jeweilige Bodentemperatur berücksichtigt werden. Da die Schallgeschwindigkeit in warmer Luft größer ist als in kalter, wird die Welle bei erwärmtem Boden nach oben (also für uns schlechter wahrnehmbar) und durch einen frostigen Winterboden nach unten hin abgelenkt.

Oben: Der Wind erreicht in höheren Luftschichten eine größere Geschwindigkeit als in Bodennähe und bewirkt dadurch, daß die sich in Windrichtung ausbreitenden Schallwellen nach unten bzw. unter umgekehrten Bedingungen nach oben abgelenkt werden. Aus diesem Grunde hört man mit dem Wind kommende Geräusche am deutlichsten.

Unten: Bei erwärmtem Boden (Abbildung links) werden die Schallwellen nach oben, bei einer niedrigen Bodentemperatur (rechts) nach unten abgelenkt. Im Winter hört man folglich selbst sehr weit entfernt entstehende Geräusche »besser« als im Sommer.

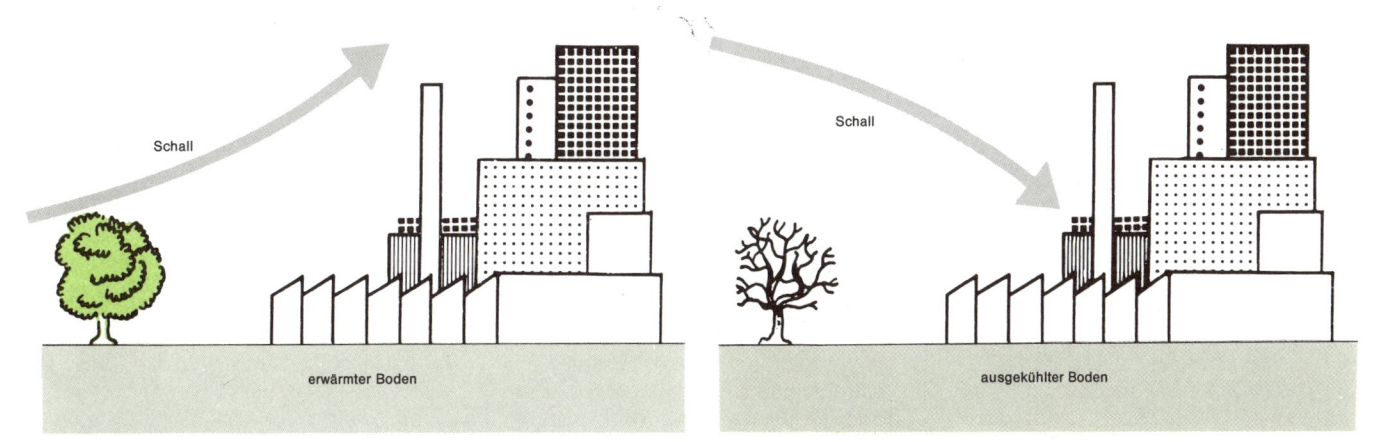

78 · LICHTER UND KLÄNGE

Links: Chladni-Figuren lassen sich erzeugen, indem man mit einem Geigenbogen den Rand einer mit feinem Sand bestreuten Platte entlangstreicht. Die Abbildung darunter zeigt einige Chladni-Figuren.

die Obergrenze für die Hörwahrnehmung bei 22 000 Schwingungen pro Sekunde liegt, und entwickelte eine Methode zur Messung der Schallgeschwindigkeit in Festkörpern. Als Chladni im Jahre 1827 verstarb, war er jedoch vor allem wegen jener verschwommenen Figuren berühmt geworden, die er durch Schwingungserregung auf einer sandbestreuten Metallplatte erzeugte.

Der Mittelpunkt der runden oder quadratischen Platte ist fest mit einem leichten Stützgestell verbunden. Wenn man mit einem Geigenbogen über den Rand der Platte streicht, verteilt sich der Sand nach und nach in bestimmte Richtungen und bildet – wenn auch oftmals schwer erkennbar – sehr hübsche und regelmäßig gestaltete geometrische Figuren aus. Infolge der Streichbewegung am Rand gerät die Platte in Schwingung und wird zum Ausbreitungsmedium einer stehenden Welle (vgl. S. 84). Der »angeregte« Sand muß die Gebiete maximaler Schwingungsstärke verlassen und sammelt sich dort, wo die Platte nicht vibriert (also an den Schwingungsknoten), wie dies auch in der Kundtschen Röhre geschieht. Die am Ende sichtbaren Figuren bestehen aus »Knotenreihen«, d. h. aus den Verbindungslinien sämtlicher Schwingungsknoten. Die Gestalt der Figuren läßt sich verändern, indem man die Platte nicht exakt in ihrem Mittelpunkt auf dem Gestell befestigt oder ihr eine andere Form verleiht.

Die Chladni-Figuren

Ernst Chladni erblickte im Jahre 1756 in Wittenberg das Licht der Welt. Obgleich er eigentlich Doktor der Philosophie und der Rechte war, hatte er den Entschluß gefaßt, sich ausschließlich der Beobachtung und Erforschung des Schalls zu widmen und seinen Lebensunterhalt durch Unterrichtsstunden in Akustik zu bestreiten. Chladni erklärte das Phänomen des Echos, fand heraus, daß

Ultraschall und Infraschall

Wie bereits erwähnt, vermag der Mensch Schallwellen in einem Frequenzbereich von 20 bis 20 000 Hertz wahrzunehmen. Bei 20 000 Hertz beträgt die Wellenlänge des Schalls nur 16 Millimeter, und zur Erzeugung einer Ultraschallwelle benötigt man entweder winzig kleine Klanginstrumente (zum Beispiel Stimmgabeln) oder piezoelektrische Kristalle, die in einem Wechselspannungsfeld in Schwingung versetzt werden.

Nun sind Fledermäuse bekanntlich weder mit Stimmgabeln noch mit Schwingquarzen ausgerüstet, doch sie verfügen über Organe, die Ultraschallwellen von ungefähr 60 000 Hertz aussenden. Mit Hilfe dieser Signale steuern die Tiere ihren »Blindflug«: Zur ständigen Bestimmung der Distanz, in der sich das etwaige Hindernis befindet, nutzen sie die vergleichsweise geringe Ausbreitungsgeschwindigkeit des Schalls. Ihr Gehirn mißt die Verzögerung zwischen der Aussendung des Ultraschallimpulses und der Wahrnehmung des Echos und gibt nötigenfalls sofort den entsprechenden Befehl zur Korrektur der Flugbahn. Nach dem gleichen Prinzip funktioniert auch das Echolot-System der Schiffe und U-Boote, mit dessen Hilfe die Meerestiefe gemessen oder ein Gegenstand unter Wasser aufgespürt werden kann.

Zur Erzeugung von Infraschallwellen hingegen bedarf es riesiger Körper in der Größenordnung der Wellenlänge (20 Hertz entsprechen immerhin einer Wellenlänge von über sechzig Metern). Infraschallwellen entstehen in großem Ausmaß während eines Erdbebens, und Tiere, die solche Frequenzen wahrnehmen können, erschrecken vor diesem Geräusch. Beim Menschen verursacht Infraschall Übelkeit und Atemnot, denn er versetzt die Weichteile in Schwingung und bewirkt unkontrollierte Druck-

LICHTER UND KLÄNGE · 79

Foto links: Fledermäuse sind mit einem natürlichen Sonarsystem ausgerüstet; sie lenken ihren Flug, indem sie die Zeitverzögerung zwischen dem ausgesendeten Ultraschallimpuls und dem Eintreffen des durch ein Hindernis reflektierten Echos messen.

Unten: Mit Hilfe eines Sonars läßt sich die Beschaffenheit des Meeresbodens erforschen. Die ausgesendeten Schallwellen breiten sich im Wasser aus und werden entsprechend reflektiert.

Ganz unten: sonographisches Profil des Meeresbodens

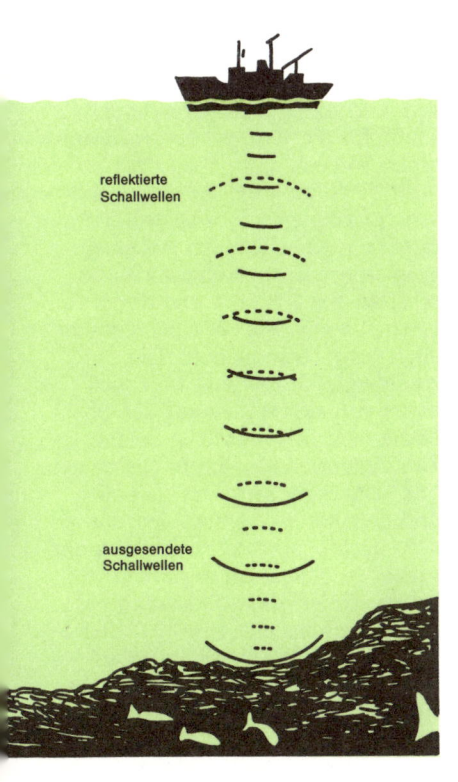

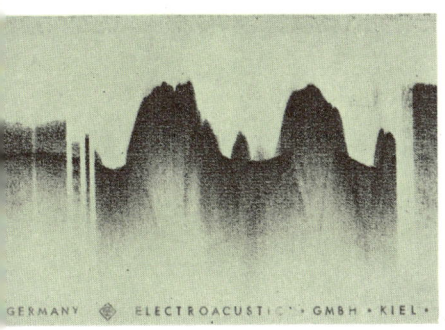

veränderungen in der Lunge. Besonders intensive Infraschallwellen können infolge von starken Organreibungen zu inneren Blutungen und sogar zum Tode führen.

Ein Pfeifkonzert
Ein schnell fließender Luftstrom, der eine schmale Öffnung oder eine scharfe Kante passieren muß, macht sich infolge der entstehenden Luftwirbel, die den Strömungsverlauf beeinflussen, als Pfeifton bemerkbar. Wenn der Wind über spitze Dächer streicht oder sich in Felsspalten und Regenrinnen fängt, erzeugt er jenes charakteristische Heulen, das sich insbesondere unter den Regisseuren von Horrorfilmen größter Beliebtheit erfreut. Falls Sie einen kleinen Kompressor besitzen (oder einen Automechaniker kennen, der Ihnen sein Gerät für kurze Zeit zur Verfügung stellt), können Sie die verschiedensten Pfeiftöne auch selbst erzeugen. Richten Sie den Luftstrom gegen ein in der Mitte durchbohrtes Metallplättchen. Sie werden feststellen, daß sich der Pfeifton ganz einfach verändern läßt: Vergrößern oder verkleinern Sie die Öffnung des Plättchens, und regulieren Sie mit Hilfe des Kompressors den Druck – also die Geschwindigkeit des Luftstroms. Im übrigen wenden wir das gleiche Prinzip an, wenn wir beim Pfeifen die Lippen spitzen und den Ton durch den Resonanzkörper »Mundhöhle« verstärken. Sie können auch eine Sirene herstellen, indem Sie eine am Rand mit zahlreichen Löchern versehene Metallscheibe in den Luftstrom halten und diese per Handkurbel mit hoher Drehzahl rotieren lassen.
Um einen Pfeifton anderer Art zu erzeugen, stellen Sie einen Schraubstock vor den Kompressor und spannen einen Ring darin ein (probieren Sie verschiedene Größen aus). Eine andere Variante dieses Versuches besteht darin, den Luftstrahl schräg gegen die Öffnung eines mit einem Boden versehenen Metallröhrchens zu richten: Der an der scharfen Kante der Öffnung entstehende Ton wird wie bei einer Orgelpfeife durch das Rohr verstärkt. Selbst wenn das

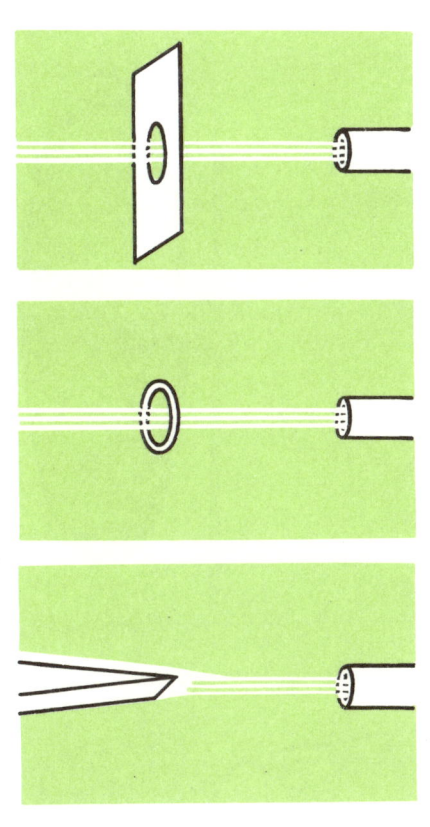

Ein Strahl komprimierter Luft erzeugt einen Pfeifton, wenn er auf eine Lochblende, einen Ring oder eine scharfe Kante gerichtet wird.

Metallrohr und der Ring von gleichem Durchmesser sind, erhalten Sie mit dem Metallrohr einen Ton von ganz anderer Klangfarbe, denn im Rohr bilden sich stehende Wellen, deren Wellenlängen von den Abmessungen des Rohres abhängen.
Nun zu den »schrillen«, »angeschnittenen« Tönen: Ein solches Pfeifgeräusch bildet sich, wenn der Luftstrom auf eine rechtwinklige Kante, eine Kegelspitze oder einen Keil auftrifft, wobei es sich auch hier empfiehlt, mit verschiedenen Einfallswinkeln zu experimentieren.
Sogar ein waagerecht in den Schraubstock gespanntes Kugellager läßt sich durch schräg angreifende Druckluft zum Pfeifen bringen (halten Sie es auf keinen Fall mit bloßen Händen in den Luftstrom, denn das Kugellager erwärmt sich, und Sie könnten Verbrennungen davontragen). Der Wälzkörper im Inneren des Kugellagers wird mit einer Frequenz f, die

80 · LICHTER UND KLÄNGE

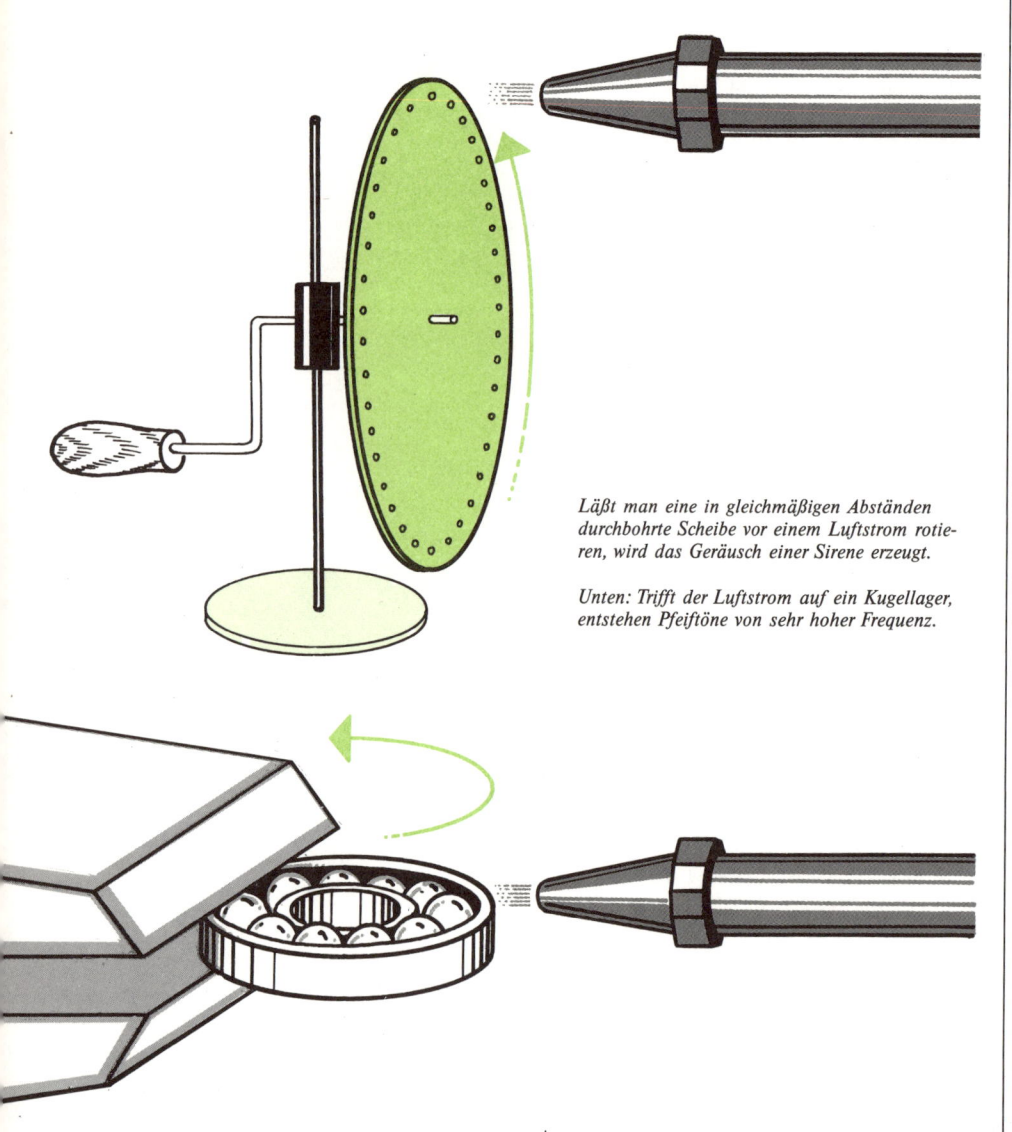

Läßt man eine in gleichmäßigen Abständen durchbohrte Scheibe vor einem Luftstrom rotieren, wird das Geräusch einer Sirene erzeugt.

Unten: Trifft der Luftstrom auf ein Kugellager, entstehen Pfeiftöne von sehr hoher Frequenz.

durchaus 100 Hertz übersteigen kann, in Rotation versetzt. Wenn das Kugellager N Kügelchen enthält, bilden sich durch ihre Bewegung abwechselnd »leere« und »ausgefüllte« Stellen, wodurch der Luftstrom zu einer Frequenz moduliert wird, die dem Produkt aus f und N entspricht. Dieser Grundton vermischt sich unter anderem mit dem Geräusch der Luftwirbel, die durch die Rotationsbewegung der Kugeln um die eigene Achse entstehen. Abschließend sehen (oder besser hören) wir uns die ganz normalen Pfeifen an. Es gibt sie zwar in den verschiedensten Ausführungen, doch jede Pfeife besitzt einen Resonanzkörper, der je nach seiner Größe die Frequenz bestimmt und dem Gebilde die charakteristische Form eines Pelikanschnabels verleiht. Die bekannteste aller Pfeifen dürfte wohl die Trillerpfeife des Schiedsrichters auf dem grünen Rasen sein. Die obere schmale Öffnung beschleunigt den Luftstrom und drückt ihn gegen eine Zunge, wodurch ein schriller Ton erzeugt wird. Bei manchen Exemplaren enthält der Hohlraum eine kleine Kugel, die von Zeit zu Zeit das Luftloch verschließt und das typische Trillergeräusch entstehen läßt. Einige Pfeifen erzeugen keine »angeschnittenen« Töne, sondern haben einen seitlichen Schallausgang. Die eingeblasene Luft muß also vor dem Austritt im Resonanzkörper zirkulieren, und der dabei entstehende Wirbel macht sich als Pfeifton bemerkbar.

WELLEN AUF DEM WASSER

Es ist wirklich schade, daß Schallwellen für das bloße Auge unsichtbar sind. Könnte man die zahllosen Phänomene direkt beobachten, wäre es mit weitaus weniger Schwierigkeiten verbunden gewesen, etwas über die Ausbreitung, die Reflexion oder das Brechungsverhalten dieser Wellen in Erfahrung zu bringen. Doch glücklicherweise gibt es einen Ausweg aus diesem Dilemma. Alle Wellenarten zeigen sehr ähnliche Verhaltensweisen, und dies gilt in besonderem Maße für die Gruppe der »mechanischen Wellen«, der neben dem Schall auch die sichtbaren Wellen angehören. So können wir beispielsweise durch die Kräuselungen auf einer Wasseroberfläche zahlreiche Eigenschaften des Schalls – und der mechanischen Wellen allgemein – in aller Ruhe kennenlernen. Der entscheidende Vorteil besteht jedoch darin, daß sich Wellen auf der Oberfläche einer Flüssigkeit in einem zweidimensionalen Raum ausbreiten und sich daher nicht nur mühelos und beliebig oft wiederholen, sondern auch deutlicher beobachten und verstehen lassen. Im folgenden wollen wir einige ebenso klassische wie lehrreiche Versuche zum Verhalten von Wellen auf einer Wasseroberfläche vorstellen, die wir der bereits zitierten *Introduzione alla Fisica* entnommen haben.
Um die Experimente unter bestmöglichen Bedingungen durchzuführen, empfehlen wir die Verwendung einer selbstgebauten rechteckigen Glaswanne, denn der Boden des Gefäßes muß völlig glatt sein. Eine Größe von ungefähr 40 · 60 · 5 cm genügt, obgleich sich die Phänomene natürlich um so deutlicher ausprägen, je größer die zur Verfügung stehende Oberfläche ist. Ein solches Becken läßt sich ganz leicht anfertigen: Lassen Sie sich die Glasplatten in

LICHTER UND KLÄNGE · 81

Oben: Versuchsaufbau mit Glaswanne zur Beobachtung der Wellenbildung

Unten: Bewegt man einen schweren Zylinder am Beckenrand vor und zurück, bilden sich Wellen mit geraden Wellenfronten und breiten sich im Becken aus.

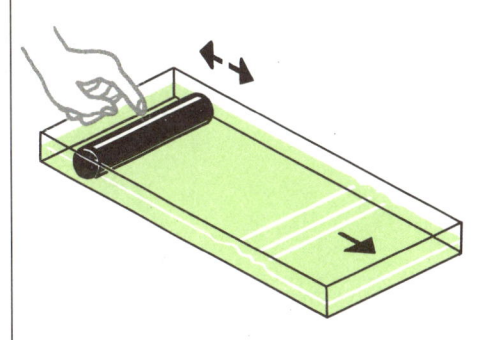

Auf den beiden Fotos: Ebenso wie der Schall fallen Wellen, die sich auf einem glatten Wasserspiegel ausbreiten, in die Kategorie der mechanischen Wellen (oben: Kreiswellen; darunter: ebene Wellen).

den entsprechenden Maßen (Stärke 4–5 mm) zuschneiden, und kleben Sie die Seitenflächen mit der Bodenplatte zusammen (sicherheitshalber zusätzlich mit Silikon abdichten). Mit Hilfe einer Wasserwaage überprüfen Sie, ob die Wanne vollkommen horizontal aufliegt, und füllen etwas Wasser ein.
Um einerseits eine zu schnelle Dämpfung der Wellenbewegung und andererseits störende Reflexionen an den Beckenwänden zu vermeiden, sollte der Wasserstand ungefähr 5 mm betragen. Am deutlichsten können Sie die Erscheinungen beobachten, wenn Sie die Wanne auf eine entsprechende Stützkonstruktion stellen, darunter ein weißes Blatt Papier legen und – nachdem Sie den Raum verdunkelt haben – diese von oben anstrahlen. Zur Probe lassen Sie einen Tropfen auf die Wasseroberfläche fallen: Die entstehenden Wellen werden als helle und dunkle Schatten auf das Papier projiziert.
Um unerwünschte Reflexionen auszuschalten, empfiehlt es sich, die Innenseiten der Wände über den Wasserspiegel hinausgehend mit einem weichen Material zu verkleiden, wie etwa mit einem dünnen Streifen Filz oder Schaumstoff.
In der Wanne lassen sich verschiedene Wellenarten erzeugen. Die kreisförmigen Wellen, die durch einen herabfallenden Tropfen entstehen, zeigen auf zweidimensionaler Ebene das, was sich – angeregt durch eine kleine Schallquelle – im dreidimensionalen Raum als *Kugelwelle* ausbreitet. Wellen mit geraden Wellenfronten sind jedoch keineswegs weniger interessant; wenn die dritte Dimension hinzukäme, hätten wir es in die-

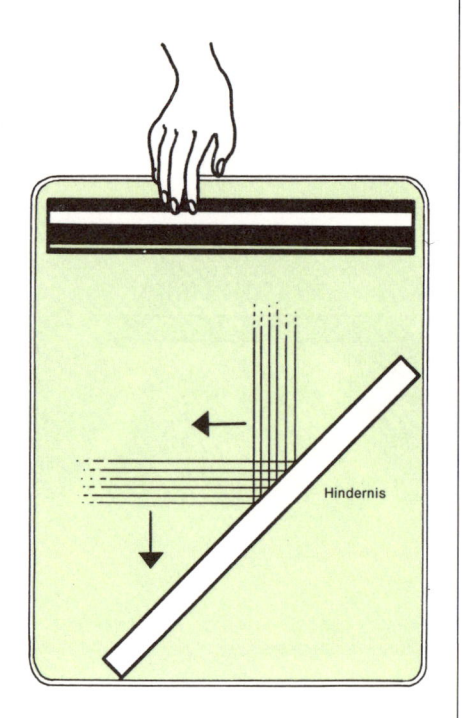

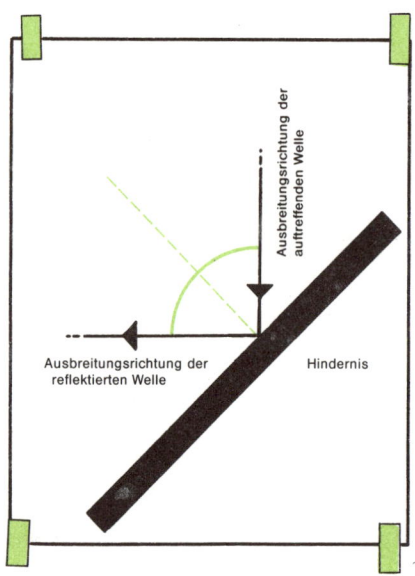

82 · LICHTER UND KLÄNGE

sem Fall mit einer *ebenen Welle* zu tun. Solche Wellen werden beispielsweise durch Bleche erzeugt, die – entsprechend angeschlagen – die Geräuschkulisse eines Kinofilms um das eventuell nötige Donnergrollen bereichern. In der Wasserwanne bilden sich ebene Wellen, wenn Sie einen zwei oder drei Zentimeter starken Zylinder, dessen Länge exakt der Breite des Beckeninnenraums entspricht, im Wasser vor- und zurückrollen lassen.

Reflexion
Postieren Sie ein starres Hindernis (z. B. eine Metallplatte) quer auf dem Boden des Wasserbeckens, und lassen Sie einen »Wellenzug« mit geraden Wellenfronten dagegenlaufen, indem Sie den Zylinder ruckartig nach vorn bewegen und ihn sofort wieder anhalten. Sobald die Wellen auf das Hindernis auftreffen, entstehen reflektierte Wellen mit ebenfalls geraden Wellenfronten. Wenn Sie das Hindernis in einem Winkel von 45 Grad zu den Beckenwänden aufstellen und eine Welle losschicken, die sich in Längsrichtung der Wanne ausbreitet, werden Sie feststellen, daß sich der reflektierte Impuls parallel zur Schmalseite bewegt, oder anders ausgedrückt, senkrecht zur Ausbreitungsrichtung der einfallenden Welle. Es handelt sich hierbei um einen Sonderfall des wohlbekannten Gesetzes, dem zufolge Einfallswinkel und Reflexionswinkel gleich sind (gemessen wird hierbei der Winkel zwischen der Ausbreitungsrichtung der Wellen und der Senkrechten des Hindernisses). Wenn Sie die Allgemeingültigkeit dieses Satzes überprüfen wollen, richten Sie das Hindernis in einem beliebigen Winkel gegen die einfallenden Wellen. Ziehen Sie zunächst die Senkrechte des Schattenstreifens, den das Hindernis auf das untergelegte Papier wirft; anschließend markieren Sie mit Hilfe eines Geodreiecks die Senkrechte der auftreffenden Wellenfront sowie die Senkrechte der reflektierten Wellenfront. Wie auch immer Sie das Hindernis ausrichten, seine Senkrechte wird den Winkel zwischen den Ausbreitungsrichtungen halbieren.

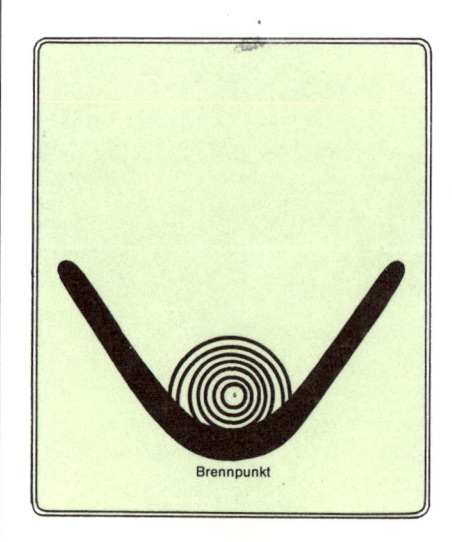

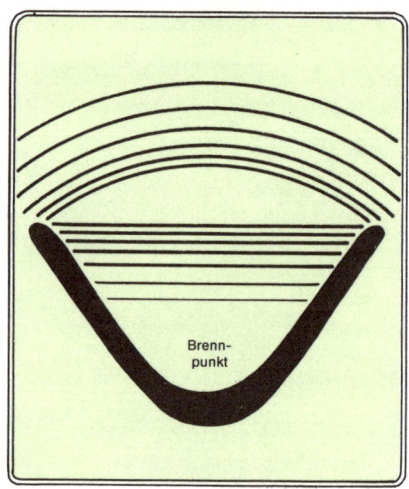

Oben: Legt man ein Hindernis in einem Winkel von 45 Grad zu den Seitenwänden in die Wasserwanne, entsteht eine reflektierte Welle, die sich senkrecht zur auftretenden Welle fortpflanzt.

Unten: Die Schatten auf dem Papier beweisen, daß – unabhängig von der Ausrichtung des Hindernisses – der Einfallswinkel α immer gleich dem Reflexionswinkel α' ist.

Oben: Die im Brennpunkt einer Parabel erzeugte Kreiswelle verläßt diese als ebene Welle.

Unten: Ebene Wellen werden im Brennpunkt einer Parabel gebündelt.

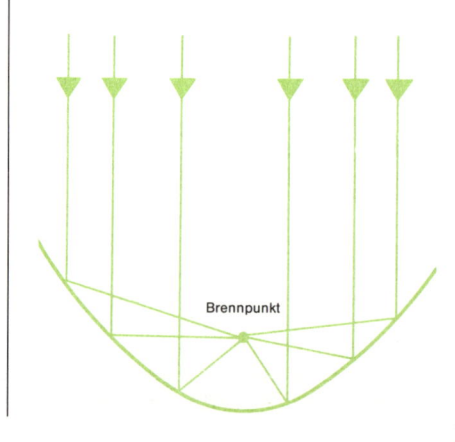

LICHTER UND KLÄNGE · 83

Reflexion an einer Krümmung

Wenn die Reflexion von Wellen nicht wie im vorangegangenen Experiment durch eine ebene Fläche, sondern durch ein gekrümmtes Hindernis bewirkt wird, lassen sich die erstaunlichsten Phänomene beobachten. Jeder parabolisch geformte Körper besitzt die Eigenschaft, in seinem Mittelpunkt, dem *Brennpunkt,* gerade einfallende Wellen zu bündeln bzw. eine dort erzeugte Kugelwelle in eine ebene Welle umzuwandeln. Die erste Eigenschaft nutzt man vor allem, um mit Hilfe riesiger Parabolspiegel selbst relativ schwache elektromagnetische Wellen über weite Entfernungen hinweg zu empfangen, während die zweite uns unter anderem ermöglicht, quer durch einen großen Raum jemandem etwas zuzuflüstern (siehe S. 70), auf nächtlichen Autofahrten die Straße zu beleuchten, ohne den entgegenkommenden Fahrer zu blenden, oder auch scharf gebündelte Radarstrahlen zu erzeugen.

Mit ein wenig Geduld können Sie einen Streifen aus weichem Metall zu einer Parabel zurechtbiegen, deren Scheitel einige Zentimeter vom Brennpunkt entfernt liegen sollte (vielleicht finden Sie eine entsprechende Vorlage in einem Handbuch für geometrisches Zeichnen). Befestigen Sie den Streifen senkrecht auf dem Boden der Glaswanne, und lassen Sie dicht vor dem Brennpunkt einen Tropfen auf die Wasseroberfläche fallen; wie Sie feststellen werden, verlassen die Kreiswellen infolge der Reflexion den Bereich der Parabel als ebene Wellen. Wenn Sie jedoch mit Hilfe des Zylinders ebene Wellen erzeugen, sammeln sich diese im Brennpunkt.

Beugung

Das Phänomen der Beugung ist eine der wichtigsten Erscheinungen, die bei der Fortpflanzung von Wellen auftreten. Sobald eine Welle eine Öffnung durchquert, deren Ausmaß in etwa ihrer Wellenlänge – also dem Abstand zweier aufeinanderfolgender Wellenkämme – entspricht, erfährt sie eine Beugung. In der Glaswanne läßt sich dies deutlich beobachten, wenn Sie (wie auf der Zeichnung angege-

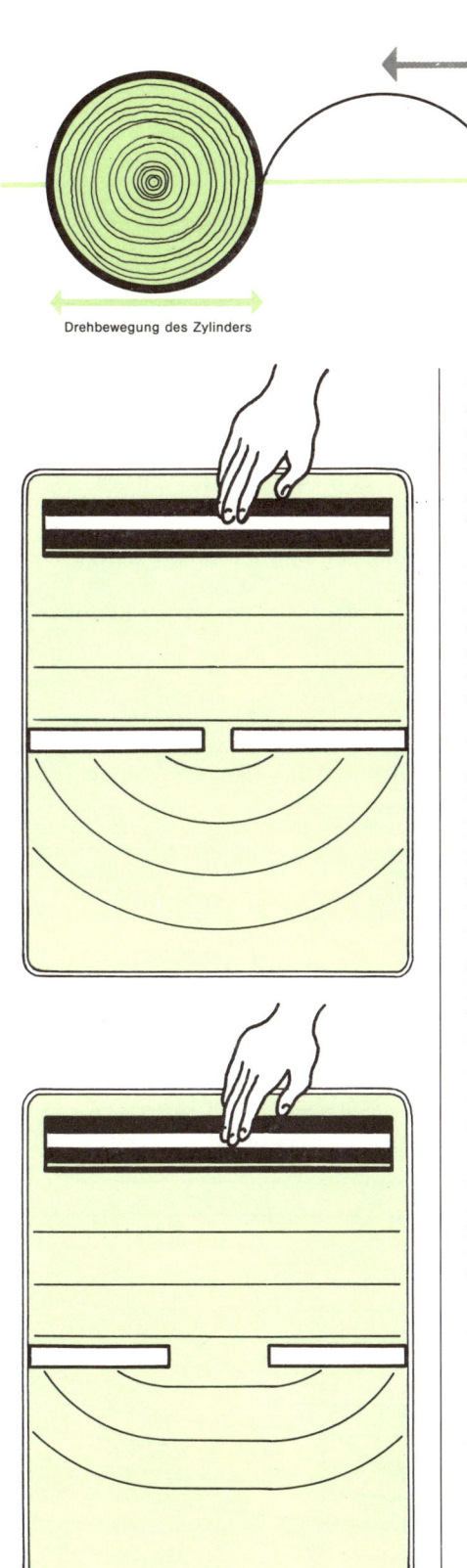

Drehbewegung des Zylinders

Wellenlänge

Amplitude

Niveau der unbewegten Wasseroberfläche

Oben: Die Wellenlänge bezeichnet die Entfernung zwischen zwei Wellenkämmen; die Amplitude ergibt sich aus dem Abstand zwischen dem höchsten Punkt eines Wellenkammes und der unbewegten Wasseroberfläche; die Frequenz gibt die Anzahl der Umdrehungen des Zylinders pro Sekunde an.

Mitte: Erfahren ebene Wellen an einer schmalen Öffnung eine Beugung, verwandeln sie sich in Kreiswellen. Erweitert man den Spalt entsprechend (Abbildung unten), kann man in der Mitte der Wanne die Rückbildung in ebene Wellen beobachten, während sich am Rand weiterhin Kreiswellen ausbreiten.

ben) parallel zu den Wellenfronten zwei starre Hindernisse im Abstand von ein paar Zentimetern anbringen. Beginnen Sie die Versuche mit einem relativ engen Durchlaß. Nachdem die ebenen Wellen diesen passiert haben, verwandeln sie sich in Kreiswellen, und man gewinnt den Eindruck, als sei die Öffnung ein unabhängiges Erregungszentrum, das durch die auftreffenden Wellen in Gang gesetzt wird. Was wir hier vor uns sehen, ist eine äußerst anschauliche Demonstration des Huygensschen Prinzips; es besagt, daß nicht nur eine schmale Öffnung, sondern jeder beliebige Punkt im Raum als potentieller Ausgangspunkt einer (in der Ebene kreisförmigen) Elementarwelle betrachtet werden kann. Die Fortpflanzung der Welle erfolgt, indem sich durch Interferenz alle Elementarwellen stets wieder neu zusammenfügen und sich ihre Wellenfront jedesmal ein Stückchen weiter vorn bildet.

Dieser Gedankengang ist weitaus weniger abstrakt, als man zunächst glauben möchte; um sich davon zu überzeugen, brauchen Sie lediglich den Durchlaß zwischen den beiden Hindernissen nach und nach zu vergrößern: In der Mitte des Hindernis-

84 · LICHTER UND KLÄNGE

ses werden die Kreiswellen in ebene Wellen übergehen, während sie in Randnähe in ihrer Kreisform verbleiben, da sich dort in Ermangelung weiterer »Ausgangspunkte« keine neuen Elementarwellen und somit auch keine geraden Wellenfronten bilden können.

Interferenz
Nach dem Huygensschen Prinzip bildet sich infolge von Interferenzerscheinungen aus vielen sich nebeneinander ausbreitenden Kreiswellen eine ebene Welle. Auch die Interferenz läßt sich in der Glaswanne demonstrieren. Diesmal benötigen Sie als Hindernis eine Barriere mit zwei schmalen Öffnungen, deren Abstand zueinander allerdings mehr als eine Wellenlänge betragen sollte. Nun erzeugen Sie mittels des Zylinders einen ebenen Wellenzug und werden – wie nicht anders erwartet – die Entstehung von Kreiswellen an den beiden Öffnungen beobachten können. In der Überlagerungszone beider Wellenzüge erscheinen auf dem untergelegten weißen Papier strahlenförmige Linien; sie verbinden die Punkte (Knoten), in denen sich beide Wellen gegenseitig auslöschen und somit Ruhezonen bilden. Entlang den anderen Linien wiederum verstärken die Wellen einander und lassen eine Zone maximaler Auslenkung entstehen.

Brechung
Wenn eine Wellenfront von einer Raumzone in einen Bereich anderer Beschaffenheit übertritt, erfährt sie eine Ablenkung, die man als Brechung bezeichnet. Anhand einiger Beispiele haben wir die Brechung von Schallwellen untersucht, während das Licht bekanntlich beim Übergang aus dem Medium »Luft« in ein Medium größerer Dichte (z. B. Glas oder Wasser) gebrochen wird. Im Falle der Wellen, die sich auf der Wasseroberfläche ausbreiten, sind es Veränderungen der Wassertiefe, die eine Brechung bewirken.
Sie können das Phänomen auch in Ihrer Glaswanne beobachten, wenn Sie die hintere Hälfte des Bodens mit einer schräg angeschnittenen Glasplatte bedecken (siehe Abbildung) und mit Hilfe des Zylinders entsprechende Wellen erzeugen. Im flacheren Bereich ist die Wellengeschwindigkeit geringer, und sie werden an der Grenzlinie dieser Zone zur Senkrechten hin gebrochen. Postieren Sie dagegen in der Mitte des Beckens eine Glasplatte mit parallelen Kanten, aber schräg zur Wellenrichtung, so wird die ebene Welle zweimal gebrochen: einmal hin zur Senkrechten und, sobald sie die Platte überwunden hat, wieder in die ursprüngliche Richtung zurück. Bestimmt ist Ihnen schon einmal aufgefallen, daß die Wellen des Meeres grundsätzlich parallel zum Strandufer auftreffen; ihre Richtung ist also senkrecht zum Ufer, und es ist dabei völlig gleichgültig, in welcher Richtung sie sich weiter draußen ausgebreitet hatten. An einem klippenreichen Ufer läßt sich dergleichen nicht beobachten. Dies hängt ganz einfach mit der Brechung zusammen, die sich durch den fortschreitenden Anstieg des Meeresbodens zum Strand hin ergibt, denn je stärker sich die Wellenfront nähert, desto mehr verliert sie an Geschwindigkeit. Ihre Ausbreitungsrichtung wird nach und nach der Senkrechten der Uferlinie angenähert, so daß sie mit dieser zusammenfällt, sobald die Geschwindigkeit null beträgt. Infolge der kontinuierlichen Beugung stehen Wellenfront und Uferlinie schließlich parallel zueinander.

Stehende Wellen
Eine stehende Welle nimmt einen bestimmten Raum ein, ohne sich dabei auszubreiten. Mit anderen Worten: ihre Schwingungsknoten, also die nicht schwingenden Punkte, befinden sich immer an den gleichen Orten. Auf der nebenstehenden Seite zeigen wir zwei Möglichkeiten, eine stehende Welle zu erzeugen: Für den einen Versuch benötigen Sie einen alten Rasierapparat und eine geeignete »Saite«, der andere wird indessen in der bewährten Wasserwanne durchgeführt.
Beginnen wir mit dem Versuch im Wasserbecken. Da das Gelingen weitgehend von der Gleichmäßigkeit und der präzisen Abstimmung der Wellen-

Ein Hindernis mit zwei Öffnungen erzeugt Interferenzerscheinungen.

Eine abrupte Veränderung der Wassertiefe bewirkt eine Ablenkung der Wellenfront. Es handelt sich hierbei um eine Brechung, wie sie beispielsweise auch das Licht erfährt, wenn es aus dem Medium »Luft« in ein Medium von größerer Dichte (z. B. Wasser oder Glas) übertritt.

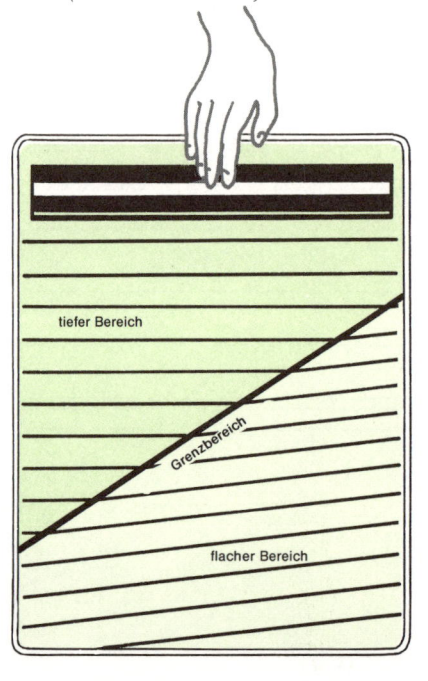

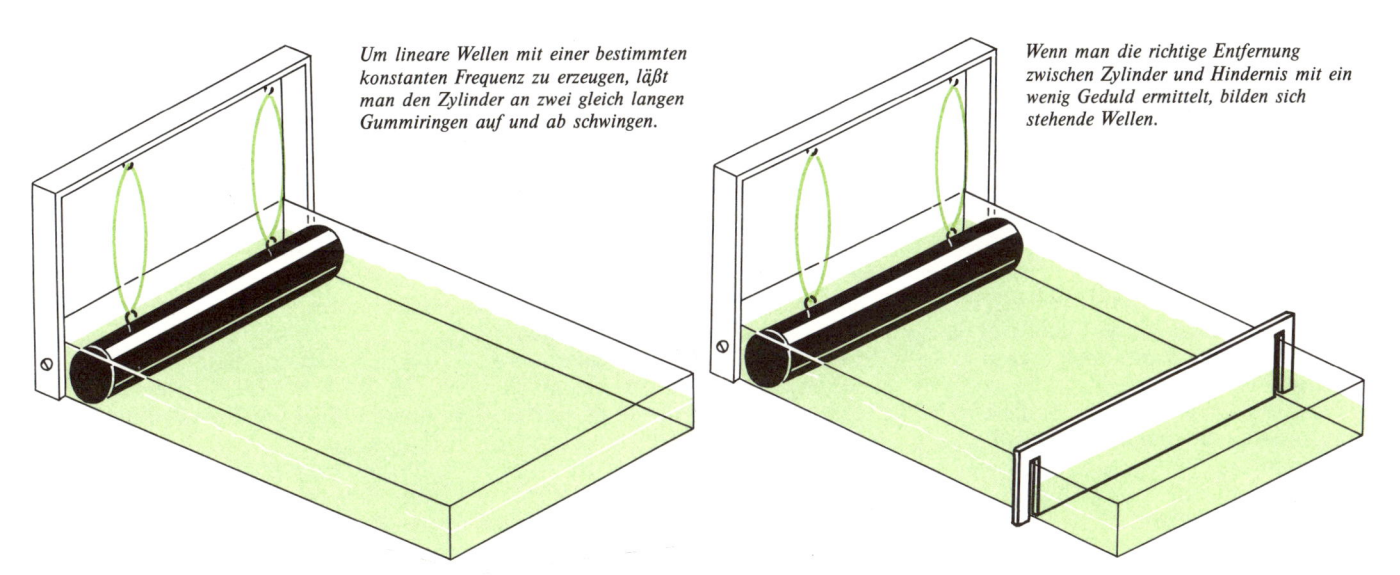

LICHTER UND KLÄNGE · 85

Um lineare Wellen mit einer bestimmten konstanten Frequenz zu erzeugen, läßt man den Zylinder an zwei gleich langen Gummiringen auf und ab schwingen.

Wenn man die richtige Entfernung zwischen Zylinder und Hindernis mit ein wenig Geduld ermittelt, bilden sich stehende Wellen.

bewegung abhängt, empfiehlt es sich, an einer der Schmalseiten des Beckens einen Träger anzubringen und den Zylinder mittels zweier Gummis daran aufzuhängen. Der Zylinder darf den Boden der Wanne nicht berühren, und die beiden Gummis sollten in ihrer Länge und Stärke so beschaffen sein, daß sie eine Schwingung von extrem niedriger Frequenz erlauben. Wenn der Zylinder nach unten gedrückt wird, müßten sich nun über einen angemessenen Zeitraum hinweg ebene Wellen in der Wanne ausbreiten.

Nachdem Sie die Versuchstauglichkeit der Apparatur überprüft haben, klemmen Sie parallel zur Wellenfront ein starres und bis auf den Wannenboden reichendes Hindernis über die Längsseiten des Wasserbeckens. Die Wellen werden daran reflektiert und kehren zum Zylinder zurück, wobei sie mit den nachfolgenden Wellen interferieren. Bewegen Sie nun das Hindernis langsam vor und zurück, und beobachten Sie genau, was die jeweiligen Veränderungen bewirken. Mit etwas Geduld werden Sie herausfinden, welchen Abstand Hindernis und Zylinder haben müssen, damit sich eine stehende Welle bildet. Der Abstand zwischen Zylinder und Hindernis entspricht nun einem ganzzahligen Vielfachen der Wellenlänge.

Die Wellenzahl ermitteln Sie, indem Sie den Schatten der Wellen und den des Hindernisses auf dem Papier unter der Glaswanne beobachten. Jetzt messen Sie den Abstand zwischen der Barriere und dem Zylinder, teilen ihn durch die Anzahl der Wellen und erhalten daraus die Wellenlänge. Wenn Sie auch die Frequenz des Zylinders ermitteln wollen, zählen Sie die Schwingungen innerhalb eines Zeitraumes von zehn Sekunden und teilen das Ergebnis durch zehn. Da nunmehr sowohl die Wellenlänge als auch die Frequenz bekannt ist, läßt sich leicht errechnen, mit welcher Geschwindigkeit sich die Wellen im Wasserbecken (ohne Hindernis) ausbreiten. Die Formel lautet:

Geschwindigkeit = Frequenz · Wellenlänge

ELEKTRORASIERER – ZWECKENTFREMDET

Falls Sie einen ausgedienten Rasierapparat besitzen, der noch funktionstüchtig ist und sich leicht auseinandernehmen läßt, sollten Sie ihn unbedingt dazu verwenden, stehende Wellen auf einer »Saite« zu erzeugen. Ein Rasierer mit einem hin- und herschwingenden Untermesser eignet sich für diesen Versuch allerdings besser als ein Modell mit rotierendem Messer. Wenn Sie den Scherkopf abmontieren, entdecken sie sofort eine kleine Antriebswelle, die durchaus dazu geeignet ist, auf einer Saite stehende Wellen von einer günstigen Wellenlänge zu erzeugen.

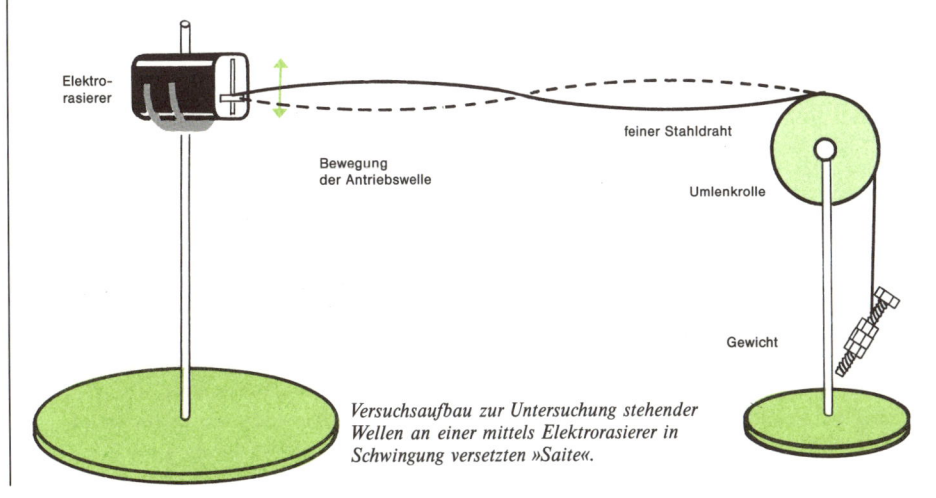

Versuchsaufbau zur Untersuchung stehender Wellen an einer mittels Elektrorasierer in Schwingung versetzten »Saite«.

Als Saite können Sie beispielsweise feinen Stahldraht benutzen, den Sie fest um die Welle wickeln; das andere Ende wird z. B. um eine Schraube gelegt und mit einer Mutter fixiert. Den Rasierapparat spannen Sie in eine Schraubstockhalterung (die Schwingbewegung der Welle soll dabei senkrecht zum Boden verlaufen) und führen den ein paar Meter langen Draht über eine in entsprechender Entfernung und in gleicher Höhe aufgebaute Umlenkrolle. Am Ende des Drahtes, der ein gutes Stück frei herabhängen sollte, knüpfen Sie eine Schlaufe und befestigen daran einige Gewichte.

Wenn Sie nun den Rasierer einschalten, beginnt die Saite zu schwingen, und Sie brauchen nur noch die Entfernung zur Umlenkrolle oder die Anzahl der Gewichte ein wenig zu variieren, um eine oder mehrere stehende Wellen beobachten zu können, die dem Grundton bzw. den jeweiligen Obertönen der Saite entsprechen. In jedem Falle werden die Antriebswelle und Umlenkrolle zu Schwingungsknoten, also schwingungsfreien Punkten. Da die Schwingungen mitunter schwer erkennbar sind, empfiehlt es sich, das Zimmer zu verdunkeln und den Draht seitlich anzustrahlen. Wie viele Wellen auf der Saite entstehen, hängt von ihrer Spannung bzw. von der ausgeübten Zugkraft ab. Je größer die Spannung, desto kleiner die Wellenzahl. Die Fortpflanzungsgeschwindigkeit verhält sich grundsätzlich proportional zur Quadratwurzel der Spannung: Bei steigender Spannung erhöht sich auch die Geschwindigkeit. Wie wir an anderer Stelle gesehen haben, ist die Geschwindigkeit gleich der Frequenz, multipliziert mit der Wellenlänge. Die Wellenlänge einer stehenden Welle verhält sich folglich proportional zur Geschwindigkeit, mit welcher sie sich fortpflanzen würde, wenn wir die Schwingungsfrequenz des Elektrorasierers als konstant voraussetzen. Dies bedeutet mit anderen Worten: wenn man mit einem bestimmten Gewicht an der Saite zwei stehende Wellen erzeugen kann, würde sich mit dem Vierfachen dieses Gewichts eine einzige ergeben.

WAS IST LICHT?

Die Frage nach der Beschaffenheit des Lichtes hat eine lange und verwickelte Geschichte. Im 17. wie im 18. Jahrhundert standen die Theorien der beiden großen Physiker jener Zeit – Newton und Huygens – gegeneinander. Nach der Auffassung des einen bestand das Licht aus unsichtbaren Teilchen (heute als *Korpuskulartheorie* bezeichnet), während der andere fest davon überzeugt war, daß es sich um Wellen handelte, welche sich in einem alles umhüllenden, nicht faßbaren Medium – dem Äther – fortpflanzten *(Wellentheorie)*. Die Korpuskulartheorie, die schließlich von keiner geringeren Autorität als Newton verfochten wurde, blieb bis Anfang des 19. Jahrhunderts verbindliche Lehrmeinung, doch dann erwiesen die Experimente von Thomas Young und Augustin Fresnel, daß es offensichtlich Huygens war, der die Dinge richtig gesehen hatte. Doch wie dem auch sei, selbst in den Anfangsjahren unseres Jahrhunderts, als James Maxwell die Wellentheorie bereits durch ein stimmiges und zudem genial erdachtes mathematisches Gebäude untermauern konnte, gelang es der Physik mitnichten, das ewig lastende Problem der möglichen Existenz des Äthers über Bord zu werfen. Man wollte unter keinen Umständen zugestehen, daß sich Licht im Vakuum ausbreiten könne; doch andererseits besaß man nicht den geringsten experimentellen Nachweis dieser phantomhaften Substanz. Das Problem wurde letztendlich durch die Relativitätstheorie gelöst, doch gleichzeitig rückte überraschenderweise auch wieder der alte Gegensatz »Welle/Korpuskel« in den Vordergrund. Allerdings war die Debatte diesmal recht schnell beendet, denn von seiten der Quantenmechanik erging ein salomonischer Schiedsspruch: Das Licht kann sich sowohl wie eine Welle als auch wie eine Teilchenwolke verhalten – je nach den experimentellen Gegebenheiten, unter welchen es untersucht wird. Immerhin also eine verspätete – wenn auch in diesem Fall eher unverdiente – Genugtuung für Newton. Denn anhand seiner Versuchsergebnisse hätte Newton eigentlich erkennen müssen, daß Licht aus Wellen besteht.

Wellen – schneller als der Schall
Christiaan Huygens war der Sohn eines wohlhabenden holländischen Diplomaten, der sich bei seinen Zeitgenossen vor allem als Literat einen Namen gemacht hatte (er schrieb religiöse Verse mit der gleichen Gewandtheit wie Novellen im Stile Boccaccios).
Obwohl man Christiaan im strengsten Sinne »humanistisch« erzog und ausbildete, entschied er sich für einen gänzlich anderen Weg, verlor darüber allerdings nie jene Vielseitigkeit, die ihm sein Vater mitgegeben hatte. Er beschäftigte sich mit Mechanik, Astronomie und Optik, verstand es aber genauso, Uhren zu bauen, die der Technik seiner Zeit weit voraus waren. Gemessen an denen seines englischen Konkurrenten, verfügte Huygens über weniger profunde und eher ein wenig veraltete mathematische Kenntnisse; dies machte es ihm hin und wieder unmöglich, seine Ideen in einer überzeugenden Form zu demonstrieren. Wenn man jedoch heute seine Schriften wieder liest, gewinnt man den Eindruck, daß Huygens seiner Zeit voraus war.
»Da man nun (...) für sicher hält, daß der Gesichtssinn nur durch den Eindruck einer gewissen Bewegung eines Stoffes erregt wird, der auf die Nerven unserer Augen wirkt, so ist dies ein weiterer Grund für die Ansicht, daß das Licht in einer Bewegung der zwischen uns und dem leuchtenden Körper befindlichen Materie besteht.
Wenn man ferner die außerordentliche Geschwindigkeit, mit welcher das Licht sich nach allen Richtungen hin ausbreitet, beachtet und erwägt, daß (...) die Strahlen sich korrekt einander durchdringen, ohne sich zu hindern, so begreift man wohl, daß, wenn wir einen leuchtenden Gegenstand sehen, dies nicht durch die Übertragung einer Materie geschehen kann, welche von diesem Objecte bis zu uns gelangt, wie etwa ein

LICHTER UND KLÄNGE · 87

Geschoß oder ein Pfeil die Luft durchfliegt; denn dies widerstreitet doch zu sehr diesen beiden Eigenschaften des Lichtes und besonders des letzteren. Es muß sich demnach auf eine andere Weise ausbreiten, und gerade die Kenntnis, welche wir von der Fortpflanzung des Schalls in der Luft besitzen, kann uns dazu führen, sie zu verstehen.
Wir wissen, daß (...) der Schall sich im ganzen Umkreis des Ortes, wo er erzeugt wurde, durch eine Bewegung ausbreitet, welche allmählich von einem Lufttheilchen zum anderen fortschreitet, und daß, da die Ausbreitung dieser Bewegung nach allen Seiten gleich schnell erfolgt, sich gleichsam Kugelflächen bilden müssen, welche sich immer mehr erweitern und schließlich unser Ohr treffen. Es ist nun zweifellos, daß auch das Licht von den leuchtenden Körpern bis zu uns durch irgendeine Bewegung gelangt (...). Wenn nun, wie wir alsbald untersuchen werden, das Licht zu seinem Wege Zeit gebraucht, so folgt daraus, daß diese(s) (...) sich (...) in kugelförmigen Flächen oder Wellen ausbreitet; ich nenne sie nämlich Wellen wegen der Ähnlichkeit mit jenen, welche man im Wasser beim Hineinwerfen eines Steines sich bilden sieht, weil diese eine ebensolche allmähliche Ausbreitung in die Runde wahrnehmen lassen, obschon sie aus einer anderen Ursache entspringen und nur in einer ebenen Fläche sich bilden...« (Aus: *Traité de la Lumière*, zit. nach Gamow, S. 99 f.).
Die Mechanik lehrt, mit Hilfe entsprechender Gleichungen die Bewegungsbahnen der Körper zu berechnen; wie aber läßt sich exakt voraussehen, wo sich eine Wellenfront im nächsten Augenblick befinden wird? Der holländische Physiker beantwortete die Frage mit seinem berühmten Huygensschen Prinzip, das wir bereits kennengelernt haben, als wir das Verhalten von Wellen auf einer Wasseroberfläche untersuchten. Diesem Prinzip zufolge kann jeder beliebige Punkt im Raum zum Ausgangspunkt einer Kugelwelle werden, sobald er eine Welle auffängt; die Wellenfront ist im nächsten Augenblick nichts anderes als die »Schalenhülle« aller Wellen.
Huygens sah, daß sich mit Hilfe seiner Wellentheorie gerade das Phänomen der Brechung – also jener Umlenkung, die ein Lichtstrahl beispielsweise beim Übergang aus der Luft in ein anderes Medium wie etwa Glas erfährt – außerordentlich plausibel erklären ließ. Verdeutlichen Sie sich einmal die brillante Überlegung des holländischen Physikers, die Sie im unteren Schema dargestellt

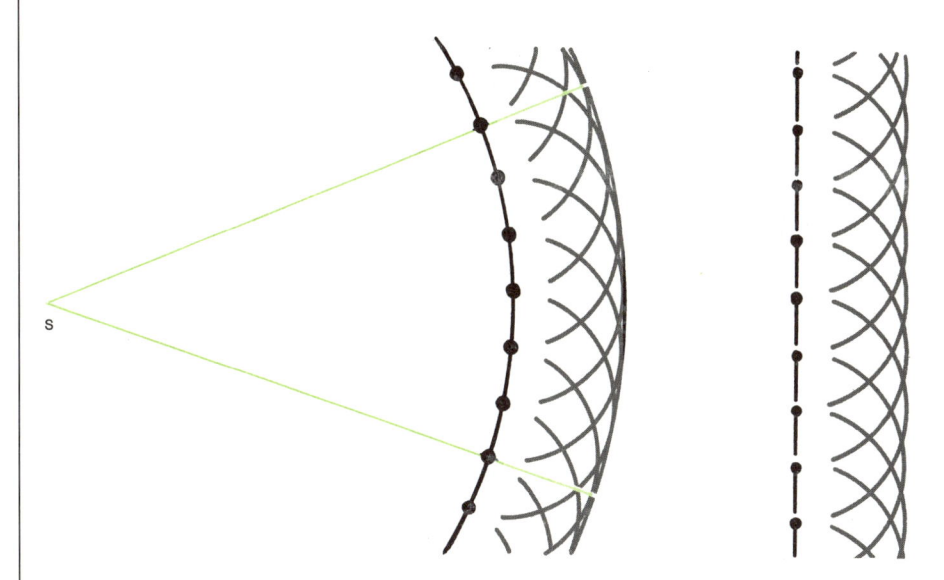

Oben: Bildung einer neuen Wellenfront nach dem Huygensschen Prinzip bei einer Kugelwelle (links) und einer ebenen Welle (rechts).

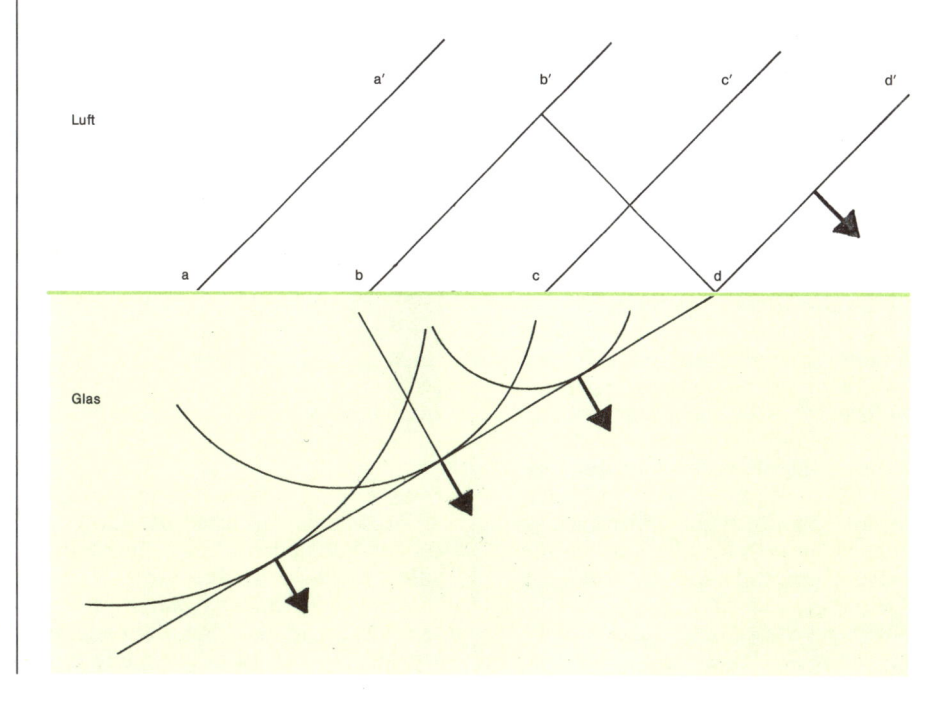

Unten: Brechung des Lichts nach dem Huygensschen Prinzip.

finden. Die ebene Welle, die sich in der Luft fortpflanzt, fällt schräg auf die Glasfläche. In unserer zweidimensionalen Zeichnung haben wir die Wellenfront als Linie *aa'* wiedergegeben: Sie veranlaßt gemäß dem Huygensschen Prinzip den Punkt *a* zur Erregung einer Kugelwelle, die sich nunmehr im Medium »Glas« auszubreiten beginnt. Einen Augenblick später ist die Front in *b* übergegangen, so daß auch dieser Punkt eine Kugelwelle anregt, wobei sich die von Punkt *a* ausgegangene Welle bereits in einem zeitlichen Vorsprung befindet. Desgleichen geschieht bei *c* und *d*. Die neue Wellenfront erhält man, indem man die Tangente der Kreise zieht, welche die Kugelwellen zu einem bestimmten Zeitpunkt ihrer Fortpflanzung bilden, wobei wir diesen Zeitpunkt mit jenem, in dem auch *d* seine Welle anzuregen beginnt, haben zusammenfallen lassen. Würde sich das Licht in der Luft mit der gleichen Geschwindigkeit wie in Glas ausbreiten, verliefe die Wellenfront *dd'* parallel zu den Wellenfronten der einfallenden Lichtwellen. Da nun aber die Geschwindigkeit in Glas niedriger ist, befinden sich die von *a* ausgehenden Wellen im Rückstand, wenn der Punkt *d* erstmalig seine Welle anregt. Dies gilt natürlich auch für die durch die anderen Punkte angeregten Wellen, weshalb die Wellenfront beim Eintritt in das Glas nach unten gebrochen wird, so daß die gebrochenen Wellen näher zur Senkrechten der Trennungslinie verlaufen. Und genau dies geschieht, wie man leicht beobachten kann.

Eine Wolke ungreifbarer Teilchen
Huygens' Vorstellungen von der Natur des Lichtes und seiner Farben waren erstaunlich zutreffend, doch wie wir bereits erwähnten, hielt die Wissenschaft über ein Jahrhundert hinweg an der entgegengesetzten Theorie Newtons fest. Newton, der grundlegende Entdeckungen in der Optik gemacht hatte, erklärte jedwedes Phänomen im Rückgriff auf die Hypothese, daß Licht nichts anderes sein könne als eine Teilchenwolke, die aus winzig kleinen und deshalb ununterscheidbaren *Korpuskeln* bestehe. Zum Beispiel führte Newton die Verschiedenfarbigkeit des Lichts auf das Vorhandensein von Teilchen unterschiedlicher Größe zurück. Newtons Überlegungen waren in besonderem Maße durch die Tatsache geprägt, daß sich Licht geradlinig aus-

Licht und Schatten auf einem Foto von Ralph Gibson. Die Deutlichkeit des Schattenbildes und das scheinbare Fehlen von Beugungserscheinungen war für Newton ein Beweis, daß die Beschaffenheit des Lichtes nicht wellenartig sein könne.

breitet (dies schien ihm unvereinbar mit der Wellentheorie), doch er untermauerte seine Thesen auch durch verschiedene andere Argumente. Wenn ein Lichtstrahl von einem Spiegel reflektiert wird, so entspricht der Einfallswinkel exakt dem Reflexionswinkel – genau wie im Falle einer Kugel, die gegen ein starres Hindernis prallt. Des weiteren wies er darauf hin, daß man bei Lichtstrahlen – im Gegensatz zu Schallwellen – keine Beugungserscheinungen feststellen könne. Steht man hinter einer Ecke, so hört man zwar die Stimme des Rufenden, doch man wird nicht vom Schein seiner Laterne getroffen. Wie könnten sich die Schatten aller Dinge so klar umrissen hervorheben, wenn sich das hinter ihnen befindliche Licht nach dem gleichen Muster zusammenfügen könnte wie eine Meereswoge hinter einem Felsbrocken? Newton vertrat ferner die Ansicht, daß Lichtstrahlen keinerlei Interferenzerscheinungen zeigten, da sich nirgendwo im Raume die Strahlen zweier Laternen aufheben könnten. Das Problem der Brechung ließ sich leicht lösen: Man brauchte nur an Kräfte zu denken, welche auf die Lichtteilchen einzuwirken und diese folglich auch abzulenken vermochten.
Reflexion und Brechung konnten nunmehr aus der Sicht der Korpuskulartheorie betrachtet werden, während Newtons Aussagen über Beugung und Interferenz einer näheren Prüfung nicht standhielten. Wie wir im Abschnitt über Wasserwellen experimentell nachvollzogen haben, zeigen sich Beugungserscheinungen, wenn die Ausmaße der Hindernisse oder Öffnungen in etwa der Wellenlänge entsprechen; zwar beobachten wir dieses Phänomen bei Lichtwellen gewöhnlich nicht, doch dies bedeutet einfach nur, daß die Wellenlänge im Vergleich zu den Gegenständen unserer gewohnten Umgebung zu gering ist. Aus den gleichen Gründen sehen wir unter normalen Bedingungen auch keine Licht-Interferenzen. Im übrigen war es – Ironie des Schicksals – Newton selbst, der sie entdeckte (siehe Abschnitt »Newtonringe« auf den folgenden Seiten).

Wellen schon, ...
aber elektromagnetische
Anfang des 19. Jahrhunderts hatte Thomas Young das Rätsel der sogenannten Newtonringe gelöst und somit den endgültigen Beweis für den Wellencharakter des Lichtes erbracht. Allerdings sollten noch einige Jahrzehnte vergehen, bis sich die Wissenschaft den Ursprung der Lichtwellen erklären und ihre Existenz mit den bereits bekannten Phänomenen in Zusammenhang setzen konnte. Das Zauberwort verbarg sich überraschenderweise in der Lichtgeschwindigkeit – der berühmten Konstante c.
Galilei war der erste Forscher, der sich ernsthaft mit der Frage beschäftigte, ob und wie man die Lichtgeschwindigkeit messen könne. Im üblichen Plauderton der Gesprächsrunde berichtet er in seiner berühmten Schrift aus dem Jahre 1638 von einer Überlegung ...
SAGREDO: Aber welcher Art und wie gross dürfen wir die Lichtgeschwindigkeit schätzen? Ist die Erscheinung instantan, momentan, oder wie andere Bewegungen zeitlich? liesse sich das experimentell entscheiden?
SIMPLICIO: Die alltägliche Erfahrung lehrt, dass die Ausbreitung des Lichtes instantan sei; wenn in weiter Entfernung die Artillerie Schiessübungen anstellt, so sehen wir den Glanz der Flamme ohne Zeitverlust, während das Ohr den Schall erst nach merklicher Zeit vernimmt.
SAGREDO: Ei, Herr Simplicio, aus diesem wohlbekannten Versuche lässt sich nichts anderes schliessen, als dass der Schall mehr Zeit gebraucht, als das Licht; aber keineswegs, dass das Licht momentan und nicht zeitlich, wenn auch sehr schnell sei. Auch eine andere ähnliche Beobachtung lehrt nicht mehr: sofort wenn die Sonne am Horizonte erscheint, erblicken wir ihre Strahlen; aber wer sagt mir, dass die Strahlen nicht früher am Horizont, als in meinen Augen ankommen?
SALVIATI: Die geringe Entscheidungskraft dieser und anderer ähnlicher Vorgänge brachte mich auf den Gedanken, ob man nicht auf irgend eine Weise sicher entscheiden könne, ob die Illumination, d. h. die Ausbreitung des Lich-
tes wirklich instantan sei: denn schon die ziemlich rasche Fortpflanzung des Schalles lässt voraussetzen, dass die des Lichtes nur schnell sein könne. Und der Versuch, den ich ersann, war folgender: Von zwei Personen hält jede ein Licht in einer Laterne oder etwas dem ähnlichen, so zwar, dass ein jeder mit der Hand das Licht zu- und aufdecken könne; dann stellen sie sich einander gegenüber auf in einer kurzen Entfernung und üben sich, ein jeder dem anderen sein Licht zu verdecken und aufzudecken: so zwar, dass, wenn der Eine das andere Licht erblickt, er sofort das seine aufdeckt; solche Correspondenz wird wechselseitig mehrmals wiederholt, so dass bald ohne Fehler beim Aufdecken des Einen sofort das Aufdecken des Andern erfolgt und, wenn der eine sein Licht aufdeckt, er auch alsobald das des anderen erblicken wird. Eingeübt in kleiner Distanz, entfernen sich die beiden Personen mit ihren Laternen bis auf 2 oder 3 Meilen; und indem sie Nachts ihre Versuche anstellen, beachten sie aufmerksam, ob die Beantwortung ihrer Zeichen, in demselben Tempo wie zuvor, erfolge, woraus man wird erschliessen können, ob das Licht sich instantan fortpflanzt; denn wenn das nicht der Fall wäre, so müsste in 3 Meilen Entfernung, also auf 6 Meilen Weg hin und her, die Verzögerung ziemlich gut bemerkbar sein. Und wollte man den Versuch in noch grösserer Entfernung anstellen, in 8 oder 10 Meilen, so könnte man Teleskope benutzen, indem man die Experimentatoren da aufstellt, wo man Nachts Lichter anzuwenden pflegt, die zwar in so grosser Entfernung dem Auge nicht mehr sichtbar erscheinen, aber mit Hülfe fest aufgestellter Teleskope bequem zu- und aufgedeckt werden können.
SAGREDO: Ein schöner sinnreicher Versuch, aber, sagt uns, was hat sich bei der Ausführung desselben ergeben?
SALVATICO: Ich habe den Versuch nur in geringer Entfernung angestellt, in weniger als einer Meile, woraus noch kein Schluss über die Instantaneität des Lichtes zu ziehen war; (...)«
(Aus: *Unterredungen und mathematische Demonstrationen über zwei neue Wissenszweige, die Mechanik und die Fallgesetze betreffend*)

Newtonringe

Zwar hatte Newton höchstpersönlich eine der attraktivsten Interferenzerscheinungen des Lichts entdeckt, doch weigerte er sich bis zuletzt, dieses Phänomen als einen schlechterdings unanfechtbaren Beweis für die Wellennatur anzuerkennen. Lassen wir den Gelehrten selbst zu Worte kommen:

»(ich nahm) zwei Objectivgläser, ein planconvexes von einem vierzehnfüßigen Teleskop und ein großes biconvexes von einem etwa fünfzigfüßigen, legte auf dieses das erstere mit seiner ebenen Fläche nach unten und drückte beide sanft aneinander, um die Farben nach und nach in der Mitte der Kreise hervortreten zu lassen, und hob dann das obere Glas vom unteren, um sie wieder nach und nach verschwinden zu lassen. Die beim Zusammendrücken der Gläser inmitten der anderen zuletzt auftauchende Farbe erschien bei ihrem ersten Auftreten wie ein vom Umfange bis zum Mittelpunkte fast gleichmäßig gefärbter Kreis und wurde bei stärkerem Zusammendrükken der Gläser allmählich breiter, bis im Mittelpunkt eine neue Farbe hervortrat und jene dadurch in einen diese neue Farbe einschließenden Ring überging. Bei noch stärkerem Zusammendrücken der Gläser wuchs der Durchmesser dieses Ringes, während die Breite der Ringfläche abnahm, bis im Mittelpunkte der letzteren eine andere, neue Farbe auftauchte, und so fort. So traten nach und nach eine dritte, eine vierte, eine fünfte und immer neue Farben dort hervor, und es entstanden Ringe, welche die innerste Farbe einschlossen, von denen die letzte der schwarze Fleck war. Umgekehrt nahm bei allmählichem Lüften und Abheben des oberen Glases vom unteren der Ringdurchmesser ab, die Breite der Ringe zu, bis allmählich ihre Farben den Mittelpunkt erreichten. Da sie nun von beträchtlicher Breite waren, konnte ich ihr Aussehen leichter wahrnehmen und unterscheiden als vorher. Durch solche Hülfsmittel fand ich nun ihre Aufeinanderfolge und Dimensionen (...).«

(Aus: *Optics: or a treatise of the reflections, refractions, inflections and colours of the light;* die deutsche Übersetzung ist entnommen aus G. Gamow: *Biographie der Physik,* Düsseldorf 1965.)

Um seiner Korpuskulartheorie treu zu bleiben, entwickelte Newton folgendes – wenn auch etwas wirres – Erklärungsmodell für das Phänomen, nämlich daß »(...) jeder Lichtstrahl bei seinem Durchgang durch eine brechende Oberfläche in einen bestimmten Übergangszustand versetzt wird, der beim Fortschreiten des Strahls in gleichen Abständen wiederkehrt und den Strahl bei jeder Wiederkehr geneigt macht zu einem leichten Durchgang durch die nächste brechende Oberfläche und zwischen der Wiederkehr zu einer leichten Reflexion durch sie.«

Erst im Jahre 1800 zeigte sein Landsmann Thomas Young, daß die Newtonringe durch Interferenz der an der Kontaktfläche zweier Gläser reflektierten Lichtwellen zustande kommen. Zwischen den beiden Gläsern befindet sich eine dünne Luftschicht, deren Stärke mit der Entfernung zum Mittelpunkt der Linse zunimmt und außerdem druckabhängig ist. Newton hatte sein Experiment zwar mit weißem Licht durchgeführt, doch wir wollen hier der Einfachheit halber die Verwendung monochromatischen (einfarbigen) Lichts voraussetzen, da dessen Wellenlänge λ genau definiert ist. Wenn Licht die Grenzlinie zwischen zwei verschiedenen Medien (beispielsweise Glas und Wasser) passiert, wird ein Teil des Lichts gebrochen und ein Teil reflektiert. Das durch die Linsenunterseite und das durch die Glasplatte reflektierte Licht vermischt sich (interferiert) auf dem Rückweg. Überlagern sich dabei zwei Wellenberge, so schwingen die Wellen in Phase und verstärken sich gegenseitig. Dies geschieht immer dann, wenn die Entfernung zwischen den beiden Glasflächen $\lambda/2$ (Zeichnung *b* in der Abbildung S. 91

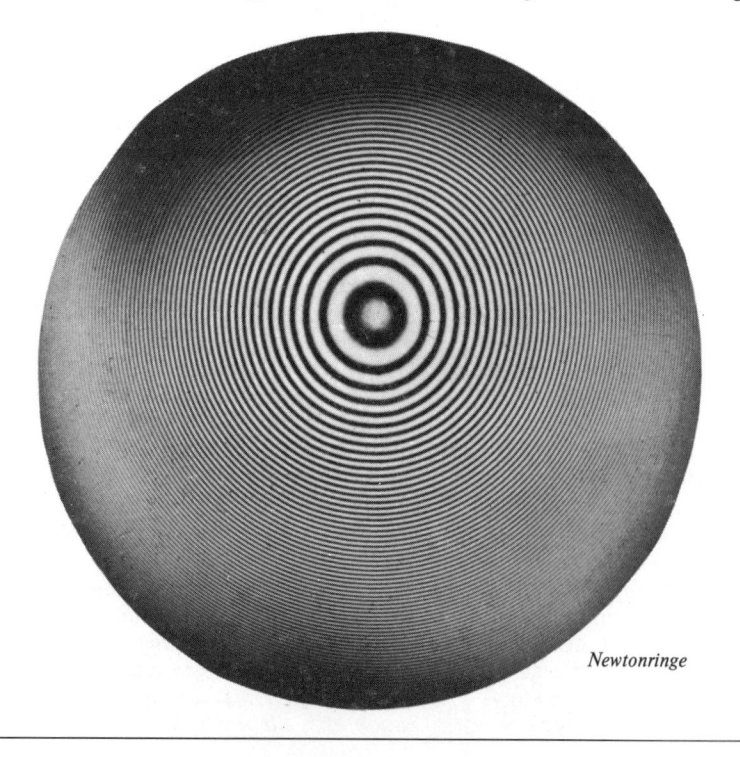

Newtonringe

LICHTER UND KLÄNGE · 91

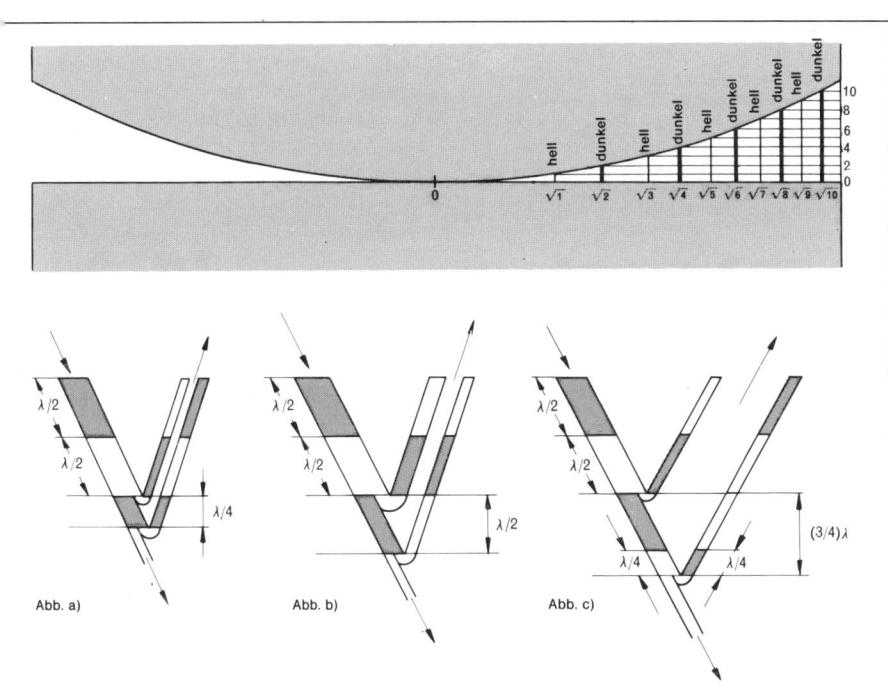

Oben: Newtonringe zeigen abwechselnd helle und dunkle Zonen. Das Phänomen wird deutlich erkennbar, wenn man eine schwach gekrümmte Linse auf eine Glasplatte drückt.
Unten: Beträgt die Dicke der Luftschicht zwischen den beiden Glasflächen ein Viertel der Wellenlänge (Abbildung a), überlagern sich die beiden reflektierten Wellen subtraktiv und bilden eine dunkle Zone. Ist der Zwischenraum jedoch gleich der halben Wellenlänge (Abbildung b), findet eine additive Überlagerung statt, und es entsteht eine helle Zone. Abbildung c zeigt ebenfalls eine Auslöschung.

oben), λ, $3/2\,\lambda$, 2λ, und so fort entspricht. Die Welle, die den weiteren Weg zurücklegt, muß also im Verhältnis zu der anderen einen Abschnitt *ABC* durchlaufen, der länger ist als λ, 2λ, 3λ, 4λ ..., um im Punkt *C* mit dieser phasengleich zu sein. Da die Orte, an denen der richtige Abstand zwischen den beiden Glasflächen gegeben ist, in konzentrischen Kreisen auf der Linsenoberfläche liegen, bildet das Licht jene charakteristischen Kreise, die Newton beobachtet hatte. Trifft jedoch der Wellenberg einer Welle auf das Wellental einer anderen, sind die Wellen nicht phasengleich, löschen einander aus und erzeugen somit dunkle Zonen. In diesem Falle muß der Abstand zwischen den reflektierenden Flächen $\lambda/4$, $3/4\lambda$, $5/4\lambda$, $7/4\lambda$ und so fort entsprechen. Diese Punkte liegen ebenfalls, aber zwischenlagernd, auf konzentrischen Kreisen, woraus sich der regelmäßige Wechsel von hellen und dunklen Ringen erklärt. Da sich weißes Licht aus Farben verschiedener Wellenlängen zusammensetzt, konnte Newton darüber hinaus auch die Farbeffekte der Interferenzen beobachten. Als man schließlich Youngs Erklärung des Phänomens zu Newtons Angaben über die Dicke der Luftschicht in Beziehung setzte, kam man zu dem Ergebnis, daß die Wellenlänge des Lichts ungefähr 0,6 Tausendstel eines Millimeters betragen müsse; hierbei handelt es sich tatsächlich um den Wert für gelbes Licht.

Sie können natürlich auch versuchen, die Newtonringe einmal selbst in Augenschein zu nehmen, wenn Sie in einem abgedunkelten Raum einen feinen Lichtstrahl auf eine Kontaktlinse lenken und diese vorsichtig auf ein Objektglas drücken. Geradlinige Interferenzstreifen lassen sich mit Hilfe eines Streifens transparenter Plastikfolie erzeugen, den Sie zwischen Daumen und Zeigefinger leicht gekrümmt gegen das Glas halten.

Galilei wußte natürlich um die geringe Genauigkeit des hier vorgeschlagenen Meßverfahrens und erklärte sich außerstande, ein Urteil über die Ausbreitungsgeschwindigkeit des Lichtes zu treffen. Wenige Jahre später (1676) errechnete der dänische Astronom Ole Rømer zum ersten Mal die Lichtgeschwindigkeit. Diese Berechnungen, die zu einem Ergebnis führten, das um 25% von dem heute angenommenen Wert abweicht, gelten aber in Anbetracht der damaligen Meßgeräte und der keineswegs leichten Versuchsbedingungen nach wie vor als erstaunlich präzise. Rømer beobachtete die Jupitermonde, d. h. die kurze Zeit vorher durch Galilei entdeckten »Mediceischen Gestirne«. Es zeigte sich, daß ein Jupitermond nicht immer dieselbe Zeit benötigt, um am Rande des Planeten sichtbar zu werden und auf der anderen Seite wieder hinter die Planetenscheibe zu treten. Die Zeitspanne hing von der Jahreszeit ab, in der man die Messung durchführte. Der Unterschied belief sich auf eine Verlängerung oder Verkürzung um 15 Sekunden bei einer Durchgangszeit von ungefähr 40 Stunden. Der gewissenhafte dänische Astronom führte diese Differenz auf den Umlauf der Erde um die Sonne zurück. Betrachten wir einmal die Jahreszeit, in der sich die Erde auf Jupiter zu bewegt: Wenn der Jupitermond in Erscheinung tritt, muß das Licht des Planeten eine Strecke *L* zurücklegen; wenn jedoch der Jupitermond vierzig Stunden später wieder verschwindet, hat sich die Strecke auf *L – x* verkürzt, wobei *x* die Wegstrecke bezeichnet, um die sich die Erde im Verlauf dieser vierzig Stunden dem Planeten genähert hat. Folglich mußte der Jupitermond zu dieser Jahreszeit für einen geringfügig kürzeren Zeitraum sichtbar bleiben als während der Jahreszeit, in welcher sich die Erde wieder von Jupiter entfernte. Dann nämlich kehren sich die Verhältnisse um: Beim Erscheinen seines Mondes muß das Licht des Jupiter eine Distanz *L* überwinden, während die Entfernung vierzig Stunden später – wenn also der Mond hinter dem Planeten ver-

92 · LICHTER UND KLÄNGE

Links: der Planet Jupiter mit seinen Monden Io und Europa. Die genaue Beobachtung der Jupitermonde ermöglichte erstmalig eine Bestimmung der Lichtgeschwindigkeit. Die Zeichnungen verdeutlichen, daß sich der Zeitraum, über den der Jupitermond sichtbar bleibt, geringfügig verkürzt, wenn sich die Erde dem Planeten nähert, während im umgekehrten Fall eine etwas längere Zeit gemessen werden konnte.

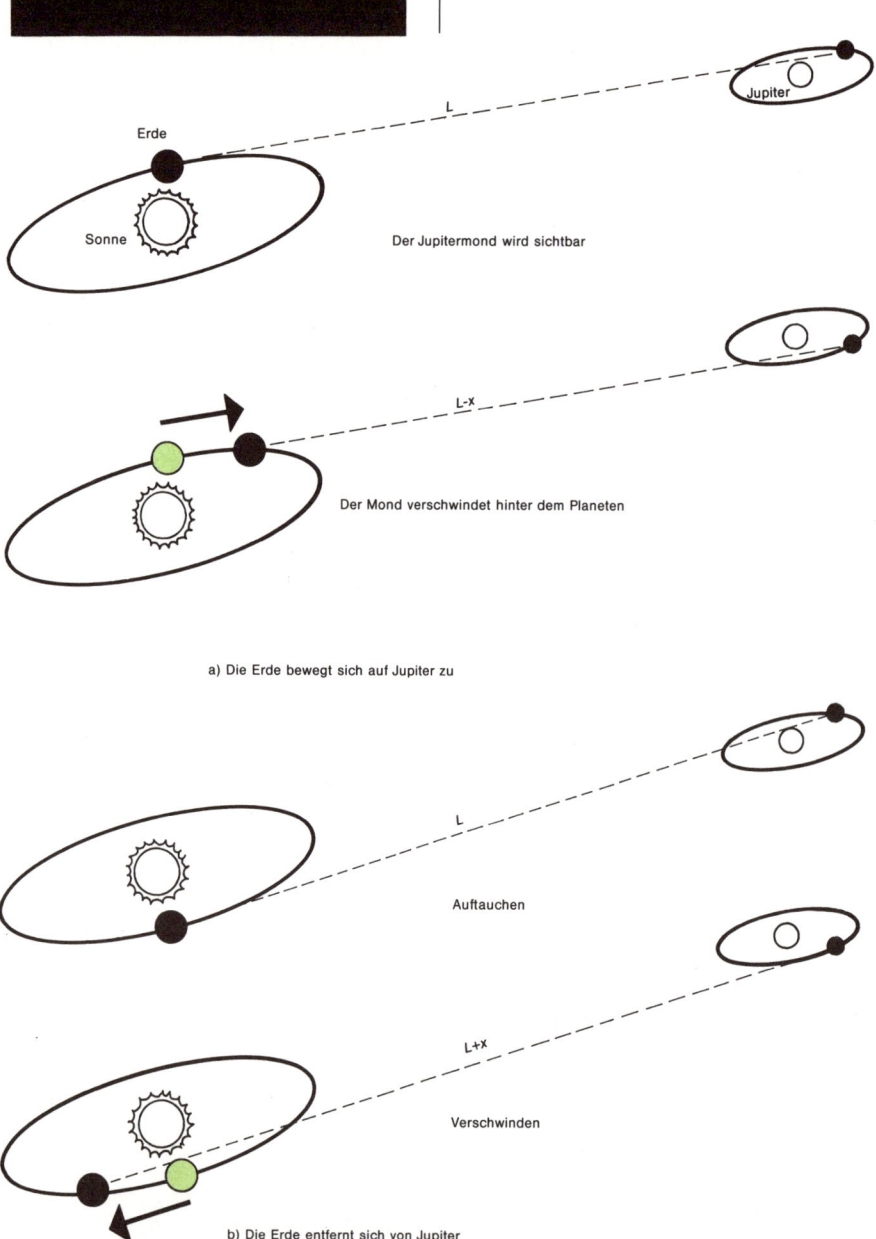

Der Jupitermond wird sichtbar

Der Mond verschwindet hinter dem Planeten

a) Die Erde bewegt sich auf Jupiter zu

Auftauchen

Verschwinden

b) Die Erde entfernt sich von Jupiter

schwindet – $L + x$ beträgt. Würde sich das Licht augenblicklich (instantan) ausbreiten, bestünde keinerlei zeitliche Differenz zwischen den gemessenen Intervallen, doch die berühmten fünfzehn Sekunden, die der Jupitermond länger oder kürzer sichtbar blieb, bewiesen das Gegenteil. Rømer berücksichtige in seiner Rechnung die Erdgeschwindigkeit aus der Dauer eines Jahres und dem Abstand Erde–Sonne sowie natürlich jene 15 Sekunden und erhielt für c einen Wert von 214 000 Kilometern pro Sekunde. Mit dem heutigen Wert für die astronomische Einheit erhält man 288 000 km/sek.

Der Franzose Hippolyte Fizeau – »ein hervorragendes Beispiel für jene gutbetuchten Herren, die den zweifelhaften Freuden des Mondänen die weitaus größere Befriedigung der Studien vorziehen«, wie ihn vor hundert Jahren ein Wissenschaftshistoriker charakterisiert hatte – führte im Jahre 1849 die erste »irdische« Messung der Lichtgeschwindigkeit durch. Fizeau postierte ein mit 720 Zähnen versehenes Zahnrad in Suresnes, am Rande von Paris, und stellte auf dem 8633 Meter entfernten Hügel von Montmartre einen Spiegel auf. Das Licht wurde auf einen halbdurchlässigen und in einem Winkel von 45 Grad geneigten Spiegel *(A)* gelenkt, hinter welchem der Beobachter stand. Dieser Spiegel reflektierte einen Teil des Lichtes über die Entfernung hinweg zum Spiegel *B*, welches von dort durch *A* zurückgelangte. Das mit hoher Geschwindigkeit rotierende Zahnrad stellte man zwischen die beiden Spiegel, so daß die Lichtstrahlung durch die Zahnung unterbrochen werden konnte und jeder einzelne Strahl auf dem Hinweg eine der Lücken erwischen mußte. Um als wahrnehmbares Licht in Montmartre anzugelangen, bedurfte es auf dem Rückweg ebenfalls einer entsprechenden Lücke. Nun erhöhte man die Rotationsgeschwindigkeit der Scheibe: Als das erste dauerhafte Abbild des Spiegels *B* erkennbar wurde, durfte man annehmen, daß die Lichtstrahlen durch zwei nebeneinanderliegende Spalten des Zahnrades ein- bezie-

LICHTER UND KLÄNGE · 93

hungsweise ausfielen. Die Zeit, die das Licht benötigte, um 2 x 8633 Meter zurückzulegen, mußte folglich der Zeit entsprechen, die das Zahnrad benötigte, um einen Zahn exakt in die Position des vorangegangenen zu bringen. Diese Zahl ist gleich dem Kehrwert der Anzahl der Zähne (720), geteilt durch die Anzahl der Umdrehungen pro Sekunde (= 25,2). Hieraus errechnete Fizeau für die Lichtgeschwindigkeit den Wert von 313.000 km/sek. Heute hat man sich nach genauen Messungen im Vakuum auf eine Konstante von $c = 299.792,5$ km/sek geeinigt.
Fizeaus Ergebnis war für die weitere Forschung von grundlegender Bedeutung. Im Jahre 1888 wies der deutsche Physiker Heinrich Hertz experimentell nach, daß sich elektromagnetische Wellen, die durch die Schwingungen elektrischer Ladungen erzeugt werden, von einem Ort zum anderen fortpflanzen können. Dies war also die mit Spannung erwartete Bestätigung der kurz zuvor auf theoretischer Ebene formulierten Vorhersagen seines englischen Kollegen James Clerk Maxwell.
Maxwells Gleichungen operierten auf einer Seite mit elektrischen und auf der anderen mit magnetischen Größen. Da ihre Maßeinheiten jedoch zwei verschiedenen Systemen zugehörten (dem elektrostatischen einerseits und dem elektromagnetischen System andererseits), mußte ein Weg gefunden werden, sie miteinander

Oben: James Maxwell und seine Gleichungen in einer Zeichnung des Physikers George Gamow.

Unten: die von Fizeau entwickelte Methode zur Messung der Lichtgeschwindigkeit.

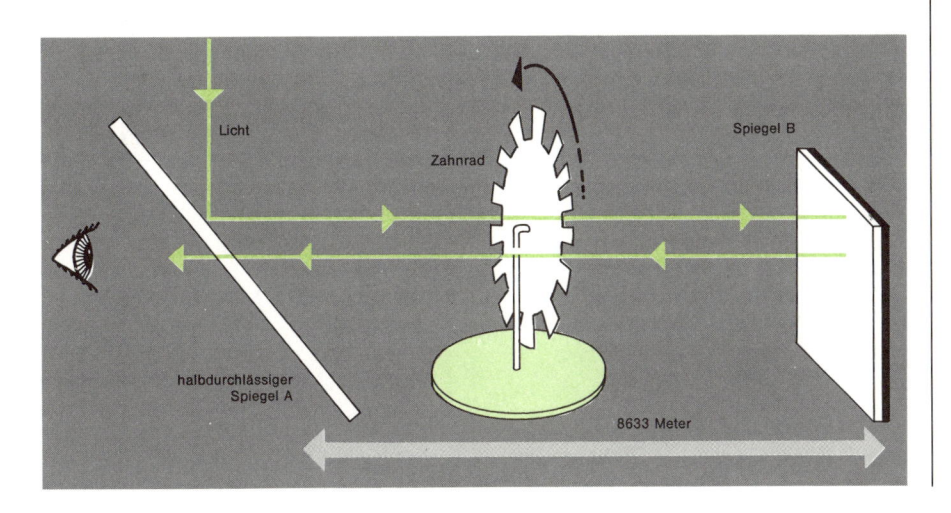

vereinbar zu machen; Maxwell führte hierzu die Konstante 3×10^{10} ein. Überraschenderweise ergab sich bei der Anwendung der Maxwellschen Gleichungen, daß der Wert 3×10^{10} – in Zentimetern pro Sekunde – der Geschwindigkeit entsprach, mit der sich die von Hertz entdeckten Wellen im Vakuum ausbreiten müßten. Doch nicht nur dies: Abgesehen von experimentellen Abweichungen und Fehlerquellen handelte es sich im Grunde um jenen Wert (300 000 km/sek), den man, je weiter die Methode Fizeaus perfektioniert wurde, letztendlich für die Lichtgeschwindigkeit ermittelte!
Das Licht mußte also aus elektromagnetischen Wellen bestehen, und dank einiger nachfolgender Entdeckungen und Fortschritte in der Physik konnte man ohne große Mühe das Zustandekommen jener Wellen auf die Bewegungen kleinster elektrischer Ladungsträger im Inneren der Materie zurückführen.

Problemkind »Äther«
Die Erklärung des Lichts als elektromagnetische Strahlung warf einige keineswegs belanglose Fragen auf: Warum breitet sich Licht auch im Vakuum aus? Auf welche Weise erreicht uns das Licht der Sonne oder eines anderen Himmelskörpers,

wenn sich zwischen Himmel und Erde ein großes Nichts befindet? Mechanische Wellen wie der Schall pflegen sich in elastischen Medien (z. B. in Luft, Wasser oder auch Metall) fortzupflanzen; im Vakuum sind sie nicht vorhanden. Die Physiker der zweiten Hälfte des 19. Jahrhunderts zogen daraus den Schluß, daß die Lichtwellen ein ganz spezielles, elastisches Medium benötigen, welches offenkundig das gesamte Universum zu durchdringen vermag. Ein Name war bereits gefunden, und man durfte weiterhin an den Huygensschen Äther glauben.

Um einen Einblick in die Denkweise jener Zeit zu gewinnen, wäre es an dieser Stelle vielleicht ganz interessant, eine kurze Zusammenfassung von Maxwells phantasievoller Erklärung des Magnetismus – also der Anziehung zwischen dem Pluspol eines Magneten und dem Minuspol eines anderen – zu geben. Von einem Magnetpol gehen Kraftlinien aus, deren Anzahl sich proportional zur Stärke seiner magnetischen Ladung verhält; diese Linien durchfurchen den Äther und erreichen schließlich den Gegenpol. Jener Äther – der eine Masse haben muß, weil andernfalls die Lichtgeschwindigkeit unendlich wäre – besteht aus winzigen kugelförmigen Körpern (Maxwell nennt sie »Zeilen«), die sich um sich selbst drehen können.

Bei der Übertragung einer magnetischen Kraft innerhalb dieses Mediums verlaufen die Drehachsen der Zellen entlang den magnetischen Kraftlinien, wobei sich die Rotationsgeschwindigkeit zur Stärke der Kraft verhält. Auf diese Weise bilden sich Wirbel, die sich allesamt im gleichen Sinne drehen und danach streben, sich längs der Achse zu stauchen und sich in der senkrecht zur Achse stehenden Richtung auszudehnen. Diese Spannung, die auf diese Weise entlang den Kraftlinien entsteht, bewirkt schließlich die Anziehung zwischen den beiden Polen, während der Druck der Wirbel in Richtung des Achsenlotes erklärt, warum die Linien immer weiter auseinanderlaufen, je weiter sie sich von der die beiden Pole auf kürzestem Wege verbindenden mittleren Kraftlinie entfernen.

Während die moderne Physik das durchaus brauchbare, von Faraday stammende Konzept der Kraft- bzw. Feldlinien übernommen hat, erwies sich jener Teil seines umfangreichen Werkes, in welchem Maxwell sein kompliziertes Modell des Äthers entwickelte, mehr und mehr als unergiebig. Was die Physik der damaligen Zeit maßgeblich behinderte, war die Tatsache, daß der Äther den Rang des bevorzugten und absoluten Bezugsystems einnahm. Wenn sich etwas gegenüber dem Äther bewegte, so bewegte es sich eben, und der Fall war erledigt. Doch dies bedeutete natürlich einen gewaltigen Schritt rückwärts, eine Abkehr von Galileis Relativitätsprinzip, dem zufolge alle in geradliniger und gleichförmiger Bewegung befindlichen Systeme äquivalent sind und somit auch die darin angestellten Messungen gleiche Werte ergeben müssen.

Darüber hinaus bedeutete der Äther für die Wissenschaftler des 19. Jahrhunderts das einzige Bezugsystem, in welchem galt: Lichtgeschwindigkeit = c. Allerdings mußte man auch diese Überzeugung bald aufgeben, denn im Jahre 1887 führte der amerikanische Physiker Michelson zusammen mit seinem Assistenten Morley einen folgenreichen Versuch durch. Die Apparatur (siehe Abbildung unten) hatte man auf einer Marmorplatte montiert, die ihrerseits auf einer mit Quecksilber gefüllten Wanne schwamm, wodurch man Erschütterungen des Versuchsaufbaus weitestgehend ausschließen konnte. Der Lichtstrahl aus der Lampe L fiel zunächst auf den halbdurchlässigen Spiegel S im Zentrum der Platte. Die eine Hälfte des Lichts traf danach auf den Spiegel S_1, wurde dort reflektiert

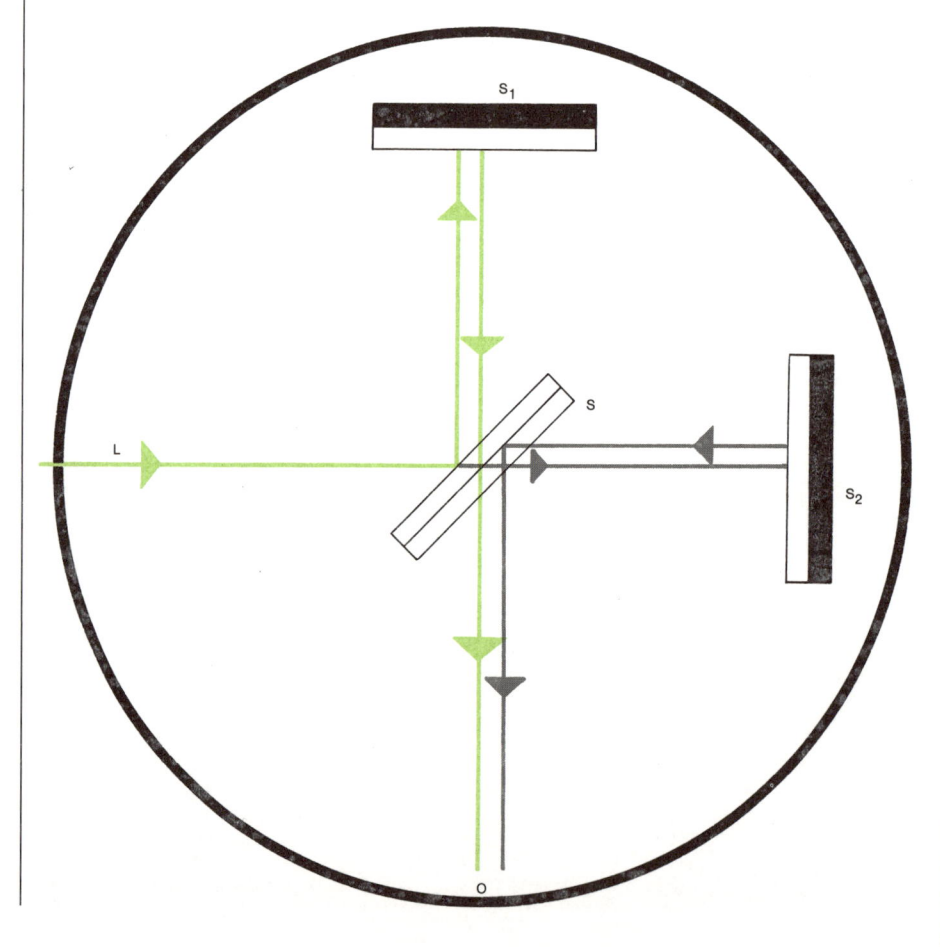

LICHTER UND KLÄNGE · 95

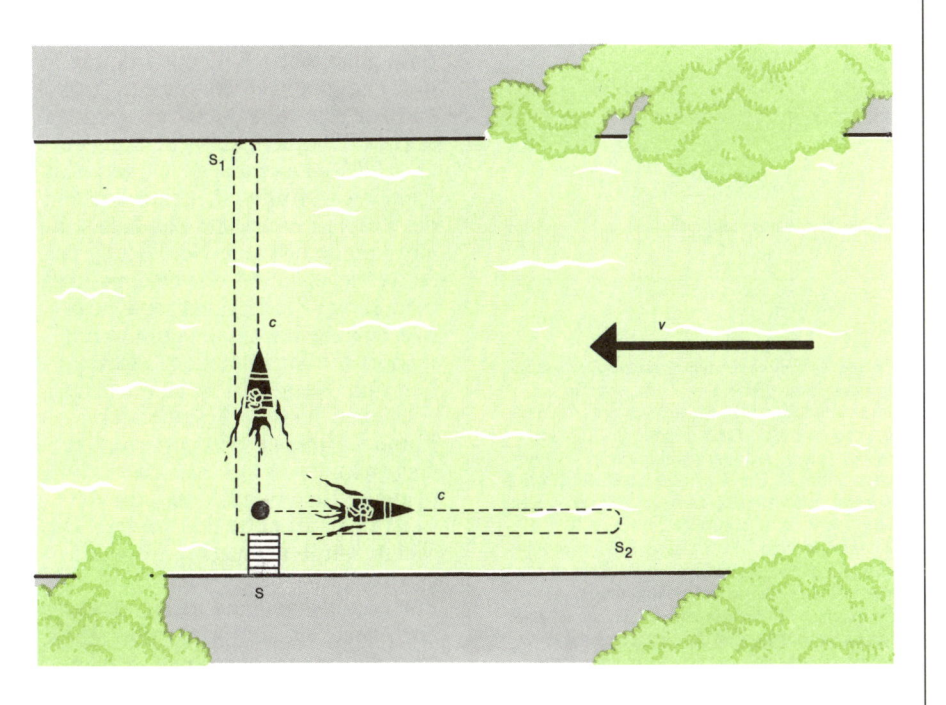

Oben: Um sich den Versuch zu veranschaulichen, stelle man sich ein Boot vor, das sich mit einer Geschwindigkeit c vorwärtsbewegt und zwei gleich lange Wegstrecken auf einem Fluß zurücklegt, wobei die Fließgeschwindigkeit des Wassers v beträgt. Das Boot repräsentiert das Licht, während die Strömung den »Ätherwind« darstellt, der durch die Umlaufbewegung der Erde erzeugt wird.

Auf der nebenstehenden Seite: Versuchsaufbau des Michelson-Morley-Experiments. Die beiden Physiker hatten damit bewiesen, daß die Bewegung der Erde um die Sonne keinen Einfluß auf die Lichtgeschwindigkeit ausübt.

und gelangte zum Beobachtungspunkt O. Die andere Hälfte gelangte ebenso nach O, nachdem sie durch S_2 und daraufhin noch einmal durch den halbdurchlässigen Spiegel S reflektiert worden war. Um das Licht zu bündeln, hatte man einige (hier nicht dargestellte) Linsen entlang der zurückzulegenden Strecke plaziert. Da die Wege für beide Strahlen peinlichst genau auf die gleiche Länge gebracht waren, würde der Beobachter im Punkt O einen wunderhübsch leuchtenden Lichtstrahl sehen, der durch positive Interferenz zustande käme; dies setzt allerdings voraus, daß die Lichtgeschwindigkeit auf der Strecke $S-S_1$ exakt dem Wert auf der rechtwinklig dazu verlaufenden Strecke $S-S_2$ entspricht. Wenn jedoch das Licht auf einem der beiden Wege eine längere Zeit benötigen sollte, wäre im Punkt O eine Teilabdunklung zu beobachten, da sich in diesem die interferierenden Strahlen mehr oder minder auslöschten. Michelson und Morley ordneten den Versuchsaufbau so an, daß die Wegstrecke $S-S_2-S$ mit der Bewegungsrichtung der Erde um die Sonne übereinstimmte. Sollte die Vermutung zutreffen, daß die Lichtgeschwindigkeit im Äther gleich c ist und die Erde sich im Verhältnis zum Äther bewegt, müssen sich für die beiden senkrecht zueinander stehenden Wege unterschiedliche Zeiten ergeben.
Stellen Sie sich vor, Sie stünden am Ufer eines Flusses, der mit einer bestimmten Geschwindigkeit v an Ihnen vorüberfließt, und wollten in einem Boot, dessen Geschwindigkeit im Verhältnis zum Wasser c beträgt, zwei gleich lange Fahrten unternehmen, die Sie jeweils zum Ausgangspunkt zurückführten. Auf der ersten Fahrt überqueren Sie den Fluß von S nach S_1 und kehren nach S zurück; die zweite Fahrt verläuft am Ufer entlang von S nach S_2 und wieder zurück. Kurz und gut, nichts läßt sich leichter beweisen, als daß man für die jeweiligen Fahrten unterschiedliche Zeiten benötigt, da die Fahrt in Ufernähe länger dauert. Übertragen auf das Experiment von Michelson und Morley steht der Fluß für den durch die Erdbewegung zustande kommenden »Ätherwind«, während das Boot als Licht zu denken ist. Entsprechend der damals gültigen Theorien erwarteten die beiden Physiker im Punkt O zumindest eine partiell auslöschende Interferenzerscheinung. Das vermeintliche Ergebnis ließ sich sogar berechnen, denn man kannte die Geschwindigkeit der Erde im »Äther« (30 km/sek). Der Versuch erwies jedoch, daß sich die beiden Lichtstrahlen in vollkommen phasengleicher Interferenz verstärkten; offenkundig benötigte das Licht für den Hin- und Rückweg stets die gleiche Zeit, ganz egal, ob es sich dabei mit der Erdumdrehung oder aber in der senkrecht zu dieser Linie verlaufenden Richtung ausbreitete. Die Lichtgeschwindigkeit mußte folglich in beiden gleichförmig zueinander bewegten Bezugssystemen gleich sein. In Anbetracht der unbestreitbaren Genauigkeit des Experiments blieb den Physikern jener Zeit lediglich der Einwand, daß die Erde möglicherweise in ihrer Bewegung um die Sonne den »Äther« mitziehen und dieser sich somit im Ruhezustand befinden könnte. Man wiederholte also das Experiment in der Gondel eines Ballons, weil man dort eine geringere Entwicklung der »Zugkraft« vermutete, doch das Ergebnis blieb das nämliche.
Wie alle Ideen, die ein konsolidiertes Gedankengebäude ins Schwanken bringen, wurde auch das geniale Experiment von Michelson und Morley teils mit Hilfe bequemer Rechtfertigungen abgetan und teils vollkommen aus dem wissenschaftlichen Bewußtsein verdrängt. Die Lage begann sich ähnlich zu gestalten wie damals im 17. Jahrhundert, als sich viele Gelehrte allen Beweisen zum Trotz strikt dagegen verwahrten, den Zusammenbruch der aristotelischen Lehre anzuerkennen (und um so weniger gewillt waren, diesen als begrüßenswert zu erachten). Doch damals wie heute vermochten sich

96 · LICHTER UND KLÄNGE

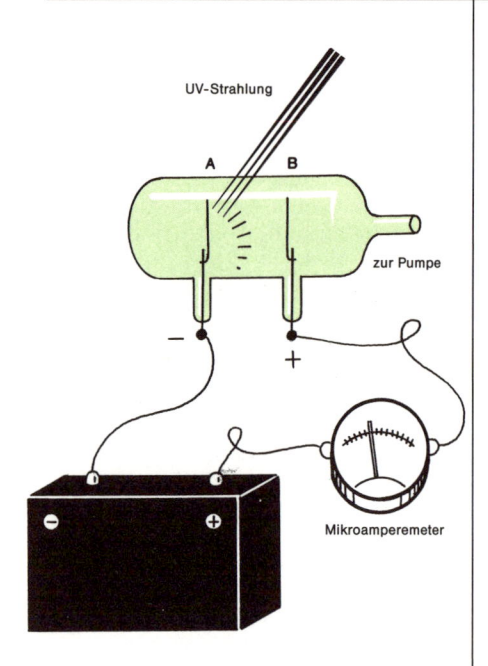

neue Erkenntnisse und Entdeckungen alsbald Geltung zu verschaffen. Wissenschaftler wie Fitzgerald und Lorentz nahmen Michelsons Forschungsergebnisse sehr ernst, und ihre Deutungsansätze lieferten Albert Einstein das Wissen und den mathematischen Grundstock für seine revolutionäre Relativitätstheorie. Einstein »durchschlug mit einem Schwerthieb den gordischen Knoten des Äthers«, wie später jemand bemerken sollte – indem er feststellte, daß sich das Licht in seiner Eigenschaft als elektromagnetisches Feld auch im Vakuum ausbreitet und die Lichtgeschwindigkeit c in sämtlichen gleichförmig zueinander bewegten Bezugssystemen identisch ist (vgl. S. 22: »Einsteins Uhren«).

Welle und Teilchen – heute versöhnt
Einstein beschränkte sich im Jahre 1905 nicht allein auf die Veröffentlichung seiner berühmten Arbeit *Zur Elektrodynamik bewegter Körper* – in der die spezielle Relativitätstheorie formuliert wurde –, sondern löste mit zwei grundlegenden Artikeln weitere, von der Physik des 19. Jahrhunderts nicht erklärbare Probleme. Der erste Artikel betraf die im Mikroskop sichtbare merkwürdige Lebhaftigkeit von in einem Tropfen Wasser schwimmenden Partikeln (Brownsche

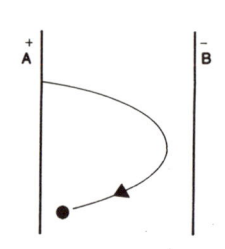

Zu den Zeichnungen: Apparatur zur Demonstration des Photoeffekts. Das Licht einer Bogenlampe geht durch ein Prisma, das lediglich UV-Strahlung zu einer Linse durchläßt. Das Licht gelangt in eine Vakuumröhre und trifft auf die Metallplatte A. Die durch das Licht der Platte A entrissenen Elektronen werden von B angezogen, wenn diese Platte positiv geladen ist.
Das in den Stromkreis integrierte Mikroamperemeter registriert die entsprechende Stromstärke. Nimmt man indessen eine Umpolung vor, so wird die Elektrode B negativ aufgeladen, die Elektronen fallen zurück, und der Stromkreis ist unterbrochen. Durch Messen der zur Stromunterbrechung erforderlichen, an B anliegenden negativen Spannung läßt sich die Energie ermitteln, mit der die Elektronen aus dem Metall herausgetreten sind.

Unten: Zielfoto eines Hundertmeterlaufs. Dank des Photoeffekts sind Zeitnehmer bei Kurzstreckenläufen überflüssig geworden. Das ständig über der Ziellinie befindliche Lichtbündel trifft auf eine Metallelektrode und erzeugt einen entsprechenden Strom. Wird der Strahl durch einen Läufer unterbrochen, löst die Stromunterbrechung im Steuerkreis des elektronischen Zeitmessers ein »Stopsignal« aus.

Bewegung, siehe S. 139: »Ordnung und Unordnung«). Der zweite Artikel enthielt eine revolutionäre Interpretation des Photoeffekts; eine aus dem Jahr 1900 datierende Arbeit von Max Planck weiterführend, stellte Einstein die Korpuskulartheorie des Lichts in einer modernisierten Neufassung dar. Seit einigen Jahren war bekannt, daß man einem Stück Metall eine positive Ladung vermitteln kann, wenn man es mit ultraviolettem Licht bestrahlt. Nachdem die aus negativ geladenen Teilchen bestehenden Kathodenstrahlen entdeckt wurden, ging man davon aus, daß das Licht beim Auftreffen auf Metall diesem Elektronen zu entreißen vermag. Das Metall würde demnach positiv geladen zurückbleiben.
Für zwei Dinge hatte man indessen noch keine Erklärung. Erstens: Wenn man die Intensität des einfallenden Lichts erhöht, bleibt die Energie, mit der die Elektronen aus der Metalloberfläche »verdampfen«, stets gleich, während ihre Anzahl proportional zunimmt. Zweitens: Die Energie der Elektronen wächst immer stärker an, je kurzwelliger das auftreffende Licht ist. Dies alles widersprach der landläufigen Vorstellung von der Natur des Lichts. In der Tat hätte man aufgrund der elektromagnetischen Lichttheorie vorhergesagt, daß intensiveres Licht auf der Metalloberfläche stärkere elektromagnetische Schwingungen erzeugen und demnach mehr Energie auf die Elektronen übertragen würde – dies bei gleichbleibender Zahl der abgezogenen Elektronen. Sollte sich allerdings, so Einstein, das Licht aus Teilchen (den von Planck postulierten *Lichtquanten*) zusammensetzen, ließe sich der Photoeffekt spielend leicht erklären. Je intensiver das Licht, desto mehr Lichtpartikel treffen auf dem Metall auf, und desto größer ist folglich die Wahrscheinlichkeit, daß ein Elektron abgespalten wird. Außerdem verhielt sich nach Planck die Energie eines Quants proportional zur Lichtfrequenz, weshalb auch für Lichtwellen gilt:

Wellenlänge = Geschwindigkeit/ Frequenz

Licht einer kürzeren Wellenlänge

LICHTER UND KLÄNGE · 97

DIE LICHTMÜHLE

Vielleicht ist Ihnen in der Auslage eines Geschäfts schon einmal ein merkwürdiges Objekt begegnet, das gern als Blickfang verwendet wird. Es handelt sich um eine Art Glaskolben, in dessen Innerem sich »Windmühlenflügel« drehen, welche senkrecht an einem als Drehachse fungierenden Faden aufgehängt sind. An sich noch nichts Befremdliches, wenn da nicht die Tatsache wäre, daß niemand die Antriebsquelle der Mühle zu erklären vermag. Es sind anscheinend weder Elektromotoren noch Magnete oder sonstige Kraftspender am Werk, und auch Luftströme scheiden aus, da die Drehung in einem versiegelten Glasbehälter erfolgt. Der Ladeninhaber weiß indessen, daß das Spiel vorbei ist, sobald er abends die Beleuchtung ausschaltet. In der Tat wird diese besondere Mühle nicht durch Wind oder Wasser, sondern durch Licht angetrieben. Jeder Flügel der Apparatur verfügt über eine geschwärzte und eine blanke Seite, wobei erstere vom Licht stärker erwärmt wird. Die nach Herstellen eines *Teil*vakuums im Gefäß verbliebenen Luftmoleküle erhalten beim Auftreffen auf die schwarze Seite mehr Energie als die Moleküle auf der Gegenseite. So ergibt sich auf einer der beiden Seiten ein großer Rückstoß, und die Mühle beginnt sich zu drehen (in der Abbildung entgegen der Pfeilrichtung). Doch das *Crookes-Radiometer* (so die wissenschaftliche Bezeichnung) würde auch – zumindest in der Theorie – bei *völliger Luftleere* funktionieren, sofern kaum Reibungsverluste auftreten. Das Licht setzt sich nämlich aus Partikeln zusammen, die zwar keine Masse, wohl aber einen Impuls aufweisen (die Impulsgröße der Photonen verhält sich umgekehrt proportional zur Wellenlänge; die Proportionalitätskonstante wird als *Plancksches Wirkungsquantum* bezeichnet). Die Photonen sind daher fähig, entsprechende Gegenstände »anzustoßen« und diese in Bewegung zu setzen. Dazu reicht der Impuls des normalen Lichts bei weitem nicht aus. Es gibt im übrigen eine allseits bekannte astronomische Erscheinung, bei der der oben genannte Lichtdruck wenigstens zum Teil eine Rolle spielt. Die Kometen gelangen auf ihren stark gestreckten Umlaufbahnen wechselweise in große Nähe und Ferne zur Sonne. Während des Umlaufs erfährt der aus feinem Staub und Eispartikeln bestehende Kometenschweif eine stetige Ablenkung weg von der Sonne. Grund hierfür ist neben dem vom Sonnenlicht ausgeübten Druck auch der sogenannte Sonnenwind, der aus elektrisch geladenen Teilchen besteht, die starke Magnetfelder auf der Sonne ins All schleudern.

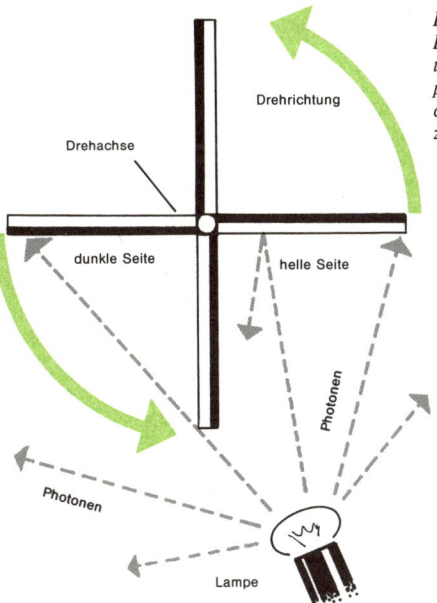

Links: Idealschema des Crookes-Radiometers. Die reflektierenden Flächen erhalten beim Auftreffen des Lichts von den Photonen einen doppelt so großen Impuls wie die geschwärzten Flächen. Das Flügelrad beginnt sich in Pfeilrichtung zu drehen.

Crookes-Radiometer

98 · LICHTER UND KLÄNGE

müßte demnach höherenergetische Quanten enthalten. Dann war es auch nicht weiter verwunderlich, daß dieses Licht den Elektronen beim Auftreffen einen höheren Energiebetrag vermittelte.

Nachdem die Einsteinsche Hypothese durch die Forschungsergebnisse des amerikanischen Physikers Arthur Compton eine definitive Bestätigung erfahren hatte, befand sich die Physik erneut in einer Sackgasse. Für den Wellencharakter sprachen Tausende durchgeführter Experimente, doch auch die Existenz der Quanten stand nunmehr zweifelsfrei fest. Dies allerdings führte nicht zu einer Aufspaltung der Wissenschaftler in zwei verfeindete Lager, wie noch zu Zeiten von Huygens und Newton. Eine neue Physik – die *Quantenmechanik* – war im Entstehen begriffen und stellte für die herkömmliche Denkweise quasi tagtäglich eine neue Herausforderung dar.

Es ließ sich nun unschwer die Vorstellung akzeptieren, daß das Licht auf mikroskopischer Ebene (die Physik meint damit die Atome und ihre Bestandteile), abhängig vom jeweiligen Versuchsaufbau, einen Wellen- oder Teilchencharakter zeigt.

Im Jahre 1924 gelangte Louis De Broglie, ein französischer Aristokrat mit einer großen Begeisterung für die Geschichte des Mittelalters, in der Physik zu Ehren, indem er postulierte, daß neben dem Licht auch die Materie eine doppelte Natur habe: Was uns als Teilchen erscheine, könne sich in bestimmten Fällen wie eine Welle verhalten. Diese Vermutung De Broglies erfuhr drei Jahre später in Amerika durch Davisson und Germer eine experimentelle Bestätigung: Erstmals war die Beobachtung der Elektronenbeugung gelungen. Das »Doppelleben« des Lichts wurde somit erneut zum Bestandteil einer vereinheitlichten Sicht der Natur, wie sie von der Quantenphysik postuliert wurde. Doch um die Natur des Lichtes begreifen zu können, mußte das gesicherte Wissen zweimal innerhalb weniger Jahre grundlegend umgewälzt werden.

Mit Elektronen (Materie) beschossene Photoplatte. Die Photonen stammen aus einer auf einem Silizium-Monokristall aufgebrachten Nickelschicht.

Der Vergleich mit ähnlichen, durch Beugung von Röntgenstrahlen (elektromagnetischer Strahlung) entstandenen Bildern ergab, daß sich Materie wie eine Welle auszubreiten vermag.

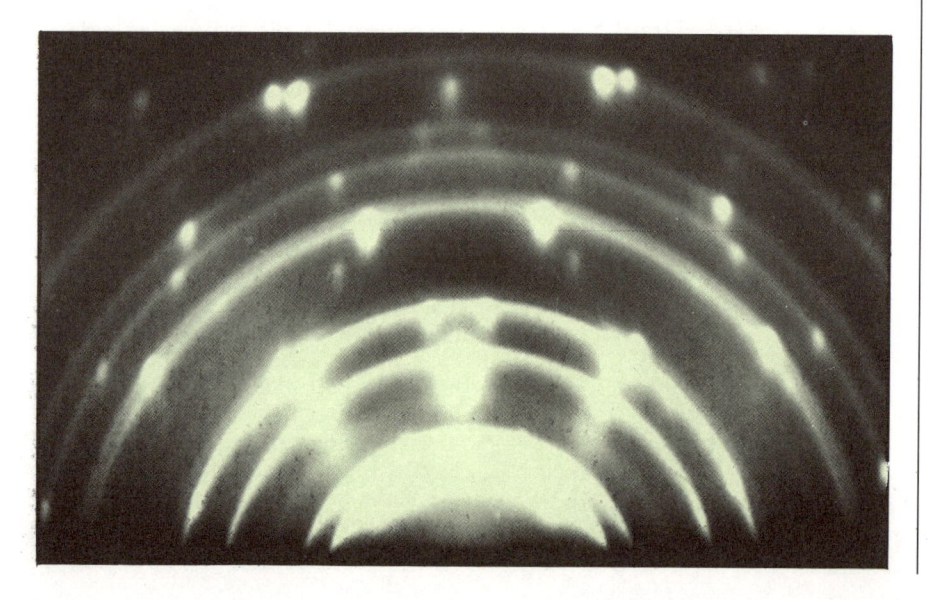

LICHT-SPIELE

Ruder im Wasser
Bestimmt ist Ihnen beim Paddeln oder Rudern schon einmal aufgefallen, daß sich die Ruder beim Eintauchen ins Wasser scheinbar nach oben hin krümmen. Dies ist der anschaulichste Beweis für die Brechung, d. h. eine Ablenkung der Wellenfronten beim Übergang des Lichts von Luft in Wasser. Gleiches vollzieht sich zwischen Luft und Glas, Wasser und Kunststoff, also immer dann, wenn zwei Ausbreitungsmedien unterschiedliche Dichte und/oder elektromagnetische Eigenschaften aufweisen. Um die verschiedenen Substanzen hinsichtlich ihrer optischen Eigenschaften zu klassifizieren, greift man auf eine Konstante zurück: Der absolute *Brechungsindex* entspricht dem Quotienten aus der Lichtgeschwindigkeit c im Vakuum und der entsprechenden Lichtgeschwindigkeit in der jeweiligen Substanz.

Wie wir gesehen haben, betrifft die Brechung sämtliche Wellenarten; die Lichtbrechung wurde bereits von Ptolemäus im 2. Jahrhundert n. Chr. beobachtet und gemessen. Dieser war auf der Suche nach einem Gesetz, das die Abhängigkeit des Brechungswinkels vom Einfallswinkel wiedergibt, zog allerdings den irrigen Schluß, daß diese sich proportional zueinander verhielten. Der Mathematiker Alhazen (ca. 965-1040/41 n. Chr.) bemerkte den von Ptolemäus begangenen Irrtum und beobachtete überdies, daß die beiden Strahlen und das Lot (also die Senkrechte zur Oberfläche) immer in derselben Ebene liegen.

Indessen mußte noch viel Wasser den Rhein hinunterfließen, bis man das exakte Gesetz gefunden hatte. Als erstem gelang dies dem Holländer Willebrordus Snellius, der im Jahre 1613 an der berühmten Leidener Universität den Lehrstuhl seines Vaters eingenommen hatte. Gegen 1625 entdeckte er, daß sich nicht die Winkel, sondern deren *Sinus* sich proportional zueinander verhalten.

In Form einer Veröffentlichung berichtete allerdings Descartes – der

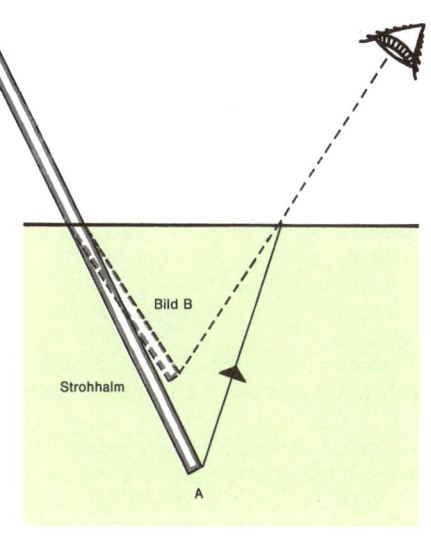

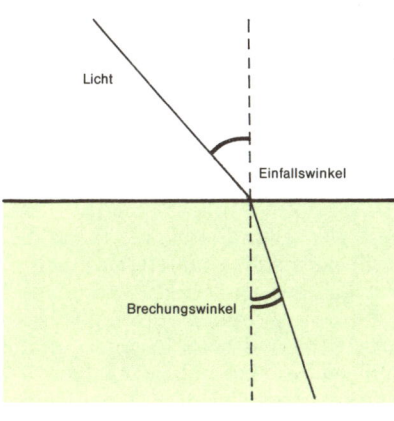

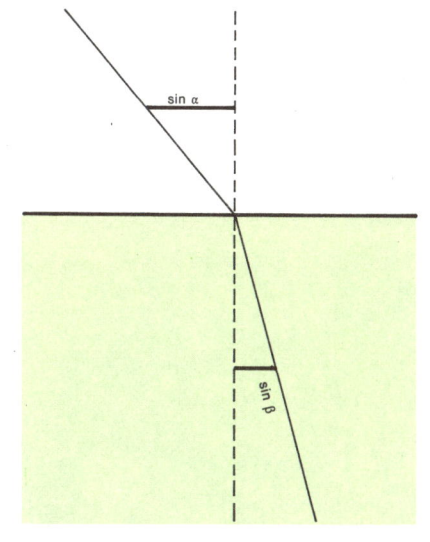

LICHTER UND KLÄNGE · 99

Links: Der scheinbar durch die Wasseroberfläche »geknickte« Strohhalm ist eine optische Täuschung, entstanden durch Lichtbrechung (wie aus der mittleren Zeichnung hervorgeht). Die Strohhalmspitze befindet sich real in A, wird jedoch durch die Ablenkung des von ihr reflektierten Lichts als in B befindlich wahrgenommen. Sämtliche übrigen Punkte unterliegen einer ähnlichen scheinbaren Verschiebung. Die unterste Zeichnung veranschaulicht das Snelliussche Gesetz: Der Sinus des Brechungswinkels (sin β) ist proportional zum Sinus der Einfallswinkel (sin α).

Rechts: Aufgrund der Brechung erscheint auch der durch ein Wasserglas betrachtete Strohhalm geknickt.

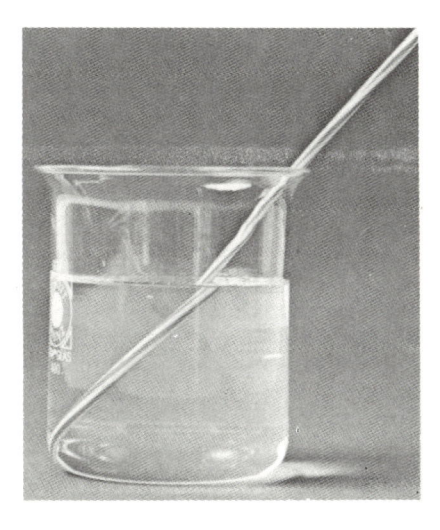

auf mathematischem Weg dorthin gelangt war – im Jahre 1637 als erster über diese Gesetzmäßigkeit. Die Experimente des Snellius wurden erst 1703 bekannt, und zwar aufgrund eines Huygens-Zitats.

Wie man einen Lichtstrahl krümmt

Das Licht breitet sich zwar immer geradlinig aus, doch eigentlich müßte man stets hinzufügen: »im Vakuum« (ausgenommen relativistische Effekte). Mit Hilfe eines einfachen Experiments läßt sich jedoch zeigen, wie man mittels Brechung einen gekrümmten Lichtstrahl erzeugt. Decken Sie hierzu das Glas Ihrer Taschenlampe mit einem Stück Pappe ab, das mit einem außermittigen Loch versehen ist. Die aus dem Loch hervortretenden Lichtstrahlen verlaufen parallel. Ferner benötigen Sie ein wenigstens 40 cm langes Glas- oder Kunststoffbecken – etwa ein kleines Aquarium oder jenes Becken, das Sie für die Wellenversuche benutzt haben. Setzen Sie eine lauwarme Salzwasserlösung an, und geben Sie in halbstündigen Abständen so lange Salz hinzu, bis sich die herabgesunkenen Salzkristalle nicht mehr auflösen. Sie haben nun eine gesättigte Lösung, die Sie für einige Stunden in den Kühlschrank stellen und dann in das Becken gießen, bis Sie einen Wasserstand von wenigstens fünf Zentimetern erreichen. Mit Hilfe einer Gießkanne oder eines feinen Siebs gießen Sie nun vorsichtig und aus möglichst geringer Entfernung warmes »Süßwasser« auf die Salzwasser-Lage. Das Salzwasser sollte hierbei möglichst wenig bewegt werden, um eine Durchschmischung zu vermeiden. Da die untere Lage aufgrund des Salzgehalts und der niedrigen Temperatur eine weitaus größere Dichte aufweist, haben Sie die Gravitationskraft auf Ihrer Seite, und die Prozedur dürfte keine über-

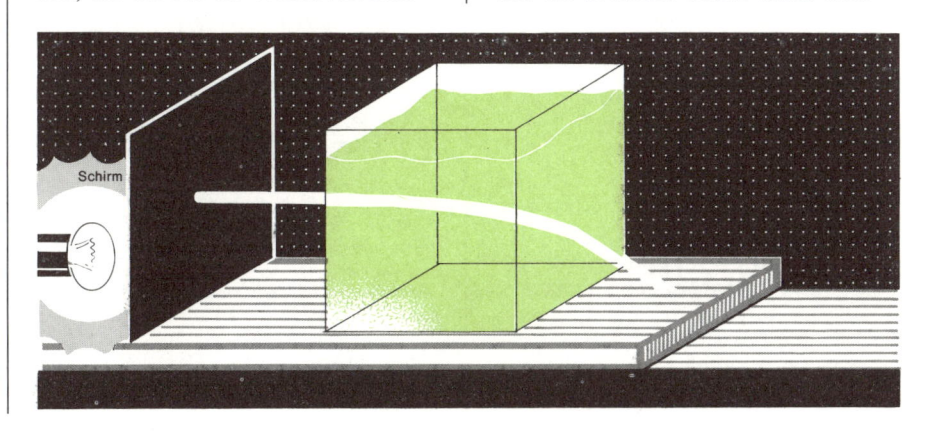

Rechts: Beim Durchqueren eines mit Salzwasser gefüllten Gefäßes wird der Lichtstrahl aufgrund der zum Gefäßboden hin zunehmenden Dichte abgelenkt.

100 · LICHTER UND KLÄNGE

mäßigen Probleme aufwerfen. Geben Sie anschließend mit derselben Behutsamkeit einige Tropfen Milch ins Wasser; dank ihres hohen Lichtdiffusionsvermögens werden Sie den Verlauf des Lichtstrahls im folgenden besser erkennen können.

Das Experiment kann nun beginnen. Richten Sie den Strahl der Taschenlampe waagerecht aus und versuchen Sie, genau die Grenzfläche zwischen Süß- und Salzwasser zu treffen: Der Strahl wird nach unten gekrümmt, in den Salzwasserbereich hinein. Um dies zu erkennen, muß man sich allerdings so stark wie möglich der Senkrechten zur Trennfläche beider Wasser-Lagen unterschiedlicher Dichte nähern. Noch deutlicher – und sogar ohne Milch – fällt der Effekt aus, wenn man einen kleinen Versuchslaser zur Hand hat.

Versteckspiel der Sonne
Folgendes dürfte vielleicht nicht allgemein bekannt sein: Während man Zeuge wird, wie der Horizont die untergehende Sonnenscheibe nach und nach »verschluckt«, befindet diese sich bereits dort, wo man sie eigentlich nicht mehr sehen könnte – würde sich das Licht geradlinig ausbreiten. In der Tat bleibt das Bild der Sonne in unseren Breiten noch eine gute halbe Stunde nach dem realen Sonnenuntergang sichtbar. Grund hierfür ist die atmosphärische Lichtbrechung, die besonders groß ist, wenn sich die Sonne dicht über dem Horizont befindet. Wie aus der rechten Abbildung hervorgeht, liegt das Abbild der Sonne oberhalb ihrer tatsächlichen Stellung. Die beim Durchqueren dichter Luftschichten geringer Höhe sich vollziehende Lichtbrechung ist ferner dafür verantwortlich, daß die Sonne in Horizontnähe größer erscheint als sonst.

Totalreflexion in Wasser
Möglicherweise haben Sie sich schon einmal gefragt, warum man eine Taucherbrille benötigt, um unter Wasser klare Sicht zu haben. Ganz einfach: Das Auge ist eine im wesentlichen aus Wasser bestehende Linse, die das einfallende Licht nur dann auf der Netzhaut zu bündeln vermag, wenn es aus einem Medium wie etwa der Luft stammt, das einen Brechungsindex aufweist, der sich von dem des Wassers deutlich unterscheidet. Kommt das Licht nun vom Wasser, so erfährt es beim Eintreffen auf dem Auge keinerlei nennenswerte Ablenkung, und auf der Netzhaut kann sich nur ein verschwommenes Abbild einstellen. Darüber hinaus muß man sich beim Aufenthalt in einer Welt, in der das Licht nicht die übliche Ausbreitungsgeschwindigkeit aufweist, auf weitere Überraschungen gefaßt machen.

Wenn Sie das nächste Mal schwimmen gehen, stürzen Sie sich mit Ihrer Taucherbrille in die Fluten, warten, bis sich das Wasser beruhigt hat, und schauen (Augenhöhe 10–15 cm unterhalb des Wasserspiegels) nach oben. Sie erblicken den Himmel und vielleicht – durch Brechungserscheinungen verzerrt – einige aus dem Wasser herausragende Gegenstände. Wenn Sie Ihren Blick mehr in die Ferne lenken, erblicken Sie lediglich eine glänzende Fläche, die Ihnen die Sicht nach außen nimmt. Das vom Wasser kommende Licht wird nämlich beim Auftreffen auf die Wasseroberfläche und beim Übergang in die Luft (wo es eine höhere Ausbreitungsgeschwindigkeit hat) zu einem kleinen Teil nach unten reflektiert, hauptsächlich aber vom Lot weg ge-

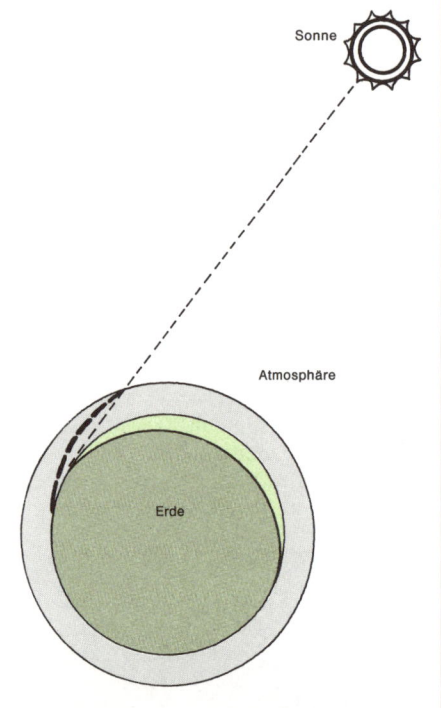

Auf dem Foto oben ist lediglich das Bild der Sonne zu sehen; die Sonne ist in Wirklichkeit bereits untergegangen. Aus dem Schema geht hervor, wie die Sonne aufgrund von Brechungserscheinungen auch dann sichtbar bleibt, wenn sie sich bereits unterhalb des Horizonts befindet.

Rechts: Dieser merkwürdige Effekt verdankt sich den verschiedenen Brechungsindizes von Wasser und Luft.

LICHTER UND KLÄNGE · 101

ßere Winkel ergeben eine Totalreflexion: Die Lichtstrahlen machen ausnahmslos kehrt und verstellen den Blick. Wenn Sie über ein Aquarium verfügen, gehen Sie einmal dicht an eine der Seitenwände heran und richten den Blick von unten auf die Wasseroberfläche: Der Boden spiegelt sich in der Wasseroberfläche. Sofern Ihr Aquarium die üblichen Abmessungen aufweist, werden Sie nicht über den Wasserspiegel hinaussehen können, so sehr Sie auch den Blickwinkel verändern. Das Licht erfährt nämlich beim Passieren der Seitenwand eine erste Brechung. Aufgrund dieser Ablenkung sowie der Position, die Sie zum Hinaufblicken einzunehmen gezwungen sind, trifft der Strahl stets in einem Winkel, der den Grenzwinkel überschreitet, auf die Oberfläche.

Die Luftspiegelung

Sind Ihnen auf einer sommerlichen Autofahrt schon einmal pfützenartige Spiegelungen begegnet, die den Himmel oder die am Straßenrand befindlichen Grenzpfosten erahnen lassen? Genau solche Luftspiegelungen erscheinen dem sprichwörtlichen, nach Wasser lechzenden Wüstenforscher, wie man ihn aus Abenteuerromanen kennt. Luftspiegelungen entstehen aufgrund von Totalreflexion durch Luftschichten verschiedener Temperatur und somit verschiedener Dichte. Es ist, als befände man sich in einem auf dem Kopf stehenden Schwimmbecken. Die bodennahen Luftschichten sind wärmer als die Luft in größerer Höhe; sie haben folglich auch eine geringere Dichte. Nehmen wir beispielsweise das Licht, welches das Abbild eines Palmwipfels

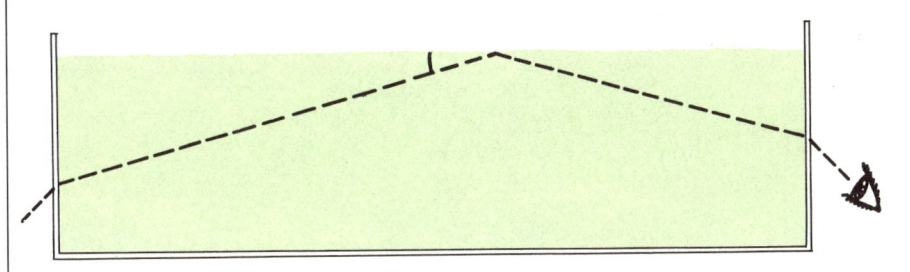

Links: Experiment zur Totalreflexion. In allen drei Fotos sieht man auf dem Zifferblatt einen Lichtstrahl, der – von links unten kommend – auf ein im Zentrum befindliches Prisma trifft (dessen ebene Kopffläche wir mit der Wasseroberfläche vergleichen können). Im ersten Fall trifft das Licht in einem kleinen Winkel auf das Prisma auf und wird vom Lot weg gebrochen, während ein geringer Teil nach unten reflektiert wird. Im zweiten Fall wird der Grenzwinkel fast erreicht: Das Licht tritt fast parallel zur Oberfläche aus; verglichen mit dem ersten Fall ergibt sich zudem eine stärkere Reflexion. Im dritten Fall wird der Grenzwinkel überschritten und das Licht gänzlich reflektiert.

Oben: Der Lichtstrahl wird beim Eintritt ins Wasser unvermittelt so stark gebrochen, daß er sich der Oberfläche in einem Winkel nähert, der den Grenzwinkel nahezu immer überschreitet.

Unten: Die Spiegelung entsteht aufgrund von Totalreflexion des Lichts durch die in Bodennähe befindlichen wärmeren Luftschichten.

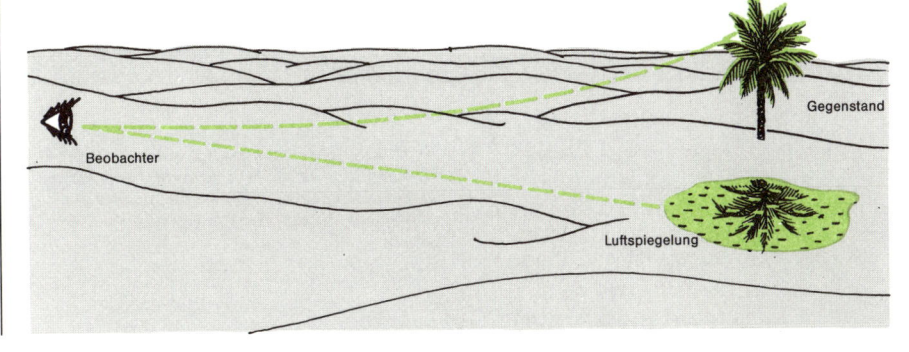

brochen, und zwar um so stärker, je größer der Einfallswinkel ist. Für den Einfallswinkel existiert ein Grenzwert, bei dem das Licht im rechten Winkel gebrochen wird und sich längs der Oberfläche ausbreitet. Dieser Grenzwert beträgt für den Übergang Wasser/Luft ca. 50 Grad. Grö-

102 · LICHTER UND KLÄNGE

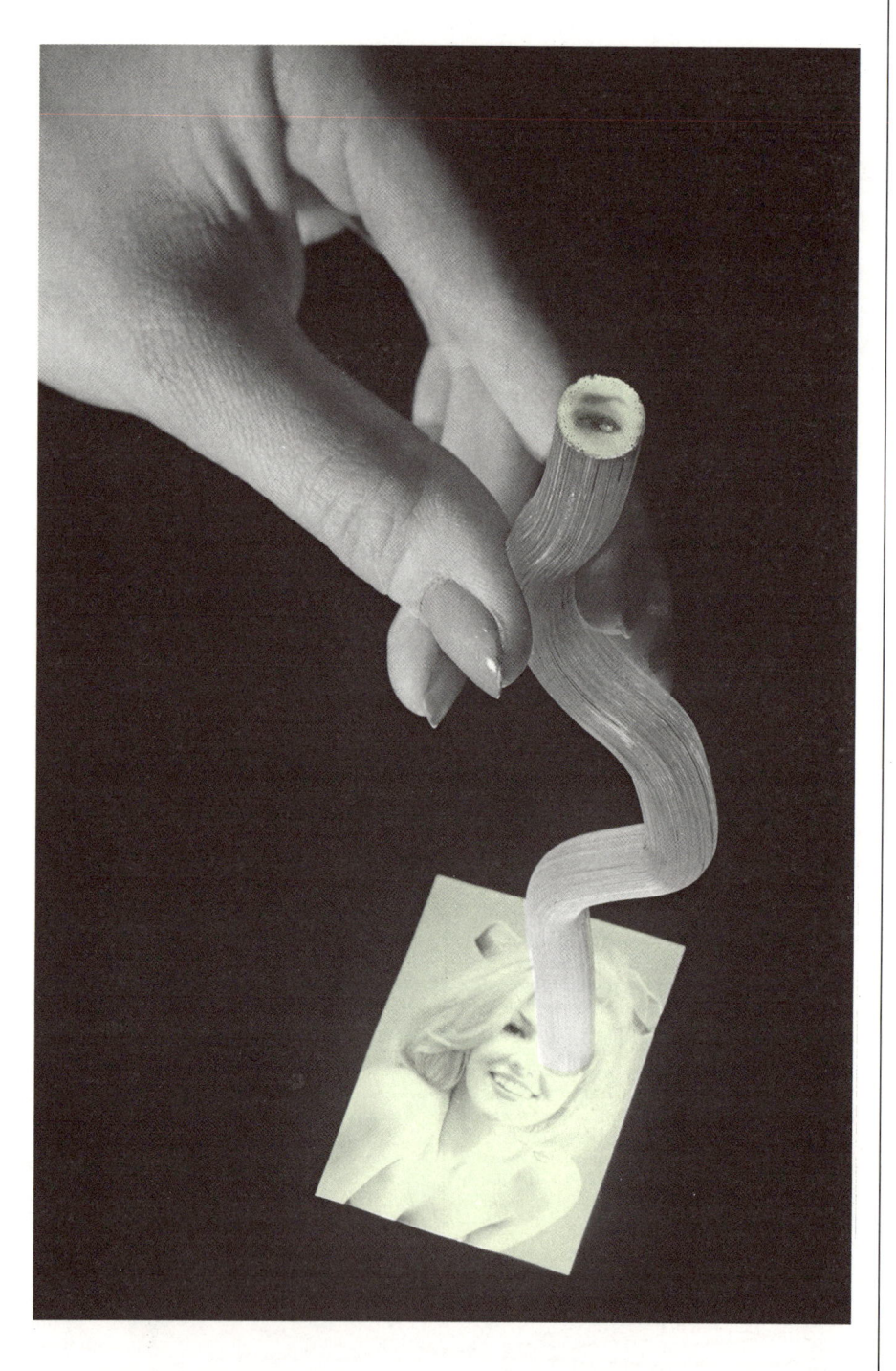

mit sich trägt. Befindet sich die Palme in größerer Entfernung, so durchquert das Licht, um zu unserem Forscher zu gelangen, zunächst kältere (das dichtere Medium wie etwa das Wasser im Becken) und dann wärmere Luftschichten (das Medium

Oben: Glasfasern transportieren das Licht per Totalreflexion (siehe Schema rechts) und können daher unabhängig von ihrem Verlauf über eine Entfernung hinweg Abbilder erzeugen.

geringerer Dichte). Wenn der Einfallswinkel den für den Übergang kalte/warme Luft geltenden Grenzwinkel überschreitet, unterliegt das Licht einer Totalreflexion, und unser Forscher sieht den Palmwipfel im Sand reflektiert – dies natürlich als Wasserlache deutend. Doch zu seinem Leidwesen verschwindet diese Spiegelung, sobald er sich so weit genähert hat, daß der Einfallswinkel den Grenzwert unterschreitet.

Eine flüssige Lichtleitung
Die Totalreflexion läßt sich auch so gestalten, daß man das Licht in einem *Leiter* beliebiger Form und Beschaffenheit auf die Reise schicken kann. Ist der Leiter von Luft umgeben, so genügt es, daß das Licht sich in diesem mit einer niedrigeren Geschwindigkeit als in Luft ausbreitet. Diese Voraussetzung ist bei Wasser, Glas und praktisch sämtlichen transparenten Materialien erfüllt. Das in den Leiter eingedrungene Licht trifft grundsätzlich in einem Winkel auf die Innenwandung, welcher den Grenzwinkel überschreitet; es ist somit eingeschlossen und muß dem Verlauf des Mediums folgen. Überdies unterliegt die Lichtausbeute nur geringen Verlusten, da bei Totalreflexion quasi keinerlei Licht durch Brechung verlorengeht. Glasfasern verkörpern den aktuellsten und vielversprechendsten Anwendungsbereich dieser faszinierenden Eigenschaft, doch zur Illustration genügt es, einfaches Leitungswasser als »Lichtwellen-Leiter« zu verwenden.
Besorgen Sie sich aus einem Fachgeschäft ein T-Rohr aus Kunststoff, und umwickeln Sie eine Hälfte des »Querbalkens« mit Klarsichtfolie so,

LICHTER UND KLÄNGE · 103

daß die entsprechende Öffnung mehrschichtig verschlossen ist. Stecken Sie dieses Ende in ein zuvor mit einem entsprechend dimensionierten Loch versehenes Holzbrettchen. Die gespannte Folie hält das Wasser zurück, ist aber lichtdurchlässig. Hinter dem Brettchen stellen Sie in Rohrhöhe eine Lichtquelle auf (mittels vorgehaltener Hand die optimale Lichtausbeute herstellen). Nun den Fuß des T-Rohrs mit Hilfe eines Gummischlauchs an den Wasserhahn anschließen und den aus der verbleibenden Öffnung austretenden Strahl in das Auffanggefäß ausrichten. Schließlich den Raum abdunkeln und mittels Wasserhahn nachregulieren: Aufgrund der Totalreflexion bleibt das Licht »eingeschlossen«, und Sie besitzen ab jetzt eine schöne Leuchtfontäne.

Geldstück und Teller
Wir wollen hierzu zwei wirklich einfache Experimente zur Lichtbrechung durchführen (siehe die Abbildungen auf der nächsten Seite). Sie benötigen einen hinreichend tiefen Teller, legen ein Geldstück hinein, und stellen ihn in Augenhöhe so auf, daß Sie das Geldstück nicht sehen können. Etwas Wasser in den Teller gegossen, und schon erscheint das Geldstück vor Ihren Augen.
Experiment Nummer zwei: Stellen Sie ein Glas mit einem dünnen Boden (ideal wäre ein in der Chemie verwendetes Becherglas) auf den Teller. Sie können nun, wie am Ende des ersten Versuchs, das Geldstück – durch die Becherwand – sehen. Wenn Sie aber nun Wasser ins Glas gießen und dieses mit einer Abdeckung versehen, verschwindet das Geldstück. Auf einer noch trickreicheren optischen Täuschung basiert ein Objekt, das man gelegentlich in der Magie-Abteilung gutsortierter Spielwarengeschäfte findet. Es handelt sich hierbei um eine schwarze Kunststoff-Halbkugel, deren Kuppe eine glänzende und reflektierende Einbuchtung aufweist. Auf ihr befinden sich einige kleinere Gegenstände, etwa Würfel oder Murmeln. Wer sie zu ergreifen versucht, stößt ins Leere. Die Einbuchtung entpuppt sich denn auch als eine

Die Abbildung zeigt den Versuchsaufbau zur Herstellung einer flüssigen Lichtleitung. Es ist wichtig, daß eine Hälfte des »Querbalkens« (T-Rohr aus Kunststoff) mit Klarsichtfolie umwickelt wird, um die Öffnung mehrschichtig zu schließen. Diese Folie hält später das Wasser zurück und ist, was entscheidend für den Versuch ist, lichtdurchlässig. Nach dem Prinzip dieses Versuchsaufbaus werden übrigens auch Leuchtfontänen hergestellt.

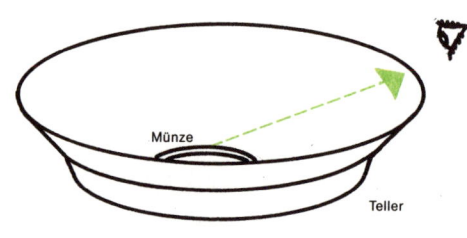

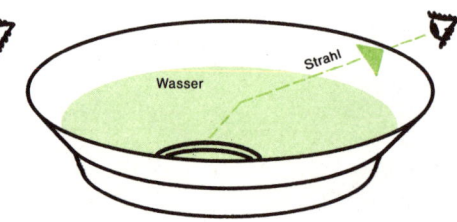

104 · LICHTER UND KLÄNGE

Oben: Die in einem tiefen Teller verborgene Münze (links) wird nach dem Eingießen von Wasser sichtbar (rechts).

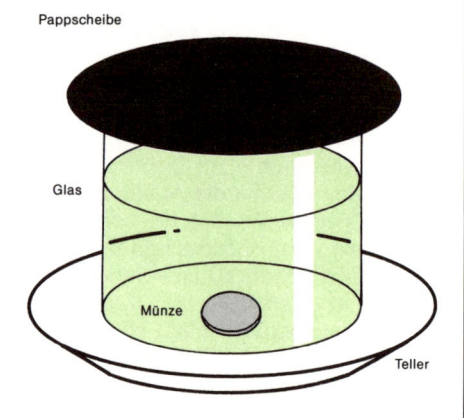

Oben: Die Münze bleibt nur bei leerem Glas sichtbar.

große Öffnung, die nur die jeweiligen Abbilder der Gegenstände dem Blick freigibt. Im Inneren der Halbkugel verbirgt sich ein Hohlspiegel, und die realen Gegenstände befinden sich etwas oberhalb seines Brennpunkts.

Ist Licht in Wasser oder in Eis schneller?
Wenn Licht in einen Körper eindringt, der einen höheren Brechungsindex aufweist als die Luft und demnach eine Verminderung der Ausbreitungsgeschwindigkeit bewirkt, so nähert sich die Ausbreitungsrichtung dem Einfallslot; das Gegenteil ist bei Körpern der Fall, die eine erhöhte Ausbreitungsgeschwindigkeit bewirken.

Will man nun feststellen, ob sich Licht in Eis schneller oder langsamer ausbreitet als in Wasser, genügt es, die sich bei der Brechung zwischen Wasser und Eis vollziehenden Vorgänge zu beobachten.

Nehmen Sie eine Teetasse und bringen Sie an ihrer Innenwand mit einem (wasserfesten) Stift eine Punktmarkierung an. Gießen Sie Wasser in die Tasse, und geben Sie einen klaren Eiswürfel hinzu (gewöhnlich eignet sich das Eisfach eines konventionellen Kühlschranks für die Herstellung des benötigten Eiswürfels besser als Gefrierschränke neuerer Bauart, da bei letzteren durch das zu rasche Einfrieren eine Trübung des Eiswürfelkerns eintritt). Versuchen Sie nun, knapp über den Tassenrand blickend, die Farbmarkierung durch den Eiswürfel hindurch zu fixieren. Sehen Sie zwei Punkte, so bedeutet dies, daß für Sie die untere Abbildung gilt (der Strahlengang bei nur einem Punkt ist in der oberen Abbildung dargestellt). Im ersten Falle wäre die Lichtgeschwindigkeit in Eis höher als in Wasser, im zweiten Falle niedriger. Was meinen Sie?

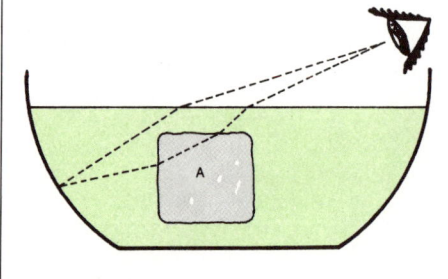

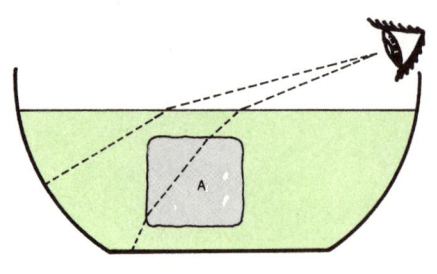

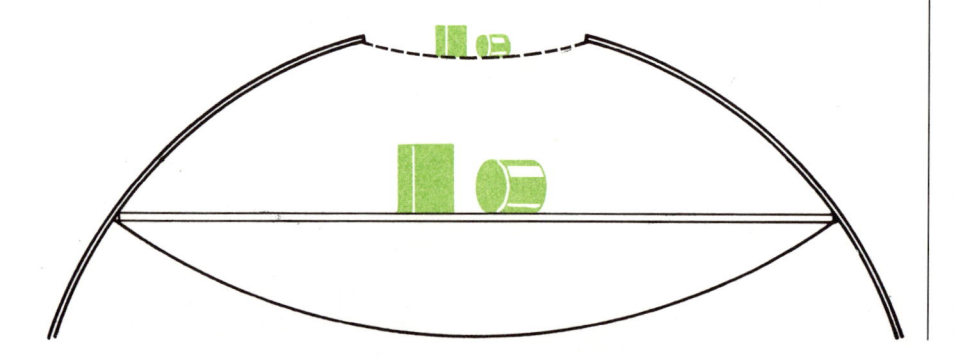

Ein Eiswürfel in einer Tasse. Ist nur ein Farbtupfer sichtbar (unten), so hieße dies, daß sich Licht in Wasser schneller ausbreitet. Zwei Farbpunkte (oben) würden bedeuten, daß sich das Licht beim Eindringen in A vom Lot entfernt und daher in Eis schneller ist.

Links: optische Täuschung, erzeugt durch einen in einer Halbkugel versteckten Hohlspiegel. Die Gegenstände befinden sich scheinbar auf einer in der Mitte der schwarzen Halbkugel liegenden, silbernen Einbuchtung. Diese ist aber in Wahrheit nur ein Loch, und sichtbar sind allein die Spiegelbilder der im Inneren verborgenen Objekte.

LICHTER UND KLÄNGE · 105

NEUES SEHEN

Das Vergrößerungsloch

Stechen Sie mit einer Stecknadel ein kleines Loch von maximal 0,5 mm Durchmesser in ein Stück Alufolie. Man ahnt gar nicht, wie viele kurzweilige Experimente sich mittels eines solchen schlichten Lochs durchführen lassen.

Halten Sie die Öffnung zunächst dicht ans Auge und richten Sie Ihren Blick auf eine Glühlampe oder eine andere Lichtquelle: Sie erblicken merkwürdige, unbeständige Figuren; diese entstehen aufgrund der Ablenkung des Lichts durch die Blutzellen, die wegen der auf der Netzhaut herrschenden besonderen Zustände kreisförmig anschwellen. Ihre Zahl wächst mit zunehmendem Alter. Nun breiten Sie eine Zeitung auf dem Tisch aus, sorgen dafür, daß diese gut beleuchtet wird, und richten Ihren Blick durch das weiterhin dicht ans Auge gehaltene Loch auf die Zeitung (Brille bitte abnehmen). Neigen Sie sich weiter der Zeitung entgegen: Sie erhalten eine starke, scharfe Vergrößerung. Vergegenwärtigen Sie sich: je kleiner das Loch, desto stärker die erzielbare Vergrößerung.

Versuchen Sie nun, den taghellen Himmel durch das Loch zu betrachten. Sie sehen einen Leuchtkreis, der nichts anderes ist als das Netzhautabbild Ihrer eigenen Pupillenöffnung. Hiermit läßt sich die Pupillenkontraktion untersuchen. Tatsache ist nämlich, daß das hinter dem Loch befindliche, »sehende« Auge sämtlichen Bewegungen seines Pendants folgt (paarweise Augenbewegung). Wenn Sie ein Auge zuhalten, weitet sich die Pupille des anderen und umgekehrt. Nach E. H. Hess *(Scientific American,* April 1965) vermag der Pupillendurchmesser beim Anblick einer attraktiven Person anderen Geschlechts um bis zu 30 % zuzunehmen. Wäre das nicht einen Versuch wert?

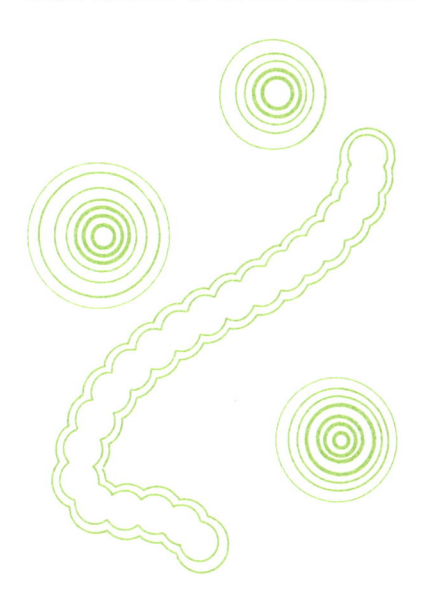

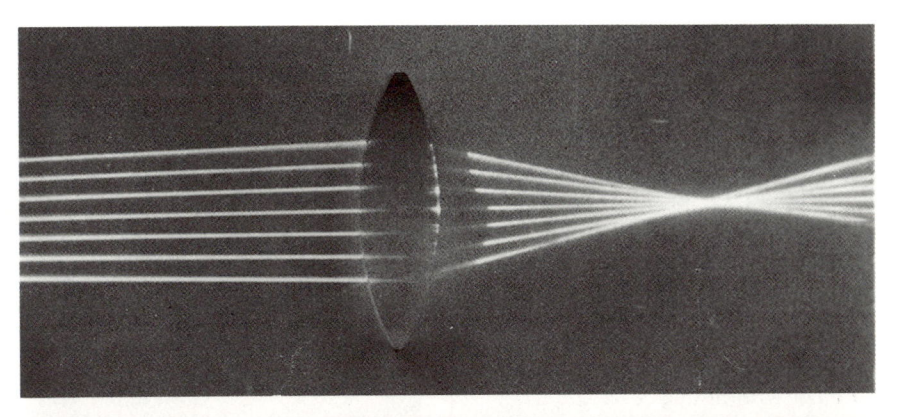

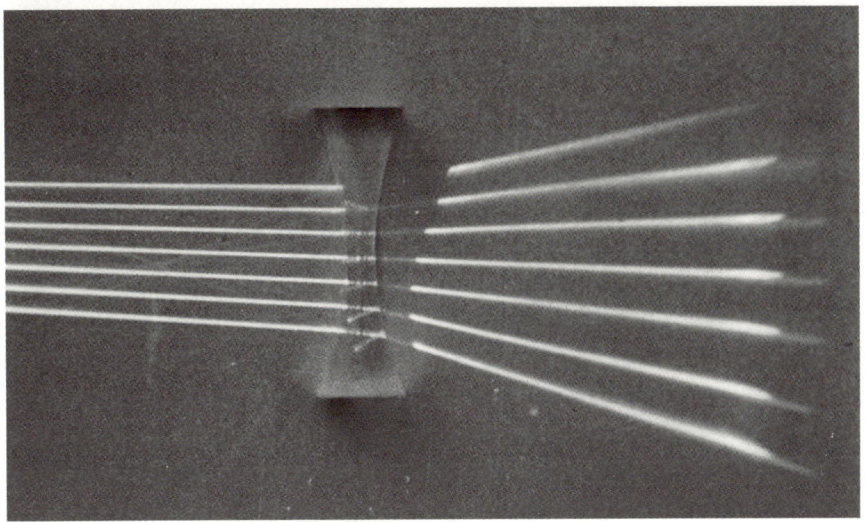

Die beiden Laborfotos veranschaulichen die Wirkung einer Bikonvexlinse (oben) und einer Bikonkavlinse (unten) beim Auftreffen paralleler Lichtstrahlen.

Links: Beugungsfiguren, erzeugt durch nahe der Netzhaut befindliche Blutzellen

Linsen – hausgemacht

Der Brennpunkt einer Linse ist jener Punkt, in dem parallele – etwa von einer weit entfernten Lichtquelle stammende – Lichtstrahlen zusammentreffen (»Strahl« ist ein in der Strahlenoptik gebräuchlicher Begriff, der die Ausbreitungsrichtung der Wellenfronten des Lichts angibt). Der Abstand zwischen Linsenmittelpunkt und Brennpunkt wird als *Brennweite* bezeichnet. Die Bedeutung des Begriffs »Brennpunkt« läßt sich verständlicher machen, wenn wir mit einer großen zylindrischen Linse einige Versuche durchführen. Eine solche Linse läßt sich zu Hause ganz leicht herstellen. Wir benötigen hierzu lediglich ein Einweckglas, das wir zunächst mit warmem Wasser gründlich säubern und dann mit Wasser füllen. Die Mitte des Deckels wird mit einer Markierung versehen. Ferner benötigen Sie eine ausreichend starke Taschenlampe, deren Glas Sie mit einem Stück Pappe abdecken, das ein außermittiges Loch aufweist. Da sich die Glühbirne im Brennpunkt eines Hohlspiegels befindet, entstehen in den von der Glühwendel weiter entfernten Zonen ebene Wellen (siehe S. 83: »Reflexion an einer Krümmung«), welche parallel verlaufenden Lichtstrahlen entsprechen. Dunkeln Sie nun den Raum ab, und richten Sie den Strahl auf das mit Wasser gefüllte Gefäß. Kleben Sie ein weißes Blatt Papier auf ein Stück Pappe, das Sie als Schirm hinter das Gefäß stellen. Bestimmen Sie die Position, in welcher der Leuchtpunkt seinen kleinsten Durchmesser hat und somit scharf abgebildet ist. Der Schirm befindet sich nun genau im Brennpunkt der Linse. Nachdem Sie den Brennpunkt näherungsweise bestimmt haben, empfiehlt es sich, den Schirm mit etwas Knetmasse auf dem Tisch zu fixieren und das Gefäß leicht zu verschieben, bis sich ein Abbild optimaler Schärfe ergibt. Wenn Sie nun noch den Abstand zwischen Schirm und Deckelmitte ausmessen, erhalten Sie die Brennweite der Linse.

Füllen Sie das Glas versuchsweise mit Alkohol oder Pflanzenöl, und bestimmen Sie die Brennweite nochmals. Für die unterschiedlichen Werte ist der Brechungsindex verantwortlich, d. h. die jeweilige Ausbreitungsgeschwindigkeit des Lichts. Das gefüllte Glas ist eine Sammellinse. Eine Zerstreuungslinse ergibt sich durch einfachen Rollentausch, d. h., ein luftgefülltes Gefäß wird ins Wasser getaucht. Hierzu wird das gut verschlossene Glas in einen durchsichtigen Behälter (wie wir ihn bereits für die Wellen-Experimente benutzt haben) gestellt und mit einem auf den Glasdeckel gelegten Gewicht am Beckenboden fixiert. Die Taschenlampe wie gehabt abschirmen und zur Sichtbarmachung des Strahls ein wenig Milch ins Wasser geben. Diesmal werden die Stahlen beim Passieren des Glases abgelenkt, und ihre gedachten Verlängerungen schneiden sich im Brennpunkt. Daher wird der Brennpunkt einer Streulinse als *virtueller* (scheinbarer) Brennpunkt bezeichnet; er befindet sich zwischen der Linse und der Lichtquelle.

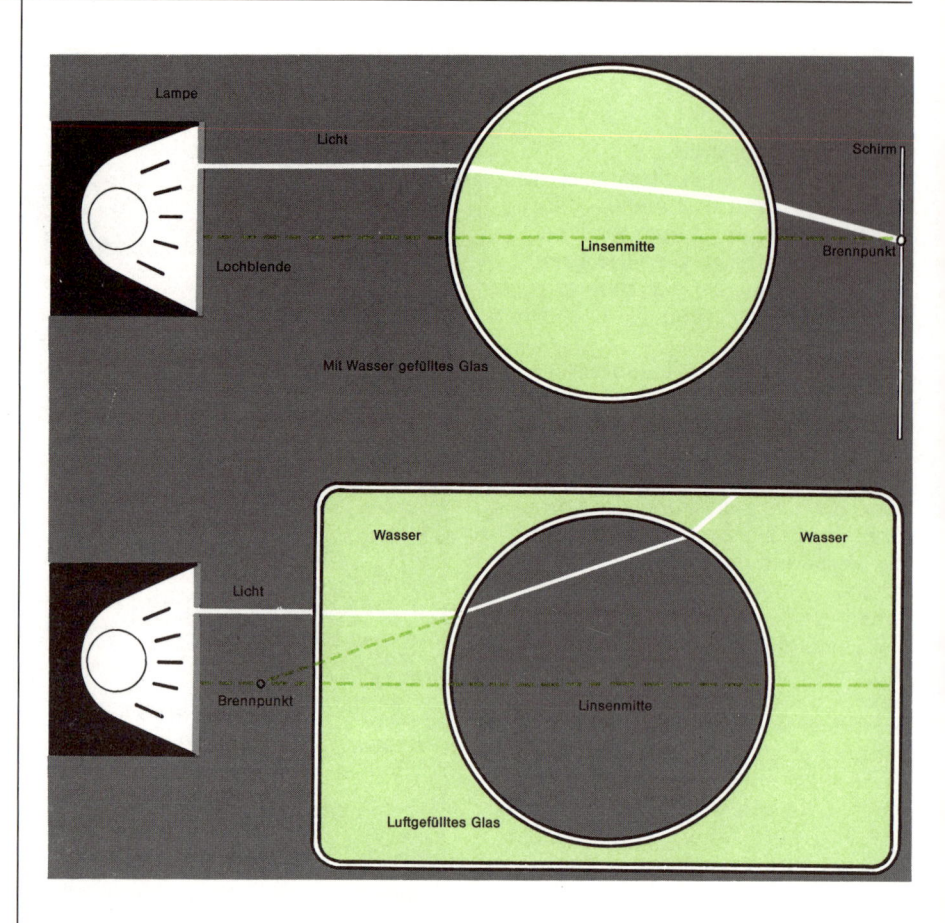

Eine klare Glaskugel, wie sie Kinder gern zum Spielen benutzen, gibt indessen eine gute Kugellinse ab. Mit ihr läßt sich das sogenannte *Leeuwenhoek-Mikroskop* realisieren. Wenn man nämlich eine solche Kugel dicht ans Auge hält und einen sehr kleinen Gegenstand anvisiert, sieht man diesen stark vergrößert. Wie man den Vergrößerungsfaktor bestimmen kann? Es reicht aus, die Brennweite zu bestimmen (wie beim Glasgefäß bereits geschehen): Die abgeschirmte Taschenlampe muß sich ca. in 1 Meter Abstand von der Kugel befinden; auch hier wird die Brennweite vom Zentrum aus gemessen. Ein kleiner Gegenstand wird indessen noch aus einer Entfernung von ca. 25 cm mühelos scharf wahrgenommen. Wenn man den Gegenstand unendlich nah an das Auge heranführen könnte (siehe das Beispiel mit dem Loch in der Folie), würde sich ein scharfes, zunehmend größeres Netzhautabbild ergeben, und niemand würde daran denken, Handlupen oder kleine Mikroskope anzufertigen. Doch leider ist die Leistungsfähigkeit der für die Schärfenanpassung des Auges zuständigen Muskeln begrenzt, und von daher sind wir auf entsprechende Linsen angewiesen. Befindet sich das Objekt genau im Brennpunkt der Linse, ergeben sich hinter der Linse parallele Strahlen, die das Auge an der Netzhaut ohne weiteres zu bündeln vermag. Unter den genannten Bedingungen berechnet sich der Vergrößerungsfaktor wie folgt:

25 : Linsenbrennweite (in cm)

So sind wir bereits am Ziel.

LICHTER UND KLÄNGE · 107

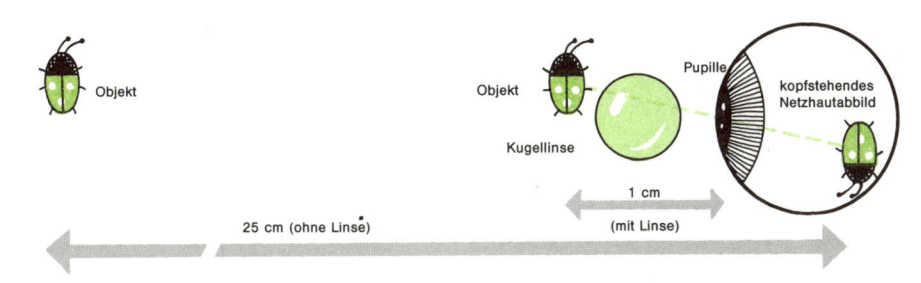

Oben: Mittels Kugellinse vermag das Auge auf kleine Gegenstände in geringstem Abstand scharfzustellen. Das Objekt erscheint daher stark vergrößert.

Auf der nebenstehenden Seite, oben: Ermittlung des Brennpunkts einer zylindrischen »Linse«. Unten: Der Brennpunkt einer Zerstreuungslinse ist virtuell und befindet sich zwischen Linse und Lichtquelle.

Unten: Aufbau eines Wassertropfen-Mikroskops. Mit etwas Geschick lassen sich Vergrößerungsfaktoren erzielen, die auch die beste Lupe in den Schatten stellen. Es empfiehlt sich der bequemeren Beobachtbarkeit halber, mit einem immerhin noch 5 mm weiten Loch zu beginnen.

Das Wassertropfen-Mikroskop

Dieses sehr einfach herstellbare Mikroskop gestattet bereits eine mehrdutzendfache Vergrößerung. Sein ganzes Linsensystem besteht allein aus einem in einem Loch »aufgehängten« Wassertropfen.
Sie benötigen hierzu ein dünnes, an den Enden so abgewinkeltes Blech, daß die Standhöhe ca. 1 cm beträgt. In die Mitte wird ein 4–5 mm starkes Loch gebohrt. Achten Sie darauf, daß das Loch rund und das umgebende Blech eben ist. (Die durch die Bohrerspitze erzeugte leichte Auskragung erleichtert allerdings das Aufbringen des Wassertropfens.) Das Blech stellen Sie auf eine Milchglas-Scheibe (Klarglas mit einem untergelegten Blatt Durchschlagpapier geht auch). Darunter wird eine Lampe geringer Wattzahl (z. B. eine Taschenlampe) angebracht. Auf die Glasscheibe wird nun ein Mikroskopierglas mit dem entsprechenden Präparat gelegt, das Sie näher in Augenschein nehmen wollen. Nun träufeln Sie von der Spitze eines Bleistifts vorsichtig einen Wassertropfen in die Bohrung. Der Wassertropfen nimmt eine bikonvexe Form an und vermag einen sehr kleinen Gegenstand mehrdutzendfach zu vergrößern. Betrachten Sie Ihren Gegenstand durch den Tropfen hindurch, und erhöhen Sie das Blech gegebenenfalls mittels einiger geeigneter Distanzstücke, um die gewünschte Vergrößerung zu erzielen. Mit einem Wassertropfen in einer 5 mm weiten Bohrung und in 1 cm Abstand vom Objektträger konnte ich dasselbe erreichen wie mit einem 50fach vergrößernden Mikroskop, allerdings bei weit engerem Blickfeld. Zwar lassen sich mit kleineren Wassertropfen höhere Vergrößerungsfaktoren erreichen (bis 100), doch gestaltet sich die Beobachtung um einiges schwieriger (I. D. Gluck, *Optics,* New York 1964).

Die Camera obscura

Diese etwas hochtrabende Bezeichnung meint nichts anderes als den guten alten, hausgemachten Fotoapparat. Vor der Erfindung lichtempfindlichen Aufnahmematerials diente die »dunkle Kammer« freilich anderen Zwecken. Es handelte sich dabei in der Tat oftmals um einen abgedunkelten, begehbaren Raum. Das durch ein kleines Wandloch einfallende Licht erzeugte auf der gegenüberliegenden Wand ein – wenn auch mattes – Abbild der Außenwelt, das manchem Landschaftsmaler eine räumlich-perspektivische Vorlage geliefert haben mag. Hier einige Vorschläge für den Eigenbau im Kleinformat, sofern Sie sich noch nicht darin versucht haben: Sie benötigen einen Schuhkarton; eine seiner kurzen Seiten wird bis auf den Rand von etwa 1 cm Breite ausgeschnitten. Der Ausschnitt wird durch ein Blatt Ölpapier ersetzt (straff gespannt aufkleben). Auf der Gegenseite wird außen ein Stück schwarze Pappe aufgeklebt, in dessen Mitte Sie mit einer Nadel ein feines Loch stechen. Auch die Schachtelinnenseiten sind – einschließlich Deckel – mit schwarzer Pappe auszukleiden. Nun die Schachtel verschließen, den Deckel mit Klebeband abdichten, den Raum verdunkeln und die Schachtel vor eine brennende Kerze halten. Aufgrund der kleinen Öffnung erzeugt die Lochka-

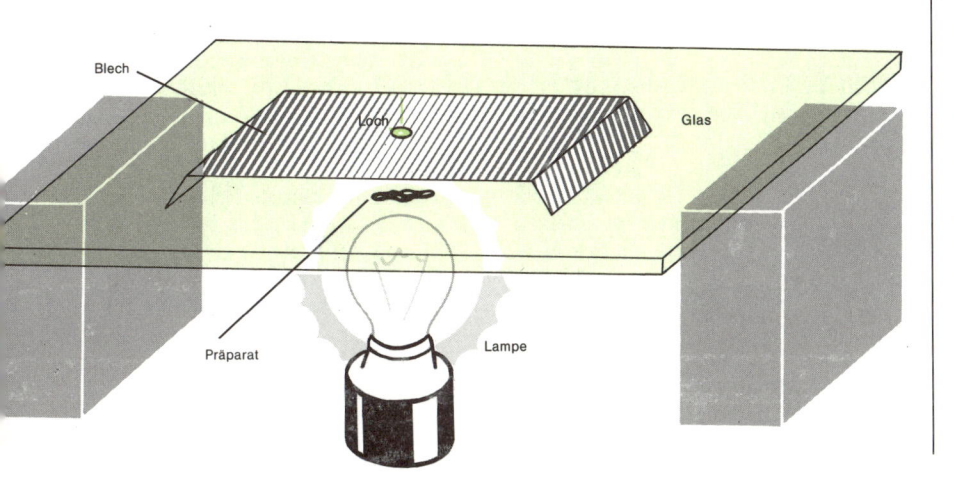

108 · LICHTER UND KLÄNGE

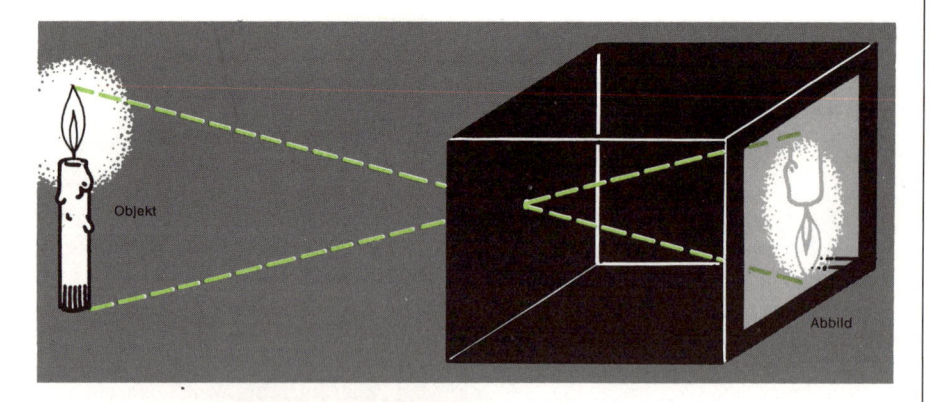

Links: Lochkamera

Unten links: ein Foto mit hohem Auflösungsvermögen, das Kenneth A. Connors mit einer Lochkamera machte.

Die Lichtstärke unseres »Objektivs« beträgt ca. f/200 – gegenüber den sonst üblichen f/2 und weniger. Noch origineller ist der Versuch, mit Hilfe eines Flecks zu fotografieren (siehe *Spektrum der Wissenschaft*, Januar 1982, S. 113 ff.). Diesmal wird die Mattscheibe durch eine Klarglasscheibe ersetzt, und an die Stelle des Lochs tritt ein schwarzer Fleck. An jedem Punkt des Negativs wird das geradlinig von einem bestimmten Objektpunkt ausgehende Schattenbild des Flecks erzeugt, und es ergibt sich ein sonst gleiches, aber umgekehrtes Bild. Natürlich fällt der Kontrast im Vergleich zur Lochkamera geringer aus, da in erheblichem Maße Streulicht durch den transparenten Schirm einfällt. Mit einem Farbfilm lassen sich, wie auch beim Spiel mit den farbigen Schatten (siehe S. 112 ff), interessante Effekte erzeugen, da das Abbild »subtraktiv« zustande kommt. Ein roter Gegenstand erscheint folglich auf dem Foto blaugrün, ein grüner hingegen rot.

Räumliches Sehen

Der Eindruck räumlicher Tiefe entsteht im Gehirn durch die beim beidäugigen Sehen erzeugte Parallaxe – wovon man sich durch wechselseitiges Zuhalten der Augen leicht überzeugen kann. Der zwischen 5 und 6 Zentimeter betragende Augenabstand bewirkt zwei leicht voneinander abweichende Blickwinkel, wodurch zwei verschiedene Abbilder desselben Gegenstands auf der Hirnrinde auftreffen. Ab dem 6. Lebensmonat vermag das Gehirn mit zunehmender Effizienz mittels Analyse dieser Bildpaare die »dritte Dimension« zu rekonstruieren, den Abstand der Gegenstände zu bemessen und zu entscheiden, welcher von mehreren Gegenständen weiter entfernt ist. Natürlich nimmt diese Fähigkeit mit zunehmender Entfernung ab (siehe

mera auf dem Ölpapier-Schirm ein scharfes Abbild der Kerze. Der Blendendurchmesser ist hierbei von entscheidender Bedeutung: Eine zu große Öffnung erzeugt ein verschwommenes Abbild, ein zu kleines Loch läßt Beugungserscheinungen entstehen. Die passende Lochgröße ergibt sich aus folgender Formel:

$$D = 2 \times \sqrt{l \cdot L},$$

wobei D den Lochdurchmesser, l die Wellenlänge des Lichts und L die Breite der Schachtel angibt.

Durch Verändern des Abstands zur Kerze läßt sich auf dem Ölpapier ein Abbild der Kerze in der gewünschten Größe erzielen. Sogar die Glühwendel einer schwachen Lampe läßt sich einfangen. Befestigt man im Inneren der Schachtel vor dem Ölpapier ein Blatt Fotopapier (Format ca. 10 · 15 cm), läßt sich die Kerzenflamme gar ablichten. Als Verschluß mag die vorgehaltene Hand dienen. Die Belichtungszeit beläuft sich indessen auf mehrere Sekunden; anfängliche Belichtungsreihen sind zu empfehlen.

LICHTER UND KLÄNGE · 109

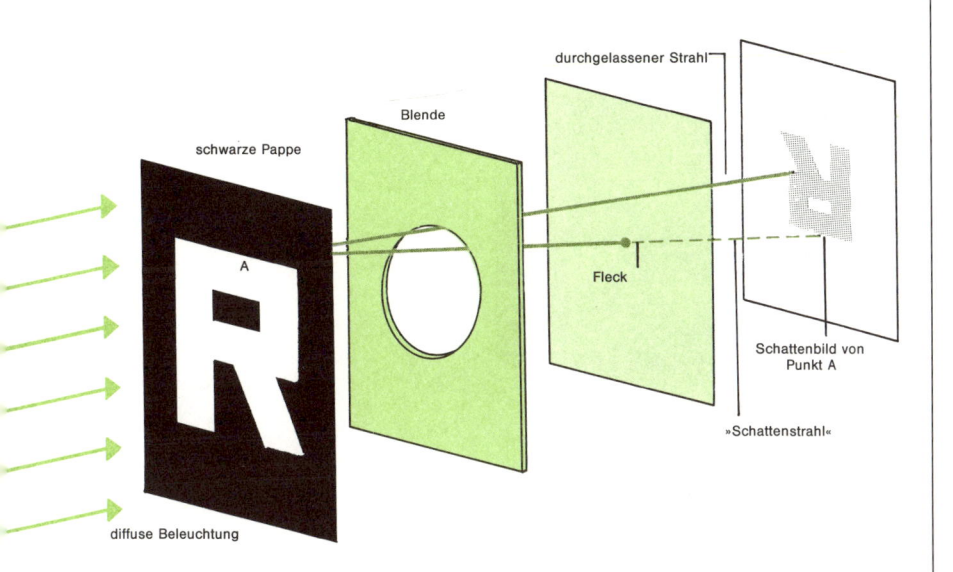

Oben: Wie man ein »R« ablichtet, indem man anstelle der Lochblende einen auf einem Transparentschirm befindlichen Fleck verwendet.

Unten: Aufnahme eines aus der Pappe ausgeschnitttenen »P« per Lochkamera (oben) und per Fleck auf einer Klarsichtfolie (unten).

Abb. ganz rechts), da sich der Winkel entsprechend verkleinert. Das *räumliche Sehvermögen* ist individuell sehr verschieden, sei es aufgrund des unterschiedlichen Augenabstands oder aufgrund der verschieden stark ausgeprägten Fähigkeit, geringfügige Unterschiede zweier nahezu identischer Abbilder zu erfassen. Normalerweise beträgt der Mindestwinkel, der im Gehirn zwei distinkte Abbilder desselben Gegenstands ermöglicht, 1/3 Bogenminute; dies entspricht einer Entfernung von ca. 400 m.

Der Beweis für die als *physiologische Diplopie* bezeichnete Fähigkeit der Erzeugung zweier sich geringfügig unterscheidender Netzhautabbilder läßt sich leicht antreten. Strecken Sie Ihren linken Arm mit aufgerichtetem Zeigefinger aus, und halten Sie den Zeigefinger Ihrer rechten Hand etwas tiefer und etwa 20 cm vors Gesicht. Wenn Sie Ihren Blick ganz auf den weiter entfernten Finger richten, sehen Sie den Zeigefinger der rechten Hand doppelt. Durch abwechselndes Schließen des linken und des rechten Auges wird deutlich, daß jedes Auge für ein bestimmtes Abbild zuständig ist und daß die Abbilder gekreuzt sind (beim Schließen des rechten Auges verschiebt sich das Bild nach rechts und umgekehrt).

Die Raumdimension geht auf einem Foto, im Film oder im Fernsehen verloren, da die Aufnahmeapparate für gewöhnlich nur über ein »Zyklopenauge« verfügen. Es gab indessen durchaus Versuche, einen 3-D-Fotomarkt zu schaffen. Stereoskopische Fotografien waren in den Anfangsjahren unseres Jahrhunderts besonders populär. Man benötigte hierfür eine mit zwei Objektiven ausgestattete Fotokamera; belichtet wurde auf eine zweigeteilte fotografische Platte aus Glas, deren beide Hälften – gleich der menschlichen Netzhaut – leicht verschiedene Bilder einfingen. Diese Doppelplatte steckte man in ein *Stereoskop* und konnte nun, gegen eine Lichtquelle gerichtet, seine Resultate begutachten. Der Strahlenverlauf im Inneren des Stereoskops geht aus der Abbildung S. 110, rechts oben, hervor. Eine weitere Methode der räumlichen Abbildung besteht darin, daß man mit zwei Komplementärfarben (z. B. Rot und Grün) zwei nahezu deckungsgleiche Zeichnungen her-

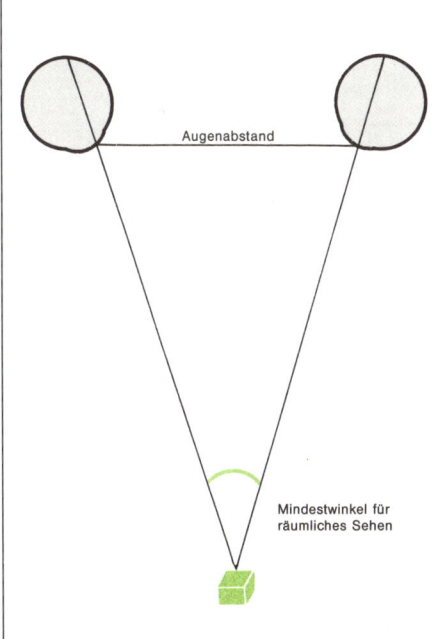

Oben: Räumliches Sehen. Solange der Winkel nicht zu klein wird, entstehen aufgrund der Entfernung zum Objekt geringfügig verschiedene Netzhautabbilder.

110 · LICHTER UND KLÄNGE

stellt. Die fertige Zeichnung wird durch eine mit einem Rot- und einem Grünfilter ausgestattete Brille betrachtet. Das mit dem Grünfilter versehene Auge sieht nur den grünen, das andere nur den roten Teil der Zeichnung. Da beide Teile so gegeneinander versetzt sind, daß sich bei normalen Leseabstand die richtige Parallaxe ergibt, entsteht der Eindruck einer dritten Dimension. Probieren Sie es einmal selbst; beginnen Sie mit einfachen geometrischen Figuren, und schneiden Sie sich Ihre »Linsen« aus durchsichtiger Farbfolie zurecht.

In der Geschichte des Films gab es verschiedene Versuche, eine dreidimensionale Wirkung zu erzeugen, indem man, ähnlich wie in der Fotografie, die Szenen fast deckungsgleich mit zwei Kameras aufnahm. Diese Technik blieb vorwiegend auf das Horror- und Science-fiction-Genre beschränkt, dennoch war die Wirkung verblüffend: Das Publikum, das man zuvor mit o. g. Spezialbrillen präpariert hatte, erlag mehr als einmal der Illusion, schrie oder zuckte zusammen, wenn beispielsweise Kometen im Film (scheinbar) auf sie zuflogen.

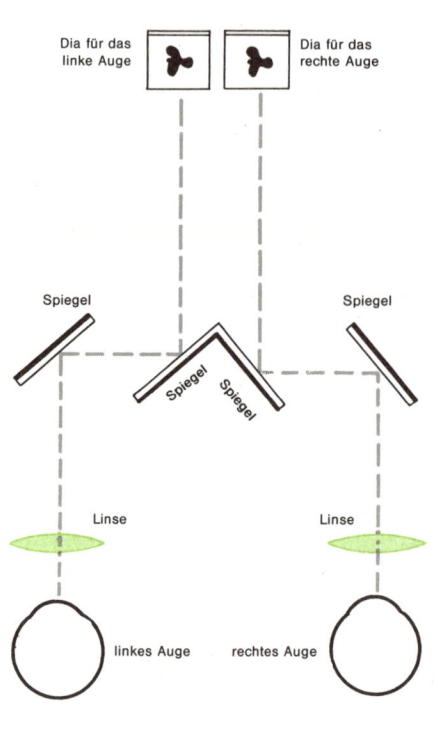

Links: Stereoskop mit zwei Halbbildern, 19. Jahrhundert.

Oben: Strahlenverlauf im Inneren eines Stereoskops.

Unten: zwei stereoskopische Halbbilder.

LICHTER UND KLÄNGE · 111

Das Spiegel-Paradox

Wer vor dem Spiegel stehend bestimmte Handgriffe wie das Binden einer Krawatte oder das »Einfädeln« eines Gürtels durch eine Schlaufe vorzunehmen beabsichtigt, hat meist Probleme mit der Koordination der Bewegungen; schließlich sind ja auch links und rechts im Spiegelbild vertauscht. Dieses Phänomen wird in sämtlichen Lehrbüchern mit Hilfe einer einfachen, aus der Strahlenoptik stammenden Konstruktion erklärt. Stellen wir uns vor, wir hielten ein brennendes Streichholz in der linken Hand; sein Lichtstrahl trifft auf den Spiegel und wird in unsere Augen reflektiert, woraufhin das Abbild vom Gehirn aus der Verlängerung des Lichtstrahls jenseits des Spiegels (virtuelles Abbild) – somit ebenfalls in der linken Spiegelhälfte befindlich – rekonstruiert wird. Also bewirkt der Spiegel für uns eine Seitenverkehrung. So weit, so gut: Doch was würden Sie auf die Frage entgegnen, warum ein Spiegel nicht auch alles auf den Kopf stellt? Lesen wir nun, wie das Spiegel-Paradox von jemandem erklärt wird, der ein Patent auf einen Spiegel besitzt, welcher rechts und links nicht umkehrt (D. E. Thomas, *Spektrum der Wissenschaft,* Februar 1981, S. 19 f.).

»Dieses scheinbare Paradoxon beruht auf einer Verwechslung von Händigkeit und Orientierung. In Wirklichkeit sind für einen dem Planspiegel gegenüberstehenden Beobachter die seitlichen Richtungen genausowenig vertauscht wie oben und unten. Das wird deutlich, wenn man das Zifferblatt einer Uhr mit seinem Bild in einem ebenen Spiegel vergleicht. Bei meinen Untersuchungen verwendete ich eine runde durchsichtige Folie mit aufgedrucktem Zifferblatt. Hält man ein solches Zifferblatt vor einen Spiegel, so kann man nicht nur das Spiegelbild, sondern auch das Original, und zwar von der Rückseite, sehen. So betrachtet, erscheint die Ziffernfolge auf der durchsichtigen Folie wie in ihrem Spiegelbild im entgegengesetzten Uhrzeigersinn. (...) Das Zifferblatt liefert uns also ein Bezugssystem, mit dessen Hilfe wir den kniffligen Unterschied zwischen Händigkeit und Orientierung beschreiben können. Vergleichen wir den realen Gegenstand, wie ihn der Beobachter sieht, mit dem Spiegelbild, so wird deutlich, daß weder die Richtungen 9.00 Uhr (vom Beobachter aus gesehen rechts) und 3.00 Uhr (vom Beobachter aus gesehen links) noch 12.00 Uhr (oben) und 6.00 Uhr (unten) durch den ebenen Spiegel vertauscht werden. Gerade weil sich Richtungsorientierungen wie rechts und links innerhalb der Spiegelebene nicht ändern, entspricht die Reihenfolge der Ziffern im Spiegelbild dem entgegengesetzten Uhrzeigersinn. Planspiegel vertauschen jedoch (wie alle anderen Spiegel auch) vorne und hinten. Während die Vorderseite des transparenten Zifferblatts auf der vom Beobachter abgewandten Seite liegt, ist das Spiegelbild der Vorderseite dem Beobachter zugewandt. Diese einzige Richtungsänderung oder Inversion erzeugt ein Bild mit entgegengesetzter Händigkeit und ist der Grund, warum ein rechter Handschuh linkshändig abgebildet wird. Ein ebener Spiegel erzeugt ein Bild, das man als virtuell bezeichnet, weil es hinter der Spiegelfläche zu liegen scheint. Die reflektierten Lichtwellen scheinen von einem Gegenstand hinter dem Spiegel auszugehen. Nach dem Reflexionsgesetz muß der Reflexionswinkel eines Lichtstrahls gleich dem Einfallswinkel sein. Das bedeutet, das Spiegelbild eines Gegenstandes scheint ebenso weit hinter dem Planspiegel zu liegen, wie der Gegenstand davor steht.«

Anhand eines durchsichtigen Ziffernblatts läßt sich zeigen, daß ein Planspiegel allein die Richtungen »vorn« und »hinten« umkehrt. Wer sich in einem Spiegel betrachtet, sieht daher links und rechts vertauscht.

FARBEN EN MASSE

Die Spektralfarben
Das von der Sonne oder einer Glühlampe stammende Weißlicht ist eine Mischung verschiedener Wellenlängen. Aus diesem breiten *Spektrum* nehmen wir den Bereich etwa zwischen 0,4 und 0,7 tausendstel Millimeter wahr. Unsere Netzhaut vermag dank dreier verschiedener, an das Sehen bei Tageslicht angepaßter *Zapfen* drei Spektralfarben zu unterscheiden: Rot, Grün und Blau. Alle anderen Farbeindrücke entstehen im Gehirn aus der relativen Intensität dieser drei Komponenten. Licht, das z. B. in gleichem Maße die »grünen« und »roten« Zapfen anregt, läßt im Gehirn den Farbeindruck »Gelb« entstehen (siehe auf dieser Seite: »Hätten Sie gern einen farbigen Schatten?«). Ein völlig ungeordnetes Licht wie das der Sonne, der Sterne oder einer Lampe enthält keine dominanten Farben: Alle drei Arten von Zapfen werden gleichermaßen angeregt, und es entsteht der Eindruck »Weiß«. Daß Weißlicht ein Farbgemisch darstellt, hatte Newton mit Hilfe seiner berühmten Experimente anhand eines Glasprismas erkannt (auch wenn er als Grund die Existenz verschieden großer Teilchen annahm). Wie in allen transparenten Gegenständen wird in Glas Licht verschiedener Wellenlängen in unterschiedlichen Winkeln gebrochen. Aufgrund seiner größeren Wellenlänge wird rotes Licht weniger stark abgelenkt als blaues oder violettes Licht, welches innerhalb des sichtbaren Farbspektrums die kleinste Wellenlänge aufweist. Newton beobachtete eine solche Dispersion anhand des Sonnenlichts; es empfiehlt sich aber für uns aus Sicherheitsgründen, mit einer Taschenlampe als Lichtquelle vorlieb zu nehmen. Nun denn: den Raum abdunkeln, vor dem Lampenglas ein Stück Alufolie mit einem kleinen Loch außerhalb der Mitte befestigen (dies erzeugt eine punktförmige Lichtquelle) und den weißen Lichtstrahl durch das Prisma schicken (meines habe ich vom Flohmarkt; sollten Sie weniger Glück haben, wenden Sie sich an einen Optiker oder an den Lehrmittelbedarf). Hinter das Prisma wird ein weißglänzender Schirm gestellt. Der auf dem Schirm erscheinende Leuchtpunkt ist länglich und weist an einem Ende einen bläulichen, am anderen einen roten Farbton auf. Um die Dispersion besser zu erkennen, stellen Sie ein Vergrößerungsglas zwischen Prisma und Schirm, das Sie vor- und zurückschieben, bis Sie ein scharfes Abbild erzielen.

Die Newtonsche Farbenscheibe
Von gleicher Berühmtheit ist jenes Experiment mit der später nach ihm benannten Farbenscheibe, das der englische Gelehrte für den Nachweis benutzte, daß auch das Gegenteil der Zerlegung in Spektralfarben möglich ist, d. h. das Mischen von Farben, um ein uns als weiß erscheinendes Licht zu erhalten. Auch dies läßt sich leicht praktisch nachvollziehen. Auf ein weißes Blatt Papier zeichnen Sie einen Kreis mit einem Durchmesser von etwa 10 cm mit sechs Sektoren, die Sie mit Glanzfarben abwechselnd rot/grün/blau (siehe Abbildung) ausmalen. Der Kreis wird auf eine feste Pappscheibe gleichen Durchmessers geklebt. In der Mitte ein entsprechendes Loch anbringen, und das Ganze auf die Antriebswelle Ihres Handrührgerätes stecken. Die rotierende Scheibe läßt ein verwaschenes Weiß und ein helles Grau erkennen. Um ein reines Weiß zu erzielen, müßten die Scheibe und ihre Farben das Licht vollständig reflektieren. Das Phänomen, dessen Sie soeben ansichtig wurden, hat unmittelbar mit der Physiologie des Sehens zu tun. Aufgrund der raschen Drehung der Scheibe und der Beständigkeit des Netzhautabbilds erfahren alle drei Zapfentypen durch die jeweilige Grundfarbe eine Sättigung und erzeugen im Gehirn ebenjene Farbwahrnehmung, die entsteht, wenn weißes Licht auf das Auge trifft.

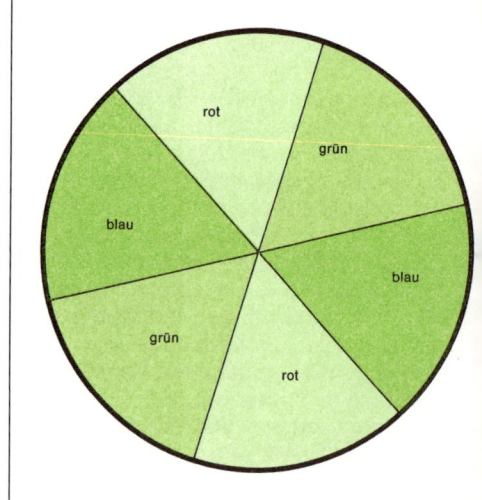

Hätten Sie gern einen farbigen Schatten?
Schatten sind schwarz wie die Nacht – oder? Dieses wie eine Klette an uns haftende Gebilde erhält zwar gelegentlich – aufgrund von Streulicht aus der Umgebung – eine Graufärbung, doch in puncto Farbenspiel ist dies bereits das höchste der Gefühle.

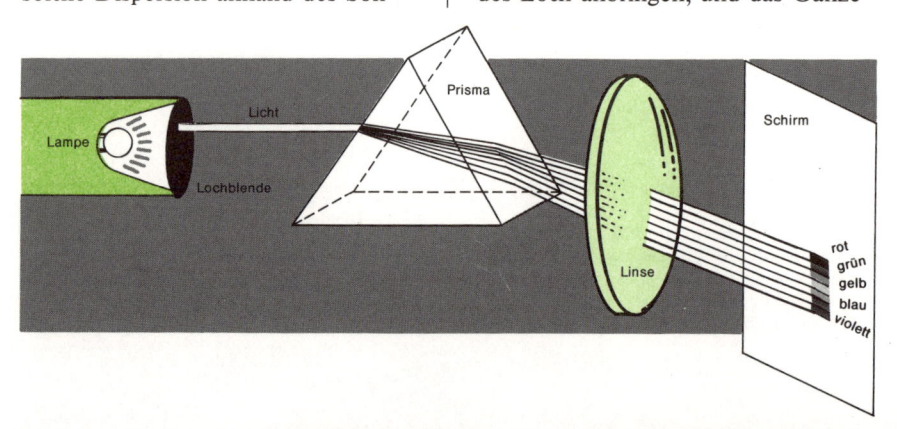

Oben: Um das Experiment mit der Newtonschen Farbenscheibe nachzuvollziehen, reichen die Farben Rot, Grün und Blau aus.

Links: Versuchsaufbau zur Beobachtung der Lichtdispersion.

Auf der nebenstehenden Seite: Anordnung zweier Projektoren zwecks Erzeugung farbiger Schatten.

Aber ist es wirklich unmöglich, einen Schatten zu färben? Als ich diese Frage einigen Erstklässlern stellte, bevor ich das uns hier interessierende Experiment demonstrierte, antworteten einige Schüler, daß farbiges Licht dazu ausreichen dürfte. Leider indessen führt es zu nichts, einen Körper mit farbigem Licht anzustrahlen – Schatten bedeutet ja gerade völliges Fehlen von Licht. Weder die Farbscheinwerfer der Diskotheken noch die Bleiglasfenster der Kirchen verhelfen zu einem farbigen Schatten. Die Kinder hätten mit ihrer Antwort jedoch fast ins Schwarze getroffen: Zur Erzeugung eines Farbschattens genügt allerdings nicht ein monochromatisches Lichtbündel, sondern man benötigt derer mindestens zwei, und zwar in verschiedenen Farben. Sollten Sie einen Diaprojektor besitzen und in der Lage sein, sich einen zweiten auszuleihen, können Sie sich davon persönlich überzeugen. In ein leeres Diarähmchen stecken Sie ein vorher zurechtgeschnittenes rechteckiges Stück farbiger Plastikfolie. Sie verfügen nun über einen Filter, der sämtliche anderen Farben aus dem Weißlicht des Projektors herausfiltert. Doch aufgepaßt: Die Plastikfolie muß reichlich lichtdurchlässig sein, damit sich das »Dia« nicht zu stark erwärmt und möglicherweise den Projektor beschädigt. Rahmen Sie mehrere Dias in verschiedenen Farben. Die besten Ergebnisse erzielen Sie mit den Grundfarben Rot, Grün und Blau. Nun zwei verschiedene Dias in die beiden Projektoren einsetzen und diese in einem Abstand von 1,5 m zueinander in ausreichender Nähe schräg auf die Leinwand ausrichten. Auf der Leinwand soll noch ein weißer Rand sichtbar bleiben, und die beiden Farbrechtecke sollten sich zu 60–70 % überlappen.
Wenn Sie jetzt noch die Raumbeleuchtung ausschalten, kann das Schauspiel beginnen. Sollten Sie z. B. im rechten Projektor einen grünen und im linken einen roten Filter verwendet haben, ergibt sich auf der Leinwand (von links nach rechts) ein grüner, gelber und roter Bereich. Dies ist bereits Überraschung genug für jemanden, der seine Farben sonst auf einer Palette mischt, denn so gut wie nie dürfte es gelingen, Rot und Grün zu einem leuchtenden Gelb zu vereinen (eher werden, abhängig vom Mischungsverhältnis und der Abtönung der Ausgangsfarben, verschiedene Brauntöne entstehen). Wir haben es hier aber auch mit zwei völlig verschiedenen Dingen zu tun. Im ersten Fall wirken nämlich von der Leinwandmitte aus zwei verschiedenfarbige Lichtstrahlen (ein roter und ein grüner) auf das Auge ein. Da die Netzhaut drei verschiedene Arten von Zapfen (farbempfindliche Zellen, die das Licht auffangen) enthält, entsteht im Gehirn aufgrund der gleichzeitigen Reaktion der »roten« und der »grünen« Zapfen der Farbeindruck »Gelb«. Ein Farbauftrag erscheint als rot, weil er mit Ausnahme von Rot sämtliche anderen Farben absorbiert. Wenn man Rot mit Grün (das alles außer Grün absorbiert) mischt, müßte man eigentlich Schwarz erhalten, da auf die Zapfen kein Licht auftrifft. In der Praxis ergibt sich jedoch ein mehr oder weniger dunkles Braun oder Blau, da die Farben Grün und Rot nicht »rein« sind und somit nicht alles Fremdlicht absorbiert wird. Doch zurück zur Schattenerzeugung. Gehen Sie einmal dicht an die Leinwand heran, und halten Sie Ihre Hand in den grünen Lichtstrahl. In der gelben Mitte erscheint der Schatten Ihrer Hand – in prächtigem Rot! Mit dem roten Strahl ergibt sich entsprechend ein grüner Schatten. Da Schatten durch Abwesenheit von Licht entsteht, brauchen wir nur ein wenig Farbalgebra zu betreiben. Wenn:

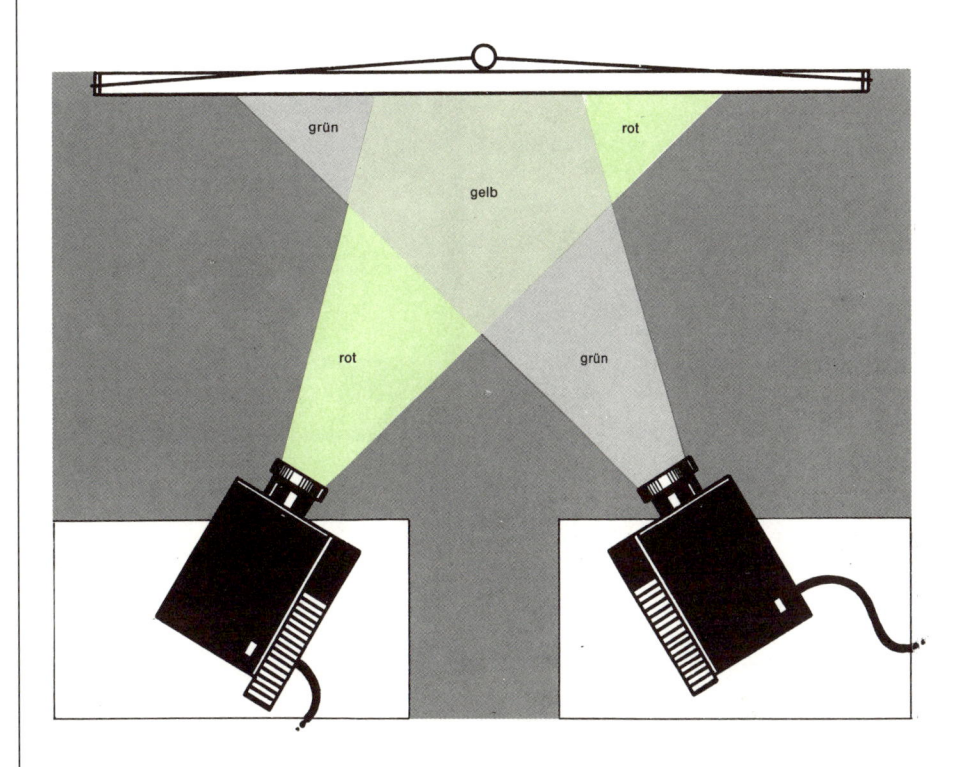

$$Rot + Grün = Gelb,$$

dann

$$Gelb - Grün = Rot,$$

bzw.

$$Gelb - Rot = Grün.$$

Wenn Sie nun in Leinwandnähe beide Hände in die verschiedenen Strahlen halten, wirft die eine Hand einen grünen und die andere einen roten Schatten.
Mit einem dritten, eine Blaufilterung erzeugenden Projektor lassen sich noch spektakulärere Effekte erzielen. Bei Teilüberlappung der drei Lichtbündel ergeben sich: ein zentraler

114 · LICHTER UND KLÄNGE

weißer Bereich (entstanden aus der Mischung der drei Farben), eine gelbe, violette und blaugrüne Fläche (paarweise Überlappung der Strahlen) und schließlich drei Zonen mit den Grundfarben. Die Kinder, denen das Experiment von Physikern des Instituts für Didaktik der Naturwissenschaften (Universität Rom) vorgeführt wurde, versuchten nun vorauszusagen, welche Farbe der Schatten ihrer Hand jeweils haben würde – was bei drei Projektoren doch recht schwerfällt.

Der Land-Effekt

Ein anderes merkwürdiges Phänomen, der sogenannte *Land-Effekt*, beruht auf einem ähnlichen Prinzip wie die Erzeugung farbiger Schatten. (Edwind Land – Jahrgang 1909 – darf mit Fug und Recht als Musterbeispiel für eine gelungene Synthese von naturwissenschaftlichen Erfindungen und kommerzieller Nutzung angesehen werden. Die rasante Entwicklung und weltweite Verbreitung des fotografischen Sofortbildverfahrens wäre ohne ihn undenkbar.)
Befestigen Sie Ihre Kamera auf einem Stativ, und machen Sie auf Schwarzweiß-Diafilm zwei Aufnahmen desselben Motivs – etwa eines Stillebens. Im Bild sollten dabei verschiedene kräftige Farben vertreten sein. Bei der ersten Aufnahme verwenden Sie einen Rot-, für die zweite einen Grünfilter. Die entwickelten und gerahmten Dias werden nun in zwei Projektoren gesteckt, die wie im vorigen Versuch aufgestellt sind, mit der einen Ausnahme, daß die Dias nun exakt deckungsgleich projiziert werden. Das Objektiv des Projektors mit dem Rotfilter-Dia erhält ebenfalls einen Rotfilter, während der zweite Projektor ohne Filterung (also mit Weißlicht) betrieben wird. Das Leinwandergebnis wird Sie überraschen: Das Motiv weist wieder sämtliche vorhandenen Farben auf. Wie aber kann man aus zwei Schwarzweißaufnahmen ein Farbbild gewinnen? Der Effekt läßt sich nur zum Teil mit einfachen Worten erklären – der Rest ist in den weitgehend unerforschten Bereichen der Neurophysiologie angesiedelt. Das in rotem

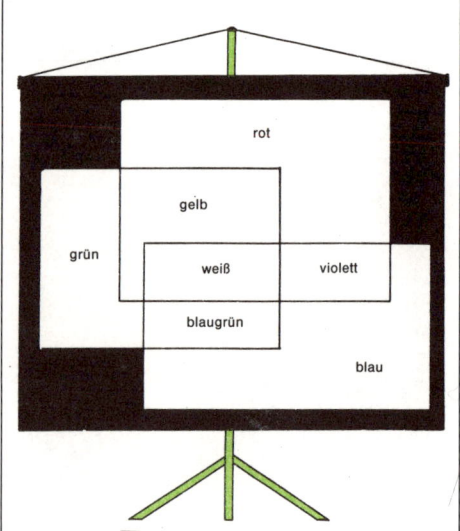

Oben: Diese Farbzonen erscheinen auf der Leinwand, wenn drei Projektoren jeweils mit Grün-, Rot- und Blaufilter verwendet werden.

Unten: Das in einen in der Luft schwebenden Wassertropfen eindringende Sonnenlicht erfährt eine Brechung, eine Reflexion und eine nochmalige Brechung. Die verschiedenen »Farben« treten schließlich unter verschiedenen Winkel aus (die Darstellung zeigt den Strahlenverlauf für Rot und Blau). Die vom Beobachter als rot wahrgenommenen Tropfen befinden sich in größeren Höhen als die blauen.

Licht aufgenommene Dia bildet die roten Gegenstände hell ab, die grünen und blauen (Komplementärfarben von Rot) aber sind tiefdunkel. Beim mit Grünfilter aufgenommenen Dia ist genau das Gegenteil der Fall: Alle roten Gegenstände sind schwarz. Durch den Rotfilter am ersten Projektor erscheinen die roten Gegenstände auf der Leinwand tatsächlich als solche. Es fällt unterdessen schwer zu verstehen, wie das Gehirn alle übrigen Farben zu rekonstruieren vermag. Folgt man Jearl Walker (*Der fliegende Zirkus der Physik,* München 1983), so tappt die Forschung in diesem Punkt noch völlig im dunkeln.

Der Regenbogen

Der Regenbogen bietet nicht allein eines der schönsten Naturschauspiele, sondern ist auch deshalb sympathisch, weil er schönes Wetter verheißt. Seine Entstehung wurde erstmals durch Newton erklärt. Verantwortlich sind jene Wassertröpfchen, die nach einem Regen in der Luft schweben und von der erneut zu

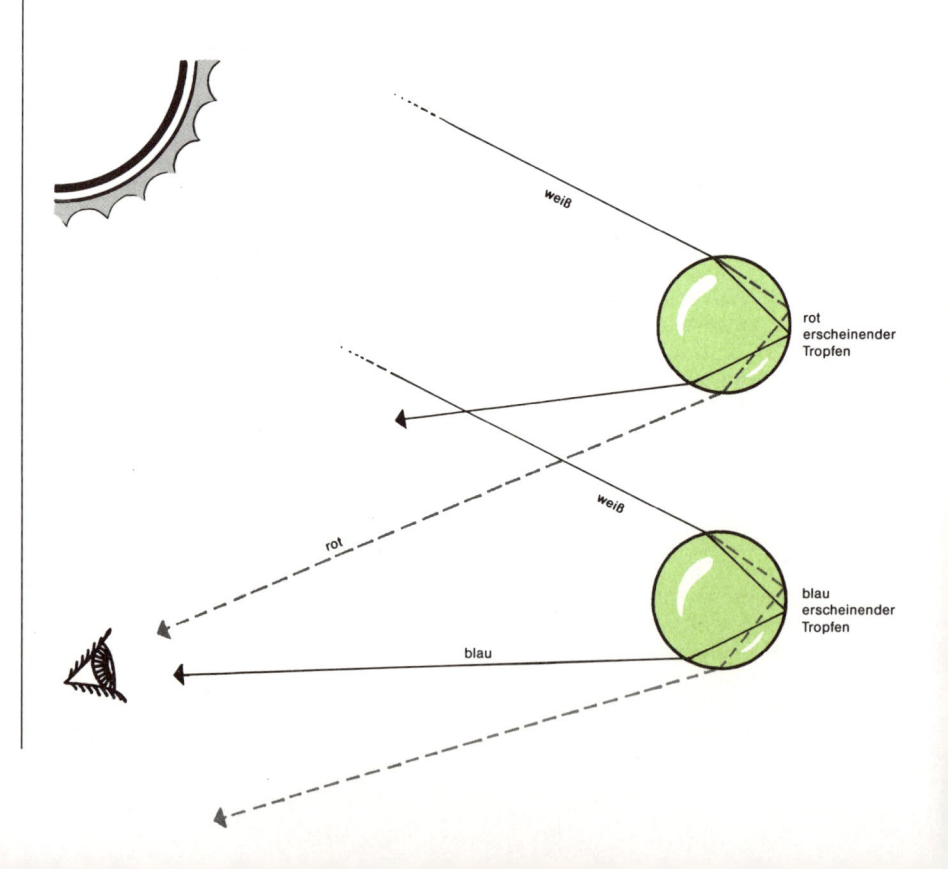

LICHTER UND KLÄNGE · 115

Von der Erde aus betrachtet, erscheint der Himmel durch die Anwesenheit der Luft blau. Der »Mondhimmel« indessen erscheint absolut schwarz, da das Sonnenlicht nicht durch eine Atmosphäre gestreut wird.

ihrem Recht kommenden Sonne angestrahlt werden. Ein gewöhnlicher Regenbogen entsteht durch Reflexion (er befindet sich immer der Sonne gegenüber). Das in die Wassertröpfchen eindringende Sonnenlicht erfährt durch das Wasser – in welchem sich das Licht weniger schnell ausbreitet als in Luft – eine Brechung. An der Grenzfläche Wasser/Luft wird ein Teil des Lichts nochmals gebrochen und tritt aus, während der Rest quasi nach innen wegreflektiert wird und schließlich beim Übergang vom Tropfen in die Luft eine Brechung erfährt. Da jedoch Licht verschiedener Wellenlängen unterschiedlich stark gebrochen wird, treten die einzelnen »Farben« in verschiedenen Richtungen aus dem Tropfen heraus. Weil Rot die größte Wellenlänge aufweist, wird es stärker nach unten abgelenkt als alle anderen Farben. Blau indessen wird wegen seiner geringeren Wellenlänge weniger stark abgelenkt. Wer zum Himmel hinaufblickt, nimmt demnach die niedriger über dem Horizont befindlichen Wassertröpfchen als Blau und die ganz oben schwebenden als Rot wahr – die übrigen Farben liegen dazwischen. Die Farbe des Tropfens ergibt sich aus dem Winkel zwischen der Richtung des einfallenden Sonnenlichts und der Richtung des zum Beobachter reflektierten Lichts. Dieser Winkel ist bei einem Halbkreis konstant – von daher die Bogenform. Zur Brillanz des Regenbogens und zur Farbtrennung trägt überdies die Interferenz zwischen dem aus dem Tropfen austretenden und dem einfallenden weißen Licht bei. Dies hat zur Folge, daß der austretende Strahl nur in einer bestimmten Richtung von hoher Intensität ist, obwohl das Licht in sehr verschiedenen Winkeln auf den Tropfen auftrifft (dies wegen seiner Kugelform). Gäbe es diesen (von Newton nicht berücksichtigten) Effekt nicht, so erschiene der Regenbogen als verwaschene Mischung einzelner Farbtöne, die ein Erkennen einzelner Farbbänder unmöglich machte. Nicht selten ist unterhalb des primären Regenbogens ein sich schwächer abzeichnender zweiter Bogen mit umgekehrter Farbfolge sichtbar (Rot unten und Blau oben). Er verdankt sich jenem Teillicht, das nicht sofort in Richtung auf den Beobachter aus dem Tropfen hervortritt, sondern zunächst zwischen den einzelnen Tropfen ein zweites und drittes Mal reflektiert wird. Bei diesem vielschichtigen Vorgang kehren sich die Austrittswinkel der verschiedenen Farben um, und Blau tritt an die Stelle von Rot.

116 · LICHTER UND KLÄNGE

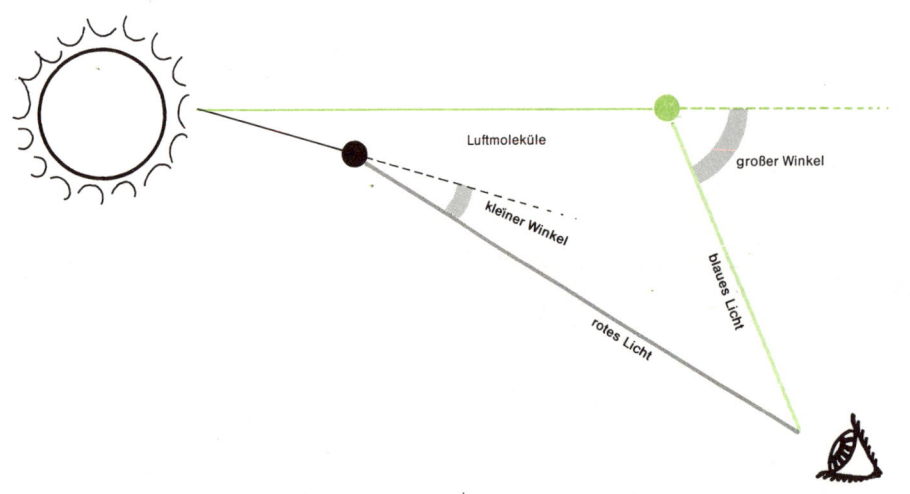

Oben: Farbtrennung des Sonnenlichts durch Streuung.

Unten: Herstellung eines »Sonnenuntergangs« in einem mit Wasser und Milch gefüllten Becken.

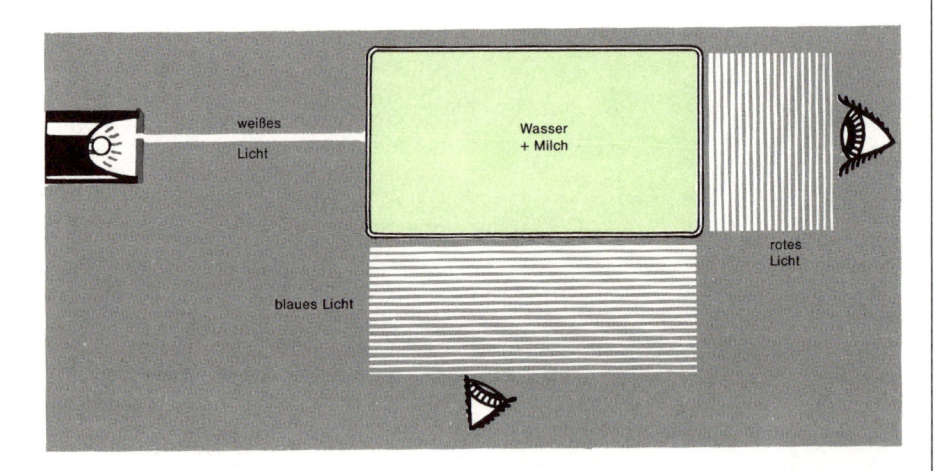

Die Farbe des Himmels

Gewiß haben Sie sich schon wenigstens einmal gefragt, warum der Himmel blau ist. Er verdankt dies selbstverständlich der Atmosphäre. Um sich davon zu überzeugen, genügt die Betrachtung eines Fotos, das einen auf dem Mond befindlichen Astronauten darstellt, der vor einem pechschwarzen Hintergrund posiert. Die verantwortliche atmosphärische Erscheinung wird als *Rayleigh-Streuung* oder Luftstreuung bezeichnet nach dem britischen Physiker John William Strutt Rayleigh (1842–1919). Dasselbe geschieht, wenn aus festlichem Anlaß Scheinwerfer- oder Laserstrahlen gen Himmel gerichtet werden. Wenn das Licht ein transparentes Medium wie Luft (auch viele Flüssigkeiten oder Festkörper kommen in Frage) durchquert, gelangt es teils hindurch, teils wird es absorbiert und teils von den Luftmolekülen in den unterschiedlichsten Winkeln in sämtliche Richtungen reflektiert. Letzteres entspricht der Luftstreuung, ohne die wir den Himmel nicht sehen könnten.

Das Himmelsblau verdankt sich der Tatsache, daß blaues (= kurzwelliges) Licht besonders stark gestreut wird; das Ergebnis haben wir vor Augen, wenn wir von der Sonne weg in den Himmel schauen. Rotes Licht wird indessen weniger stark abgelenkt, man denke nur an die bei einem Sonnenuntergang entstehenden Farben: in Sonnennähe erscheint die Luft rot, und tiefblau im Zenit.

Diese atmosphärische Streuung läßt sich wie folgt reproduzieren. Füllen Sie ein Glasbecken mit Wasser, dunkeln Sie den Raum ab, und richten Sie den Strahl einer Taschenlampe waagerecht in das Wasserbecken. Beobachten Sie nun das einfallende Licht durch das Glas hindurch, wobei Sie sich zunächst dem Licht gegenüber postieren und dann seitlich im rechten Winkel. Gäbe es keine Streuung, so würden Sie in der rechtwinkligen Position kein Licht wahrnehmen. Geben Sie nun einige Tropfen Milch in das Gefäß, und rühren Sie um. Fahren Sie mit der Beobachtung wie gehabt fort, und geben Sie weitere Tropfen hinzu: Das senkrecht zum Strahl gestreute Licht nimmt eine zunehmend bläulichere Färbung an, und das »frontale« Licht färbt sich rötlichgelb. In der Tat ein künstlicher Sonnenuntergang, erzeugt mit Hilfe von Milchmolekülen. Weiteres Hinzufügen von Milch erzeugt beim senkrecht gestreuten Licht einen Farbumschlag ins Weißliche, während das frontale Licht eine immer stärkere Rotfärbung annimmt. Grund hierfür ist die Ausbildung kleinster, im Wasser schwebender Milchtröpfchen. Sie gleichen dem Verhalten nach den Wassertröpfchen in einer Wolke, die eine Streuung in Form eines intensiven weißen Lichts bewirken, den Großteil des frontalen Lichts aber absorbieren. Seitlich in unser Gefäß hineinblickend, ist weiterhin diffuses Licht sichtbar, wohingegen sich die Leuchtscheibe der Taschenlampe schon bald unserem Blick entzieht.

Auf der nebenstehenden Seite: Dispersion von weißem Licht nach Durchqueren eines Glasprismas. Das Spektrum entsteht infolge der unterschiedlich starken Brechung der Farben (Wellenlängen) des weißen Lichts.

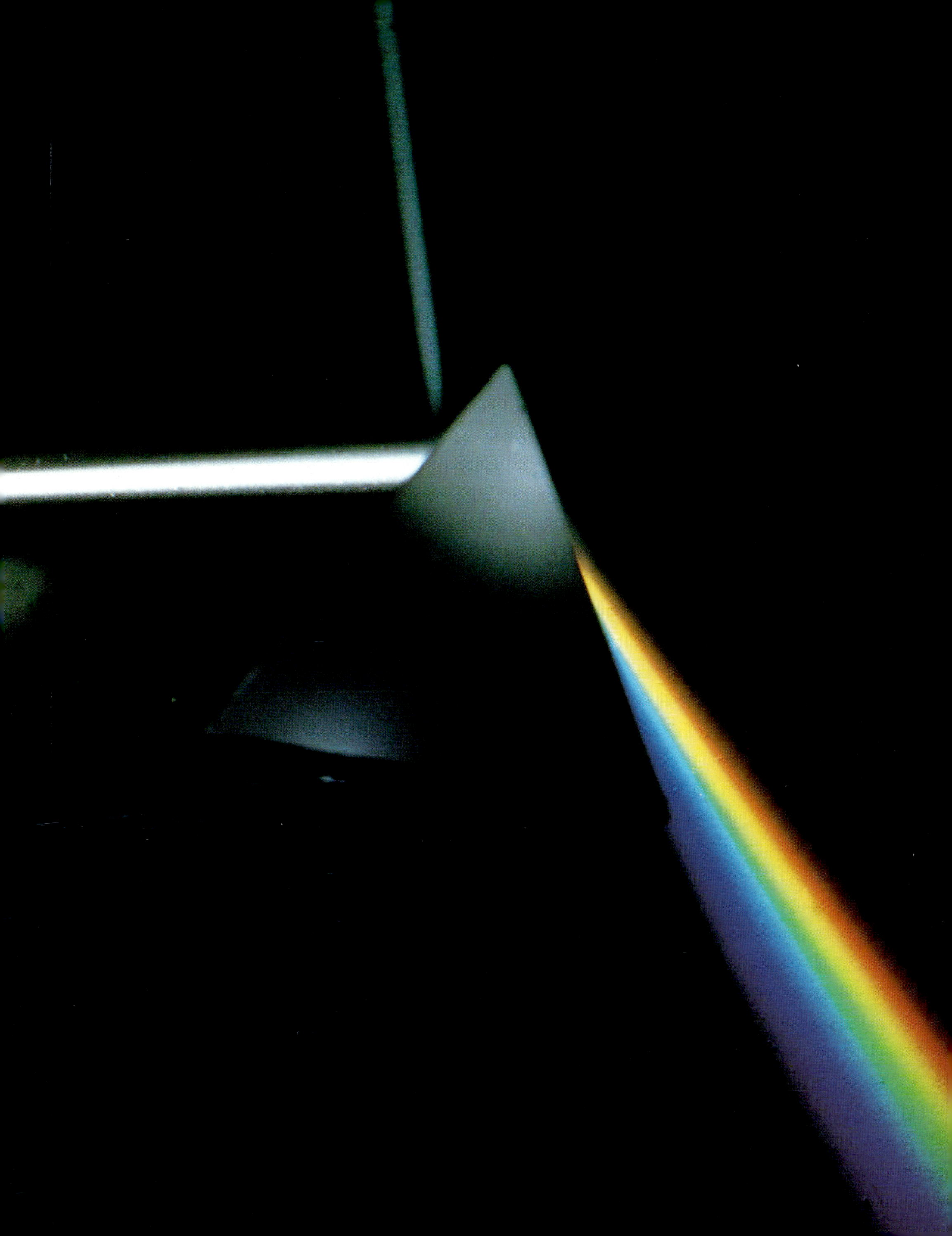

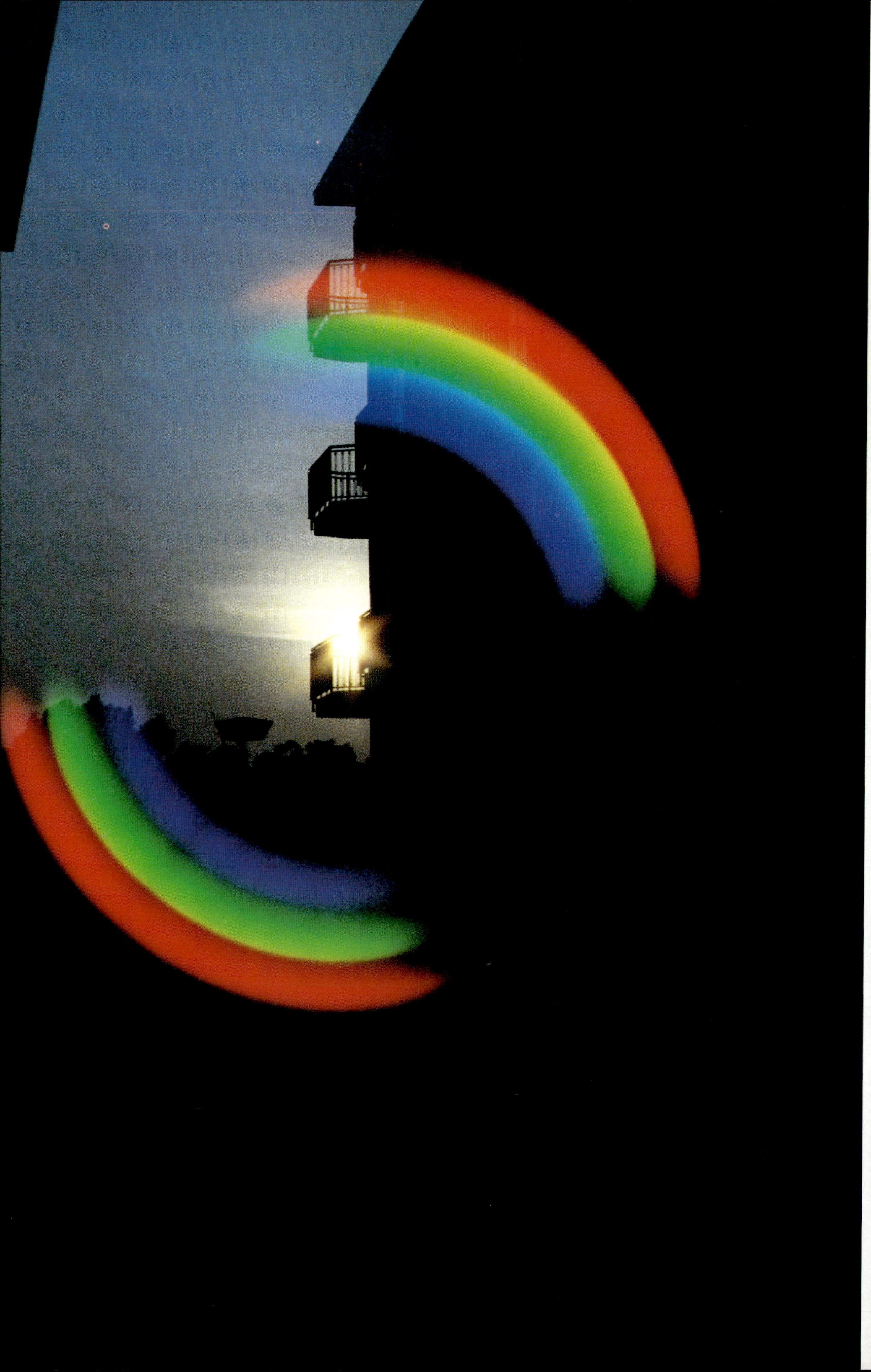

Auf dieser Seite: Rekonstruktion des Land-Effekts. Zwei mit einem Rot- und einem Grünfilter aufgenommene Schwarzweißdias desselben Motivs werden deckungsgleich projiziert (wobei einer der beiden Projektoren einen Rotfilter enthält). Für das Auge entsteht ein Bild, das sämtliche Farben des Originals aufweist.

Auf der nebenstehenden Seite: mit Hilfe eines Spektralfilters erzieltes Foto

Additive Farbmischung. Weißes Licht erhält man ausgehend von drei einzelnen Lichtquellen, die in den entsprechenden drei Grundfarben (Grün, Rot und Blau) gefärbt sind und auf eine Leinwand projiziert werden. Wie aus dem nebenstehenden Schema hervorgeht, lassen sich zusätzlich zu den drei sogenannten Primärvalenzen durch Überlagerung drei Binär- und eine Ternärfarbe (Weiß) erzeugen. Die obige Sequenz zeigt, wie man ausgehend von den drei Grundfarben durch Überlagerung des dreifarbigen Grundmotivs (ganz links) per Drehung die einzelnen Farben erhält.

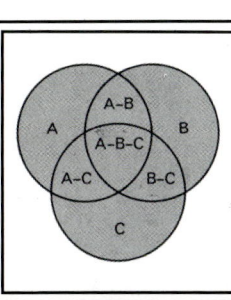

Subtraktive Farbmischung. Dieses Verfahren ist technologisch gesehen das wichtigere, da es die Grundlage des Farbendrucks und der Farbfotografie bildet. Für einen Vierfarbendruck benötigt man die drei Grundfarben (Gelb, Cyan und Magenta) plus Schwarz, welches die Aufgabe hat, farbausgleichend zu wirken und dem Bild eine Tiefenwirkung zu verleihen. Wie aus der nebenstehenden Abbildung ersichtlich, erhält man auch bei der subtraktiven Farbmischung drei Binär-und eine Ternärfarbe (Schwarz). Ausgehend von den drei Grundfarben ergeben sich die verschiedenen Farben entsprechend durch Rotation des ganz links abgebildeten Grundmotivs.

Oben: Ein Regenbogen entsteht durch die nach einem Regen noch in der Luft schwebenden Wassertröpfchen, die eine Brechung und Reflexion des Sonnenlichts bewirken.

Auf der nebenstehenden Seite: Aufgrund der in erster Linie durch die in der Luft befindlichen Partikel entstehenden Streuung sind Laserstrahlen richtungsunabhängig sichtbar.

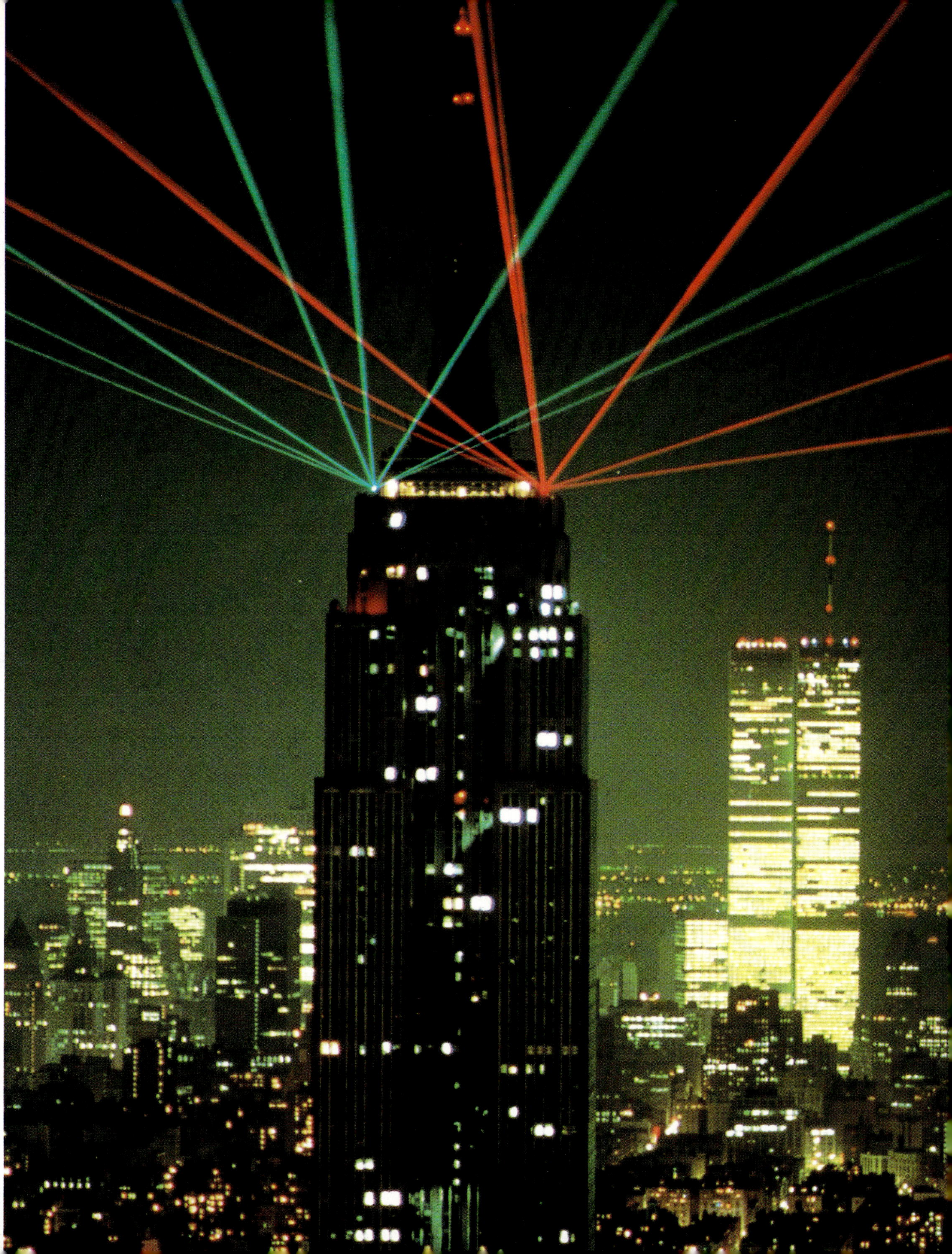

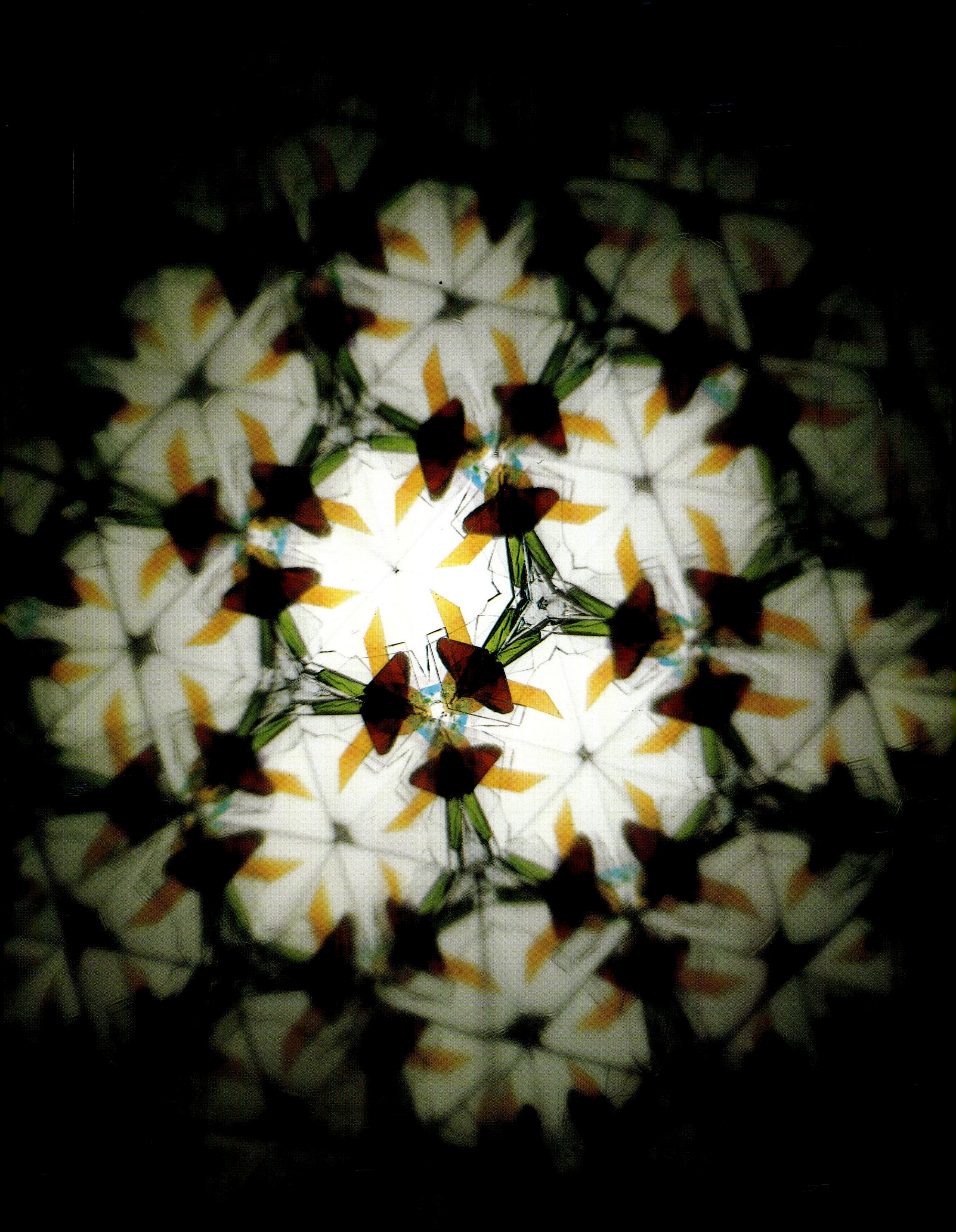

Das Kaleidoskop

Seit der Erfindung des Kaleidoskops im Jahre 1816 durch den Engländer David Brewster hat dieses tolle Spielzeug eine Unzahl von Optimierungen und Abwandlungen erfahren. Viele von ihnen werden in einem jener ausführlichen Artikel vorgestellt, die Jearl Walker für den *Scientific American* verfaßt hat (*Spektrum der Wissenschaft,* Februar 1986, S. 136–140). Wer besonders schöne und ausgefallene Bilder zu erzeugen beabsichtigt, benötigt Linsen, Farb- und Polarisationsfilter, ja auch verschiedenfarbige Leuchtdioden, die beim Ertönen der eigenen Stimme oder musikgesteuert an- und ausgehen.

Die Grundausführung indessen, mit der wir als Kinder gespielt haben, kann man sich problemlos selbst herstellen. Sie besteht aus einem kurzen Papprohr, das zwei einige Zentimeter hohe Spiegel enthält, die in einem Winkel von 60 Grad ein »V« bilden. Die Spiegel müssen leicht, identisch und von guter Qualität sein (sonst wären die vielfachen Reflexionen nicht sichtbar). Als Ausgangsmaterial taugt etwa ein kleiner Schminkspiegel, den Sie mit einem Glasschneider entsprechend »in Form« bringen. Die Spiegel werden so auf einen Pappstreifen geklebt, daß dieser, wenn er später in der Mitte geknickt und in das Rohr geschoben wird, den erforderlichen Winkel ergibt. Die Konstruktion wird nun mit zwei Stecknadeln provisorisch fixiert und mit einem transparenten Plastikring (Durchmesser gleich dem Innendurchmesser des Rohrs) umstülpt; dieser wird mit den Ecken der Pappe verklebt. Er dient dazu, die Spiegel in ihrer Position zu halten und die zwischen den Spiegeln befindlichen bunten Gegenstände aufzunehmen. In Randnähe des Zylinderbodens wird eine Öffnung von einem halben Zentimeter Durchmesser angebracht – unser Okular, das Sie mit einem Stück Klarsichtfolie abdecken können. Nachdem Sie zwischen die beiden Spiegel einen Buntglassplitter gelegt haben, werden die Spiegel im Papprohr verschoben, bis sie eine deutlich sichtbare fünffache Spiegelung erzielen. Nun weitere bunte Glas- oder Kunststoffstücke hineingeben und das offene Rohrende mit einem Stück Ölpapier verschließen, welches Sie mit Hilfe eines Gummis straffen. Durch Drehen des Kaleido-

Auf der nebenstehenden Seite: Eines der vielen von einem Kaleidoskop erzeugten Bilder.

Rechts oben: Zwischen zwei Spiegeln aufgestellt, die zueinander einen Winkel von 60 Grad einnehmen, erfährt ein Gegenstand eine fünffache Spiegelung.

Mitte rechts: die Anordnung der beiden Spiegel im Kaleidoskop.

Unten: Auch mit zwei herkömmlichen Spiegeln lassen sich interessante Vervielfachungen erzeugen. Die Spiegel werden zunächst im rechten Winkel aufgestellt. Verkleinert man diesen Winkel, so ergeben sich zunehmend mehr Spiegelbilder.

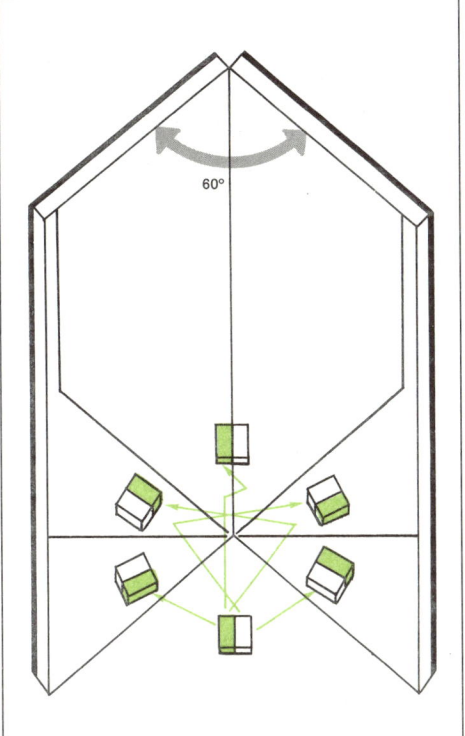

126 · LICHTER UND KLÄNGE

Links: Das Natriumspektrum enthält im sichtbaren Bereich zwei benachbarte Gelblinien.

skops nehmen die bunten Splitter willkürliche und sich ständig wandelnde Positionen ein.

Das Funktionsprinzip eines Kaleidoskops ähnelt stark jenem von einander gegenübergestellten Spiegeln (wie man sie häufig beim Friseur sieht), die Ihnen zu einer erklecklichen Zahl von Doppelgängern verhelfen. Beim Kaleidoskop stehen die Spiegel allerdings in einem bestimmten Winkel unmittelbar nebeneinander; die zahlreichen Spiegelungen erzeugen folglich ein um die (mit der Stoßkante beider Spiegel identische) Hauptachse symmetrisch angeordnetes Abbild. Ein Kaleidoskop mit zwei in 60 Grad zueinander aufgestellten Spiegeln erzeugt eine fünffache Spiegelung jedes vorhandenen Objekts (siehe die Abbildung auf der Vorseite). Durch Verkleinern des Winkels läßt sich die Zahl der Abbilder zwar vermehren, doch nimmt deren optische Qualität ab, da bei jeder Spiegelung ein wenig Licht verlorengeht.

Unten: Fabry-Perot-Streifen entstehen durch Überlagerung des unmittelbar das Glas durchdringenden und des zweifach reflektierten Strahls.

HELL + HELL = DUNKEL

Interferenz zweier reflektierter Strahlen

Anhand der Newtonringe (siehe S. 90 f.) mit ihrer Abfolge von hellen und dunklen Kreisen wird ersichtlich, daß sich zwei Wellenzüge, die von zwei eng beieinanderliegenden Flächen reflektiert werden, sich in bestimmten Raumpunkten gegenseitig auslöschen und somit Dunkelheit erzeugen können.

Es existiert noch eine Vielzahl weiterer Möglichkeiten, durch Lichtinterferenz entstandene vielfarbige Ringe zu beobachten. Möglicherweise sind Ihnen derartige Fälle schon einmal unmerklich begegnet. In Städten begegnet man nach einem Platzregen oftmals Pfützen mit einer Art leuchtender Kringel. Sie entstehen durch eine Reflexion des Sonnenlichts; ein Tropfen Motoröl hat sich auf der Wasseroberfläche mit einer derart dünnen Schicht ausgebreitet, daß ihre Dicke in etwa der Wellenlänge des sichtbaren Lichts entspricht. Die Interferenz der beiden Strahlen, die von der Ober- und der Unterseite der Ölschicht zu uns hin reflektiert werden, erzeugt mehr oder weniger gleichmäßige Ringe, welche die jeweils unterschiedliche Dicke der Ölschicht quasi nachbilden. Ein weiteres bekanntes Phänomen, das auf dem genannten Prinzip gründet, ist das Schillern von Seifenblasen.

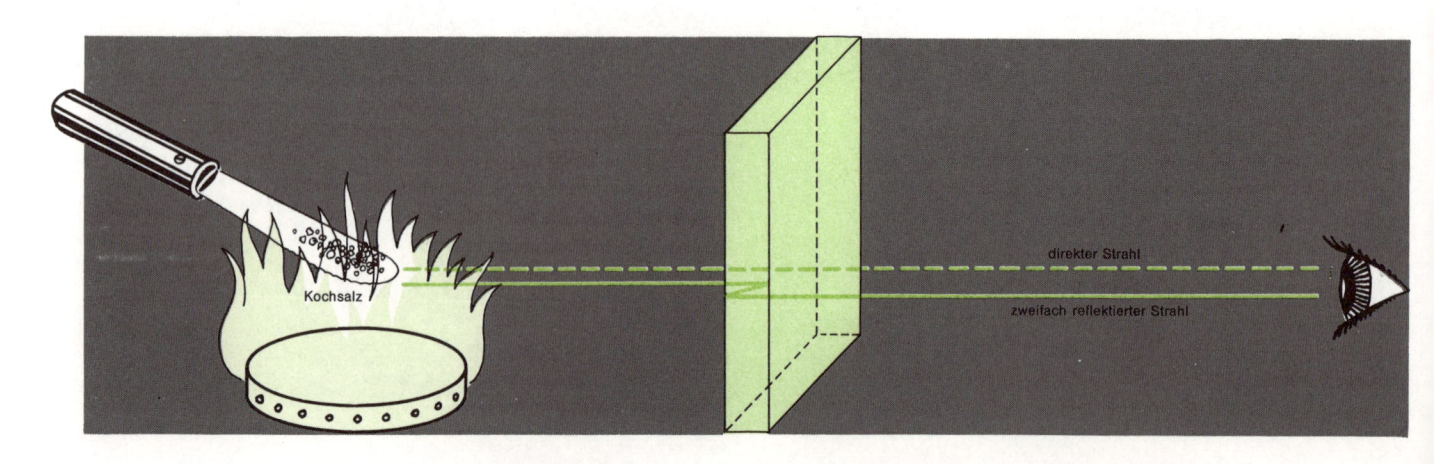

Wer eine monochromatische (also nur aus einer Wellenlänge bestehende) Lichtquelle zur Hand hat, kann sich eine weitere, durch Reflexion entstehende Interferenzerscheinung ansehen: die sogenannten *Fabry-Perot-Streifen*. Wie aber gelangt man zu einem intensiven monochromatischen Licht, ohne einen Laser oder eine Speziallampe sein eigen zu nennen? Mit am besten eignen sich Natriumatome, da sie ein intensives gelbes Licht erzeugen, welches nur aus zwei – zudem eng benachbarten – Wellenlängen besteht. Frank S. Crawford (*Berkeley Physik-Kurs*, Bd. 3, S. 304) empfiehlt hierzu zwei Methoden: Entweder man verbrennt in einem Kamin (Lüftung) etwas Toilettenpapier, oder – besser für alle, die einen Zimmerbrand vermeiden wollen bzw. keinen Kamin besitzen – man geht wie folgt vor: Die Klinge eines Messers, das seine besten Zeiten hinter sich hat, wird angefeuchtet, in Kochsalz (Natriumchlorid) gewendet und in die Flamme eines Gasherds gehalten. Dort, wo die Flamme das Salz umzüngelt, färbt sie sich leuchtend gelb (quasi monochromatisches Natrium-Licht). Mit Natrium-Licht läßt sich ein schöner Interferenzversuch anstellen. Der Raum wird leicht abgedunkelt und das »Salzmesser« in die Flamme gehalten. Betrachten Sie das Gelblicht nun durch ein peinlich sauberes Mikroskopierglas (Deckglas), das Sie senkrecht zum Licht dicht vors Auge halten und leicht nach links und rechts drehen: Im Umkreis entstehen Figuren, die Fingerabdrücken ähneln. Dies sind die Fabry-Perot-Streifen, entstanden durch die Interferenz des Lichts, welches das Glas unmittelbar durchdrungen hat, mit jenem, das durch die Glasflächen eine zweifache Reflexion erfahren hat.

Beugung an einem Spalt
Beugung entsteht, wenn eine Welle eine spaltförmige Öffnung durchläuft. Nach dem Huygensschen Prinzip wird jeder Punkt des Spalts seinerseits zu einer Lichtquelle, von der Elementarwellen ausgehen. Sehr kleine Öffnungen sind als punktförmige Quelle von Kreiswellen anzusehen (siehe S. 83). Entsprechen ihre Abmessungen einem kleinen Vielfachen der Wellenlänge, interferieren sämtliche Quellen miteinander (so als gäbe es eine Vielzahl kleiner und benachbarter Öffnungen), wobei die Welle in einigen Richtungen verstärkt, in anderen wiederum ausgelöscht wird. Bei einer hinreichend großen Öffnung setzt sich in ihrer Mitte eine ebene Welle (gleich der vor der Öffnung) zusammen, während sich von den Kanten aus Kreiswellen ausbreiten.
Bei weitem das interessantere und leichter beobachtbare Phänomen ist beim Licht das letztgenannte; es läßt eine Interferenzfigur entstehen, die sich abwechselnd aus hellen und dunklen Zonen zusammensetzt. Um die durch einen einzelnen Spalt erzeugte Lichtbeugung beobachten zu können, verfahren Sie wie folgt: Ein Mikroskopierglas wird mit einer Pinzette ergriffen und einseitig mit einer Kerzenflamme geschwärzt. Nun machen Sie mit einer unbenutzten Rasierklinge oder einem sehr scharfen Schnitzmesser einen geraden Schnitt über die volle Länge des Glases. Der Einschnitt darf hierbei kaum sichtbar sein. (Machen Sie mehrere Versuche: Wenn nämlich die Rußschicht zu dick ist, kann der Spalt zu breit ausfallen; ist die Schicht zu fein, vermag das andernorts das Glas durchdringende Licht die Beobachtung zu stören.) Zweite Möglichkeit: eine Glasseite wird mit Alufolie belegt (per Klebestreifen befestigen) und mittels Rasierklinge leicht angeritzt. Richten Sie das Glas gegen eine nicht zu intensive Lichtquelle (Abstand zum Auge 5–10 cm). Helle und dunkle Streifen, wechselweise angeordnet, werden sichtbar. Die hellen Streifen entsprechen jenen Richtungen, in denen der Strahl durch positive Interferenz verstärkt wird (die dunklen Streifen bilden sich entsprechend durch Auslöschung). Wenn Sie das Glas etwas vom Auge entfernen, sehen Sie immer weniger Streifen (obwohl Sie nun schärfer sehen), da sich der Pupillenwinkel verengt. In einem Abstand von 25 cm ist gerade noch ein schwarzer Streifen zu erblicken, bei größeren Entfernungen nur noch ein leuchtendes Bild des Spalts (das *zentrale Beugungsmaximum*). Richten Sie Ihren Blick nun durch den Spalt auf die Wendel einer Glühlampe; halten Sie dabei das Glas ganz nah ans Auge, und schließen Sie das zweite. Schwenken Sie das Glas etwas, bis es nicht parallel zur Wendel steht; das weiße Licht ist wiederum das zentrale Beugungsmaximum, links und rechts umrandet von regenbogenfarbenen Streifen. Bei veränderter Wellenlänge ist nämlich ein anderer Winkel für eine positive Interferenz verantwortlich, und der Spalt trennt die Bestandteile des weißen Lichts durch Beugung auf. Wenn Sie sich in einem Fotogeschäft eine rote und eine gelbgrüne Dunkelkammerbirne besorgen, können Sie das Experiment nochmals wiederholen und diesmal durch den Spalt hindurch monochromatische Lichtquellen beobachten; Farbstreifen sind zwar diesmal nicht mehr im Angebot, doch dafür fallen die Interferenzfiguren deutlicher aus. Mit Hilfe der beiden farbigen Glühbirnen können Sie überdies nachprüfen, ob rotes Licht wirklich eine größere Wellenlänge aufweist als gelbes. Die Breite des zentralen Beugungsmaximums entspricht nämlich recht genau dem Quotienten aus der Wellenlänge des Lichts und der Spaltbreite. Deshalb erscheint beim Betrachten roten Lichts die zentrale Leuchtzone breiter als bei gelbem Licht (bei Verwendung desselben Spalts und Einhaltung desselben Abstands zum Auge).

Beugung des Lichts durch einen Spalt in einer das Glas (A) bedeckenden Rußschicht. Auf dem Abbild (B) entstehen im Umkreis des zentralen Strahlenbündels im Wechsel helle und dunkle Streifen. Ihre Anzahl hängt vom Abstand der Glasscheibe zum Auge ab.

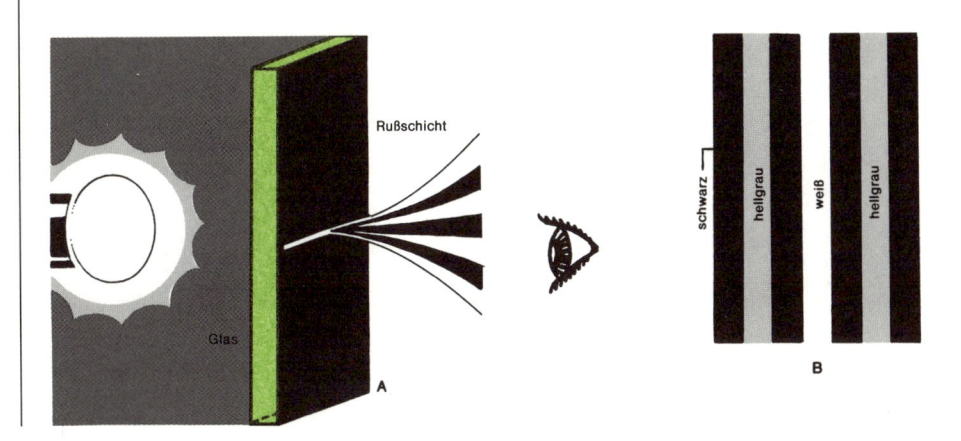

128 · LICHTER UND KLÄNGE

Beugung an zwei Spalten (Doppelspalt)

Nach der oben beschriebenen Methode werden in die Rußschicht oder die Alufolie zwei dünne, parallele Einschnitte gemacht, die ca. 0,5 mm auseinanderliegen und sich in ihrer Länge um ein Drittel unterscheiden müssen. So können Sie die durch einen und durch zwei Spalte erzeugten Beugungsfiguren durch geringfügige Verlagerung des Glases leicht beobachten. Schon nach einigen Versuchen mit einer neuen Rasierklinge lassen sich die gewünschten Einschnitte herstellen. Sie können hierzu auch zwei Klingen mit einem zwischengelegten Papier der gewünschten Stärke verwenden, die Sie mit einem Klebestreifen aneinander befestigen. Beim Betrachten einer Weißlicht-Lampe durch den Doppelspalt wird diese von den Beugungs-Farbrändern umsäumt, welche intensiver und leuchtender ausfallen als bislang (zum Vergleich durch die Einzelspalt-Stelle blicken). Verändert man die Position des Glases zum Lichtbündel geringfügig, ergeben sich merklich veränderte Farbsäume; diese können im Extremfall gänzlich verschwinden. Es existiert nämlich für jede Wellenlänge nur ein Winkel zwischen Glasebene und Strahl, welcher das deutlichste Beugungsmaximum entstehen läßt.

Das Aussehen der Beugungsfiguren ist ferner vom Abstand beider Spalte abhängig. Wenn Sie zwei leicht auseinanderstrebende Spalte herstellen, können Sie dies überprüfen, indem Sie die Glühwendel an verschiedenen Stellen durch das Spaltpaar betrachten.

Denken wir daran, daß für die Beobachtung einer Beugungsfigur durch einen Doppelspalt eine punktförmige Lichtquelle vonnöten ist, wie etwa eine Glühwendel. Bei einer ausgedehnten Lichtquelle wie dem Taghimmel tritt keine Beugung auf, weil die durch die beiden Schlitze gelangenden Wellen von sehr verschiedenen Punkten stammen können und vollkommen ungeordnete – weil zufällige – Phasen aufweisen. Indessen ist der Einsatz zweier monochromatischer Lichtquellen denkbar (etwa die erwähnten Dunkelkammer-Glühbirnen in Rot und Gelbgrün), vor die jeweils ein mit einer kleinen Öffnung versehener Schirm gestellt wird.

Beugungsgitter – selbstgemacht

Eine erhebliche Verstärkung der Interferenzerscheinungen läßt sich durch eine gleichmäßige Reihe von Schlitzen (gleicher Abstand, gleiche Beschaffenheit, gleiche Ebene) erzielen. Entsprechend schöner fallen die Beugungsfiguren aus. In der Spektroskopie werden bei der Spektralanalyse des Lichts und der Messung der jeweiligen Intensität seiner Bestandteile derartige Beugungsgitter verwendet (ein Doppelspalt wäre unzureichend). Auch ein engmaschiges Netz – das zwar nicht von sonderlich regelmäßiger Beschaffenheit ist – vermag als Gitter zu dienen und ermöglicht

Wird ein von einer punktförmigen Lichtquelle stammender Wellenzug auf einen mit zwei schmalen Spalten versehenen Schirm gerichtet, geht von jedem Spalt ein neuer Wellenzug aus, und es entstehen Beugungserscheinungen. In manchen Richtungen erzeugt die Interferenz Dunkelheit (an den Orten gegenseitiger Auslöschung), in anderen wiederum ergibt sich ein Helligkeitszuwachs (Verstärkung der Wellen). Somit wird ein Wechsel von hellen und dunklen Streifen sichtbar.

LICHTER UND KLÄNGE · 129

die Beobachtung zweidimensionaler Beugungsfiguren. Hier käme an erster Stelle ein Nylon- oder Seidenstrumpf in Betracht. Richten Sie Ihren Blick durch den gespannten Strumpf auf eine punktförmige Lichtquelle, etwa auf die Glühwendel einer Taschenlampenbirne (den Hohlspiegel vorher abnehmen oder abdecken). Es ergibt sich eine strahlenförmige Figur mit farbigen Lichtbögen. Durch vier Lagen betrachtet, wird der Effekt noch besser erkennbar. Es sei darauf hingewiesen, daß sämtliche Maschen zum Bildaufbau beitragen, auch wenn sie aufgrund der Dehnung verschieden groß und unterschiedlich ausgerichtet sind. Dies beweist, daß Beugungsfiguren auch bei untergeordneter Spaltverteilung entstehen (was auch in der Kristallographie erkennbar wird, wenn man durch kristallines Pulver Röntgenstrahlen schickt). Beugungsfiguren entstehen außerdem, wenn man eine entfernt stehende Straßenlaterne durch ein Fliegengitter oder eine Glühwendel durch einen Kamm oder gar eine Gabel betrachtet; es reicht aus, daß diese Gegenstände gegenüber dem Strahlengang stark verschwenkt werden, wodurch sich die wirksame Spaltbreite zum Licht hinreichend verringert.

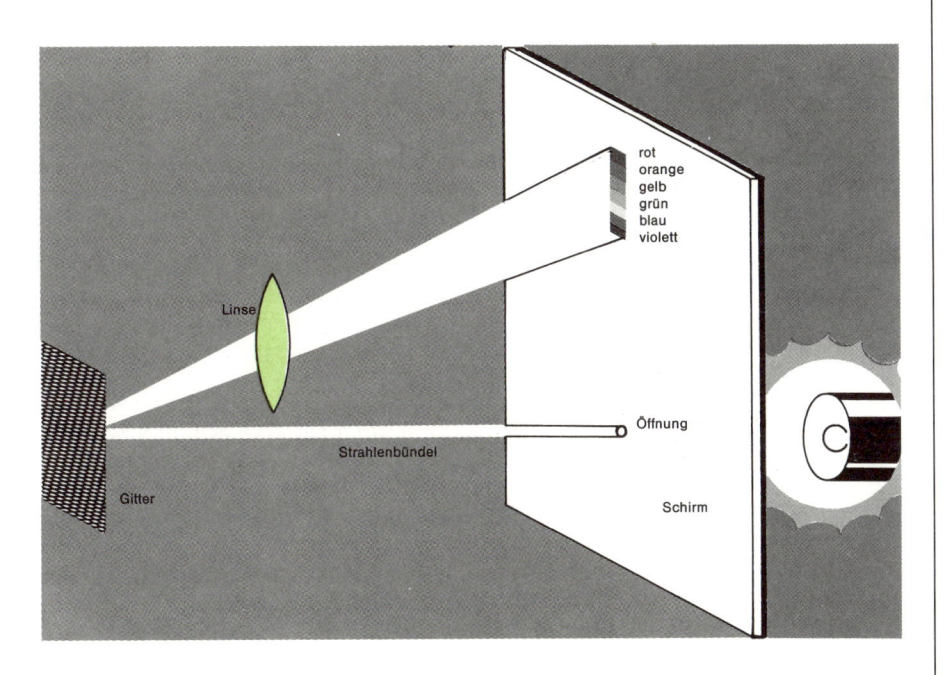

Eine Langspielplatte indessen läßt sich als reflektierendes Beugungsgitter zweckentfremden (Hinweis von Frank S. Crawford). Wenn wir unsere »punktförmige« Lichtquelle so aufstellen, daß quasi ein Streiflicht entsteht und wir uns entsprechend auf der Gegenseite aufstellen, zeigt sich das Farbspektrum des Weißlichts von seiner besten Seite. Die Beugung entsteht durch die dichte Aufeinanderfolge von »Bergen« und »Tälern« auf der LP.

Sollten Sie sich für die Spektroskopie interessieren und Ihre Ausrüstung zu vervollkommnen beabsichtigen, würde sich die Anschaffung eines Reflexionsgitters empfehlen, welches interessante Versuche auch mit monochromatischem Licht ermöglicht.

Die Lichtquelle wird hierbei hinter einen mit einer kleinen Öffnung versehenen Schirm gestellt (in gebührlichem Abstand, wenn eine Flamme als Lichtquelle dient). Vor dem (auf der Lampenseite schwarzen und vorne weißen) Schirm wird das Gitter – möglichst auf einer drehbaren Unterlage – aufgestellt. Nachdem das Gitter so ausgerichtet wurde, daß das Farbspektrum auf dem Schirm sichtbar wird, stellt man in den reflektierten Strahl eine Linse (Gitter im Brennpunkt). Den Raum vorher selbstverständlich abdunkeln. Bei Verwendung von Weißlicht entsteht auf dem Schirm ein regenbogenfarbenes Beugungsspektrum. (Der Schirm läßt sich im übrigen optimieren, wenn man an der entscheidenden Stelle zwecks Steigerung des Reflexionsvermögens eine mit Glanzfolie beschichtete Glasscheibe anbringt.)

Seltener indessen sind Linienspektren. Wie wir bereits gesehen haben, erhält man das monochromatische Natrium-Gelblicht durch Verbrennen von Kochsalz auf einer angefeuchteten Messerklinge. Monochromatisches grünes Licht läßt sich erzeugen, wenn man nach demselben Verfahren einige Körnchen Kupfersulfat verbrennt. (Achtung: Kupfersulfat ist giftig! Alle damit in Berührung gekommenen Gegenstände gründlich abwaschen.) Oder das eine Ende eines Kabels wird

Beugung mittels eines reflektierenden Beugungsgitters. Auf dem Hinweg durchquert das Licht die im Schirm befindliche Öffnung und wird auf seinem Rückweg durch die Linse in seine spektralen Bestandteile zerlegt.

130 · LICHTER UND KLÄNGE

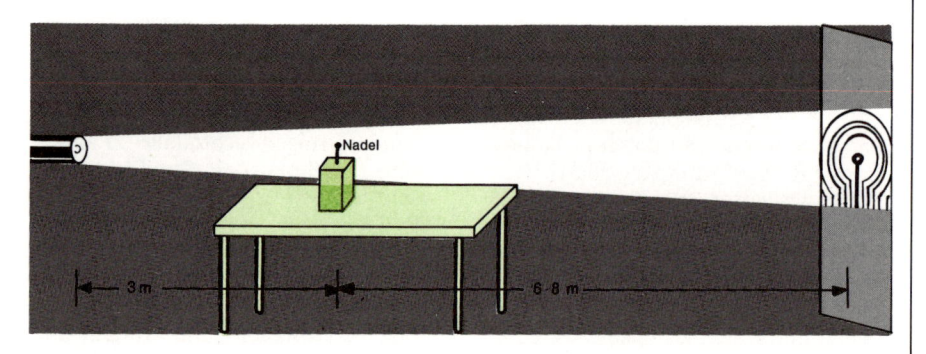

ganz abisoliert und die nackte Kabelspitze wird – am isolierten Teil mit einer Holzklammer gehalten – einer Gasflamme ausgesetzt.
Die Methanflamme zeigt, durchs Beugungsgitter betrachtet, nur zwei Farbtöne: Blau und Grün. Weitere Lichtquellen für Linienspektren (also Spektren mit einer bestimmten Zahl deutlich abgegrenzter Wellenlängen) sind Neon- und Bräunungsröhren.

Der Poissonsche Fleck
Beugungserscheinungen entstehen auch dann, wenn sich im Strahlengang ein Hindernis befindet, wovon man sich im nachfolgenden Experiment überzeugen kann.
Sie benötigen hierzu einen dunklen Raum von etwa zehn Meter Länge (etwa ein Korridor) und eine sehr kräftige Stabtaschenlampe. Glas und Hohlspiegel der Taschenlampe entfernen (oder letzteren mit schwarzer Pappe abdecken), und schon haben Sie in Form der Glühwendel praktisch eine punktförmige Lichtquelle.
In dreimetrigem Abstand von der Lampe wird das Hindernis plaziert – etwa eine dünne Nadel oder ein schmales Stück Draht auf einer entsprechenden Unterlage. Beobachtet werden soll nun der von diesem Hindernis auf einen Schirm geworfene Schatten. Der Schirm besteht aus einem mit einer transparenten Klebefolie beschichteten Mikroskopierglas. Da der Abstand des Schattens zum Objekt fünf bis sechs Meter betragen soll, nehmen Sie nun das Glas mit einem hintergelegten Stück weißer Pappe in die Hand und entfernen sich von dem Hindernis, dabei den auf die Folie geworfenen Schatten im

Oben: Versuchsaufbau zur Erzeugung des Poissonschen Flecks. Die von einer in größerer Entfernung aufgestellten, punktförmigen Lichtquelle stammenden linearen Wellen treffen somit einen Schatten, welcher in größerer Entfernung von dem Hindernis Interferenzstreifen und einen zentralen Leuchtfleck aufweist.

Unten: Diese Erscheinung wird durch die beiden Fotos veranschaulicht: oben die im Umkreis einer kleinen Scheibe entstehenden Streifen (in der Mitte der Poissonsche Fleck), unten die rings um das Schattenbild eines dünnen Drahts entstehenden Streifen.

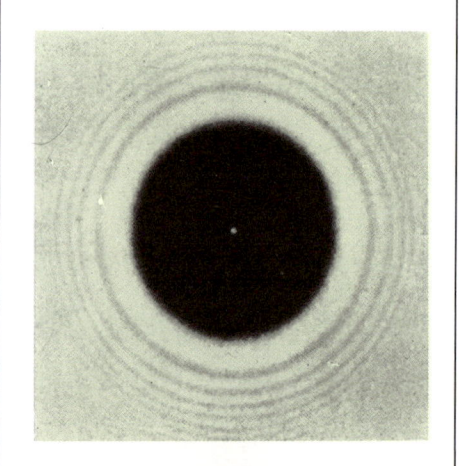

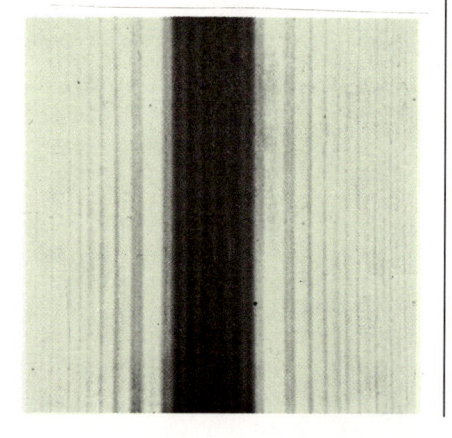

Auge behaltend. Der Schatten wird dabei selbstverständlich zunehmend schwächer, bis dann – viele Meter vom Hindernis entfernt und bei ausreichender Lichtleistung – die Beugungslinien erscheinen.
In der Mitte des Nadelkopf-Schattens entsteht ein Leuchtfleck, welcher sich als helles Segment in der Mitte des Nadelkörpers wiederholt. Die Tatsache, daß sich inmitten eines Schattens ein heller Bereich *(Poissonscher Fleck)* befindet, dürfte reichlich unerwartet sein und ist gewiß ein weiterer klarer Beweis für die Wellennatur des Lichts.
Dieses Phänomen läßt sich mit Hilfe des Huygensschen Prinzips erklären. Demzufolge werden die Randbereiche der Nadel selbst zu neuen Lichtquellen, wenn die von der weit entfernten punktförmigen Lichtquelle ausgehende lineare Welle auf die Nadel trifft. Diese sogenannten Elementarwellen breiten sich untereinander gleichphasig aus. Da alle Punkte in der Mitte des Schattens gleich weit vom Rand entfernt liegen, müssen die (von Beginn an gleichphasigen) Wellen dieselbe Strecke zurücklegen, um diese zu erreichen.
Die Wellen sind also auch noch beim Auftreffen auf dem Schirm gleichphasig und bilden durch Interferenz den Leuchtfleck aus. Der Poissonsche Fleck läßt sich überdies weit problemloser beobachten, wenn man einen kleinen Laser zur Hand hat.

POLARISIERTES UND KOHÄRENTES LICHT

Ein besonderer Stein

Im Jahre 1699 machte der dänische Gelehrte Erasmus Bartholinus die Entdeckung, daß Isländischer Doppelspat (Calcit), ein transparentes Mineral, überraschende optische Eigenschaften aufweist.
Der Kristall vermag nämlich einen eindringenden Lichtstrahl zweizuteilen. Legt man den Stein etwa auf ein beschriebenes Blatt Papier, so erscheinen sämtliche Schriftzeichen doppelt. Dreht man ihn überdies um die Achse des einfallenden Lichts, verändert einer der beiden Strahlen seine Lage nicht (der »ordentliche« Strahl), wohl aber der zweite, »außerordentliche«.
Auch diese ungewöhnliche Erscheinung wurde von Newton und Huygens gegensätzlich gedeutet. Als Anhänger der Wellentheorie meinte Huygens, daß eine der beiden Wellen (nämlich der »ordentliche« Strahl) eine Kugelwelle sei und sich daher in alle Richtungen gleich schnell ausbreite, während die zweite Welle ellipsoid sei und ihre Geschwindigkeit von der Ausbreitungsrichtung bezüglich der »optischen Achse« des Kristalls abhänge. Die optische Dopplung würde demnach durch den verzögerten Austritt eines der beiden Lichtbündel aus dem Stein entstehen.
Als Befürworter der Korpuskulartheorie vertrat indessen Newton die Ansicht, daß die »ordentlichen« und »außerordentlichen« Partikel gegenüber dem Lot zum Strahl verschieden ausgerichtet seien. Als Beispiel führte er zwei Eisenstangen an – eine mit kreisförmigem und eine mit rechteckigem Querschnitt. Dreht man erstere um ihre eigene Achse, so bleibt sie in jeder Stellung unverändert; die zweite Stange aber bietet sich dem Betrachter, wird sie gedreht, anders dar.
Trotz dieses nicht zutreffenden gedanklichen Kontexts hielt diesmal Newton die Lösung parat: Die Ablenkung erfolgt senkrecht zur Ausbreitungsrichtung. Huygens jedoch

»Doppelbrechung« von Calcit; das einfallende Licht tritt unter zwei verschiedenen Winkeln aus.

sah die Licht- wie eben auch die Schallwellen als Longitudinalwellen an; die von uns als »Licht« wahrgenommenen Schwingungen verliefen nach Ansicht des Holländers in dieselbe Richtung wie die sich ausbreitenden Wellenfronten (andere Richtungen waren von Huygens nie in Erwägung gezogen worden).
Um das Jahr 1800 sollte dann der französische Physiker Etienne Louis Malus das Gegenteil feststellen, nämlich daß die Lichtwellen (also unsere »heutigen« elektromagnetischen Wellen) transversaler Art sind: Die Schwingungen (des elektrischen und magnetischen Felds) erfolgen senkrecht zur Ausbreitungsrichtung des Lichts.
Dieses Bild wurde später noch durch die Maxwellschen Gleichungen vervollständigt. Wie die Ecke einer Schachtel, die sich aus drei rechtwinklig zueinander verlaufenden Kanten zusammensetzt, stehen auch die Ausbreitungsrichtung, das elektrische und das magnetische Feld senkrecht zueinander.
Wenn unsere eingebildete Schachtel sich nicht in Ausbreitungsrichtung dreht, so weisen das elektrische und das magnetische Feld immer in dieselbe Richtung, und wir erhalten *linear polarisiertes* Licht. Drehen sich die beiden Felder hingegen in Ausbreitungsrichtung (erinnern Sie sich an den Astronauten in dem Film *2001 – Odyssee im Weltraum?*), ist das Licht *zirkular* (oder *elliptisch*) polarisiert. In sämtlichen übrigen Fällen wird das Licht als nichtpolarisiert bezeichnet.
Das Licht der Sonne, der Sterne und auch unser künstliches Licht ist nicht polarisiert; das elektrische und das magnetische Feld verlaufen zwar weiterhin senkrecht zueinander, weisen jedoch in beliebige Richtungen, die auch während der kleinsten praktikablen Meßintervalle mehrmals willkürlich wechseln.
Schickt man solches Licht jedoch durch besondere, lichtdurchlässige Körper – Polarisatoren genannt –, tritt, wie der Name schon sagt, eine Polarisation auf. Um deren Funktionsprinzip zu verstehen, denken wir uns ein Gestell, das wie ein Eierschneider mit einer Vielzahl dünner Drähte bespannt ist.
Trifft eine nicht polarisierte, langwellige elektromagnetische Strahlung (z. B. langwellige Infrarotstrahlen oder Mikrowellen) auf das Gestell, tritt sie senkrecht zur Drahtrichtung polarisiert aus. Schwingt nämlich das elektrische Feld der Lichtwelle in Richtung der Drähte, werden die dort befindlichen Elektronen zu Schwingungen längs der Drähte angeregt. Das Feld gibt seine Energie damit vollständig ab und vermag das Gestell nicht zu überwinden. Das eine senkrecht hierzu verlaufende Schwingungsrichtung aufweisende elektrische Feld hingegen vermag die Elektronen nicht anzuregen, verliert also keine Energie und tritt unverändert aus. Letztendlich bleibt die Schwingungsrichtung des elektrischen Felds hinter dem »Eierschneider« unveränderlich, und es ergibt sich wie gesagt linear polarisiertes Licht.
Derartiges würde mit sichtbarem Licht nicht funktionieren, dessen Wellenlänge so klein ist, daß die Wellen zwischen zwei auch noch so dünnen und eng benachbarten Drähten »hindurchschlüpfen« würden. Es gibt jedoch Festkörper, die aufgrund ihres atomaren bzw. molekularen Aufbaus nur dann strahlungsdurchlässig sind, wenn das elektrische Feld nur in bestimmte Richtungen schwingt,

132 · LICHTER UND KLÄNGE

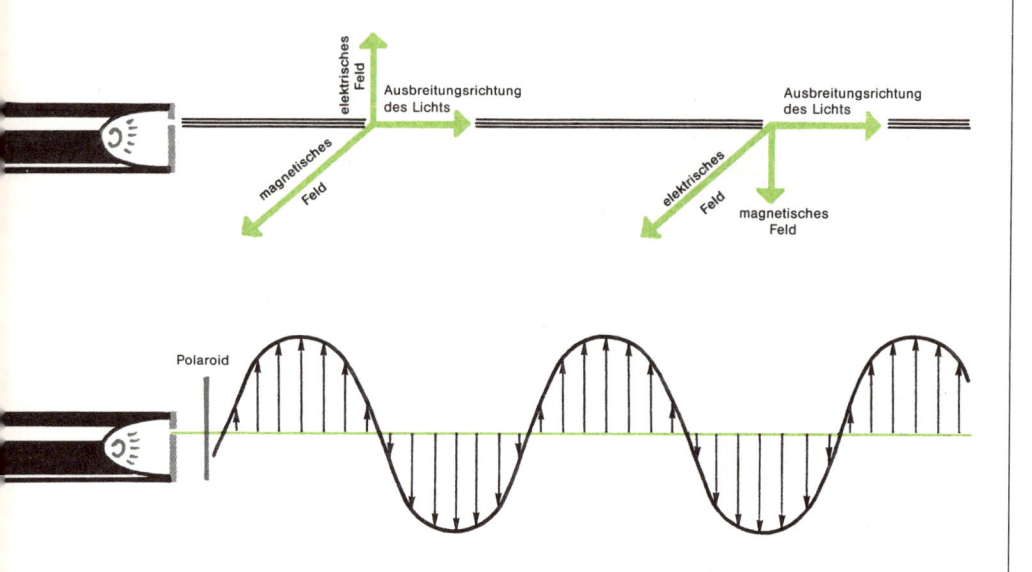

Ganz oben: Das magnetische, das elektrische Feld und die Ausbreitungsrichtung des Lichts verlaufen immer rechtwinklig zueinander.

Oben: Schwingt das elektrische Feld immer längs derselben Raumachse (entsprechend demnach auch das magnetische Feld), so wird das Licht linear polarisiert.

Unten: Beschreibt das elektrische Feld während der Lichtausbreitung einen Kreis oder eine Ellipse, so wird das Licht zirkular oder elliptisch polarisiert (Lichtstrahl senkrecht zum Blatt).

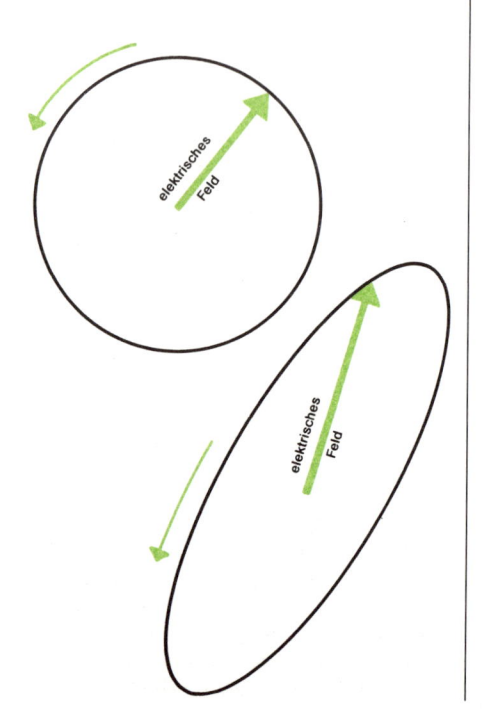

wodurch das austretende Licht in den entsprechenden Richtungen polarisiert wird.

Ein solcher Stoff, das sogenannte Polaroid-Material, wurde in den 30er Jahren von dem Amerikaner Edwin Land entwickelt. Land besitzt mehr als 500 Patente, darunter auch das für seine berühmte Sofortbildkamera. Ein bestimmter Kunststoff erfährt eine Streckung, was bewirkt, daß dessen Molekülketten durch Dehnung auf mikroskopischer Ebene eine Art »Eierschneider« bilden, deren »Drähte« einen Abstand aufweisen, der geringer ist als die Wellenlänge des Lichts.

Um die Ketten leitend zu machen, kuppelte Land auf chemischem Wege Jodatome an, welche freie Elektronen in Umlauf versetzen. Wenn nun Licht durch das Polaroid dringt, können die Elektronen unter der Einwirkung des elektrischen Felds zwar längs der Ketten, nicht aber senkrecht dazu schwingen; die parallel zum Feld verlaufende Komponente wird also absorbiert, und das austretende Licht ist linear polarisiert – senkrecht zur Streckungsrichtung.

Diese Erfindung wurde zudem durch eine Eigenschaft popularisiert, die man sich bald bei der Herstellung besonderer Sonnenbrillen zunutze machte. Lästige Spiegelungen, wie sie an sonnigen Tagen durch Schnee, Wasser, Asphalt usw. entstehen, lassen sich durch Tragen einer Polaroidbrille stark reduzieren. Das von einem Gegenstand reflektierte Licht wird nämlich vornehmlich parallel zu dessen Oberfläche polarisiert, d. h. in den am meisten störenden Fällen horizontal. Verläuft die »bevorzugte« Durchlaßrichtung (jene senkrecht zu den Molekülketten) der Polaroidbrille vertikal, wird das reflektierte Licht größtenteils absorbiert, bevor es zum Auge gelangt.

Bei der Erfindung eines künstlichen Polarisators war Edwin Land der erste; allerdings sind bereits seit mehreren Jahrhunderten natürliche Kristalle bekannt, die über ähnliche positive Eigenschaften verfügen, u. a. eben das Calcit, welches Newton

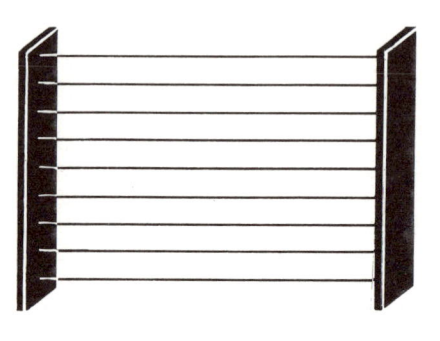

Ein Gestell aus parallel verlaufenden Drähten ist imstande, Infrarotlicht bzw. Mikrowellen zu polarisieren.

und Huygens so sehr beschäftigt hatte.

Aufgrund der besonderen Symmetrie seiner atomaren Struktur wird das einfallende Licht in zwei senkrecht zueinander polarisierte Strahlenbündel aufgespalten (»ordentlicher« und »außerordentlicher« Strahl). Aufgrund des unterschiedlichen Polarisationszustands breiten sich beide Strahlen im Kristall verschieden schnell aus und verlassen ihn folglich nicht in demselben Winkel – wodurch sich beim Beobachter der befremdliche Eindruck des Doppeltsehens einstellt.

LICHTER UND KLÄNGE · 133

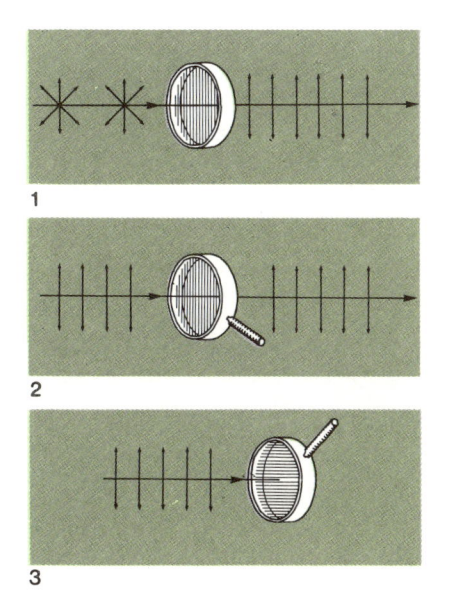

Oben: Wirkung eines Polarisationsfilters. Nichtpolarisiertes Licht (1) wird in linear polarisiertes Licht umgewandelt. Einfallendes Licht, das längs der Filterachse polarisiert ist (2), wird durchgelassen. Dreht man indessen die Achse um 90 Grad, so wird das polarisierte Licht absorbiert (3).

Oben rechts: Um nachzuprüfen, daß bei schönem Wetter polarisiertes Sonnenlicht entsteht, wird der Fotoapparat senkrecht zur Lichtquelle ausgerichtet und der vor das Objektiv geschraubte Polfilter für die einzelnen Aufnahmen in verschiedene Stellungen gebracht. Das mit Abstand dunkelste Foto ist jenes, bei dem die Filterachse waagerecht ausgerichtet war.

Auf den beiden Fotos ist der Unterschied zwischen einem Rot- und einem Polfilter erkennbar. Der Rotfilter verstärkt lediglich die Wolken (links), während der Polfilter in Extremstellung für eine nachtähnliche Stimmung sorgt (rechts).

Die Himmelslichtpolarisation
Bei schönem Wetter finden wir stark polarisiertes Licht vor. Grund hierfür ist derselbe Streuungsmechanismus, der die Blaufärbung des Sonnenlichts bewirkt. Nehmen wir der Einfachheit halber einmal an, daß die Sonne sich gen Westen neigt und wir einen senkrecht über uns befindlichen Himmelspunkt (den Zenit) fixieren. Das Licht gelangt auf folgendem Wege zu uns (denken Sie daran, daß die Schwingungsrichtung des elektrischen Felds immer senkrecht zur Ausbreitungsrichtung verläuft): Das Licht wird auf seinem Weg von der Sonne zum Zenit nicht polarisiert, und das elektrische Feld kann innerhalb der Ebene Norden-Zenit-Süden beliebig ausgerichtet sein. Der Strahl wird nun von den Molekülen der direkt über uns befindlichen Luftmassen zu uns hin abgelenkt, weil nämlich die molekularen Ladungsträger in Feldrichtung zu schwingen beginnen und dabei ihrerseits Licht erzeugen. Die Schwingung kann eindeutig nicht in Ost-West-Richtung stattfinden, wohl aber in senkrechter Richtung (oben/unten), wodurch Licht entsteht, das sich allerdings nicht zur Erde hin auszubreiten vermag. Das zu uns gelangende Licht kann demnach einzig durch eine Schwingung in Nord-

Süd-Richtung entstanden sein und erscheint uns polarisiert.

In unserem Beispiel bildet die Beobachtungsrichtung einen rechten Winkel zur Sonnenrichtung; in einem solchen Fall ist das beschriebene Phänomen stärker ausgeprägt, d. h., das gestreute Licht ist stärker polarisiert. Der Polarisationsgrad wächst mit zunehmender Ausrichtung zur Sonne an und ist bei direktem Licht gleich null.

Dies alles läßt sich überprüfen, wenn man durch eine Polarisationsbrille gen Himmel schaut. Hierbei die Brille nicht aufsetzen, sondern ein Brillenglas dicht vors Auge halten. Durch Schwenken der Brille läßt sich eine Zone kleinster Leuchtkraft ermitteln, die einem den Himmel durchziehenden Streifen entspricht – ebenjene Position senkrecht zur Richtung der Sonne. Wiederholen Sie den Versuch bei bewölktem Himmel: Eine dunklere Zone ergibt sich hier nicht, da das Licht durch die zahlreichen Reflexionen an den Wassertröpfchen entpolarisiert wird. Um praktisch nachzuvollziehen, daß direktes Sonnenlicht nicht polarisiert ist, lassen Sie durch eine Jalousie einen Sonnenstrahl ins Zimmer eindringen und beobachten Sie den auf dem Fußboden entstehenden Lichtfleck per Polarisionsbrille. (Nie direkt in die Sonne schauen!) Auch wenn Sie die Position der Brille verändern, werden Sie keinerlei Helligkeitsschwankungen feststellen können. Die Tatsache, daß das Himmelslicht nicht gleichmäßig polarisiert ist, kann zu Wasser und in der Luft als Orientierungshilfe genutzt werden. So läßt sich etwa auch nach Sonnenuntergang die ungefähre Sonnenrichtung ermitteln, indem man jenen Horizontbereich bestimmt, der am polarisiertes Licht ausstrahlt (das entsprechende Navigationsinstrument wird als »Zwielichtkompaß« bezeichnet und ist in den höheren Breiten äußerst brauchbar). Diese Methode war anscheinend bereits den Wikingern bekannt (siehe die nächste Seite), wenn auch die in ihren Sagen zu findende Behauptung, sie würden nie die Orientierung verlieren, etwas übertrieben sein dürfte. Sicher ist

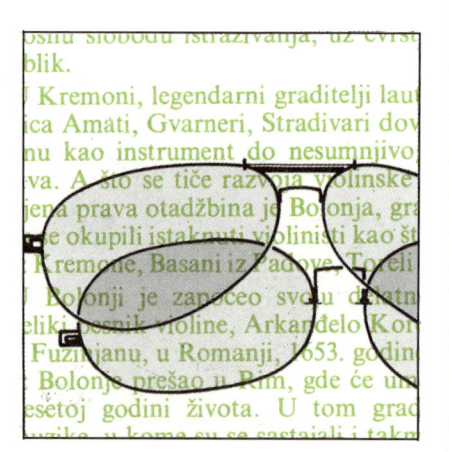

Die Anordnung zweier Polaroid-Sonnenbrillen gemäß der Zeichnung ganz oben ermöglicht die Durchsicht, da die Polarisation gleichsinnig erfolgt. Legt man die Gläser jedoch über Kreuz (unten), wird der Lichtdurchgang völlig blockiert.

indessen, daß Bienen und andere Insekten nach diesem Prinzip verfahren; sie sind imstande, mit ihren Augen die Polarisation der UV-Strahlen zu »messen«. Doch es gibt auch menschliche Ausnahmeerscheinungen, die in der Lage sind, am Himmel einen durch polarisiertes Licht erzeugten gelblichen Bogen, das sogenannte *Haidingersche Büschel,* zu erblicken.

Beobachtungen mit Polaroidfiltern

Mit Hilfe zweier Polaroidfolien lassen sich einige klassische Experimente nachvollziehen. Zunächst visieren Sie durch den ersten Filter eine Lichtquelle an. Auch wenn sich dabei anscheinend nichts verändert, steht fest, daß das Licht entlang der »bevorzugten« Achse des Filters linear polarisiert wurde. Um dies zu überprüfen, legen Sie den zweiten Filter – Vorzugsrichtung im rechten Winkel – über den ersten: Es tritt eine ziemlich vollständige Verdunklung ein, die Sie aber aufheben können, wenn Sie eine der beiden Folien drehen und damit eine Parallelstellung der bevorzugten Durchlaßrichtungen bewirken.

Ordnen Sie die Filter nochmals kreuzweise an, und überprüfen Sie mit Hilfe der Lichtquelle, daß die Filter praktisch lichtundurchlässig angeordnet sind. Schieben Sie nun zwischen die in dieser Position gehaltenen Filter ein Blatt Wachspapier (wie es etwa zum Verpacken von Aufschnitt verwendet wird). Trotz der Trübung dringt nun weit mehr Licht durch die Filter als zuvor. Das Licht wird nämlich durch das Wachspapier in sämtliche Richtungen gestreut, was deutlich wird, wenn man versucht, etwas hindurch zu lesen (dies klappt nur in größter Nähe zum Blatt). Das Licht wird durch das Wachspapier erneut entpolarisiert (als existierte der erste Filter nicht), und der zweite Filter ergibt eine einfache Polarisation. Daß dieser Streuungsprozeß eine Polarisation gänzlich unterbindet und nicht nur eine Richtungsänderung bewirkt, läßt sich prüfen, indem man den zweiten Filter dreht: Das Licht tritt unabhängig von der Ausrichtung hindurch.

Da transparenter Kunststoff keine Lichtstreuung bewirkt (man kann ja schließlich hindurch lesen), eignet er sich für weitere Beobachtungen. Ordnen Sie beide Filter nochmals über Kreuz an, und prüfen Sie so, daß kein Licht hindurchdringt. Schieben Sie nun ein Stück *Cellophan* (durchsichtiges und ziemlich festes Bonbonpapier) zwischen beide Filter. Dieses »Sandwich« ermöglicht wiederum klare Sicht auf die Lichtquelle. Wenn Sie das Cellophan allerdings drehen, erhalten Sie innerhalb einer vollständigen Drehung zwei Positionen mit größter und zwei mit kleinster Helligkeit.

Seefahrt bei den Wikingern

In hohen Breiten (...) ist der Magnetkompaß unverläßlich. Auch die Sonne kann für die Orientierung häufig nicht herangezogen werden; sie ist vielleicht gerade hinter dem Horizont, und das sogar zu Mittag! Die Piloten benutzen dann oft den sogenannten »Zwielichtkompaß«; damit kann man nämlich die Position der Sonne auch unterhalb des Horizonts aus der Änderung der Polarisation des Blau des Himmels in Abhängigkeit von der Beobachtungsrichtung bestimmen. Der Kompaß enthält ein Stück Polaroid. Einige natürlich vorkommende Kristalle besitzen ähnliche Eigenschaften wie Polaroid; Beispiele dafür sind Turmalin und Cordierit. Betrachtet man linear polarisiertes Licht durch einen Cordieritkristall, so erscheint der Kristall durchsichtig und farblos (mit einem Stich ins Gelbliche), sofern die Polarisationsrichtung mit der bevorzugten Durchlaßrichtung des Kristalls zusammenfällt; steht die Polarisationsrichtung senkrecht auf dieser Richtung, so erscheint der Kristall dunkelblau. (...)

Als die Wikinger im neunten Jahrhundert ihre Seefahrten unternahmen, hatten sie weder Magnetkompaß noch Polaroid als Navigationshilfe. Bei Nacht richteten sie sich nach den Sternen, bei Tag nach der Sonne, wenn diese nicht gerade durch Wolken verdeckt war. Die alten Nordischen Sagen berichten, daß sich die zur See fahrenden Wikinger mit Hilfe von magnetischen »Sonnensteinen« auch dann nach der Sonne orientieren konnten, wenn die Sonne hinter Wolken verborgen war. Was jedoch diese »Sonnensteine« wirklich waren, blieb lange Zeit ein Rätsel. Dieses Rätsel wurde wahrscheinlich von einem dänischen Archäologen, der über die Wikinger Bescheid wußte, und von einem zehnjährigen Knaben, der den Zwielichtkompaß kannte, gelöst (der Vater des Knaben war Chefpilot bei einer skandinavischen Fluggesellschaft). Der Archäologe Thorkild Ramskou hatte in einer archäologischen Zeitschrift folgendes geschrieben: »... es scheint jedoch möglich, daß es sich dabei um ein Instrument handelte, das auch bei Bewölkung den Stand der Sonne anzeigen konnte.« Der Knabe las das; ihm kam vor, es könnte sich dabei um einen Zwielichtkompaß gehandelt haben. Der Vater des Knaben, Jörgen Jensen, teilte diese Beobachtung Ramskou mit. Ramskou und der Juwelier des dänischen Königshofes sammelten und untersuchten verschiedene in Skandinavien gefundene dichroitische Kristalle. Cordierit erwies sich dabei als der beste »Sonnenstein«. Ramskou konnte damit die Position der Sonne auf ± 2,5° genau bestimmen und bis 7° hinter den Horizont verfolgen.«
(Aus: Frank S. Crawford, Jr., *Berkeley Physik-Kurs*, Bd. 3, *Schwingungen und Wellen*, S. 258)

Ein Wikingerboot. Die Wikinger sind höchstwahrscheinlich in der Lage gewesen, die Position der wolkenverhangenen Sonne zu ermitteln, indem sie durch einen Cordieritstein blickend die Polarisation des Himmelslichts bestimmten.

136 · LICHTER UND KLÄNGE

Ersetzen Sie das Cellophan nun durch Polyäthylen (PE) – ein Stück Klarsichtfolie –, wobei Sie die Polaroidfilter unverändert gekreuzt halten. Die PE-Folie hebt den bekannten Abdunklungseffekt keineswegs auf. Entnehmen Sie nun die PE-Folie, ziehen diese kräftig in eine beliebige Richtung auseinander und legen sie nochmals zwischen die Filter, und zwar so, daß sich die Dehnungsrichtung in einem Winkel von 45 Grad zwischen den beiden bevorzugten Achsen befindet: Die Helligkeit nimmt nun wieder zu.

Ein derart merkwürdiges Materialverhalten liegt darin begründet, daß sich das Cellophan – ebenso wie das PE, dessen lange Molekülketten eine Streckung erfahren haben – wie eine »Verzögerungsfolie« verhält. Das polarisierte Licht breitet sich nämlich in Streckungsrichtung nicht mit derselben Geschwindigkeit aus wie senkrecht dazu (beide ausgezeichneten Richtungen werden als *optische Achsen* bezeichnet).

Nehmen wir einmal an, der polarisierte Strahl würde in einem Winkel von 45 Grad zu den optischen Achsen in das Cellophan eindringen. Das elektrische Feld läßt sich nun in zwei Teilfelder zerlegen.
Eines verläuft längs der »langsamen«, das andere längs der »schnellen« Achse des Cellophans. Das erste Feld benötigt entsprechend mehr Zeit bis zum Austritt und führt demnach eine größere Zahl von Schwingungen durch, bevor es die entgegengesetzte Oberfläche erreicht. Hier aber setzen sich beide Teilfelder nicht mehr wie zuvor zusammen: Aufgrund der verschiedenen Proportionen entsteht eine zirkulare Polarisation, welche es ermöglicht, daß das Licht (gänzlich oder zum Teil) ungehindert den zweiten Polarisationsfilter passieren kann.

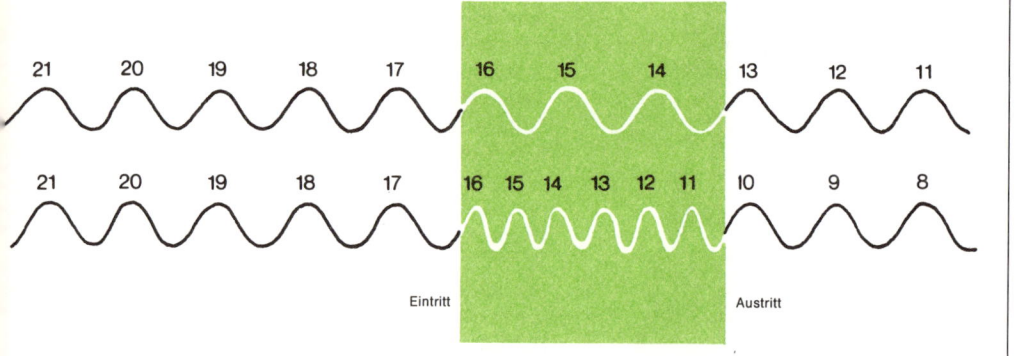

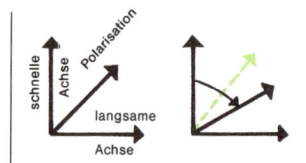

Oben: Das in Richtung zur »schnellen« und das zur »langsamen« Achse einer Plastikfolie polarisierte Licht unterliegt einer Phasenverschiebung, da letzteres in der Folie zu einer größeren Zahl von Schwingungen veranlaßt wird.
Tritt das polarisierte Licht in einem Winkel von 45 Grad zu den beiden optischen Achsen der Plastikfolie ein, wird das austretende Licht in einem Winkel gedreht, dessen Größe von den beiden Ausbreitungsgeschwindigkeiten sowie der Stärke der Folie abhängt.

Unten: Wird das Licht in einem Winkel von 53 Grad durch das Glas reflektiert, tritt es vollständig polarisiert aus.

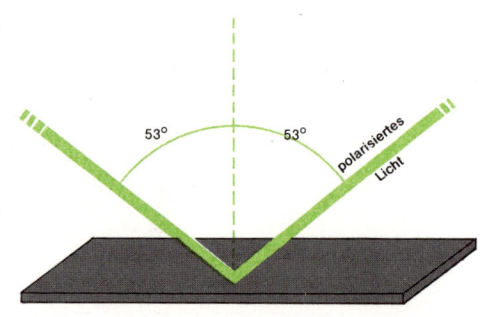

Überdies reicht ein einzelner Polaroidfilter (oder eine entsprechende Brille) aus, um zu verifizieren, ob Licht, das in einem bestimmten Winkel von Glas oder Wasser reflektiert wird, parallel zur Oberfläche vollständig polarisiert ist. Legen Sie hierzu eine Glasscheibe auf einen dunklen Untergrund, und richten Sie den Strahl einer Taschenlampe darauf. Betrachten Sie nun das auf dem Glas entstehende Abbild der Taschenlampe durch den Filter, dessen bevorzugte Achse vertikal, also senkrecht zur Oberfläche, ausgerichtet ist. Halten Sie den Filter nicht zu nah ans Auge, und ermitteln Sie durch einen Standortwechsel (also durch Verändern des Winkels zum Licht) jene Position, in der Ihnen die Lampe dunkel erscheint. Der Betrachterwinkel (und der des einfallenden Strahls) beträgt nun 53 Grad zur Senkrechten der Glasscheibe und wird als *Brewsterscher Winkel* bezeichnet. Wasser weist im übrigen mit 59 Grad einen geringfügig kleineren Winkel auf.

Wie funktioniert ein Laser?
Kleine Gas- oder Festkörperlaser, die quasi auf Knopfdruck bereitstehen und gänzlich ungefährlich sind (sofern man nicht mit den Augen in den Strahlengang gerät), breiten sich in optischen Labors und auch in den Schulen immer mehr aus – dies aus gutem Grund, denn Lichtmessungen und -experimente fallen mit Hilfe eines Lasers leichter und ergeben einfach bessere Resultate.
Das Funktionsprinzip eines Lasers beruht auf einer *stimulierten Strahlungsemission (stimulated emission of radiation),* ausgehend von den Atomen einer bestimmten Substanz. Wir wollen uns eines dieser Atome einmal näher anschauen. Wie die Quantenmechanik lehrt, können die den Kern umhüllenden Elektronen nur über einen bestimmten, »diskreten« Energiebetrag verfügen – hierin einem Auto ähnlich, das auch nur bestimmte Gänge aufweist, etwa den 3. und den 4., nicht aber den »3,14.« Gang. Wenn ein Atom nun »herunterschaltet« und somit in einen niedrigeren Energiezustand übergeht, emittiert es ein Photon (Lichtquant),

LICHTER UND KLÄNGE · 137

Oben: Laserstrahl

dessen Wellenlänge sich wie folgt errechnet:

(Lichtgeschwindigkeit · Plancksches Wirkungsquantum)/Energiedifferenz

Will man quasi »hochschalten«, so genügt es, das Atom mit einem Photon der passenden Wellenlänge (siehe Formel) auszustatten. Befindet sich das Atom allerdings bereits in einem »hohen Gang«, wird es durch die Ankunft des Photons veranlaßt, zwei identische Photonen abzugeben, deren elektrische Felder im Gleichtakt schwingen (stimulierte Emission). Was geschieht nun mit diesen »Zwillingsphotonen«? Da bereits in geringen Mengen unserer Substanz Milliarden von Atomen vorhanden sind, besteht für beide Photonen eine hohe Wahrscheinlichkeit, durch Auslösen desselben Prozesses bei einem weiteren Atom vier gleiche Photonen entstehen zu lassen; aus diesen vier werden acht usw. Das mit dieser Art von »Kettenreaktion« erzeugte Strahlenbündel setzt sich aus im Takt schwingenden Photonen derselben Wellenlänge zusammen. Das gebündelte Licht wird demnach als mono-

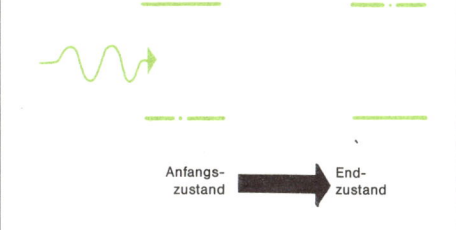

Oben: Die Absorption eines Lichtquants durch ein Atom läßt dieses »sprunghaft« in einen höheren Energiezustand übergehen.

Unten: Beim Hinzutreten eines zweiten Photons derselben Wellenlänge kann eine stimulierte Emission erfolgen, welche dem Funktionsprinzip eines Lasers zugrunde liegt: Das Atom ist bestrebt, in einen niedrigeren Energiezustand überzugehen und muß daher zwei identische Photonen emittieren.

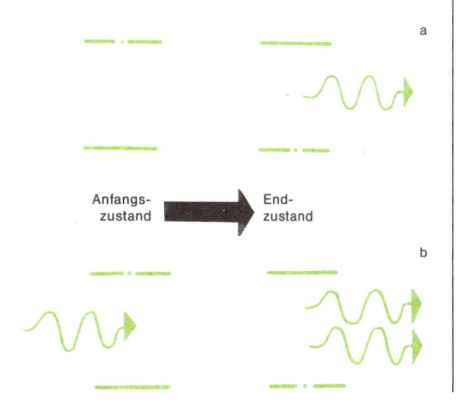

chromatisch und *kohärent* bezeichnet; es weist zudem eine starke Bündelung auf und gleicht sehr einer linearen Welle. Der Hohlraum, in welchem sich das Laserlicht ausbildet, ist von zwei Spiegeln umgeben; der eine – teildurchlässige – Spiegel läßt einen Teil des Lichts entweichen und hält mit dem nach innen reflektierten Restlicht die Kettenreaktion in Gang. Die Art der verwendeten Substanz bestimmt die Farbe des Lichts: Rubin- und Helium-Neon-Laser erzeugen z. B. rotes, Argon-Laser hingegen grünes Licht. Es gibt aber auch leistungsfähige Laser für den Infrarot- und den Ultraviolett-Bereich.

Das Hologramm

Die Erfindung des Hologramms ergab sich, als ein gewisser Dennis Gabor im Jahr 1947 nach Mitteln und Wegen suchte, die Leistung von Elektronenmikroskopen zu verbessern. Für die Urversion des Hologramms benutzte Gabor das Licht einer Quecksilberdampflampe, und die erste holographische Darstellung bestand in einem »Plakat« mit den Namen jener Wissenschaftler, die am meisten dazu beigetragen haben, die wahre Beschaffenheit des Lichts zu enthüllen:

NEWTON, HUYGENS
YOUNG, FRESNEL
FARADAY, MAXWELL
KIRCHHOFF, PLANCK
EINSTEIN, BOHR

Wirklich eine originelle Ehrenbekundung!
Da man sich beim Hologramm der Interferenz bedient, wird kohärentes Licht benötigt (auch wenn sogar weißes Licht erfolgreich eingesetzt wurde). Man versteht leicht, in welchem Maße die Erfindung des Lasers die Holographie weitergebracht hat, ein Verfahren, das mittlerweile auch zum puren Amüsement oder als künstlerisches Medium Einsatz findet.
Die Herstellung eines Hologramms erfolgt in zwei Phasen, der *Speicherung* und der *Wiedergabe (Rekonstruktion)*. Bei der Speicherung wird eine Fotoplatte per Laserstrahl belichtet. Der Strahl wird dabei von einem teil-

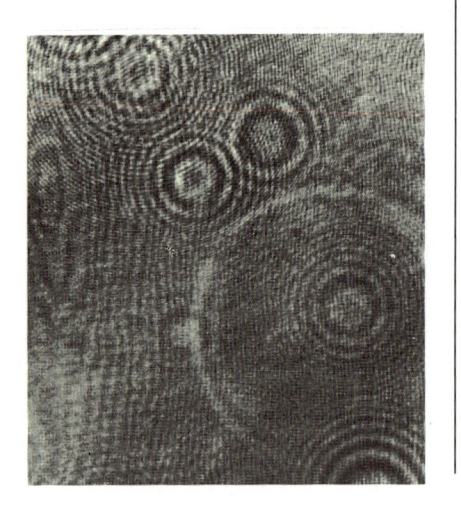

durchlässigen Spiegel aufgespalten: Während ein Teil des Lichts direkt auf die Platte trifft, wird das übrige Licht von dem zu reproduzierenden Objekt auf die Fotoplatte reflektiert. Der vom Objekt kommende und der *Referenzstrahl* des Spiegels überlagern sich, und auf der entwickelten Fotoplatte (dem Hologramm) entsteht eine zunächst absolut nichtssagende Figur aus hellen und dunklen Flecken – solange es bei Tageslicht oder gewöhnlichem Kunstlicht betrachtet wird. Wird das Hologramm jedoch wieder an seinen alten Platz zurückgestellt und mit einem Referenzstrahl anstrahlt. Würden Sie nun einen Fotoapparat ohne Objektiv in den Strahlengang halten, entstünde ein Dia der Beugungsfigur des Punktrasters. Würden Sie aber dieses Dia in den Laserstrahl halten und betrachten (wobei natürlich der Laserstrahl nicht ins Auge gelangen dürfte), so sähen Sie erneut das Punktraster. Das virtuelle Abbild entstünde in demselben Abstand vom Dia, der zuvor das Raster vom Fotoapparat trennte. Demnach rekonstruiert eine Beugungsfigur – wenn sie mit demselben Licht projiziert wird, durch welches sie entstanden ist – das Bild

Oben: Die Wirkung des Hologramms beruht auf der Überlagerung mehrerer Interferenzfiguren.

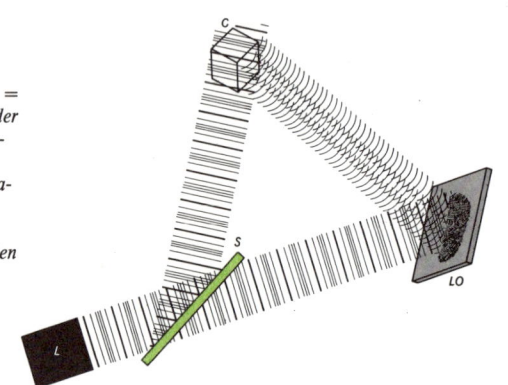

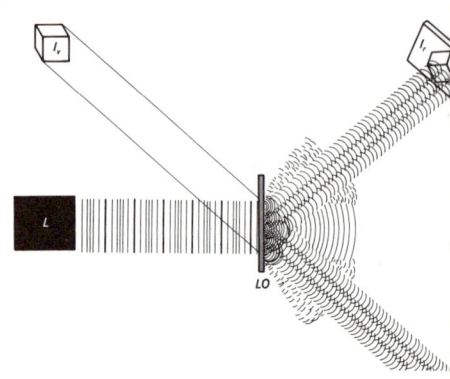

Rechts: Speicherung (links) und Wiedergabe (rechts) eines Hologramms (L = Laserstrahl; S = teildurchlässiger Spiegel; C = zu reproduzierender Gegenstand; LO = Aufnahmematerial; Iv = virtuelles, dreidimensionales Abbild des Gegenstands; Ir = weiteres, allerdings zweidimensionales projizierbares Abbild).

Unten: Foto des von einem Hologramm erzeugten dreidimensionalen Abbilds eines Ammoniten.

beleuchtet, entsteht dort, wo sich ehedem das Objekt befand, ein prächtiges virtuelles und dreidimensionales Bild. Die Nähe zur Vorlage ist dabei so groß, daß man das Bild umrunden und es von mehreren Seiten betrachten kann, so als habe man den beleuchteten Teil des echten Gegenstands vor sich. Wer dies für unmöglich hält, dem sei der Besuch eines Holographiemuseums (z. B. in Pulheim bei Köln) oder einer entsprechenden Wanderausstellung angeraten.

Wie erfolgt nun eigentlich die Wiedergabe des Bildes? Stellen Sie sich vor, was geschieht, wenn man aus einem Bild ein kleines Quadrat voller kleiner schwarzer Punkte ausschneidet, dieses in ein Diarähmchen steckt und nach Abdunkeln des Raums mit dem Licht eines kleinen Lasers des Objekts, aus dem sie hervorgegangen ist. Sie verfügt außerdem über ein »Entfernungsgedächtnis«, welches den Hologrammen ihre räumliche Wirkung verleiht.

Die Suche nach Möglichkeiten, die gemeinhin fehlende dritte Dimension naturgetreu abzubilden, kennzeichnet einen uralten Traum der Menschheit. Der entsprechende Stolz kam dann auch bei der Bezeichnung der Erfindung zum Ausdruck, die es endlich gestattete, einen Gegenstand in seiner Gesamtheit darzustellen – denn nichts anderes bedeutet »Holographie«.

IM REICH DER MATERIE

ES GIBT KEINEN BEWEIS DAFÜR, DASS DIE VORGÄNGE
IN LEBEWESEN – ZUMINDEST IN BEZUG AUF DIE
PHYSIKALISCHEN GESETZMÄSSIGKEITEN – SICH UNBEDINGT
VON DENEN IN DER LEBLOSEN MATERIE UNTERSCHEIDEN
MÜSSEN. AUCH WENN LEBEWESEN FREILICH VIEL
KOMPLEXER SEIN KÖNNEN.
(Richard Feynman)

ORDNUNG UND UNORDNUNG

Als der Botaniker Robert Brown im Jahre 1827 per Mikroskop feine Pollenkörnchen in einem Wassertropfen beobachtete, stellte er etwas Sonderbares fest, das er auch gleich zu Papier brachte: Der Pollen bewegte sich auf dem Objektglas äußerst lebhaft in alle Richtungen. Brown wußte dafür keine Erklärung, konnte aber aufgrund experimenteller Nachweise ausschließen, daß diese merkwürdige Erscheinung von Vibrationen der Apparatur oder von irgend etwas »Lebendigem« im Wasser herrührte. Die Ursache der Brownschen Bewegung blieb etwa acht Jahrzehnte lang ein Rätsel, obwohl in der statistischen Mechanik entscheidende Fortschritte erzielt wurden. Gegen Ende des 19. Jahrhunderts gelang es diesem neuen Zweig der Physik, die Molekularbewegung in Gasen exakt zu beschreiben, wofür Wissenschaftler wie der Österreicher Ludwig Boltzmann, der Engländer James Clerk Maxwell und der Amerikaner Josiah Gibbs die Grundlagen geschaffen hatten.

Darauf aufbauend konnte Albert Einstein eine ausführliche mathematische Abhandlung über die Brownsche Bewegung verfassen. Er bewies, daß die Bewegung der Pollenkörnchen auf zufällige Zusammenstöße mit Wassermolekülen zurückzuführen war. Die Theorie Einsteins, die 1905, in seinem erfolgreichsten Jahr, erschien, konnte der französische Physiker Jean-Baptiste Perrin in der Folge experimentell bestätigen. Die Deutung der Brownschen Bewegung führte zu zwei äußerst wichtigen Erkenntnissen: 1. Die Moleküle einer Flüssigkeit befinden sich in dauernder ungeordneter Bewegung, wobei ihre [mittlere] Geschwindigkeit mit steigender Temperatur zunimmt; 2. Die Moleküle können in ihrer Bewegung sehr viele größere und schwerere Partikel »mitreißen«. Dieser letztgenannte Tatbestand, der am schwierigsten zu deuten war, hatte

Der italienische Physiker Amedeo Avogadro. Er entdeckte, daß gleiche Volumina aller Gase bei der gleichen Temperatur und dem gleichen Druck unabhängig von ihrem chemischen Aufbau die gleiche Anzahl von Molekülen enthalten.

alle Erklärungsversuche vor Einstein zunichte gemacht. Dahinter verbirgt sich jedoch folgendes: Zahlreiche Wassermoleküle können zufällig in dieselbe Richtung drängen. Ein derart »heftiger Stoß« ist zwar noch seltener als ein Sechser im Lotto, doch die Zahl der Stöße auf die Pollenkörnchen (= Anzahl der ausgefüllten Lottoscheine) ist so hoch, daß in einem Tropfen Wasser pro Sekunde etliche »heftige Stöße« vorkommen. Einer von ihnen bewegt das Pollenkorn ein kurzes Stück weiter, dann erfolgt ein zweiter in eine andere Richtung und so fort. Das Pollenkorn taumelt im Wasser umher wie ein Betrunkener in einer großen Menschenmenge. Das Auftreten derartiger Fluktuationen in einem System, das sich im Gleichgewicht befindet (z. B. Wasser, das bei einer bestimmten Temperatur zur Ruhe kommt), ermöglicht derart allgemeingültige Erkenntnisse, daß sie bereits zur Erklärung der verschiedensten Erscheinungen herangezogen werden konnten: Die Palette reicht vom *Urknall* über die Wiederkehr der Eiszeiten bis hin zum Ursprung des Lebens auf der Erde.

Nicht minder bedeutend war der experimentelle Nachweis für die thermische Molekularbewegung in einer Flüssigkeit (Perrin leitete davon einen Schätzwert der Avogadro-Konstante ab; dieser 23stellige Wert gibt die Anzahl der in einer chemischen Zahleinheit, d. h. in einem *Mol*, enthaltenen Atome bzw. Moleküle einer

140 · IM REICH DER MATERIE

Auf der nebenstehenden Seite: ein Steinsalzkristall neben einem Kryolith (unten links) und einem Fluorit/Flußspat (unten rechts). Das Steinsalz ist ein Salz (Natriumchlorid), das – obwohl es durch Verdunstung aus Salzwasser entstanden ist – aus alten Ablagerungen stammt, die sich heute auf dem Festland befinden. Das Aussehen der Kristalle zeigt deutlich die kubische Symmetrie, mit der die Chlorid- und Natriumionen im Innern des Kristalls einem genauen Schema folgend angeordnet sind (siehe Abb. S. 172). Das Kryolith ist ein Natrium- und Aluminiumfluorid und kristallisiert hingegen im monoklinen System, was an den schrägen Kanten einiger Flächen sichtbar wird. Der Flußspat schließlich ist ein Calciumfluorid und kristallisiert im kubischen System. Die Eigenschaft der Kristalle, die Atome nach stets gleichen Mustern »einzupacken«, die sich über Entfernungen hinweg wiederholen, welche milliardenfach größer sind als der Abstand zwischen einem Atom und seinem Nachbaratom, wird von den Physikern als »langreichweitige Orientierungsordnung« bezeichnet. Allerdings ist sie nicht bei allen Festkörpern gegeben: Es gibt »amorphe« Stoffe wie Glas oder in einigen Phasen auch Eis, die eine Art »versteinerte Flüssigkeit« darstellen. In ihrem Innern erstreckt sich die regelmäßige Anordnung der Atome nur über geringe interatomare Abstände (kurzreichweitige Orientierungsordnung).

Oben: Diese Computersimulation der Brownschen Bewegung zeigt, wie die Bewegung von im Wasser schwimmenden Pollen- oder Polystyrolpartikeln in einer mikroskopischen Langzeitbelichtung aussehen würde.

Unten: Ein mit Röntgenstrahlen erzieltes Bild eines Kristalls, das auf eine Fotoplatte aufgenommen wurde. Die geometrische Symmetrie der Flecken gibt die regelmäßige Anordnung der Atome im Kristallgitter wieder.

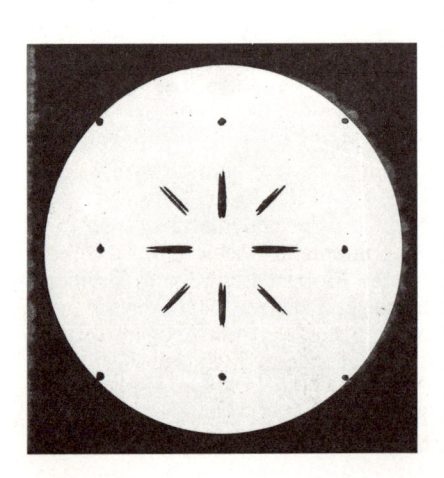

beliebigen Substanz an. Damit stellte sich sogleich die nächste Frage: Wie verhält es sich mit diesem ungeordneten Zustand, wenn die betreffende Flüssigkeit abgekühlt wird und erstarrt?

Die Antwort ließ nicht lange auf sich warten, ging die Erforschung des festen Aggregatzustands doch mit Riesenschritten voran. Am 8. Juni 1912 wurde in der Bayerischen Akademie der Wissenschaften eine Arbeit der Wissenschaftler Von Laue, Friedrich und Knipping vorgestellt. Sie beschrieb und deutete die ersten Beobachtungen an einem Kristall, der Röntgenstrahlen ausgesetzt worden war. Die Ergebnisse ähnelten in eindrucksvoller Weise den Beugungsbildern von sichtbaren Lichtstrahlen, die durch ein Gitter fallen: Dunkle und helle Zonen wiederholten sich in aller Regelmäßigkeit. Von Laue und seine Mitarbeiter konnten gleichzeitig nachweisen, daß es sich bei den rätselhaften Röntgenstrahlen um elek-

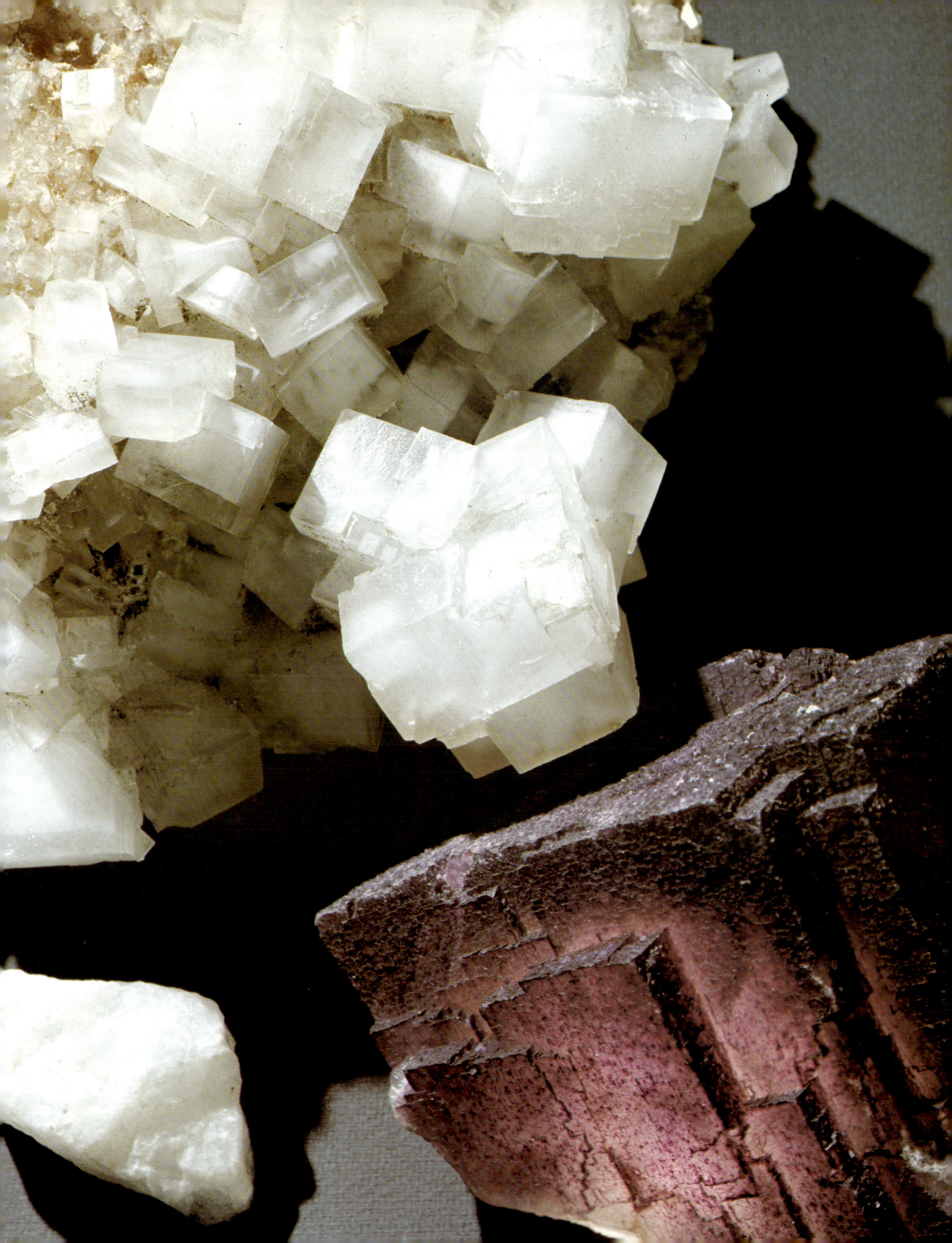

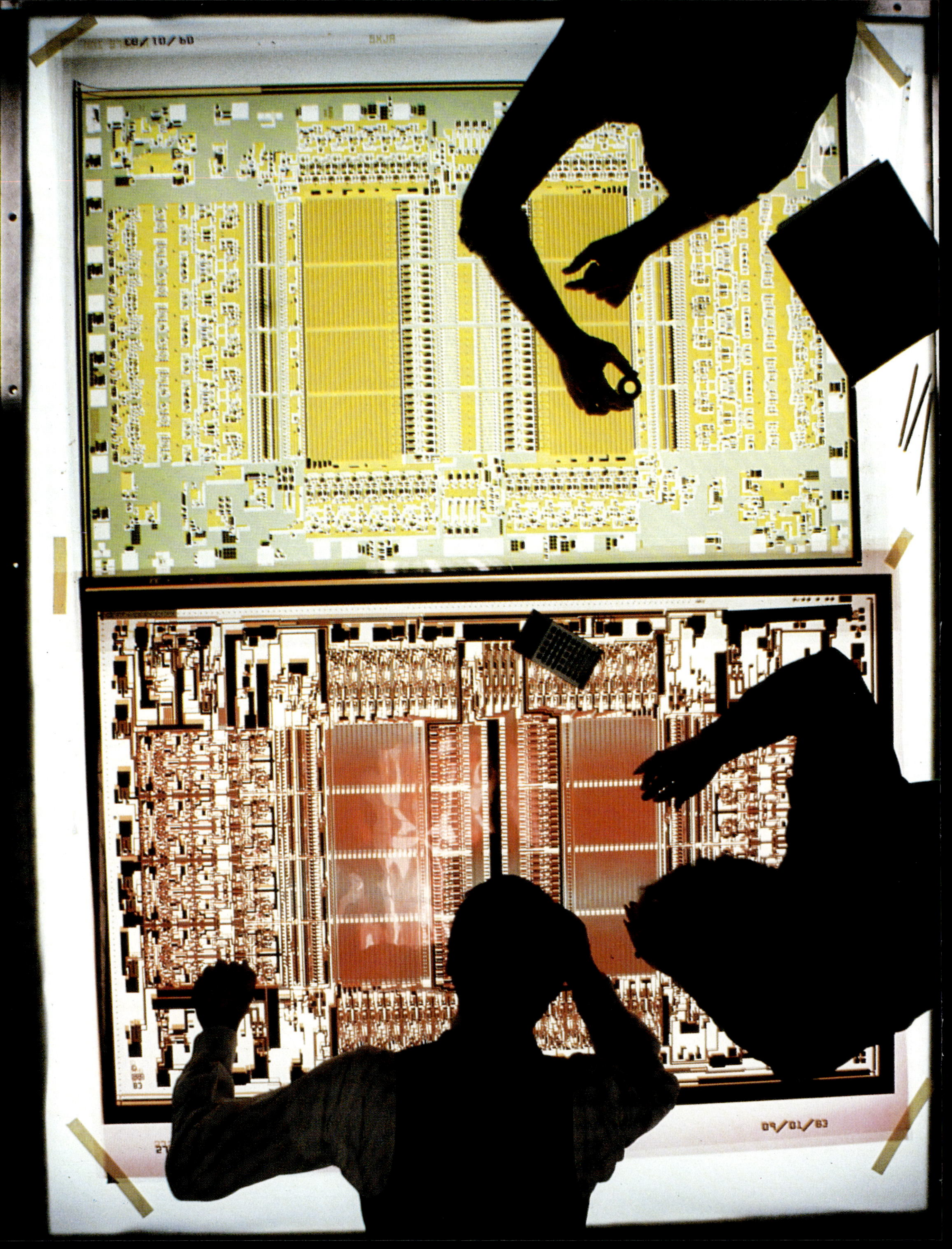

IM REICH DER MATERIE · 143

Auf der nebenstehenden Seite: die Endkonstruktionsphase einer integrierten Schaltung. Das Muster, an dem die Zeichner arbeiten, wird fotografisch tausendfach verkleinert, um Hunderte völlig identischer Masken zu erhalten. Wenn sie erst einmal auf der Oberfläche von Siliziumkristallen aufgetragen sind, können mit ihrer Hilfe ebenso viele integrierte Schaltungen produziert werden. Jede von ihnen ist nicht größer als ein Stecknadelkopf und kann doch sehr komplexe elektronische Operationen ausführen. Im folgenden sei das Herstellungsverfahren knapp zusammengefaßt. Das Silizium wird mit einer Oxidschicht und einem weiteren Überzug aus lichtempfindlichen Polymeren beschichtet. Darüber wird die Maske gelegt, die einer bestimmten Ebene des gewünschten Schaltkreises entspricht. Dann wird das Ganze belichtet: An den bedeckt gebliebenen Stellen können das darunter liegende Polymer und Oxid mit einem chemischen Verfahren weggelöst werden; das Silizium wird der Wirkung von »dotierenden« Gasen ausgesetzt. Dies geschieht jedoch nicht an den Stellen, an denen durch die Maske Licht eingefallen ist. Die Dotierung dient dazu, das Silizium in einen Halbleiter der gewünschten Art umzuwandeln. Wird es beispielsweise der Wirkung von Arsen ausgesetzt, entsteht aus dem Silizium ein n-Halbleiter, wird es hingegen Bor ausgesetzt, entsteht ein p-Halbleiter. Wechselt man in allen Bereichen des Schaltkreises p- und n-Schichten in der geeigneten Weise ab, wiederholen sich auf wenigen Tausendstel Millimeter alle Bestandteile eines herkömmlichen Schaltkreises. Bei der Schichtenfolge p-n-p handelt es sich um einen Transistor, eine Doppelschicht p-n dient als Diode oder in anderen Fällen als Isolierschicht: Auch Kondensatoren und Widerstände können mit analogen Verfahren hergestellt werden. Eine hauchdünne Metallschicht, die auf den Kristall aufgedampft wird, ermöglicht schließlich die Herstellung von elektrischen Kontakten an den erforderlichen Stellen. Das Know-how, aus einem Körnchen Silizium – einem der verbreitetsten Elemente auf der Erde – einen komplexen elektronischen Schaltkreis als Grundbaustein eines Personal Computers zu erhalten, ist vielleicht die bisher erstaunlichste Errungenschaft der Festkörperphysik: Dieser Wissenschaftszweig hat in weniger als vierzig Jahren der Welt ein anderes Gesicht gegeben.

tromagnetische Wellen handelte und daß in einem Kristall die Atome völlig regelmäßig angeordnet sind. Dies erbrachte den endgültigen Beweis, daß Atome eine genaue geometrische Ordnung aufrechtzuerhalten vermögen, und dies über Entfernungen, die millionen- oder gar milliardenfach größer sind als ihr Abstand zu den Nachbaratomen. Sie bewegen sich nicht mehr ungeordnet, sondern schwingen leicht um ihre Gleichgewichtslagen; auch diese Schwingungen sind so aufeinander abgestimmt, daß der gesamte Kristall im Einklang mitschwingt. Andere Verfahren führen zu einer weiteren Feststellung: Besteht der Festkörper aus Molekülen, so schwingen diese stets in dieselbe Richtung. Wenn es einem General gelänge, ein ganzes Armeekorps in parallelen Reihen aufzustellen und die Soldaten gleichzeitig zum Salut nach Südosten schauen zu lassen, so hätte er erst das Äquivalent zu einer einzigen Schicht eines Kristalls hergestellt. Diese ist so klein, daß man sie selbst unter dem Mikroskop kaum erkennen kann. Die Natur bringt dergleichen dreidimensional und in weit größerem Maßstab hervor.

Von dieser ungewöhnlichen Eigenschaft der Festkörper hängt eine Vielzahl von Dingen ab, die uns das Leben oft angenehmer machen: die Reinheit eines Brillanten, die Hi-Fi-Qualität eines Stereoradios, die

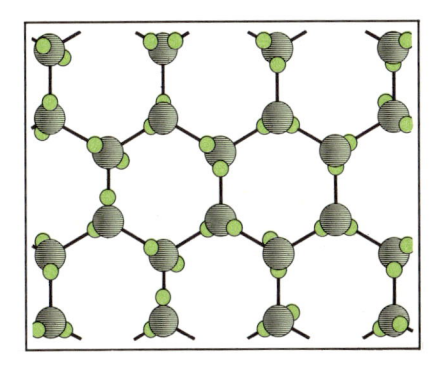

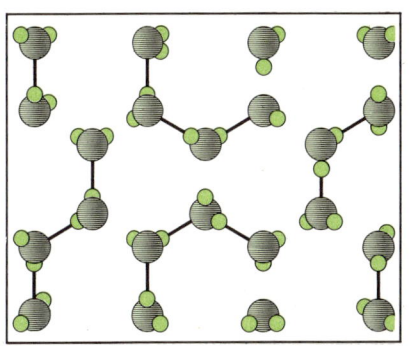

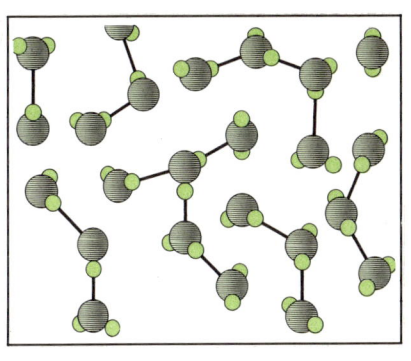

Von oben nach unten: Malekularstruktur des Wassers in festem (Eis), flüssigem und gasförmigem (Wasserdampf) Aggregatzustand; entsprechend tritt in den Systemen eine zunehmende Unordnung ein. Die Verbindungslinien stellen die »Wasserstoffbrücken« zwischen benachbarten Wasserstoff- (kleine Kugeln) und Sauerstoffmolekülen (große Kugeln) dar.

Links: Die per Elektronenmikroskop gemachte Aufnahme zeigt das geordnete Wachstum eines Kristalls des hexagonalen Systems.

Der Maxwellsche Dämon

Die statistische Mechanik war die neue, von Boltzmann, Gibbs und Maxwell begründete Wissenschaft, der es gelang, das Verhalten von Systemen zu beschreiben, die zigmilliarden Teilchen enthalten. Als Teilgebiet der klassischen Physik entwickelte sie sich sehr viel früher und war dauerhafter als die großen revolutionären Wissenschaftszweige des 20. Jahrhunderts. Im Vergleich zur analytischen Mechanik Newtons, die sich mit makroskopischen Körpern beschäftigte, erscheint sie unter bestimmten Gesichtspunkten nicht minder neu und revolutionär.

Nur schwerlich kann man deutlich machen, wie subtil und fließend die Grenze zwischen den sicheren Voraussagen und der Wahrscheinlichkeit ist. Ebenso schwer fällt es, klarzumachen, weshalb man sie in die eine oder andere Richtung je nach Anzahl und Dimension der Problemgegenstände überschreiten kann. Freilich gibt es nur wenige Fälle, die jenes berühmte Paradoxon Maxwells zu übertreffen vermögen. Es in Worte zu fassen, möchte ich der gewandten Feder George Gamows überlassen (*Biographie der Physik,* Düsseldorf 1965, S. 136 f.):

»Eine sehr bedeutsame Persönlichkeit in der statistischen Physik ist der ›Maxwellsche Dämon‹, ein Produkt der Phantasie von James Clerk Maxwell (1831–1879), der einen großen Beitrag zu diesem Feld der Wissenschaft geleistet hat. Stellen wir uns einen winzigen und sehr aktiven Dämon vor, der einzelne Moleküle sehen kann und flink genug ist, um auf sie einzuwirken, wie ein Tennischampion auf Tennisbälle einwirkt. Ein solcher Dämon könnte uns helfen, dem Gesetz der zunehmenden Entropie ein Schnippchen zu schlagen, indem er ein kleines Fenster betätigt, das sich in einer Wand befindet, die zwei Gasbehälter A und B trennt. Der Dämon öffnet es, wenn er sieht, daß ein besonders schnelles Molekül darauf zufliegt, und er schließt es, wenn das sich nähernde Molekül langsam ist. So gelangen aus der Maxwellschen Geschwindigkeitsverteilung alle schnellen Moleküle in den Behälter $B,$ während die langsamen im Behälter A zurückbleiben. B wird somit heißer und A kühler, wobei die Wärme in die falsche Richtung fließt und den zweiten Hauptsatz der Thermodynamik verletzt. (Es ist nicht möglich, einen Thermoapparat zu bauen, dessen einziger Zweck

Oben: James Clerk Maxwell (1831–1879)

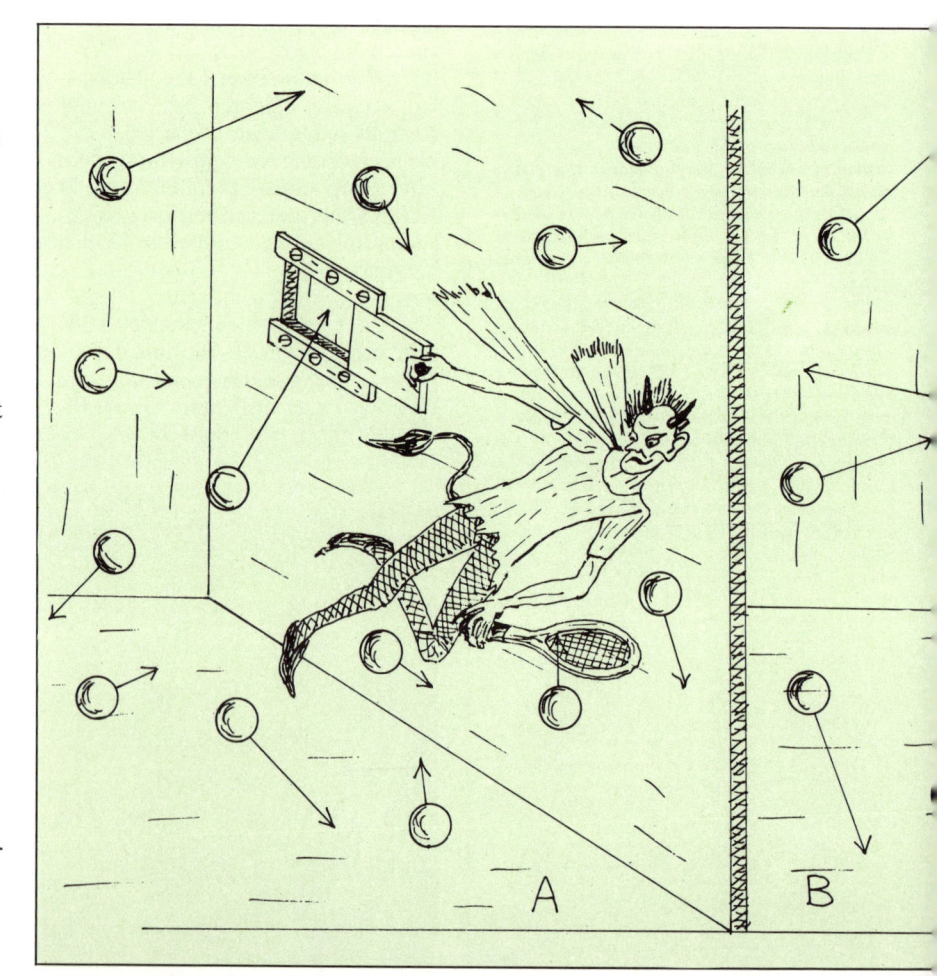

Unten: der Maxwellsche Dämon, gezeichnet von George Gamow

IM REICH DER MATERIE · 145

darin besteht, Wärme von einem kalten zu einem warmen Körper zu transportieren, A. d. V.) Warum kann man das nicht machen? Natürlich nicht mit der Hilfe eines echten Dämons, aber mit Hilfe irgendeiner winzigen, ingeniös konstruierten physikalischen Vorrichtung, die dasselbe bewirkt?
Um diese Situation verstehen zu können, wollen wir uns an die seltsame Frage erinnern, die der berühmte österreichische Physiker Erwin Schrödinger in seinem interessanten kleinen Buch *Was ist Leben?* stellte: ›Warum sind Atome so klein?‹
Auf den ersten Blick erscheint diese Frage ziemlich unsinnig, aber sie erhält Sinn und kann auch beantwortet werden, wenn man sie umdreht und fragt: ›Warum sind wir so groß im Vergleich zu den Atomen?‹ Die Antwort ist einfach die, daß ein so komplexer Organismus wie ein menschliches Wesen mit seinem Gehirn, seinen Muskeln etc. nicht einfach aus ein paar Dutzend Atomen gebildet werden kann, ebenso wie eine gotische Kathedrale nicht einfach aus ein paar Steinen erbaut werden kann.
Der Maxwellsche Dämon und jede mechanische Vorrichtung, die ihn ersetzen sollte, dürften nur aus einer kleinen Zahl von Atomen bestehen und könnten unmöglich die komplizierten Aufgaben ausführen, die ihnen zugewiesen werden müssen. Je kleiner die Zahl der Teilchen ist, desto größer wird der statistische Spielraum in ihrem Verhalten; und ein Automobil, bei dem eines der vier Räder plötzlich nach oben springt und zum Lenkrad wird, während der Kühler zum Benzintank wird und umgekehrt, ist zweifellos kein im Betrieb sehr zuverlässiges Vehikel! In ähnlicher Weise würde der Maxwellsche Dämon, ob echt oder mechanisch, so viele statistische Fehler beim Umgang mit den Molekülen machen, daß das ganze Vorhaben zum völligen Scheitern verurteilt ist.«

Genauigkeit einer Quarzuhr, die Schnelligkeit eines Computerchips. Im Bereich der Wissenschaft mußte man zur Erforschung des geordneten Zustands neue Methoden entwickeln, wie dies bereits im 19. Jahrhundert bei der Analyse des ungeordneten Zustands erfolgt war. Man fand sie in der sich gerade entwickelnden Quantenmechanik und in einem Zweig der Mathematik, der mit der Welt der Festkörper zunächst nichts zu tun zu haben schien: der abstrakten Algebra.

EIN MODELL DER MATERIE IM MASSSTAB 100 000 000 : 1

Daniel Estève, Michel Devoret und Pierre Roubeau vom Kernforschungszentrum Saclay sollten vor einigen Jahren die Molekularbewegung und die Wechselwirkungen zwischen den Molekülen eines Festkörpers simulieren. Mit theoretischen Berechnungen und Computer-Simulationen gaben sie sich nicht zufrieden: Sie wollten ein Stückchen Materie, eine Schicht von Molekülen im makroskopischen Maßstab rekonstruieren und beobachten. Sie entwickelten eine Reihe einfallsreicher Apparaturen, die auf der folgenden Seite abgebildet sind. Diese Apparate erwiesen sich als so gut geeignet, die Vorgänge im Innern der Materie allgemeinverständlich darzustellen, daß sich heute ein Exemplar im Pariser Wissenschaftsmuseum *Cité des Sciences et de l'Industrie La Villette* befindet, während eine zweite Ausführung von der römischen Universität *La Sapienza* nachgebaut wurde, um sie für den Physikunterricht zu erproben.
Im Saclay-Apparat sind die Moleküle als Messingblättchen ausgeführt, die auf einem Luftkissen gleiten. Mit einem Durchmesser von 8 mm sind sie etwa 100millionenfach größer als »in natura«. Die Luft entweicht einer großen bronzenen Lochscheibe, die ein Gefäß hermetisch abschließt. Dieses steht unter einem Druck, der in etwa der Kapazität eines Staubsaugers entspricht. Bei minimaler Reibung können sich die »Moleküle« auf der Scheibe hin- und herbewegen.

Auf den Messingblättchen wurden kleine Stücke magnetisierten Kunststoffes mit vertikaler Nord-Süd-Achse aufgebracht. Sie sollen die in natura zwischen den Molekülen bestehenden elektromagnetischen Kräfte simulieren. Rund um den Messingrand der Scheibe (s. Abbildungen) sind acht um einen Eisenkern gewickelte Spulen befestigt. Über einen Verstärker erhalten sie von einem Rechner willkürliche Stromimpulse. Wenn der Impuls eine Spule erreicht, baut sie für kurze Zeit ein Magnetfeld um sich auf. Dieses bewirkt, daß die Moleküle am Rand anstoßen, gleichzeitig »angeregt« und damit in Bewegung versetzt werden. Ihrerseits regen sie mit ihren kleinen Magnetfeldern die Nachbarmoleküle an usw.: Dieser Vorgang erfaßt nach und nach das gesamte molekulare System. Der Rand der Scheibe nimmt also genau die gleiche Funktion ein wie eine Gefäßwand beim Aufeinandertreffen der Moleküle einer Flüssigkeit.
Die »Temperatur« des Gefäßes kann durch Verändern der Pulsamplitude beliebig variiert werden. Es sind also sämtliche Erscheinungen zu beobachten, wie sie im mikroskopischen Maßstab tatsächlich vorkommen. Legt man nur wenige »Moleküle« auf die bronzene Scheibe, beginnen sie sich geradlinig zu bewegen; dabei treffen sie auf den Rand und stoßen zuweilen zusammen.
Genau das vollzieht sich zwischen den Molekülen eines Gases. Wird die Dichte durch Hinzufügen weiterer Blättchen erhöht und die Scheibe geneigt, sieht man einen Teil des Gases sich im unteren Teil »verdichten«; dabei bildet sich eine Phase größerer Dichte heraus, in der sich die »Moleküle« auf sehr viel engerem Raum bewegen. Oben verbleiben nur wenige Moleküle, die sich ähnlich wie zuvor verhalten. Der Apparat gibt also eine Flüssigkeit wieder, die sich mit ihrem Dampf im Gleichgewicht befindet.
Durch Hinzufügen weiterer Moleküle und durch Geradstellung der Scheibe erreicht man, daß sich das Gefäß mit »Flüssigkeit« füllt (s. Abb. S. 146 oben). Solange die »Temperatur« der

146 · IM REICH DER MATERIE

Gefäßwand hoch ist, hält die Zitterbewegung der Moleküle auf kleinem Raum an. Wird jedoch das gesamte System durch fortschreitende Verringerung der Amplitude der Stromimpulse abgekühlt, setzt ab einem bestimmten Zeitpunkt die Erstarrung ein: Die Blättchen-Moleküle legen keine relativ weiten Strecken mehr zurück und wechseln auch nicht mehr ihre Position, vielmehr schwingt jedes Molekül nur noch an der Stelle, die ihm von den anderen Molekülen zugewiesen wurde.

Insgesamt ergibt die Anordnung der Blättchen ein regelmäßiges Gefüge, ein *Kristallgitter* (Abb. in der Mitte). Dieses weist auf der Scheibe eine drei- bzw. sechszählige Symmetrie auf. Wie es auch in der Natur bei der Bildung von Kristallen vorkommt, treten bei zu raschem Abkühlen *Verzerrungen* auf (Abb. unten), d. h., die Molekülreihen liegen nicht mehr in einer Flucht und zerstören die Symmetrie. Der Apparat verfügt ferner über ein Thermometer. Es besteht aus einem magnetisierten kleinen Pendel, das in nur geringer Entfernung zur Scheibe aufgehängt ist: Das Quadrat der Amplitude seiner Schwingungen gibt die mittlere Energie der Brownschen Molekularbewegung und damit die Temperatur an.

Natürlich ist auch dies maßstabgerecht: In der flüssigen Phase haben die Blättchen eine Temperatur von einigen Millionen von Milliarden Grad.

Oben: Der Apparat zur Simulation der Molekularbewegung in einer Flüssigkeit oder einem festen Körper. Die Messingblättchen bewegen sich auf einem Luftkissen und erregen kleine Kreiselmagneten mit nach oben gerichteter Nord-Süd-Achse. Jedes Blättchen verkörpert ein Molekül, seine Bewegungen und die entsprechenden Wechselwirkungen. Der Effekt des Anstoßens der Moleküle an die Gefäßwand wird dadurch simuliert, daß acht um den Rand nicht sichtbar angeordnete Spulen willkürliche Stromimpulse erhalten. Wenn die Wand warm ist (Impulse hoher Spannung in den Spulen) zeigen die »Moleküle« die für den flüssigen Aggregatzustand typische ungeordnete Bewegung.

Mitte: Durch Senken der »Temperatur« des Apparats, d. h. durch Verringerung der Amplitude der Stromimpulse am Scheibenrand, erhält man die feste Phase: Die »Moleküle« besetzen die Eckpunkte eines dreieckigen Gitters.

Unten: Zuweilen weist das Gefüge wie in natura beim Erstarren Unvollkommenheiten oder »Verzerrungen« auf (deren Linien die Gittersymmetrie durchbrechen).

WIE MAN DIE LÄNGE EINES MOLEKÜLS MISST

Moleküle sind die Grundbausteine eines jeden Stoffes und nehmen die verschiedenartigsten Formen und Symmetrien an. Es gibt sie in Form einer Pyramide (Methanmolekül), eines sechseckigen Rings (Benzolmolekül) oder einer Doppelhelix, wie etwa das berühmte DNA-Molekül. Zu ihrer Größenordnung sei angemerkt, daß hier in Nanometern, d. h. in Milliardstel Metern gemessen wird. Das Spektrum reicht von Bruchteilen von Nanometern bei den einfacheren Molekülen bis hin zu Hunderten von Nanometern bei den längeren organischen Molekülen. Diese Werte lassen sich mit verschiedenen spektroskopischen Labormeßverfahren ermitteln. Doch wird es manch einen erstaunen, daß die Moleküllänge annäherungsweise auch zu Hause bestimmt werden kann. Dabei werden die Eigenschaften von Flüssigkeiten ausgenutzt.

Nachdem Sie eine Wanne oder ein Waschbecken mit Wasser gefüllt haben, streuen Sie eine dünne Schicht Puder oder irgendein anderes farbiges Pulver darüber. Füllen Sie bei herausgezogenem Kolben Olivenöl oder dünnflüssiges Schmieröl in eine skalierte Injektionsspritze geringen Durchmessers. Nachdem Sie den Kolben wieder hineingeschoben haben, lassen Sie die Luft aus der Spritze entweichen und geben dann einen kleinen Tropfen Öl in die Mitte der Badewanne – achten Sie darauf, daß die Oberfläche absolut glatt ist. Das Öl breitet sich aus und verdrängt dabei das Pulver. (Sollte dies nicht eintreten, wiederholen Sie den Versuch mit einer geringeren Menge Pulver.) Sie können dann beobachten, wie sich dieser Fleck über eine große Fläche ausbreitet. Denken Sie darüber nach, was sich nach einem Tankerunglück an der Meeresoberfläche abspielt. Der Ölfleck breitet sich in der Tat so lange aus, bis seine Moleküle (chemisch gesehen sind es Fettsäureglyceride) eine »monomolekulare Schicht« gebildet haben, d. h. bis sie alle in vertikaler Längsstellung nebeneinander angeordnet sind, ohne sich zu überlagern. Die mittlere Länge eines solchen Moleküls entspricht somit der Dicke der schwimmenden Ölschicht. Sie läßt sich rechnerisch ermitteln, indem man das Volumen des Tropfens durch die Fläche des Ölflecks dividiert. Da der Ölfleck gewöhnlich in etwa die Form eines Kreises beschreibt, genügt es, das Quadrat des Radius mit der Kreiszahl 3,14 zu multiplizieren. Das Volumen des Öltropfens läßt sich mit etwas Geduld durch Abzählen der Tropfen bestimmen, die notwendig sind, um den Ölspiegel in der Spritze um einen Kubikzentimeter zu senken. In der Tat kommen aus derselben Nadel stets Tropfen gleicher Größe. Als ich den Versuch durchführte, zählte ich rund 120 Tropfen pro Kubikzentimeter. Ein Tropfen ergab einen Fleck von 40 Zentimeter Durchmesser. Die Dicke des Flecks betrug demzufolge:

Dicke = Volumen des Tropfens / Fläche des Flecks
$= (1/120) / (20 \cdot 20 \cdot 3{,}14)$
$= 6{,}6 \cdot 10^{-6}$ *cm* $= 66$ *nm*

Auch wenn die Herleitung dieses Ergebnisses verblüffend einfach erscheint, so ist sie in bezug auf die Größenordnung doch korrekt; allerdings wird die Moleküllänge zu hoch veranschlagt. Die Hauptfehlerquelle liegt darin, daß das zur Markierung des Ölflecks gestreute Pulver den Fleck daran hindert, sich so auszubreiten, wie er es bei einer freien Wasseroberfläche tun würde.

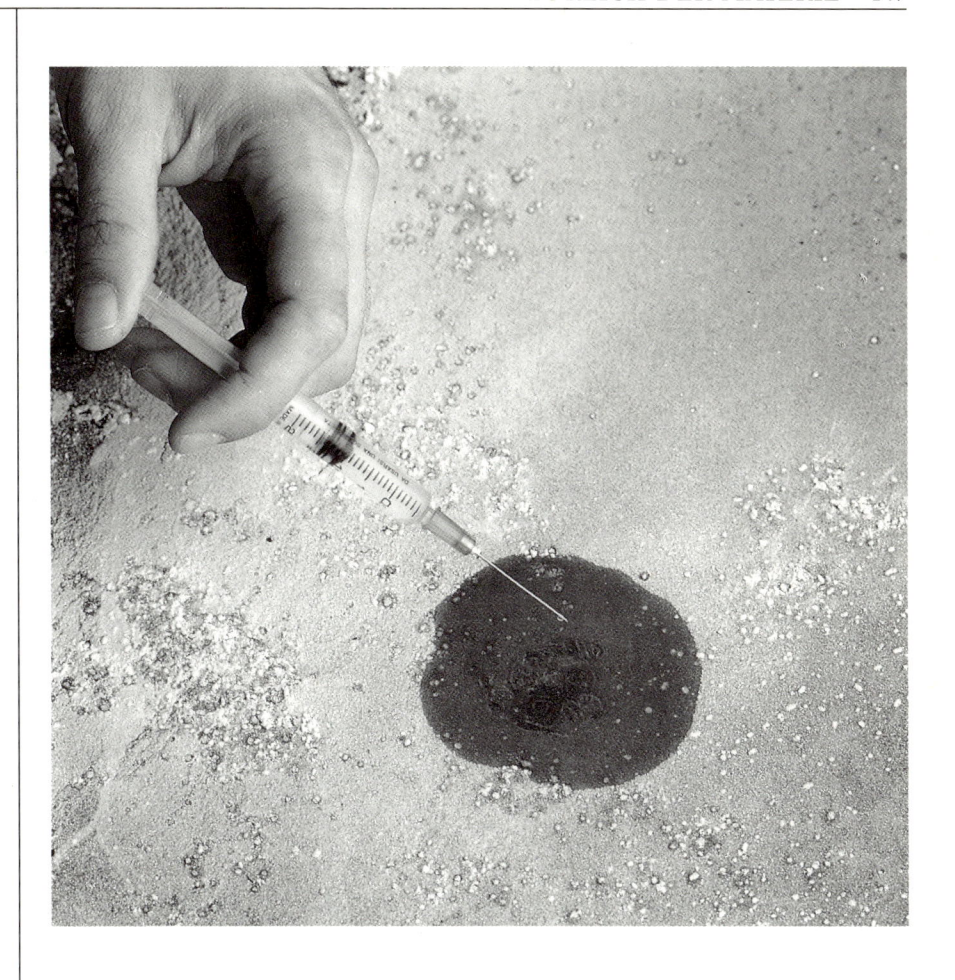

Es genügt, einen kleinen Öltropfen auf die Wasseroberfläche aufzubringen, um einen Fleck von beachtlicher Ausdehnung zu erhalten.

Das Hobby des Kristallzüchters

Kristalle in einer wäßrigen Lösung wachsen zu sehen, ist immer ein spannendes Schauspiel. Allein durch Ändern der Temperatur oder der Konzentration – durch Erkalten der Lösung oder Verdampfen des Lösungsmittels – entwickelt sich an irgendeinem unsichtbaren Punkt aus dem Chaos eine ganzheitliche Ordnung. Die Atome oder Moleküle des gelösten Stoffes gehen in völlig gleichen Winkeln und Abständen Bindungen ein, die sich Schicht für Schicht wiederholen. Erst wenn viele Millionen Kristallschichten übereinanderliegen, werden sie für unser Auge sichtbar; ihre Strukturen und Symmetrien entsprechen denen im mikroskopischen Maßstab. Sie werden auch dann sichtbar, wenn der Kristall mit einem Neutronen- oder Röntgenstrahlbündel ausgelotet wird. Die Natur hat für die Entstehung dieser herrlichen Kristalle, die in den Mineralienmuseen viel Bewunderung finden, Millionen, ja zuweilen Milliarden Jahre gebraucht; doch zu Hause können schon in wenigen Tagen oder Wochen viele Kristalle um einen »Keim« wachsen. Wer sich als Kristallzüchter oder -sammler erproben will, findet im folgenden zum Einstieg ein paar Tips.

Oben: Naturkristalle aus Hyalinquarz

Links: die charakteristischen hexagonalen Strukturen von Eiskristallen in Schneeflocken

Alaun (Kalialaun)

Besorgen Sie sich in einer Apotheke oder in einem Fachgeschäft für Chemikalien 100 Gramm Alaun. (Dieses weiße Pulver darf nicht eingenommen werden; vor Kindern sicher aufbewahren und nach Gebrauch Hände waschen!) Benötigt werden ferner ein schlankes Glas mit Schraubdeckel und einem Fassungsvermögen von etwas mehr als einem halben Liter. Schneiden Sie aus einem Karton eine Scheibe aus, die in den Deckel paßt, und bohren Sie in der Mitte ein kleines Loch. Der Karton wird bis zur letzten Versuchsphase beiseite gelegt. Schließlich brauchen Sie einen kleinen Topf, eine Schüssel, einen Löffel und ein wenig Nähgarn.

Etwa 10 Gramm Alaun werden in einem Tütchen getrennt aufbewahrt. Zum Abwiegen genügen ein Pappbecher, ein Gummi und kleine Geldstücke (s. Abb. auf der nächsten Seite). Ein Einpfennigstück bringt 2 Gramm auf die Waage, ein Fünfpfennigstück wiegt 3 Gramm. Lösen

IM REICH DER MATERIE · 149

Sie den restlichen Alaun zusammen mit einem halben Liter Wasser in dem kleinen Topf auf, und erwärmen Sie das Ganze bei schwacher Hitze und unter ständigem Rühren. Das Wasser darf nicht kochen; erst nach vollständigem Auflösen des Pulvers den Topf vom Herd nehmen. Bei hoher Temperatur ist die Lösung gesättigt, während des Abkühlens hingegen übersättigt, wobei sich die überschüssigen, nicht gelösten Teilchen als Kristalle absetzen.

Nehmen Sie eine Schüssel, und schütten Sie löffelweise einen Teil dieser warmen Flüssigkeit bis zu einer Höhe von etwa einem halben Zentimeter hinein. Die Schüssel muß

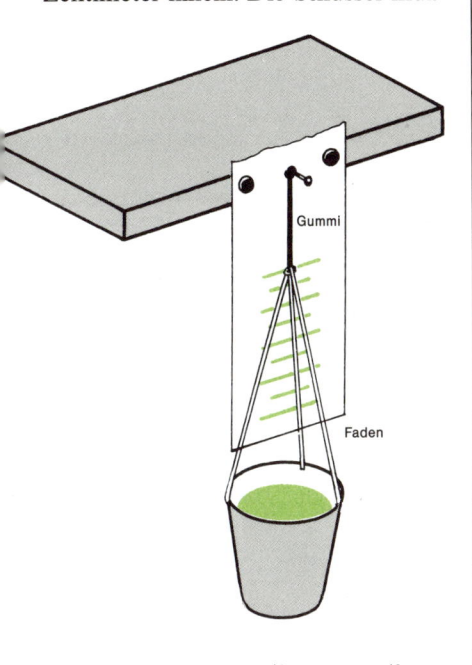

Ein Pappbecher kann zum Abwiegen von Alaun verwendet werden.

abkühlen und darf nicht mehr bewegt werden. Gießen Sie den Rest der Lösung aus dem Topf ins Glas, geben eine Prise Alaun aus dem Tütchen hinzu, und verschließen Sie das Gefäß. Dann das Glas schütteln und stehenlassen. Topf und Löffel müssen anschließend gründlich gereinigt werden. Bis zum nächsten Tag brauchen Sie das Glas lediglich ab und an zu schütteln.

Innerhalb der nächsten 24 Stunden setzen sich am Boden der Schüssel schöne transparente Kristalle ab, die sechseckig und flach sind. Trocknen Sie sie mit Hilfe von Küchenpapier ab, und wählen Sie den besten aus. Das ist dann der »Keim«, um den der Kristall wächst. Heben Sie die anderen Kristalle für den Fall auf, daß Sie den Versuch wiederholen müssen. Nach gründlichem Reinigen der Schüssel schütteln Sie das Glas regelmäßig in mehrstündigen Abständen. Am Boden sondern sich viele kleine Kristalle aus der übersättigten Lösung ab.

Nach weiteren zwei Tagen enthält die Lösung keinen überschüssigen Alaun mehr; bei Umgebungstemperatur ist sie zu einer gesättigten Lösung geworden. Gießen Sie sie erneut in den Topf; die am Boden angesammelten Kristalle sind zu entfernen, bevor der Inhalt des Tütchens beigegeben wird. Erwärmen Sie das Ganze wie beim erstenmal (nicht kochen lassen und Topf vom Herd nehmen, sobald der Alaun gelöst ist). Reinigen Sie den Verschluß und das Glas gründlich, bis keine Kristalle mehr vorhanden sind. Dann die warme Flüssigkeit hineingießen und das Glas verschließen. Den Topf sorgfältig ausspülen. Während die Lösung abkühlt, nehmen Sie einen etwa 20 cm langen Faden Nähgarn, knüpfen gemäß der Abbildung an einem Ende eine Schlinge und umschließen damit den von Ihnen gewählten »Keim«. Das andere Fadenende wird durch das Loch im Pappkarton gezogen, und zwar so weit, daß nach Einfügen der Scheibe in den Deckel der Kristall drei oder vier Zentimeter über dem Gefäßboden hängt. Befestigen Sie den Faden mit einem Klebestreifen an der Scheibe, und legen Sie diese in den Verschluß ein, wenn die Lösung lauwarm ist. Lassen Sie nun den Keim herabhängen, und verschließen Sie das Glas, das nun nicht mehr angefaßt werden darf. Innerhalb der nächsten zwei Tage wird der Kristall rasch um den »Keim« wachsen, dann nur noch langsam, schließlich gar nicht mehr. Zu diesem Zeitpunkt muß der Kristall herausgenommen werden. Er sollte nicht nur

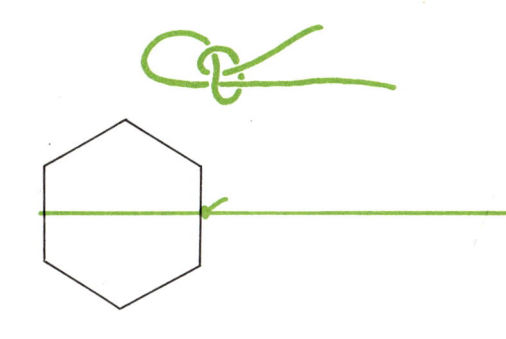

Um den Keim wird eine Schlinge (oben) gezogen, um ihn auf mittlerer Höhe in die Lösung eintauchen zu lassen (unten).

regelmäßig und transparent sein, sondern auch gerade Kanten aufweisen. Bei zu langem Warten kann er allerdings mißraten, und es entsteht auch nicht immer ein Monokristall: Zuweilen wachsen weitere Kristalle um den Faden, was mitunter zu sehr eindrucksvollen Ergebnissen führt. Wenn Sie die Kristalle aus irgendeinem Grund nicht wachsen lassen wollen, können Sie von vorn beginnen. Zertrümmern Sie in diesem Fall den Kristall mit einem Löffel, geben Sie die Stücke zusammen mit der im Glas befindlichen Flüssigkeit in den Topf, lösen Sie das Ganze bei schwacher Hitze, und beginnen Sie mit einem neuen »Keim« von vorne. Dieses Verfahren können Sie auch dann anwenden, wenn Sie merken, daß der »Keim« sich auflöst, anstatt zu wachsen. Dies tritt mitunter ein, wenn die Lösung beim Eintauchen des »Keims« noch zu heiß ist. Erhalten Sie einen Kristall, der nicht transparent, sondern milchig ist, so liegt dies womöglich an einem zu raschen Wachstum: Wiederholen Sie das Experiment, indem Sie beim Erwärmen weniger als 10 Gramm Alaun in die gesättigte Lösung geben.

Chromalaun
Besorgen Sie sich 200 Gramm Chromalaun, und geben Sie 15 Gramm davon in ein Tütchen. Der Rest wird in 300 ml warmem Wasser aufgelöst; verfahren Sie dann wie beim Alaun, und beachten Sie die gleichen Vorsichtsmaßnahmen. Sie erhalten eine übersättigte dunkelgrüne Lösung; bedingt durch diese Färbung sind die Vorgänge im Innern der Lösung leider nicht zu beobachten. Setzen Sie jedoch das für Kalialaun beschriebene Verfahren fort, so erhalten Sie wunderschöne purpurfarbene Kristalle. Durch Zugabe einer geringen Menge Chromalaunlösung in die kristallisierende Kalialaunlösung können auch Mischkristalle gezüchtet werden.

Kochsalz
Schütten Sie in ein gereinigtes Glas einen halben Liter Wasser und so viel Kochsalz (Natriumchlorid), daß sich auf dem Gefäßboden Kristalle absetzen, die auch nach ein paar Stunden nicht gelöst sind. Nehmen Sie einen groben Salzkristall, und reiben Sie ihn auf einem Bogen Sandpapier ab, bis er annähernd eine runde Form annimmt. Hängen Sie ihn mit Hilfe einer Schlinge an einem Draht auf, bevor das Ganze in die Salzlösung gegeben wird; beachten Sie dabei, daß der Draht ein paar Zentimeter unter der Wasseroberfläche und der Kristall weit über dem Boden plaziert wird. Decken Sie das Glas mit einem Stück leichten Stoff oder mit Durchschlagpapier ab, damit das Wasser nach und nach verdunsten kann. Das Glas darf nicht mehr bewegt werden! Wenn Sie feststellen, daß der Kristall sich auflöst, anstatt größer zu werden, geben Sie mehr Salz in die Lösung. In wenigen Wochen wächst um den »Keim« in der gleichen Weise, wie er sich in der Natur formt (nämlich durch Verdunstung), ein großer kubischer Salzkristall.

Schematische Darstellung eines Wassertropfens. Im Innern einer Flüssigkeit wird jedes Molekül von den anderen in sämtliche Richtungen angezogen: Die mittlere resultierende Kraft ist gleich Null. Befindet sich das Molekül hingegen an der Oberfläche, entsteht dadurch, daß nur auf einer Seite Moleküle vorhanden sind, eine mittlere, nach innen gerichtete Kraft. Die Oberfläche einer kleinen Flüssigkeitsmenge, die von einem Vakuum umgeben ist, unterliegt einer an allen Punkten gleich großen, nach innen gerichteten Kraft; sie bewirkt, daß diese geringe Masse Kugelgestalt annimmt.

ÜBERRASCHENDE EIGENSCHAFTEN VON FLÜSSIGKEITEN

Flüssigkeiten weisen fast immer im Vergleich zu Festkörpern eine geringe Dichte auf und sind durch einen Zustand größerer Unordnung gekennzeichnet. Dieser wird dadurch hervorgerufen, daß aufgrund der thermischen Bewegung die zwischen den kleinsten Bestandteilen der Materie – den Atomen oder Molekülen – wirkenden Kräfte schwächer sind. Zum einen haben Flüssigkeiten demzufolge gasähnliche Merkmale, wie etwa Fließvermögen oder Isotropie (gleiche Eigenschaften nach allen Seiten des Raumes), zum anderen gleichen sie Festkörpern, da sie praktisch nicht komprimierbar sind.

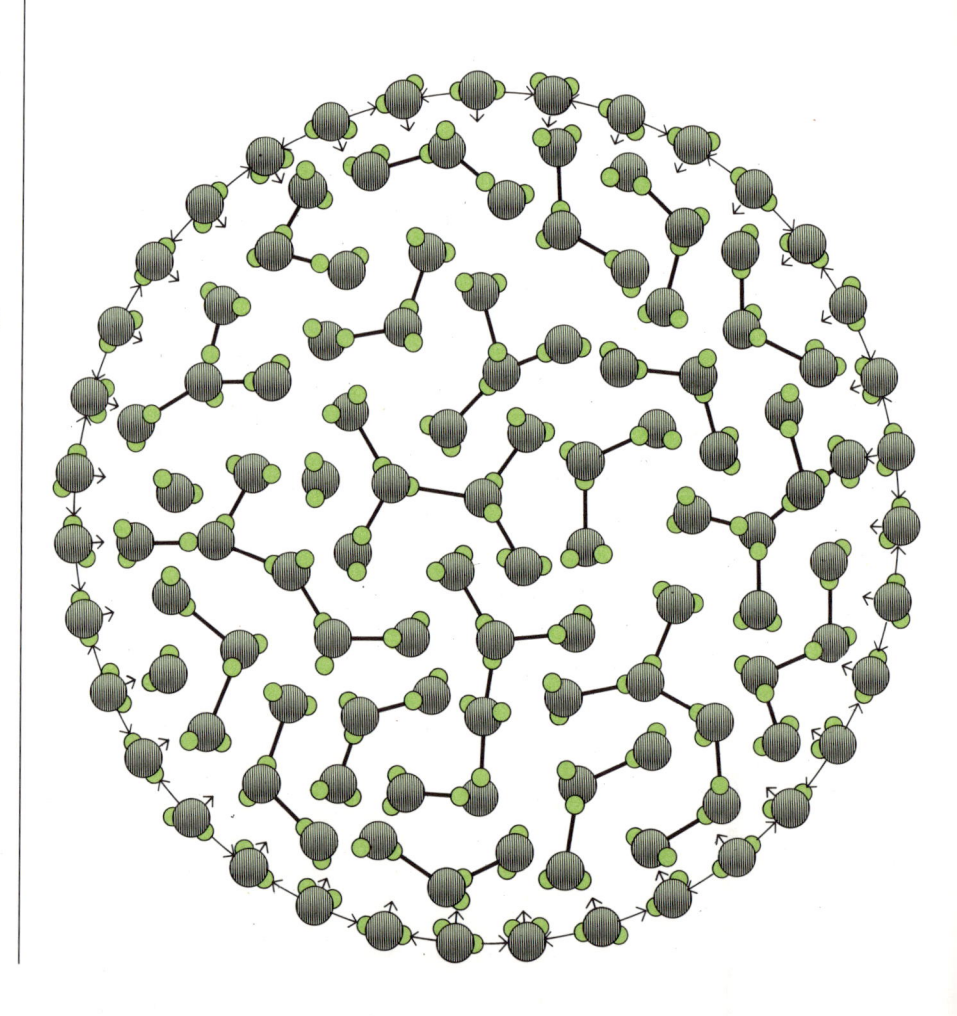

Eine Wolke besteht aus Milliarden kugelförmiger Wassertropfen. Die kleinsten verschwinden, da sie von den größeren »aufgefressen« werden, welche sich so lange vergrößern, bis sie zu Boden fallen.

Davon abgesehen hat der flüssige Aggregatzustand – wie wir gleich sehen werden – auch ureigene Merkmale.

Woher kommt der Regen?
Zu den merkwürdigsten Vorgängen in Flüssigkeiten gehören zweifelsohne all diejenigen, die etwas mit der *Oberflächenspannung* zu tun haben. In einer Flüssigkeit übt jedes Molekül auf alle anderen Moleküle eine Anziehungskraft aus und trägt damit zum »Zusammenhalt« der Flüssigkeit bei. Im Innern der Flüssigkeit ist die mittlere Anziehungskraft auf ein Molekül gleich null, denn die anderen Moleküle ziehen es in alle Richtungen an; bei den an der Oberfläche befindlichen Molekülen ist die Anziehungskraft hingegen einseitig nach innen gerichtet. Stellen wir uns nun vor, die Flüssigkeit sei durchweg von einem Vakuum oder einem Gas geringer Dichte, wie etwa Luft, umgeben. Jeder Punkt der Oberfläche würde dann mit der gleichen Kraft, wie sie auf alle anderen Punkte einwirkt, nach innen gedrückt. In diesem Fall kann die Flüssigkeit nur Kugelgestalt annehmen, denn diese geometrische Form hat bei gegebenem Volumen die kleinste Oberfläche. Diese Kraft, die Oberfläche einer Flüssigkeit möglichst klein zu halten und jedweder Vergrößerung entgegenzuwirken, wird Oberflächenspannung genannt. Sie bewirkt, daß Wasserdampf, wenn er in kalter Luft um ein Staubkörnchen kondensiert, zu kleinen kugelförmigen Tropfen wird, die schneeweiße Wolken und undurchdringlichen Nebel hervorbringen. Die Tropfen schweben, weil sie noch klein und leicht sind; die Schwerkraft ist geringer als die Kräfte, mit denen die Luft sie trägt. Doch früher oder später werden sie fallen, und dann heißt es, den Regenschirm aufzuspannen. Der Regen wird auch hier durch Erscheinungen ausgelöst, die mit der Oberflächenspannung zu tun haben. In den Wolken wachsen die großen Tropfen auf Kosten der kleinen, indem sie diese einfangen. Wie wir im folgenden Abschnitt noch sehen werden, ist der Dampfdruck, der die Wasseroberfläche umgibt, um so höher, je konvexer die Oberfläche, und um so niedriger, je ebener sie ist. In der Umgebung der größten Tropfen, die statistisch gesehen von Anfang an vorhanden waren, entsteht ein Unterdruck, der den umliegenden Dampf »anzieht«. Den zusätzlichen Dampf stellen die kleinsten Tropfen; sie verdampfen, um den Druck des sie umgebenden gesättigten Dampfes zu stabilisieren. Doch je kleiner und konvexer sie werden, desto größer ist der Druck, den sie erreichen müssen. Deswegen haben sie den »Rohstoff« in Kürze aufgebraucht und verschwinden. Die größeren Tropfen hingegen werden aus dem umgekehrten Grund immer größer, bis sie das kritische Gewicht erreicht haben, das ihren Fall ermöglicht. Von diesem Augenblick an nehmen sie eine ovale Form an, die aus aerodynamischen Gründen günstiger ist.

Erscheinungen der Kapillarität
Mit der Oberflächenspannung hängt eine weitere außergewöhnliche Eigenschaft von Flüssigkeiten zusammen: In engeren Röhren können manche Flüssigkeiten, darunter auch Wasser, an den Gefäßwänden entlang auf Höhen emporsteigen, die im Vergleich zum äußeren Flüssigkeitsspiegel beträchtlich sind. Auch wenn uns dies nicht immer bewußt wird, so ist die *Kapillarkraft* doch eine Erscheinung des täglichen Lebens. Wir bedienen uns ihrer, wenn wir zum Löschpapier greifen oder wenn wir Blumen gießen; auch in diesem Fall trägt die Kapillarkraft mit dazu bei, daß das Wasser und sämtliche darin gelösten Stoffe bis in die Blätter gelangen. Das rasche Aufsteigen des Wassers durch den Stengel kann man nach reichhaltigem Gießen auf trockene Erde bei einigen Pflanzen mit transparentem Stengel, wie beispielsweise dem *Springkraut*, sehr schön beobachten.

Bevor wir das Zustandekommen dieser merkwürdigen Vorgänge näher beleuchten, sei auch auf die umgekehrte Erscheinung hingewiesen: Wird ein Kapillarrohr in eine Flüssigkeit eingetaucht, ist die Flüssigkeitssäule im Röhrchen möglicherweise niedriger als außerhalb. Freilich hängt dies von der Flüssigkeit und der Beschaffenheit der Röhrcheninnenwand ab. So gibt es in der Kapillare emporgehobene, benetzende Flüssigkeiten, die einen konkaven Meniskus ausbilden, neben nichtbenetzenden, in die Kapillare hinabgedrückte Flüssigkeiten, die einen konvexen Meniskus ausbilden. In einem Glasröhrchen ist beispielsweise die Oberfläche von Wasser konkav, die von Quecksilber konvex (dies läßt sich leicht an einem Quecksilberthermometer überprüfen). Wird jedoch die Kapillare mit einer Wachsschicht überzogen, bildet das Wasser in der Röhre einen konvexen Meniskus.

Auch hier gründen die Erscheinungen der Kapillarität in der Oberflächenspannung. Etwa im Falle eines konkaven Meniskus resultiert die Spannung aus den Adhäsionskräften, die von der Glaswand auf das Wasser wirken. Da diese Kräfte nach oben

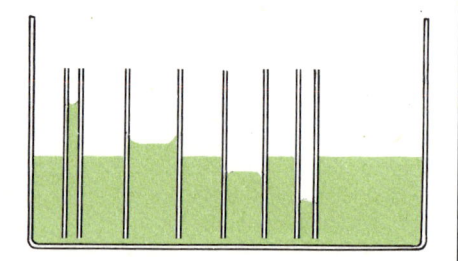

152 · IM REICH DER MATERIE

Bildet sich zwischen der Flüssigkeit und den Wänden einer Kapillare ein konkaver Meniskus, steigt die Flüssigkeit im Vergleich zum Wasser außerhalb des Röhrchens um so höher, je dünner die Kapillare ist; der umgekehrte Fall tritt ein, wenn die Flüssigkeit einen konvexen Meniskus ausbildet. Im ersten Fall ist die Oberflächenspannung nach oben gerichtet, im zweiten nach unten.

gerichtet sind, kann für eine bestimmte Flüssigkeitsmenge der Kapillare die Gewichtskraft überwunden werden. Die Höhe, um die die Flüssigkeit ansteigt, ist umgekehrt proportional zum Radius der Kapillare. Bei Flüssigkeiten mit konvexem Meniskus ist die Kraft nach unten gerichtet und bewirkt zusammen mit der Schwerkraft die kapillare Depression der Flüssigkeit. Die umgekehrte Tatsache, daß eine Flüssigkeit aus eigener Kraft in einem Röhrchen emporklettern kann, ist ein recht außergewöhnliches Phänomen, das für weitere merkwürdige Vorgänge verantwortlich ist. Über einem konkaven Meniskus ist beispielsweise der Dampfdruck niedriger als über der ebenen Oberfläche derselben Flüssigkeit. Wäre dem nicht so, gäbe es nicht nur keinen Regen (wie wir im vorangegangenen Abschnitt bereits gesehen haben), sondern man könnte sogar ein Perpetuum mobile in Gang halten. Dies wollen wir im folgenden demonstrieren. Wir nehmen eine kleine, mit Wasser gefüllte Schale, in die eine Kapillare eingetaucht wird; wir bedecken sie mit einer Glasglocke und pumpen die Luft heraus. Daraufhin steigt das Wasser in dem Röhrchen, und ein Teil davon wird zunächst einmal verdampfen, bis der Raum unter der Glocke mit Dampf gesättigt ist.
Nehmen wir nun einmal an, der Dampfdruck hinge nicht von der Krümmung der Oberfläche ab. Es ist bekannt, daß der Druck mit der Höhe abnimmt. Da nun der Flüssigkeitsspiegel in der Kapillare etwas höher als außerhalb ist, müßte dort der Dampfdruck etwas niedriger sein als über der Oberfläche des Wassers in der Schale; der Sättigungsdampfdruck würde damit nicht erreicht. Folglich müßte Wasser im Innern des Röhrchens verdampfen, um den Sättigungsdampf durch Druck wiederherstellen zu können: Der überschüssige Dampf würde in die Schale kondensieren und Wasser in die Kapillare nachfließen, um das Ausgangsniveau wiederherzustellen. Insgesamt entstünde ein fortwährender Wasser-und Dampfkreislauf: Es läge ein Perpetuum mobile zweiter Art vor (s. S. 166 ff.). All das steht im Gegensatz zu den Hauptsätzen der Thermodynamik; somit müssen wir folgern, daß die eingangs aufgestellte Hypothese in der Natur keine Entsprechung findet. Der Sättigungsdampfdruck über der konkav gekrümmten Oberfläche ist nun tatsächlich geringer als über der flachen Oberfläche der Flüssigkeit: Diese Differenz fällt so aus, daß der durch das unterschiedliche Niveau der Schale und der Kapillare gegebene barometrische Effekt ausgeglichen wird. Über einem konvexen Meniskus ist der Dampfdruck hingegen höher als über einer ebenen Oberfläche.

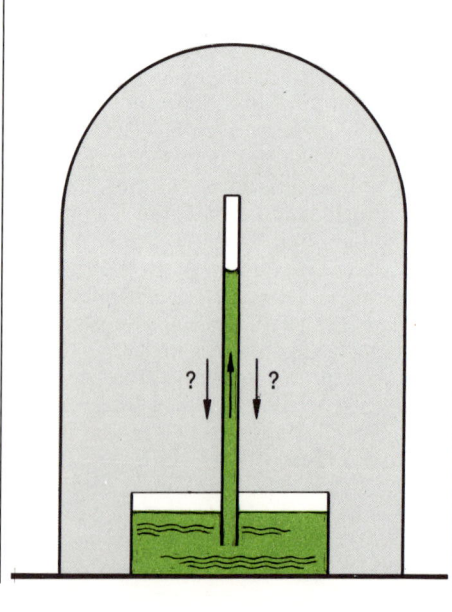

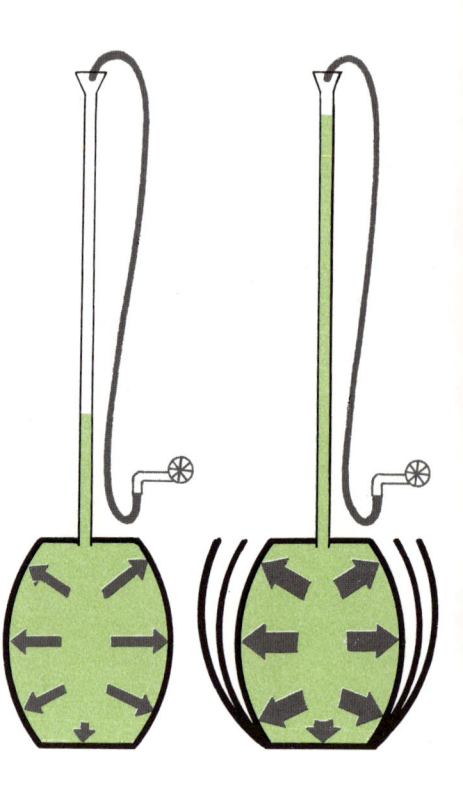

Das hydrostatische Paradoxon

Wenn Sie das Glück haben, auf dem Lande zu leben und Ihnen Ihre Regentonne am Herzen liegt, dann lassen Sie sich nicht auf das Experiment des hydrostatischen Paradoxons von Pascal ein. Es besagt, daß der Druck, den eine Flüssigkeit in einem Gefäß auf dessen Boden ausübt, weder von der Gefäßform noch von der Flüssigkeitsmenge abhängt, sondern allein von der Höhe der Flüssigkeitssäule über dem Gefäßboden. Taucht man nämlich in ein mit Wasser gefülltes Faß ein Rohr von einigen Metern Länge senkrecht ein und

Oben: das hydrostatische Paradoxon. Das im Rohr befindliche Wasser reicht aus, um das Faß zum Bersten zu bringen.

Links: Wäre der Sättigungsdampfdruck der Flüssigkeit in der Kapillare gleich dem der Flüssigkeit in der Schüssel, könnte man ein Perpetuum mobile konstruieren.

gibt Wasser zu, so platzt das Faß nach einer Weile. Dieses Phänomen, das unsere Vorfahren bei seiner Entdeckung sicherlich tief beeindruckt hat, ist denn auch eine der spektakulären Anwendungen des Druckprinzips. Der Druck, den eine Flüssigkeit aufgrund ihrer Gewichtskraft ausübt, beträgt:

Dichte der Flüssigkeit · g · Höhe der Flüssigkeitssäule

Die geringe Wassermenge im Röhrchen kann – sofern sie einen ausreichend hohen Stand erreicht – auf das darunter befindliche Faß einen so hohen Druck ausüben, daß sie dieses zum Bersten bringt.

Druck erzeugt Kraft
In einem Vergnügungspark gab es einmal ein sehr kniffliges Spiel. Dabei kamen zwei offensichtlich identische Dreifußpumpen zur Anwendung, wie sie in den Reparaturwerkstätten vor der Entdeckung der Kompressoren verwendet wurden. Deren Luftschläuche waren luftdicht miteinander verbunden. Drückte man also den einen Kolben nach unten, konnte man den anderen herausziehen und umgekehrt. Der Besitzer dieser Bude, der von normaler Statur war, forderte die Besucher dazu auf, den Kolben der einen Pumpe herauszuziehen, während er den der anderen Pumpe hereindrückte. Nach mehreren vergeblichen Versuchen mußten selbst die Stärksten aufgeben; murrend zahlten sie, ohne den Trick durchschaut zu haben, wechselte der Besitzer doch stets bereitwillig die Pumpe.
Der Trick macht von einem Prinzip Gebrauch, dem zufolge in einem ruhenden Medium (um welche Flüssigkeit oder welches Gas es sich auch immer handelt) an jeder Stelle der gleiche Druck herrscht. Doch da gilt:

Kraft = Druck · Fläche,

kann man überall (an der Gefäßwand und) im Innern der Flüssigkeit eine zur Fläche proportionale Kraft erhalten. Nach diesem Prinzip arbeitet auch eine hydraulische Hebebühne: Mit einem schwachen Impuls läßt sich nach dessen Übertragung auf eine Flüssigkeit auch ein großes Gewicht heben, sofern dieses auf einer erheblich größeren Fläche aufliegt.
Aufgrund des Energieerhaltungssatzes reduziert sich natürlich die Bewegung in vertikaler Richtung; um ein nutzbringendes Ergebnis zu erhalten, ist zur mehrfachen Wiederholung des Stoßes ein Rückholmechanismus notwendig.
Zurück zu unseren Pumpen im Vergnügungspark; jede war mit zwei konzentrischen Kolben ausgestattet. Normalerweise gingen beide gleichzeitig auf und ab und drückten mit einer (gleich) großen Fläche auf das

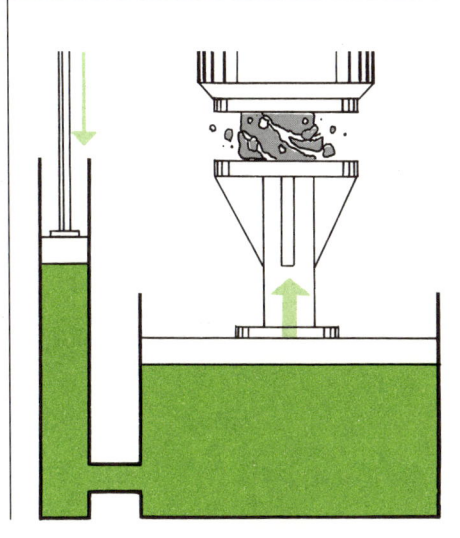

Das Spiel der beiden miteinander verbundenen Pumpen. Der Trick (rechts) besteht darin, den inneren Kolben auszuklinken und den äußeren zu blockieren: Dadurch wird die Fläche verringert und damit die Kraft, die aufgebracht werden muß, um den Kolben des Gegners herauszudrücken.

In der obigen Skizze ist das Prinzip der hydraulischen Presse dargestellt: Indem man auf eine kleine Fläche des Mediums eine kleine Kraft ausübt, erhält man an einer großen Fläche eine große Kraft.

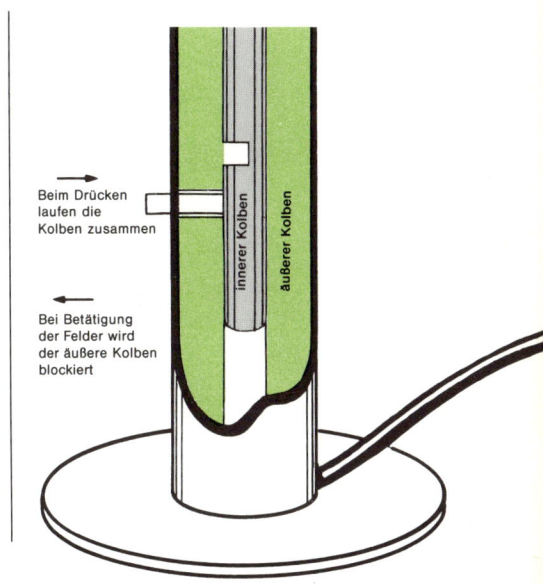

Beim Drücken laufen die Kolben zusammen

Bei Betätigung der Felder wird der äußere Kolben blockiert

innerer Kolben
äußerer Kolben

Gas. Wurde jedoch eine versteckte Feder betätigt, blockierte unten der äußere Kolben, und nur der innere Kolben ließ sich bewegen. Entsprach seine Angriffsfläche nur einem Drittel der Gesamtfläche, so mußte derjenige, der ihn herunterdrückte (also der Spielbudenbesitzer, der auch die Feder betätigt hatte), nur ein Drittel der Kraft des Gegners aufwenden, dessen Gewinnchancen damit gleich null waren.

Die Dichte von Flüssigkeiten

Versierte Barkeeper sind in der Lage, sogenannte *pousse-café*-Cocktails zuzubereiten, in denen sich die einzelnen Zutaten nicht vermischen, sondern in Schichten übereinanderlagern. Ansprechende Farbeffekte lassen sich erzielen, indem man die Flüssigkeiten mit größter Vorsicht der Reihe nach ins Glas gießt, wobei man mit der zähflüssigsten beginnt (vgl. das Rezept für *pousse-café* »Italia« auf S. 158). Hierbei handelt es sich sicherlich um eine der angenehmsten Anwendungen des Archimedischen Prinzips, auch wenn sie freilich nicht zu den epochalen gehört:

Mit der gleichen Methode kann man bestimmen, in welchem Verhältnis die Dichten von Öl, Wasser und Alkohol zueinander stehen. Schütten Sie in ein schlankes Glas in der genannten Reihenfolge einige Zentiliter Wasser, einige Tropfen Olivenöl (das aufgrund seiner Farbe den Samenölen vorzuziehen ist) und ein paar Zentiliter denaturierten Alkohol. Die drei Flüssigkeiten bleiben voneinander getrennt und bilden entsprechende Schichten. Wer nachweisen will, daß die Dichte von Öl tatsächlich zwischen der von Wasser und Alkohol liegt, kann das Öl nach dem Wasser und dem Alkohol beigeben. Es wird sich erneut zwischen den beiden letztgenannten Flüssigkeiten anordnen. Allerdings nimmt es diesmal die Form dicker Tropfen an, weil es sich seinen Weg durch die Alkoholschicht bahnen mußte.

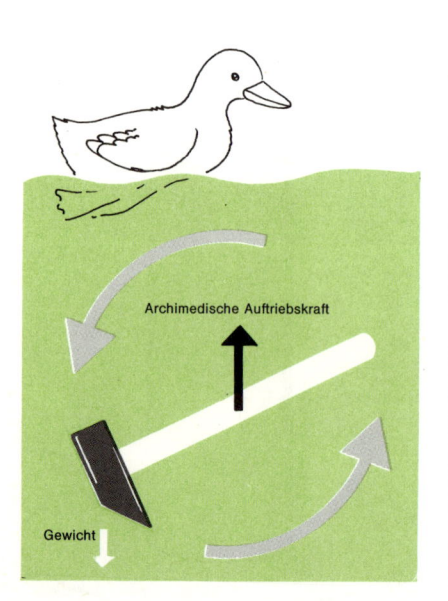

Kommen wir nochmals auf das (auch für Gase geltende) Archimedische Prinzip zurück, das gewöhnlich so formuliert wird: »Die Auftriebskraft, die ein Körper in einer Flüssigkeit erfährt, ist gleich der Gewichtskraft der von ihm verdrängten Flüssigkeit«; man müßte hinzufügen: »und greift im Schwerpunkt des verdrängten Flüssigkeitsvolumens an«. Der zweite Teil dieser Definition ist zur Erklärung einer weiteren Erscheinung notwendig, auf die Sie vielleicht schon einmal aufmerksam wurden: Ist ein Körper an einem Ende schwerer, wird er vom Wasser so gedreht, daß er mit diesem Ende nach unten geneigt sinkt. Der eingetauchte Körper erfährt dann zwei Kräfte, zum einen die Gewichtskraft, die in seinem Schwerpunkt angreift, zum anderen die Archimedische Auftriebskraft, die hingegen im Schwerpunkt des verdrängten Flüssigkeitsvolumens angreift. Da die Angriffslinien beider Punkte nur dann zusammenfallen, wenn der Körper homogen, d. h. sein Gewicht gleichförmig verteilt ist, entsteht in allen anderen Fällen ein Drehmoment. Dieses bewirkt, daß der Körper sich so lange dreht, bis sejn Schwerpunkt unterhalb des Angriffspunkts der Auftriebskraft zu liegen kommt.

Die Archimedische Auftriebskraft, die der Schwerkraft entgegenwirkt, richtet einen eingetauchten Körper nach oben und bewirkt, daß er zuerst mit dem schwersten Teil nach unten sinkt.

WASSER UND SEIFE

Die Seifenwasserhaut und der Faden

Wie wir bereits gesehen haben, ist jede Flüssigkeitsoberfläche einer tangentialen Kraft ausgesetzt, welche die Vergrößerung der Oberfläche möglichst gering hält: Sie wird Oberflächenspannung genannt. Ein einfaches Experiment mit Seifenwasser, das eine große Oberflächenspannung besitzt, veranschaulicht sehr schön das bisher Gesagte. Fertigen Sie aus Eisendraht ein quadratisches Gestell mit einer Seitenlänge von 5–6 cm an, und tauchen Sie es in eine Lösung aus Wasser und flüssiger Seife, wie man sie zum Spülen verwendet, ein. Wenn Sie das Drahtgestell wieder herausnehmen, ist es mit einer dünnen Seifenwasserhaut überzogen. Bringen Sie auf diese Haut einen dünnen zusammengebundenen Faden auf, so daß er in ganz unregelmäßiger Gestalt auf der Seifenhaut schwimmt. Wenn Sie nun die Haut in der Mitte des Fadenrings mit einer Nadel durchstoßen, können Sie beobachten, wie sich der Faden unter dem Einwirken parallel zur Hand gerichteter Kräfte spannt und die Form eines Kreises annimmt. Damit erreicht die im Drahtgestell vorhandene Restfläche außerhalb des Fadenkreises den kleinstmöglichen Wert.

Der Seifenfisch

Welches Kind kennt dieses Spiel nicht: Man verstreut über einer Schüssel Wasser kleine Papierschnitzel, taucht einen eingeseiften Finger ein und spricht dazu ein paar Zauberformeln. Flugs entfernen sich die Papierschnitzel vom Finger, als versuchten sie einem möglichen Angreifer zu entkommen. Die Eigenschaft von Seife, leichte, auf dem Wasser schwimmende Körper zu verdrängen, kann auch in anderer Weise genutzt werden.

Schneiden Sie aus einer dünnen Balsaholzplatte einen Fisch aus (siehe Abb. nächste Seite). Versehen Sie ihn mit einem dünnen Schlitz, der vom Schwanzende bis zum Kopf reicht, wo er in einem Loch endet. Legen Sie dort ein Stück Seife hinein. Wenn

IM REICH DER MATERIE · 155

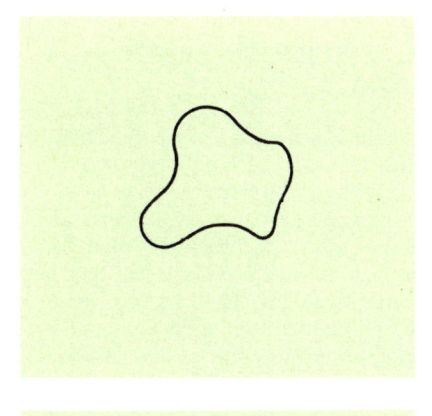

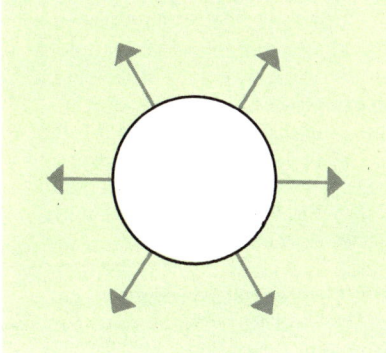

Oben: Wenn man einen zusammengebundenen Faden auf eine Seifenwasserhaut legt und diese in der Mitte durchbohrt, spannt sich der Ring und nimmt Kreisform an. Aufgrund der Oberflächenspannung verkleinert sich die Seifenhautfläche extrem.

Sie den Fisch aufs Wasser gesetzt haben, achten Sie darauf, daß die Seife auch naß wird. Schon bald können Sie beobachten, wie sich der Fisch vorwärtsbewegt – durch das aus dem Schlitz ausströmende Seifenwasser angetrieben. Dieses breitet sich in der Art eines Ölflecks aus; die Ursache ist denn auch dieselbe. Kommen drei Stoffe, wie etwa Luft, Wasser und Öl, miteinander in Berührung, so kann sich zwischen den Grenzflächen nur dann ein Gleichgewicht einstellen, wenn eine der drei Grenzflächenspannungen größer als die Summe der anderen beiden ist. Dies ist bei der Grenzflächenspannung zwischen Luft und Wasser der Fall, denn sie beträgt mehr als die Summe der Grenzflächenspannungen zwischen Luft und Öl und zwischen Wasser und Öl. Ein Tropfen Öl (oder Seifenwasser) bleibt folglich auf der Oberfläche reinen Wassers nicht im Gleichgewicht und breitet sich bis zur größtmöglichen Ausdehnung aus: Wie wir auf S. 147 gesehen haben, ist diese dann erreicht, wenn sich eine monomolekulare Schicht gebildet hat. Die Oberflächenspannung ist für die Vorwärtsbewegung des Fisches ebenso verantwortlich wie für das Forttreiben der Papierschnitzel in dem eingangs vorgestellten Spiel für Kinder. All das hat jedoch ein jähes Ende, wenn sich die Seife über die gesamte Wasseroberfläche ausgebreitet hat.

Seifenblasen

Die Neugierde, die Wissenschaftler den Seifenblasen entgegenbrachten, war mindestens ebensogroß wie der Spaß, den ihre Kinder daran hatten: Dafür steht eine umfassende Literatur, die bisher zu diesem Thema erschienen ist, Pate. Wer die Natur aufmerksam beobachtet, stößt denn auch auf eine Fülle von Fragen. Kommen wir gleich zur ersten: Weshalb muß man pusten, um eine Seifenblase zu erzeugen? Weil der Innendruck wie bei einem Luftballon höher sein muß als der atmosphärische Außendruck. Wenn sich ein Gleichgewicht einstellt und sich das Volumen nicht weiter ändert, wird die Druckdifferenz im Luftballon durch die elastische Kraft des Gummis erzeugt, die nach innen gerichtet ist. Im Falle der Seifenblase entsteht diese nach innen wirkende Kraft durch die Oberflächenspannung, die die Oberfläche und damit das Volumen soweit wie möglich zu verkleinern sucht. Aus diesem Grund haben Seifenblasen Kugelgestalt. Wer sich selber vergewissern will, daß der Druck in der Seifenblase tatsächlich höher ist als außen, braucht nur mit dem Blasen aufzuhören, wenn die Seifenblase noch am Plastikröhrchen sitzt; sie fällt dann unweigerlich in sich zusammen.

Eine weitere Frage: Woran liegt es, daß Seifenblasen mal aufsteigen, mal zu Boden sinken? Weshalb fallen die größten am langsamsten? Da sie luftgefüllt und insgesamt etwas schwerer als Luft sind, reicht im Gegensatz zu den mit Helium oder Wasserstoff gefüllten Ballons die Archimedische Auftriebskraft nicht aus, um sie nach oben zu ziehen: Bei ruhender Luft erwartet man, daß die Seifenblasen langsam herabsinken, da sie durch

Unten: Zum Bau eines Fisches, der mit Seife betrieben wird, muß aus Balsaholz die folgende Form hergestellt werden.

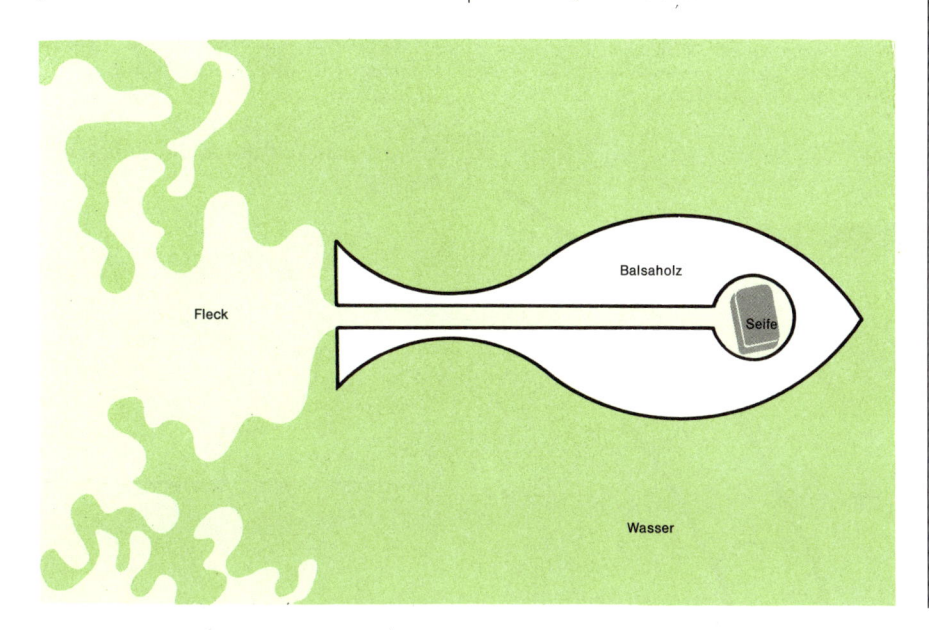

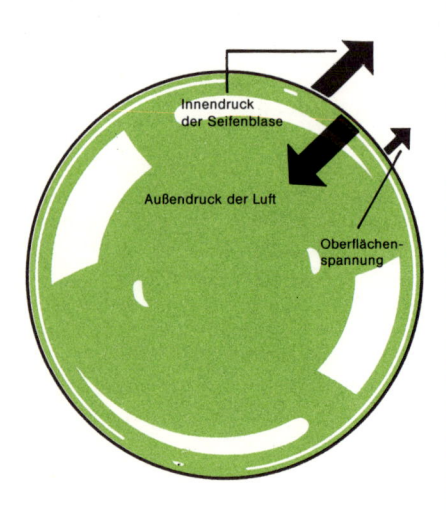

In einer Seifenblase ergibt sich die Differenz zwischen dem Innendruck und dem Druck der Außenluft aus der Oberflächenspannung, die die Tendenz hat, die Oberfläche und damit das Volumen der Seifenblase auf ein Minimum zu reduzieren.

die Luftreibung abgebremst werden. Wenn sie aufsteigen, läßt dies auf einen konvektiven Luftstrom schließen. Interessante Beobachtungen an aufsteigenden Luftströmungen sind im Sommer möglich, wenn man auf einer sonnenbeschienenen asphaltierten Straße mit Seifenblasen spielt; wer absteigende Luftströme beobachten will, muß sich auf den Balkon eines im Schatten liegenden Wohnhauses begeben und von dort Seifenblasen abschicken.

Unwillkürlich stellt sich eine weitere Frage: Weshalb zerplatzen Seifenblasen nach kurzer Zeit? Von Zufällen einmal abgesehen, liegt es gewöhnlich daran, daß die Seifenblase im oberen Teil dünner wird, weil das Seifenwasser infolge der Schwerkraft allmählich nach unten läuft. Die Wirkung der Schwerkraft kann man auch an den Deformationen größerer Seifenblasen erkennen.

Das Auftreten wunderschöner Farbschimmer auf der Oberfläche von Seifenblasen erinnert an eine andere sehr ähnliche Erscheinung, nämlich die, daß in der Luft schwebende Wassertropfen nach einem Gewitter einen Regenbogen hervorbringen (siehe S. 114 f.). Die dünne Haut der Seifenblase zerlegt den einfallenden weißen Lichtstrahl durch Brechung in Spektralfarben. Jeder Strahl trifft in einem anderen Winkel auf die Innenfläche auf und wird auch in eine andere Richtung reflektiert. Deshalb erscheint auf der Seifenblase ein ganzes Farbenspektrum. Obwohl das weiße Licht aus allen möglichen Richtungen auf die Seifenblase auftrifft, entsteht – wie bei den in der Luft schwebenden Wassertropfen – keine übermäßige Unordnung: Durch die Erscheinung der Interferenz wird der reflektierte Strahl nur bei bestimmten Winkeln ausreichend verstärkt und damit für das bloße menschliche Auge sichtbar. Haben Sie schon einmal beobachtet, wie Seifenblasen kurz vor dem Zerplatzen ihren Farbschimmer verlieren und transparent werden? Der Grund ist folgender: Wenn die Haut dünner als die Wellenlänge des sichtbaren Lichts (0,4–0,7 tausendstel mm) wird, kann der Vorgang Brechung – Reflexion, der für das Entstehen der Regenbogenfarben verantwortlich ist, im Innern der Seifenblase nicht mehr ablaufen.

Der Farbschimmer der Seifenblase entsteht durch Lichtbrechung im Innern der dünnen Haut. Die Lichtstrahlen, aus denen weißes Licht besteht, werden unter verschiedenen Winkeln abgelenkt und verlassen die Seifenblase in Form eines Fächers, nachdem sie von deren Innenfläche reflektiert wurden.

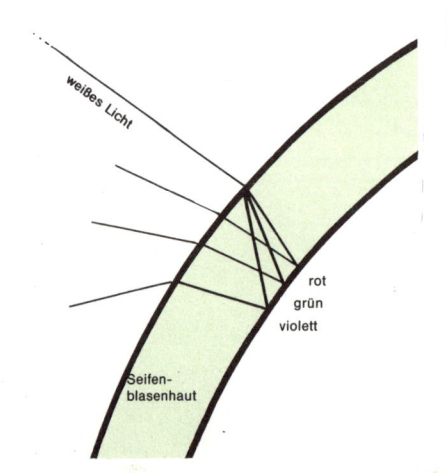

Unsichtbare Kräfte in der Luft

Einige Erscheinungen überraschen uns, weil wir die Kräfte des uns umgebenden unsichtbaren Gases nicht richtig einzuschätzen vermögen. Zur Verdeutlichung ein Beispiel: Versuchen Sie ein Wasserglas bis an den Rand zu füllen; legen Sie ein Blatt Schreibpapier oder auch ein Stück Stoff so darauf, daß es am nassen Gefäßrand eng aufliegt. Kippen Sie das Glas schnell auf den Kopf. Durch den Luftdruck bleibt das Wasser im Glas (beim erstenmal ist es jedoch ratsam, diesen Versuch über einem Waschbecken durchzuführen).

Eine Fülle überraschender Tatsachen – so auch zahlreiche Tricks und Spiele – beruht auf dem sogenannten *Venturi-Effekt* (auch benannt nach Daniel Bernoulli, der dieses Gesetz zuerst 1738 veröffentlicht hat) in der Luft. Giovan Battista Venturi, ein Priester und Physiker aus der Emilia-Romagna, formulierte ihn 1797 für Flüssigkeiten. In Wirklichkeit gilt er ebenso für gasförmige Stoffe. Stellen Sie sich ein an einer Stelle verengtes, von Wasser durchströmtes Rohr in horizontaler Stellung vor. Längs des Rohrs angebrachte Manometer beweisen, daß der Flüssigkeitsdruck an der Verengung abfällt. Da nämlich die transportierte Flüssigkeitsmenge (Produkt aus Querschnitt und Strömungsgeschwindigkeit) längs der Rohrachse gleich bleiben muß, strömt die Flüssigkeit mit erhöhter Geschwindigkeit durch die Rohrverengung.

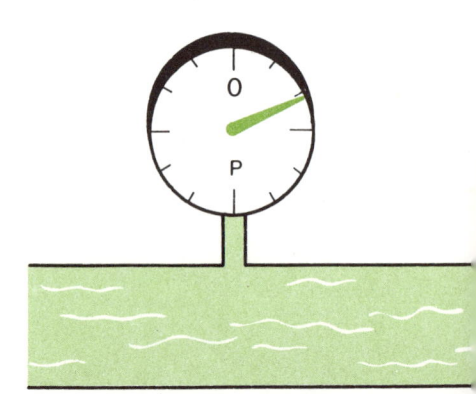

IM REICH DER MATERIE · 157

Zusammenfassend kann man sagen, daß der Druck an der Stelle abfällt, an der die Strömungsgeschwindigkeit einer Flüssigkeit zunimmt. Wie bereits erwähnt, gilt dies gleichermaßen für Gase.

Die physikalischen Grundlagen des Fliegens

Der Venturi-Effekt (Wasserstrahlpumpen-Effekt) ist am Flug der Flugzeuge zwar nicht ausschließlich, aber immerhin maßgeblich beteiligt. Zum besseren Verständnis versetzen wir uns in das Bezugssystem des Flugzeugs. Dieses wird mit hoher Geschwindigkeit von Luft umströmt, und zwar in vergleichbarer Weise, wie das Wasser im vorgenannten Fall durch das Rohr floß. Nun hat aber die Tragfläche eines Flugzeuges ein besonderes Profil, das so ausgelegt ist, daß die auf der Oberseite vorbeiströmende Luft einen längeren Weg zurücklegen muß als die Luftströmung auf der Unterseite. Da beide Ströme am Ende der Tragfläche wieder zusammenkommen, muß der obere Luftstrom demzufolge mit höherer Geschwindigkeit fließen als der untere.

Liegt aber bei einem Medium eine Geschwindigkeitserhöhung vor, verringert sich sein Druck. Es entsteht

Unten: An einer Verengung nimmt die Strömungsgeschwindigkeit einer Flüssigkeit zu und der Druck ab.

In der rechten Bildfolge ist die Geschwindigkeitszunahme des Mediums an einer Rohrverengung dargestellt (aus einem wissenschaftlichen Film, der für die US National Science Foundation hergestellt wurde).

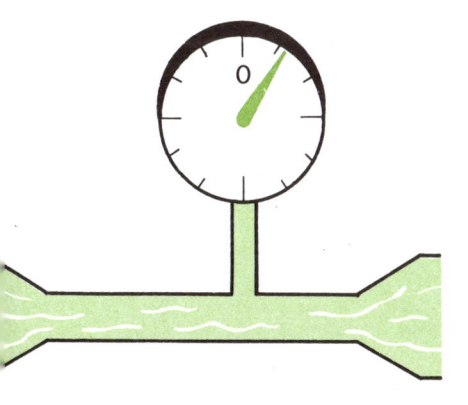

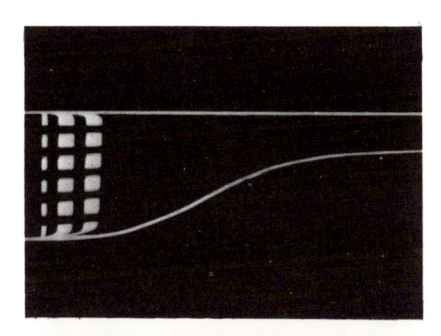

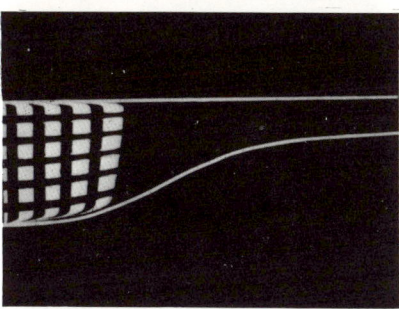

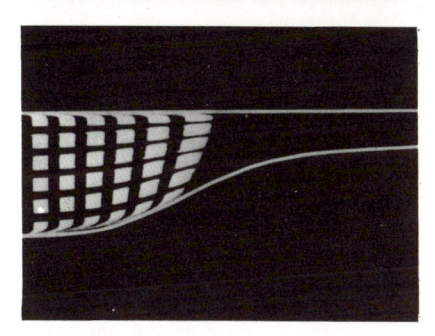

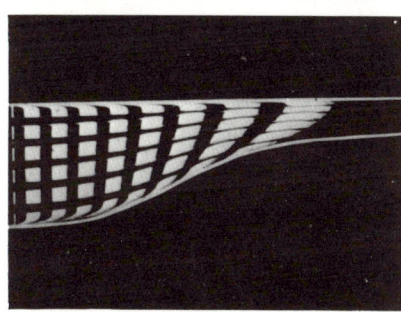

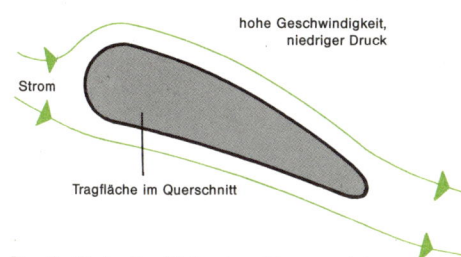

Das Profil der Tragfläche eines Flugzeugs ist so beschaffen, daß die an der Oberseite vorbeiströmende Luft einen längeren Weg zurücklegen muß und sich daher mit höherer Geschwindigkeit bewegt.

also ein Unterdruck, der die Tragfläche um so stärker nach oben zieht, je schwächer die Gegenkraft nach unten wirkt. Die Tragflächen von sehr schnellen Flugzeugen müssen fast flach sein, um den Luftwiderstand beim Vorschub zu verringern; die Tragflächen von langsameren Flugzeugen hingegen müssen zur Erzeugung einer Auftriebskraft an der Oberseite stärker gewölbt sein.

Die bisher dargelegten Zusammenhänge können Sie selber überprüfen: Nehmen Sie ein festeres Blatt Papier

Unten: Ein Blatt Papier, das nach vorn geworfen wird, bleibt länger in der Luft, wenn der Rand nach oben gefalzt wird.

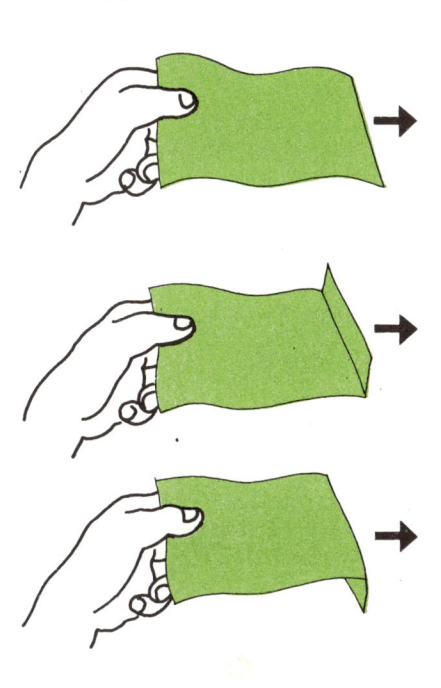

in die Hand, und werfen Sie es nach vorn: Nach ein paar Flatterbewegungen fällt es zu Boden. Heben Sie es wieder auf, und knicken Sie den vorderen Papierrand nach oben. Bei Wiederholung des Versuchs ist zu beobachten, daß das Blatt diesmal länger in der Luft bleibt; wird jedoch der Rand nach unten umgelegt, so fällt es schneller zu Boden. Der Rand leitet die sich relativ zum Blatt bewegenden Luftschichten so um, daß sie einen längeren Weg zurücklegen. Sie müssen sich deshalb schneller bewegen als die auf der anderen Blattseite verlaufenden Stromlinien. Der Unterdruck erzeugt folglich einen Auftrieb, wenn er sich oberhalb des oben gefalzten Papiers bildet, und keinen, wenn er unterhalb des Blattes zustande kommt.

Der Nachmittagstee
Sicherlich ist Ihnen der Venturi-Effekt schon oft beim Ausgießen von Tee begegnet. Wird die Teekanne nämlich nicht in ausreichendem Maße geneigt, hat die Flüssigkeit die Tendenz, am Ausguß »haften« zu bleiben und zum Ärger aller die Teekanne zu benetzen. Dies liegt daran, daß der am Schnabel ansetzende Winkel wie eine Verengung wirkt: Während des Ausgießens leitet er die inneren Stromlinien der Flüssigkeit um und beschleunigt diese. Unterhalb dieser Stelle entsteht infolge des Venturi-Effekts ein Unterdruck; die gegenüberliegende Luft drückt die Flüssigkeit gegen die Teekanne. Um Flecken auf der Tischdecke zu vermeiden, bemüht sich der Kenner, die Kanne im Handumdrehn möglichst stark zu neigen; die Flüssigkeit trifft nun tangential auf den Rand des Schnabels, womit die Ablenkung und Beschleunigung der inneren Stromlinien verhindert wird.

Fön, Tischtennisball und Strohhalm
Eine Reihe vergnüglicher Spiele macht vom Venturi-Effekt Gebrauch. Bei einem von ihnen wird das Gebläse eines Föns nach oben gerichtet und ein Tischtennisball darüber »gelegt«. Man würde erwarten, daß der Ball wegspringt; statt dessen hält ihn der Luftstrom in

Oben: Ein Tischtennisball, der im Luftstrom eines Föns schwebt. Zur Durchführung dieses Spiels braucht man einen ziemlich leistungsstarken Fön mit Temperaturregler, damit der Ball nicht durch eine übermäßige Hitzeentwicklung verformt wird.

einem bestimmten Abstand zur Düse gefangen. Bei langsamem Bewegen des Föns ist es sogar möglich, den Tischtennisball an einen beliebigen Ort zu befördern. An der Stelle des stärksten Luftstroms ist der Luftdruck am niedrigsten, und dort befindet sich der Ball in einer stabilen Gleichgewichtslage. Sobald er sich nach oben oder nach der Seite verlagert, entsteht durch die Druckdifferenz eine Kraft, die den Ball wieder den ursprünglichen Platz einnehmen läßt.
Ein weiteres Spiel dieser Art wird mit einem Strohhalm und einem Stück Papier durchgeführt. Legen Sie den Papierschnitzel auf den Tisch und blasen Sie in einen senkrecht darüber gehaltenen Strohhalm. Überraschenderweise wird das Papierstück keineswegs vom Strohhalm fortgeblasen, sondern an das Ende des Röhrchens gepreßt. Denn der rasche Luftstrom

Auf der nebenstehenden Seite: Zubereitung des pousse-café »Italia«. Die drei übereinander gelagerten Farbschichten bestehen aus Mischungen unterschiedlicher Dichte, die sich aufgrund des Archimedischen Prinzips nicht miteinander vermischen, sofern sie behutsam – und natürlich mit der zähflüssigsten Substanz beginnend – ins Glas geschüttet werden.
Die Zutaten für diesen pousse-café sind:
3 Tl. Granatapfelsirup;
1 Tl. Kirschbranntwein;
1 Tl. weißer Pfefferminzlikör;
3 Tl. Anislikör;
4 Tl. Chartreuse mit gelbem Etikett;
einige Tropfen Blue Curaçao.
Der Becher muß der Form und der Größe nach dem auf den Fotos entsprechen; ferner werden drei Kännchen zur Vorbereitung der Gemische benötigt. Ins erste wird der Granatapfelsirup und der Kirschbranntwein gegeben, ins zweite der Pfefferminz- und der Anislikör, ins dritte die Chartreuse und der Blue Curaçao.

Die Fotos auf der nächsten Seite geben die nächsten Schritte der Zubereitung wieder: Vermischen Sie die roten Getränke, und geben Sie das Gemisch in den zylindrischen Becher; der Teelöffel muß gründlich gereinigt werden; dann wird das weiße Gemisch verrührt und schließlich mit Hilfe des Löffels tropfenweise über die rote Schicht gegeben; wiederholen Sie den gleichen Vorgang mit dem dritten Kännchen, wobei Sie dessen Inhalt ebenfalls tropfenweise über die weißen Liköre gießen. Auf diese Weise erhalten Sie die italienischen Nationalfarben.

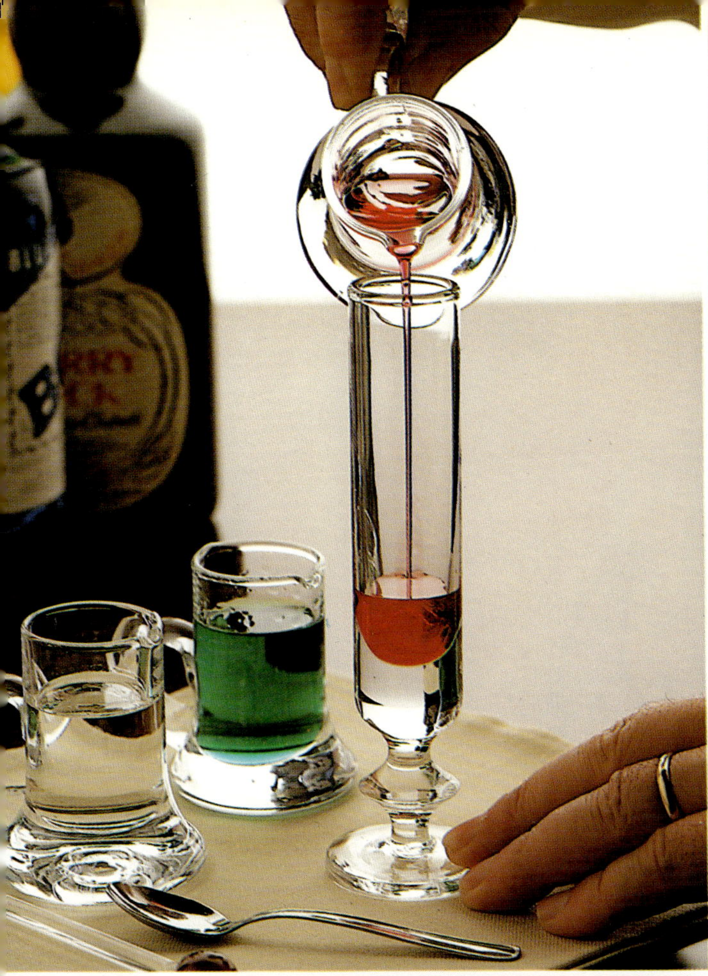
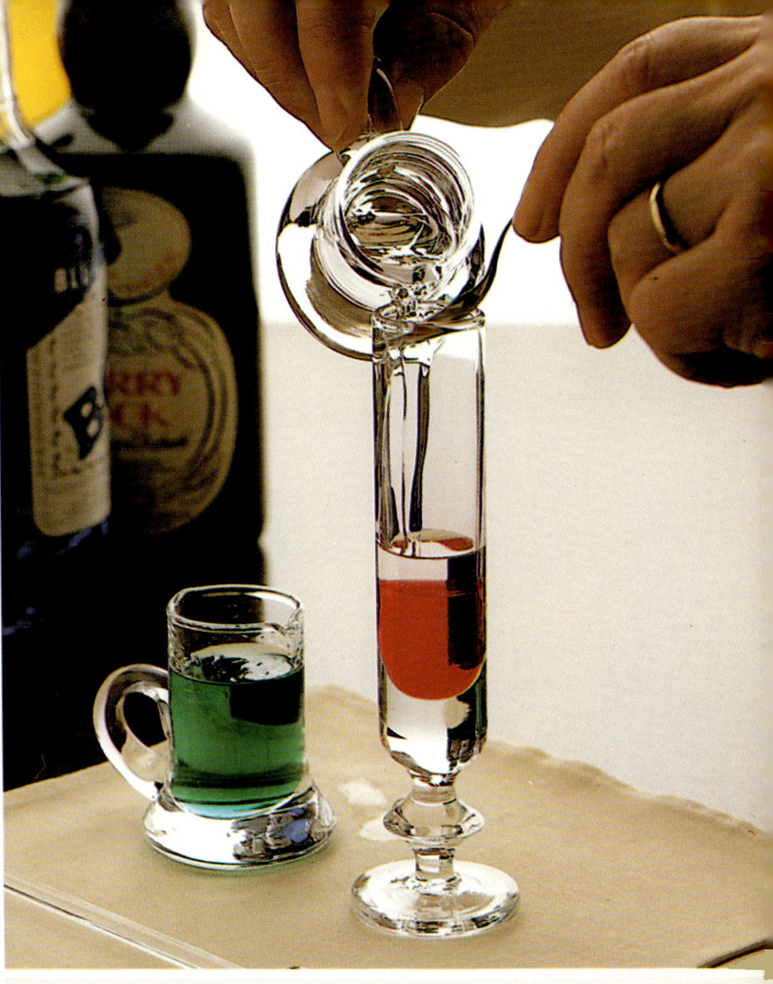
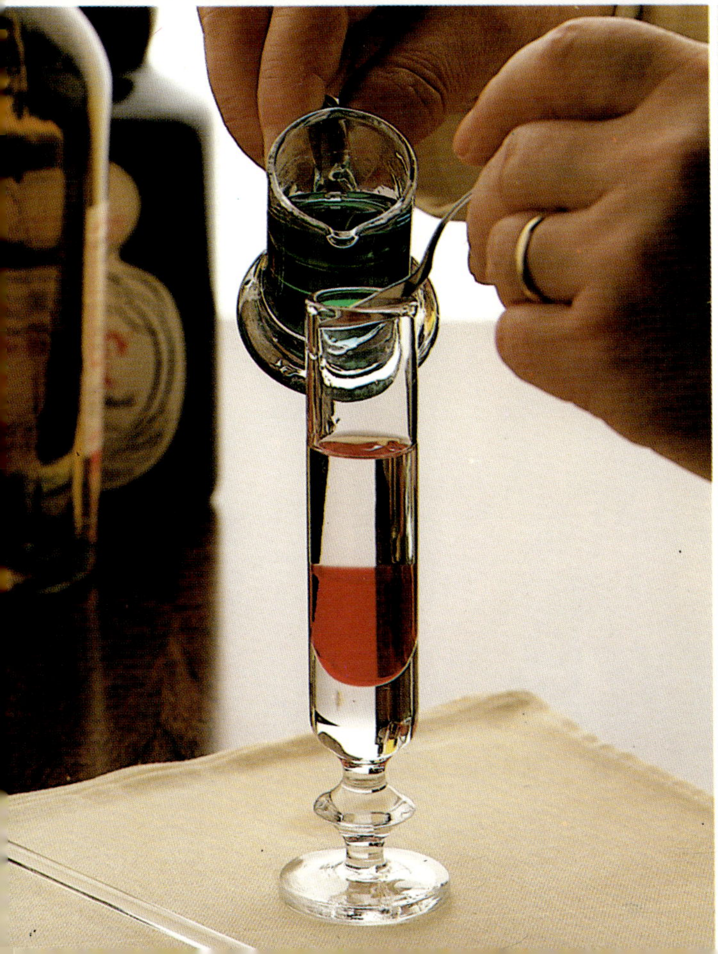
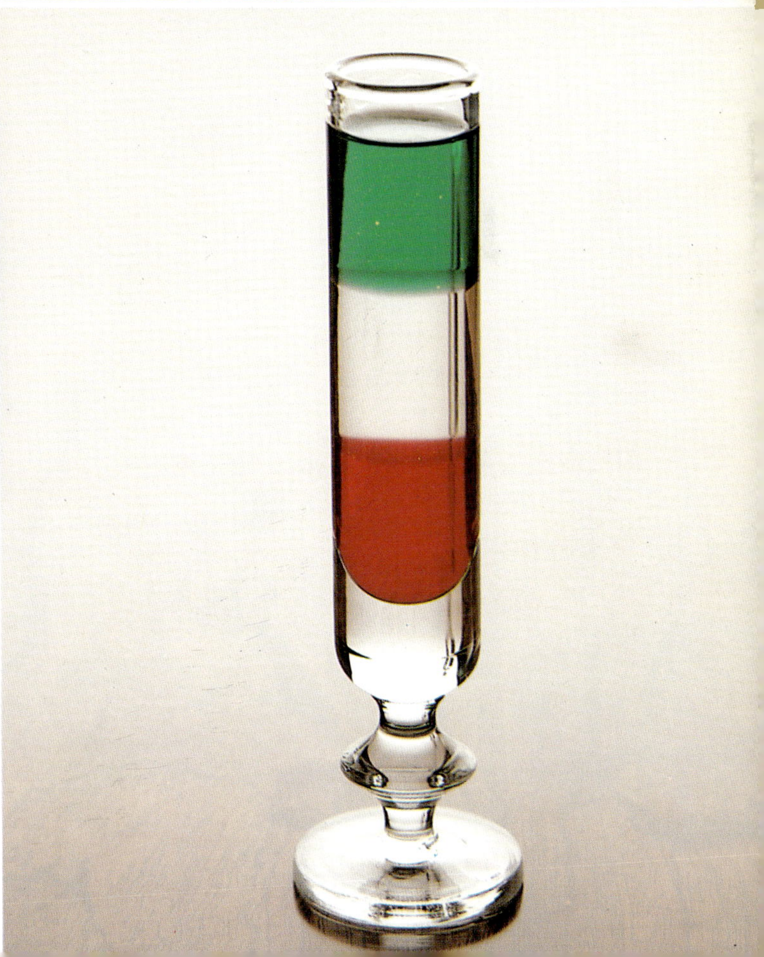

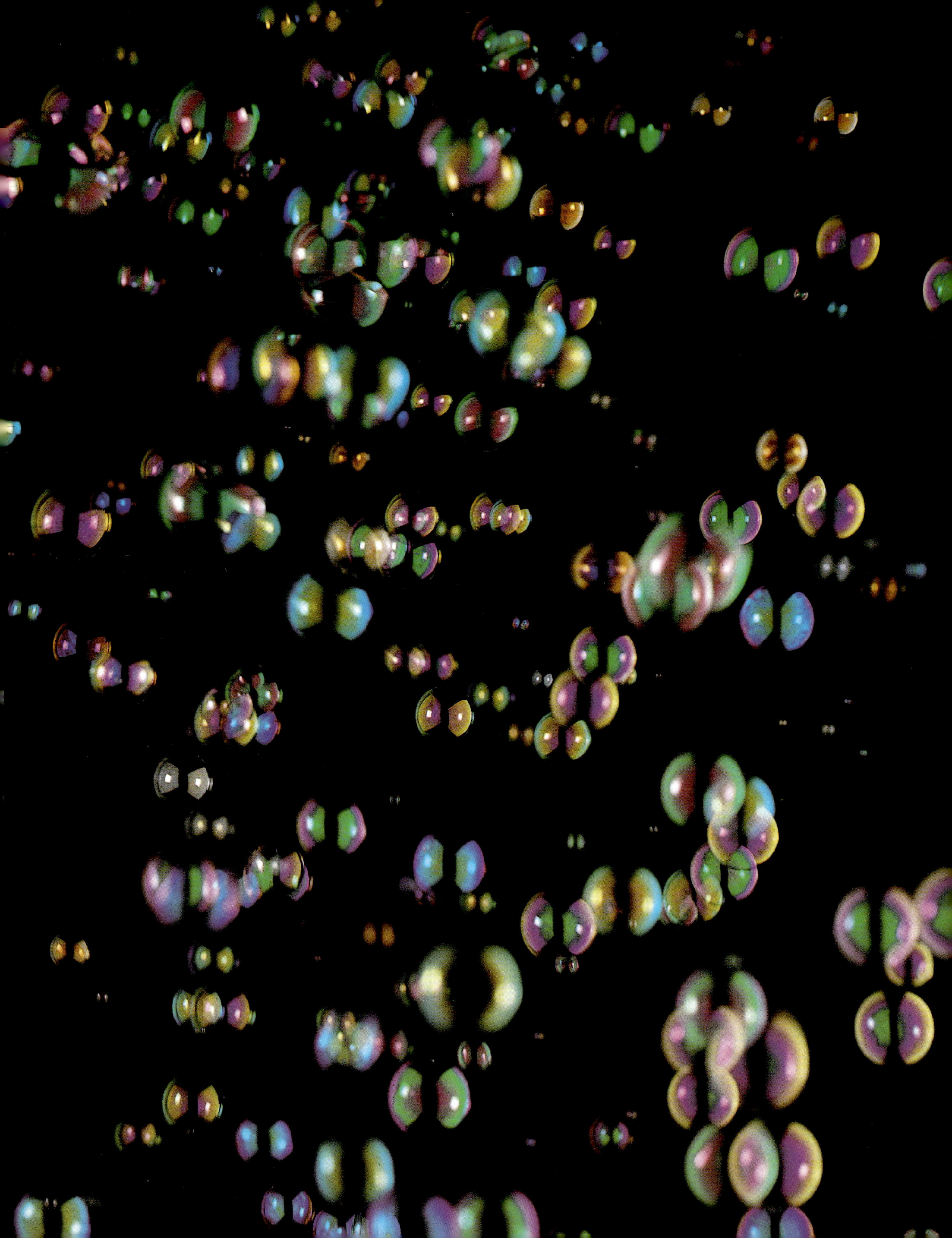

Auf der nebenstehenden Seite: Seifenblasen. Die wissenschaftliche Bibliographie zu Seifenblasen ist für denjenigen erstaunlich umfangreich, der in diesen nur ein banales Kinderspiel sieht. Die Seifenblase wird durch die Oberflächenspannung zusammengehalten, eine Kraft, die an jeder Stelle nach innen gerichtet ist und die zur Wirkung der Außenluft hinzukommt. Damit die Seifenblase nicht zerplatzt, muß der Luftdruck innen geringfügig höher sein als außen: Deswegen muß man zur Erzeugung einer Seifenblase auch pusten. Die Oberflächenspannung ist auch für die Kugelgestalt der Seifenblasen verantwortlich, denn diese sind bestrebt, eine minimale Oberfläche anzunehmen. Die Kugel ist denn auch die geometrische Form mit dem kleinsten Verhältnis Oberfläche/Volumen. Bewegt sich die Seifenblase erst einmal frei in der Luft, unterliegt sie dem Gegenspiel ihrer Gewichtskraft und der Archimedischen Kraft, die sie nach oben drückt. Da sie etwas schwerer als Luft ist, schwebt sie beim Ausbleiben von Luftströmungen langsam zu Boden. Das Zerplatzen wird fast immer durch schrittweises Ausdünnen der Seifenhaut an ihrer Oberseite ausgelöst; dies wiederum liegt daran, daß sich ein Teil des Seifenwassers unter der Wirkung der Schwerkraft unten ansammelt. Auch das optische Erscheinungsbild der Seifenblasen ist interessant. Ihr schöner Farbschimmer ist auf eine Lichtbrechung zurückzuführen, die weißes Licht erfährt, wenn es in die Seifenblase eindringt, deren Brechungswinkel höher als der von Luft ist. Die verschiedenen Wellenlängen (d. h. Licht verschiedener Farben) werden in unterschiedliche Richtungen abgelenkt; nachdem sie von der Innenfläche der dünnen Seifenhaut reflektiert wurden, erscheinen sie dem Betrachter unter verschiedenen Winkeln. Die Erscheinung der Interferenz trägt schließlich dazu bei, daß das weiße Licht in die Spektralfarben aufgespalten wird, die in bestimmte Richtungen verstärkt werden. Dadurch erscheint die Seifenblase in einzelne regenbogenfarbene Abschnitte unterteilt. Vor dem Zerplatzen verlieren die Seifenblasen zuweilen ihre schillernden Farben, weil die Wand dünner als die Wellenlänge des Lichts wird; in ihrem Innern kann der Mechanismus Lichtbrechung-Reflexion nicht mehr stattfinden.

bildet über dem Papier eine »Haut«, die auf seiner Oberseite einen Unterdruck erzeugt: Die darunter befindliche Luft drückt den Papierschnitzel nach oben.

Wie man mit Leitungswasser ein Vakuum erzeugen kann

Eine erstaunliche Anwendung des Venturi-Effekts besteht in der Umwandlung eines Wasserhahns in eine Vakuumpumpe, was schon in den Laborwerkstätten von anno dazumal gang und gäbe war (Wasserstrahlpumpen-Effekt).
An einem gewöhnlichen Wasserhahn wird eine Vorrichtung, wie sie in der Abb. unten zu sehen ist, befestigt; über die seitliche Öffnung wird ein mit normaler Luft gefüllter Ballon gestülpt. Kurze Zeit nach dem Öffnen des Hahns fällt der Ballon durch die Wucht des Außendrucks derart in sich zusammen, daß die Ballonhaut nicht mehr auseinanderzuziehen ist. Dies beweist, daß die im Ballon vorhandene Luft größtenteils herausgepumpt wurde.
Diese Wasserstrahlpumpe aus Kunststoff, die man aus wenigen Einzelteilen auch selber herstellen kann, arbeitet nach dem Venturi-Prinzip (Wasserstrahlpumpen-Effekt). Das Wasser wird in einer Rohrverengung von wenigen Millimetern Durchmesser beschleunigt. Es entsteht ein sehr schneller Strahl, in dessen Umgebung ein Unterdruck aufgebaut wird, der dem Ballon Luft entzieht. Da aber der Innendruck infolge des Venturi-Effekts nicht ansteigen kann, wird die Luft in Form kleiner Bläschen fortgerissen und mit dem Wasser weggespült. Zuletzt verbleibt im Ballon ein geringer Restdruck, der dem Sättigungsdampfdruck bei Umgebungstemperatur entspricht.

Rechts: Eine Wasservakuumpumpe erzeugt aufgrund des Venturi-Effekts in der Nähe der Verengung des Innenrohrs, dessen Durchmesser sich von 8–9 mm auf 2–4 mm verkleinert, einen Unterdruck. Die Umgebungsluft, in der ein Vakuum erzeugt werden soll, wird in den Raum des Unterdrucks angesaugt und vom Wasserstrahl ausgestoßen.

EINE SCHNELLWAAGE ZUM ABWIEGEN VON LUFT

Luft zu wiegen ist ein schwieriges, aber nicht unmögliches Unterfangen, das sogar mit einer zu Hause hergestellten Waage gelingen kann. Die im folgenden beschriebene Schnellwaage (Abb. auf der nächsten Seite) ist eine Konstruktion von Umberto Buontempo, die gegenüber den in der Literatur wiedergegebenen Versuchsanordnungen einige Verbesserungen aufweist.
Das Grundgestell besteht aus einem schweren, stabilen Holzzylinder mit ebener Grund- und Deckfläche. Auf der Deckfläche werden zwei herkömmliche Rasierklingenhälften parallel zueinander mit der Klingenseite eingeschlagen. In die Aussparungen der Rasierklinge wird senkrecht eine weitere Rasierklingenhälfte gelegt. Da letztere mit der Klinge in den Balken der Waage eingeschlagen wird, und auch hier senkrecht zu diesem, erhält man eine stabile Auflage, die praktisch keine Reibung erzeugt. Als Waagebalken dient eine Leiste aus Balsaholz mit quadratischem

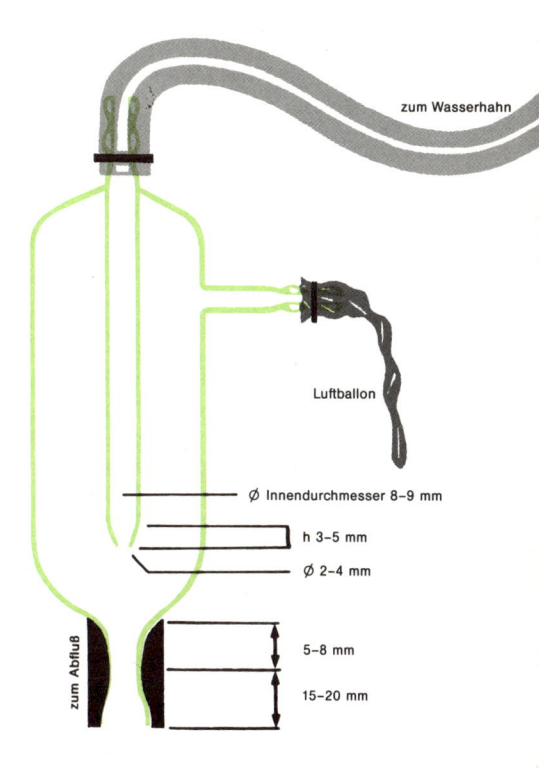

162 · IM REICH DER MATERIE

Schnellwaage zum Wiegen von Luft. Die Auflage des Waagebalkens (s. vor allem rechts) besteht aus drei Rasierklingenhälften: Die ersten beiden sind parallel angeordnet, die dritte steht senkrecht dazu.

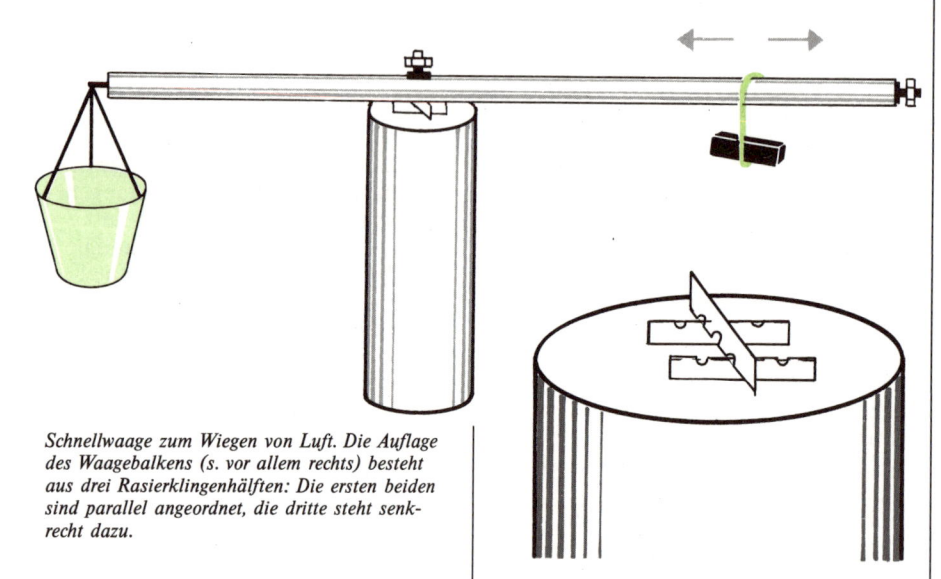

oder dreieckigem Querschnitt und einer Dicke von etwa einem Zentimeter. An einem Ende wird an drei Fäden ein leichter Papp- oder Plastikbecher aufgehängt. Am anderen wird ein kleiner Metallgegenstand mit Hilfe eines dünnen Hakens aus Draht befestigt.

Auf dem Balken werden mit dem Kopf nach unten zwei Schrauben mit ebenso vielen Muttern mit Kleber befestigt. Die mit senkrecht nach oben gerichtetem Schaft direkt über dem Balken sitzende Schraube dient zur Regulierung der Standruhe und damit zur Einstellung der Empfindlichkeit der Waage. Wenn die Mutter sehr hoch gedreht ist, kommt die Waage leicht aus dem Gleichgewicht und führt weite Schwingungen aus; wird die Mutter nach unten gedreht, nimmt die Schwingungsweite ab – damit läßt aber auch die Empfindlichkeit nach. Die am Leistenende waagerecht sitzende Schraube dient hingegen als Feineinstellung, um mit dem Verstellgewicht bereits ein annäherndes Gleichgewicht hergestellt wurde. Sofern die Schnellwaage nicht geeicht ist, kann sie keine absoluten Meßwerte ermitteln, jedoch geringe Gewichtsveränderungen im Becher anzeigen. Zur Probe kann beispielsweise der Gewichtsunterschied zwischen einem Becher Luft und einem Becher Kohlensäure gemessen werden. Gemäß der in der Abbildung dargestellten Anordnung bringt man die Waage genau ins Gleichgewicht, der Becher ist dabei luftgefüllt. In einem zweiten Becher läßt man Trockeneis (feste Kohlensäure) verdampfen. Wird das Stück Trockeneis entfernt, bleibt die Kohlensäure am Boden des Bechers zurück, da sie eine höhere Dichte als Luft aufweist. Mit größter Vorsicht gießt man sie von diesem in den an der Waage hängenden Becher: Die Waage gerät aus dem Gleichgewicht. Damit wird der Gewichtsunterschied zwischen Luft und Kohlensäure offensichtlich: Man kann ihn an der Anzahl der Umdrehungen der Mutter quantifizieren, die notwendig sind, um das Gleichgewicht wiederherzustellen. Durch Subtraktion ist mit diesem Verfahren auch die Luft zu wiegen: Aus einer nicht mehr benötigten Glühbirne trennt man das Metallgewinde heraus; über diese Stelle stülpt man einen Gummistopfen, nachdem er so weit wie möglich gedehnt wurde. Mit der Glühbirne im Becher bringt man die Waage ins Gleichgewicht, nimmt dann die Glühbirne heraus und füllt über ihren Stopfen mit Hilfe einer Spritze zusätzlich Luft ein; wird die Glühbirne wieder in den Becher gelegt, ist zu beobachten, wie die Waage aus dem Gleichgewicht kommt. Auch hier kann man das Gewicht der zusätzlich eingefüllten Luft durch Verstellen der Gleichgewichtsmutter messen.

WAS IST WÄRME?

Die ersten Erfinder von Wärmekraftmaschinen – angefangen bei James Watt – hatten schon eine recht zutreffende Vorstellung von der Funktionsweise ihrer schnaubenden Dampfmaschinen. Als schließlich die ersten Grundlagen dieser neuen Wissenschaft – der Thermodynamik – aufgestellt wurden, donnerten bereits Lokomotiven über die Gleise halb Europas.

Mit der Frage nach der Natur der Wärme hatte man sich zwar seit langem auseinandergesetzt, doch konnte sie erst zu Beginn des 19. Jahrhunderts in einer neueren und besseren Weise beantwortet werden. Es wäre ein kühnes Unterfangen, die jeweiligen Deutungen der Wärmeerscheinungen von der antiken Wissenschaft über die Alchimie des Mittelalters bis hin zum Empirismus des 17. und

Von Watt konstruierte Dampfmaschine.

IM REICH DER MATERIE · 163

18. Jahrhunderts Revue passieren zu lassen. Da aber in der Wissenschaft eine physikalische Größe erst dann anerkannt und definiert ist, wenn eine Methode zu ihrer Messung vorliegt, können wir in der zweiten Hälfte des 18. Jahrhunderts mit einem schottischen Arzt namens Joseph Black beginnen: Dieser hatte sich als erster mit dem Problem der Wärmemessung befaßt.

Black zufolge existierte ein Medium, der »Wärmestoff«, der alle Körper durchdringen und dabei eine Temperaturerhöhung bewirken konnte. Seiner Auffassung nach erhielt er beim Zusammenschütten von eiskaltem und kochendem Wasser deshalb lauwarmes Wasser, weil sich der im kochenden Wasser überschüssig vorhandene Wärmestoff gleichmäßig in der ganzen Flüssigkeit verteilte. Black definierte die Maßeinheit der Wärme als die Menge an Wärmestoff, die man einem Pfund Wasser zuführen muß, um eine Temperaturerhöhung von einem Grad Fahrenheit zu erreichen. Obwohl sich indes die Terminologie gewandelt und auch das Dezimalsystem durchgesetzt hatte, wird die *Kalorie* noch heute folgendermaßen definiert: Eine Kalorie entspricht der Wärmemenge, die man braucht, um ein Gramm Wasser bei normalem Atmosphärendruck von 14,5 auf 15,5 °C zu erwärmen.

Wenige Jahrzehnte später wurde die Wärmestoff-Theorie von dem amerikanischen Physiker Benjamin Thompson mit Erfolg angefochten. Allein dessen Biographie zeichnet Thompson als eine außergewöhnliche Persönlichkeit aus, über die es in der Enciclopedia Garzanti heißt: »1753 in Woburn (Mass.) geboren, starb er 1814 in Paris. Als Offizier war er während des amerikanischen Unabhängigkeitskampfes Informant für die Engländer im Heer der Aufständischen. Nach seiner Flucht nach London bekleidete er wichtige politische und militärische Ämter. Der Spionage für die Franzosen verdächtigt, mußte er 1783 nach Bayern übersiedeln, wo er mit der Reorganisation der bayerischen Armee betraut wurde. Berufliche Anforderungen, wie etwa das Auswählen geeigneter Stoffe für die militärischen Uniformen, veranlaßten ihn, sich mit den Erscheinungen des Wärmeübergangs zu befassen (...).« Er betrieb dies äußerst intensiv und studierte eingehend die Handbücher der Physik; allerdings übte er seine wissenschaftliche Tätigkeit unter dem weniger kompromittierten Namen Graf von Rumford aus, einem Titel, mit dem ihn die bayerischen Herrscher aus Dankbarkeit ausgezeichnet hatten. Thompson faszinierten vor allem die Vorgänge beim Ausbohren von Kanonenrohren. Eisenzylinder und Werkzeug erhitzten sich dabei so stark, daß man sie dauernd mit einem kalten Wasserstrahl kühlen mußte. Nach der Lehre vom Wärmestoff war dies darauf zurückzuführen, daß der durch Reibung zerspante Block den im Material enthaltenen Wärmestoff freisetzte. Rumford stellte jedoch fest, daß sich mit einem stumpfer werdenden Bohrer, der weniger Späne erzeugte, die Wärmeentwicklung nicht wie erwartet verringerte, sondern erhöhte. Daraus schloß er, die Wärme werde nicht aus dem Innern des Eisenblocks freigesetzt, sondern rühre von der Tätigkeit des Bohrens her; sie sei also das Produkt der mit dem Werkzeug ausgeführten mechanischen Arbeit. Mit dieser Schlußfolgerung hatte Thompson-Rumford die Grundlagen des Energieerhaltungssatzes geschaffen, der heute als der erste Hauptsatz der Thermodynamik bezeichnet wird. Im Jahre 1843 glückte dem Engländer James Prescott Joule mit einem berühmten Experiment der quantitative Nachweis für Rumfords Beobachtung: Er bestimmte den genauen Wert des »mechanischen Wärmeäquivalents«, worunter man den Betrag an mechanischer Energie versteht, der einer Wärmeeinheit entspricht. Die Widerlegung der Wärmestofftheorie sowie Joules Experiment erwiesen, daß in der *Thermodynamik* drei Faktoren maßgeblich sind: die mechanische Energie, die Wärme und eine als »innere Energie« bezeichnete dritte Größe. Auf unser Beispiel vom Kanonenbau zurückkommend, wird nun offenkundig, daß das Eisenrohr keinen »Wärmestoff«, sondern innere Energie enthielt, deren Maß die Tem-

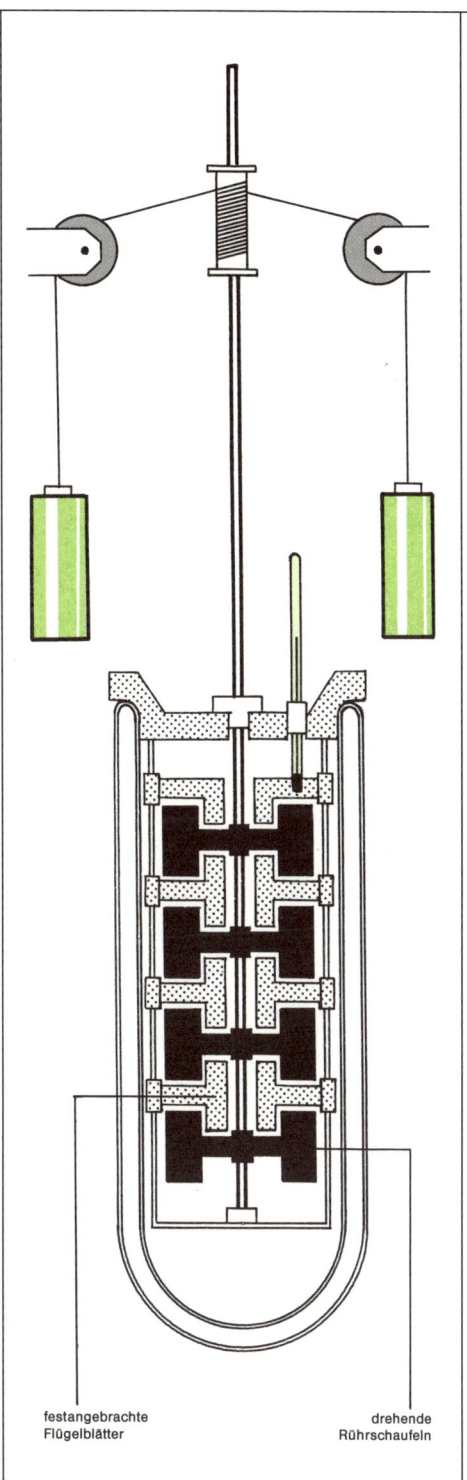

festangebrachte Flügelblätter | drehende Rührschaufeln

Der Apparat, mit dem James Joule nachwies, daß Wärme und mechanische Arbeit ineinander überführbare Energieformen sind, von denen die eine in die andere umgewandelt werden kann und umgekehrt, und mit dem er das Verhältnis zwischen den einzelnen Maßeinheiten berechnete.

164 · IM REICH DER MATERIE

peratur ist. Die innere Energie des Eisens konnte auf zweierlei Art und Weise erhöht werden: durch Wärmezufuhr an dem Schmiedefeuer oder durch Verrichtung mechanischer Arbeit, beispielsweise durch Bohren. In beiden Fällen erhöht sich die innere Energie um das gleiche Maß, vorausgesetzt, man wendet 4.186 Einheiten Arbeit pro Kalorie auf. Arbeit, Wärme und innere Energie sind also nichts anderes als drei verschiedene Energieformen, wobei die eine in die andere umgewandelt werden kann. Die Wärme ist eine »im Übergang befindliche Energie«, die sich zwischen Körpern verschiedener Temperaturen mit Hilfe unterschiedlicher Arten der Wärmeübertragung fortpflanzt: durch innige Berührung, und zwar unabhängig von der Beschaffenheit der Körper; durch Konvektion, bei der die Wärme durch (strömende) Flüssigkeiten und Gase transportiert wird; und schließlich durch Strahlung, der wir es im übrigen verdanken, daß die Sonnenwärme durch den luftleeren Weltraum bis zu uns gelangt. Was die Berechnung dieser physikalischen Größe angeht, helfen auch hier die Ideen Blacks weiter: Wenn C die Wärmekapazität des Körpers ist, entspricht T_2-T_1 der Differenz zwischen der Endtemperatur T_2 und der Ausgangstemperatur T_1; die zugeführte bzw. abgeführte Wärmemenge Q ergibt sich aus der Gleichung:

$$Q = C \cdot (T_2 - T_1)$$

Sie ist positiv, wenn der Körper sich erwärmt $(T_2 > T_1)$ und negativ $(T_2 < T_1)$, wenn er abkühlt. Die innere Energie ist hingegen die Summe aus den verschwindend kleinen Energien, über die alle Moleküle eines Körpers verfügen: Sie bilden das »Reservoir«, in dem wir durch Wärmezufuhr oder Arbeitsverrichtung Energie speichern können und dem gleichzeitig Energie entnommen werden kann, um die eine oder andere Energieform zu erhalten. Die Natur der inneren Energie konnten erst die Physiker des 19. Jahrhunderts durch die zwischenzeitlich erzielten Fortschritte im Bereich der statistischen Mechanik richtig verstehen. Für die statistische

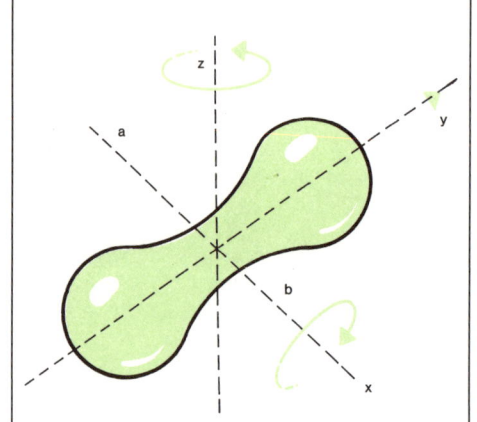

Ein starres zweiatomiges Molekül hat fünf Freiheitsgrade: drei entsprechen den Bewegungen des gesamten Moleküls um die Raumachsen x, y, z und zwei den Rotationen um die Achsen a und b, die senkrecht zur Molekülachse stehen.

Mechanik ist die innere Energie das Produkt aus der Anzahl der Moleküle und ihrer mittleren Energie. Letztere ist wiederum das Produkt aus der Temperatur des Stoffes und einer Fundamentalkonstante der Physik – der Boltzmann-Konstante – sowie einer Zahl, die von der Art der Molekularbewegung abhängt. Diese Zahl beträgt beispielsweise 3/2 für Heliumgas, dessen Atome nur Bewegungen der Translation ausführen können; 5/2 für Wasserstoffgas, dessen Moleküle auch um zwei rechtwinklig zueinander stehende Rotationsachsen rotieren können; und 3 für ein Kupferstück, dessen Atome an festen Positionen im Kristallgitter schwingen.
Der Beobachtung Rumfords zufolge ist es leicht, Arbeit in Wärme umzuwandeln: Z. B. wird durch die beim Bohren entstehende Reibung die Temperatur des Eisenblocks und damit dessen innere Energie erhöht; da die Umgebungstemperatur niedriger ist, muß der Block die überschüssige Energie in Form von Wärme abgeben. Hat der Block wieder die Ausgangstemperatur erreicht, ist die gesamte durch den Bohrvorgang verrichtete mechanische Arbeit in Wärme umgewandelt worden.
Schwieriger ist der umgekehrte Vorgang, nämlich die Umwandlung von Wärme in Arbeit: Dazu braucht man eine Wärmekraftmaschine, deren Wirkungsgrad von Natur aus stark eingeschränkt ist.

DIE SCHMELZWÄRME EINES EISWÜRFELS

Sicherlich haben Sie schon oft einen Eiswürfel beobachtet, der sich zur Freude Ihres Gaumens im Glas vollständig auflöste; haben Sie aber schon einmal daran gedacht, die Energie, die das Getränk zur Zerstörung des Eises aufbringen mußte, zu *messen*?
Diese Energie wird als *latente Schmelzwärme* bezeichnet und beträgt Angaben in Physik- und Chemiebüchern zufolge 80 Kalorien pro Gramm Eis. Eine Kalorie ist die Wärmemenge, die man benötigt, um ein Gramm (bzw. ccm) Wasser um ein Grad zu erwärmen. Wenn es Sie reizt, eine nicht faßbare Größe wie die Wärme zu messen, führen Sie folgenden Versuch durch:
Besorgen Sie sich eine Thermosflasche, einen kleinen Meßbecher (im Labor würde man eine Mensur verwenden) und ein Thermometer, dessen Skala von 0–50 reicht und eine Halbgradabstufung aufweist; letzteres ist in einem Fachgeschäft für Chemikalien oder auch in der Apotheke erhältlich. In einem ersten Schritt muß man die Thermosflasche »eichen«, um abschätzen zu können, wieviel Wärme durch Erwärmung der Gefäßwände verlorengeht. Wiegen Sie so viel warmes Wasser (45–50 °C) ab, daß die Thermosflasche zu einem Drittel gefüllt ist. Seine Masse M (in Gramm) entspricht den Kubikzentimetern, die von der Meßbecherskala abzulesen sind. Geben Sie dann das warme Wasser in die Thermosflasche – ohne sie zu verschließen – und messen Sie nach kurzer Zeit die Temperatur. Notieren Sie diesen Wert, den wir als T_1 bezeichnen. In der Zwischenzeit wird im Meßbecher die gleiche Menge M kalten Wassers vorbereitet, dann dessen Temperatur T_2 gemessen und der Wert notiert. Wenn Sie, wie bereits erwähnt, den Wert T_1 erfaßt haben, schütten Sie auch das kalte Wasser in die Thermosflasche. Mittels Thermometer vorsichtig umrühren. Wenn die Temperatur in der Thermosflasche stabil ist, wird sie gemessen. So erhalten Sie

einen Wert T_3 (notieren nicht vergessen), der einen Mittelwert zwischen den ersten beiden darstellt. Setzen Sie sämtliche Werte in folgende Gleichung ein:

$$M' = M \cdot [(T_3-T_2)/(T_1-T_3)] - M$$

Mit M' (in Gramm) wird die Wärmekapazität der Thermosflasche bestimmt; so können die Meßergebnisse später dahingehend korrigiert werden, daß der Einfluß der Thermosflasche mit berücksichtigt wird. Als ich den Versuch durchführte, waren bei 1/5 l Wasser (200 g): $T_1 =$ 50 °C, $T_2 = 18$ °C und $T_3 = 35$ °C. Durch Einsetzen ergab sich:

$$M' = 200 \cdot [(35-18)/(50-35)] - 200 = 26 \, g$$

Bei allen weiteren Messungen zur Bestimmung der Wärme entsprach meine Thermosflasche einschließlich des Thermometers der Zugabe von 26 g Wasser zur »eigentlichen« Menge, die ich jeweils beizugeben hatte. Es versteht sich, daß Sie als Äquivalent einen anderen Wert erhalten: Er fällt bei jeder Thermosflasche unterschiedlich aus. Die Messung an sich ist recht schwierig; selbst bei sachgemäßer Durchführung ist von einer Fehlerquote in der Größenordnung von 30–40 % auszugehen. Aber dies wirkt sich nicht gravierend auf das Endergebnis aus.

Nun kann mit der eigentlichen Messung begonnen werden. Zertrümmern Sie so viele Würfel, daß Sie etwa eine Handvoll feuchte Splitter schmelzenden Eises erhalten. Geben Sie warmes Wasser in den Meßbecher, notieren Sie seine Masse M'', und gießen Sie es in die Thermosflasche. Wenn die Temperatur sich erkennbar nicht mehr ändert, wird sie abgelesen und notiert (T_4). Geben Sie das Eis in die Thermosflasche, und verrühren Sie den Inhalt mit dem Thermometer. Das Eis schmilzt

Der einfache Apparat, mit dem sich die Schmelzwärme für ein Gramm Eis bestimmen läßt.

und nimmt die Wärme des warmen Wassers auf. Ist es schließlich flüssig, nimmt es weitere Wärme auf, bis die Temperatur des zwischenzeitlich abgekühlten Wassers erreicht ist. Wenn die Temperatur der in der Thermosflasche enthaltenen Flüssigkeit gleich bleibt, wird T_5 gemessen. Als letztes hat man die Masse des Eises zu bestimmen, das in die Thermosflasche gegeben wurde; es macht nichts, wenn Sie es nicht gewogen haben – das ist auf diesem Wege doch zu schwierig. Es genügt, wenn Sie den Inhalt der Thermosflasche zum Schluß nach gutem Abtropfen in den Meßbecher geben. Die im Vergleich zu M'' zusätzliche Masse ist die Masse des Eises M_G. Schließlich können Sie die Größen dieser Gleichung durch ihre Werte ersetzen:

$$L = [(M_G + M') \cdot (T4-T5) - M_G \cdot T_5]/M_G$$

Sie können nun ermitteln, wieviel Energie benötigt wurde, um 1 g Eis zu schmelzen. Wenn Sie als latente Schmelzwärme L einen Wert zwischen

$$70 \text{ und } 90 \, \frac{cal}{g \, K}$$

erhalten, sind Sie sehr tüchtige Versuchsleiter oder Sie hatten dieses eine Mal Glück (um über diesen Verdacht erhaben zu sein, brauchen Sie den Versuch nur zu wiederholen!); liegt L zwischen 60 und 100, haben Sie sauber gearbeitet; befindet sich L außerhalb dieses Bereichs, ist Ihre Verfahrensweise verbesserungswürdig. Bei dieser Gelegenheit: Achten Sie darauf, daß Sie das Thermometer immer nur am oberen Ende mit zwei Fingern anfassen; ansonsten könnte Ihre Körperwärme den Meßwert beeinflussen. Um Wärmeverluste aus der Thermosflasche zu vermeiden, worin u. U. eine Fehlerquelle besteht, kann diese mit einem Korkstopfen verschlossen werden, der zum Eintauchen des Thermometers mit einem Loch versehen wird. Denken Sie dann aber daran, den Deckel auch während der ersten Versuchsphase zu verwenden, wenn Sie die Wärmekapazität der Thermosflasche bestimmen.

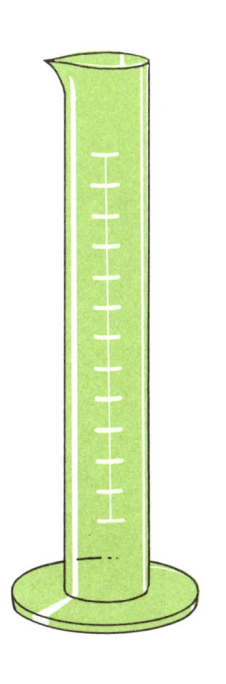

KEINE CHANCE FÜR EIN PERPETUUM MOBILE

Die Konstruktion eines Perpetuum mobile war jahrhundertelang mit der größte Traum der Menschheit, und noch heute gibt es kein Patentamt, das nicht regelmäßig Anträge von Erfindern erhält, die glauben, eines geschaffen zu haben. Doch dies wird zum Leidwesen aller nie eintreten. Ein Körper, der auf der Erde ohne äußeren Antrieb in ständiger Bewegung bleibt, müßte Energie aus dem Nichts erzeugen und auf unterschiedliche Weise wieder an die Umgebung abgeben. Nun aber ist eine derartige Vorrichtung *(Perpetuum mobile erster Art)* aufgrund eines Naturgesetzes, des Energieerhaltungssatzes, praktisch nicht realisierbar. Energie kann auf vielfältige Weise umgewandelt werden, ist aber nicht imstande, in einem abgeschlossenen System neu zu entstehen.

Betrachten wir eine der Vorrichtungen, die die erfolglosen Konstrukteure eines Perpetuum mobile am meisten fasziniert hat: die »Stevin-Kette«. Sie wurde paradoxerweise nach jenem flämischen Ingenieur benannt, der im 17. Jahrhundert den endgültigen Nachweis erbrachte, daß dieses Perpetuum mobile niemals funktionieren würde. Dabei handelt es sich um eine Kette gleich großer Kugeln, die auf eine prismaförmige Unterlage gelegt wird.

Manch einer behauptete, daraus sei auf folgende Weise ein Perpetuum mobile zu konstruieren: Da an der längeren Seite *BC* mehr Kugeln vorhanden sind, würden diese aufgrund ihres größeren Gewichts diejenigen an der Seitenfläche *AB* hinaufziehen. Da die Kette in sich geschlossen ist, würde diese Bewegung niemals aufhören. Brächte man an der Kette Kupplungen und Getriebe an, könnte man jede Art von Maschinen für unbegrenzte Zeit völlig kostenlos betreiben. Natürlich hat niemand je eine derartige Vorrichtung in Aktion gesehen. Doch da die Gelehrten damals nur wenig von experimentell nachzuweisenden Fakten hielten, konnte sie schließlich nur eine geometrische Beweisführung davon überzeugen, daß die Kette sich niemals in Gang setzen würde. Stevin gelang denn auch der Nachweis, daß

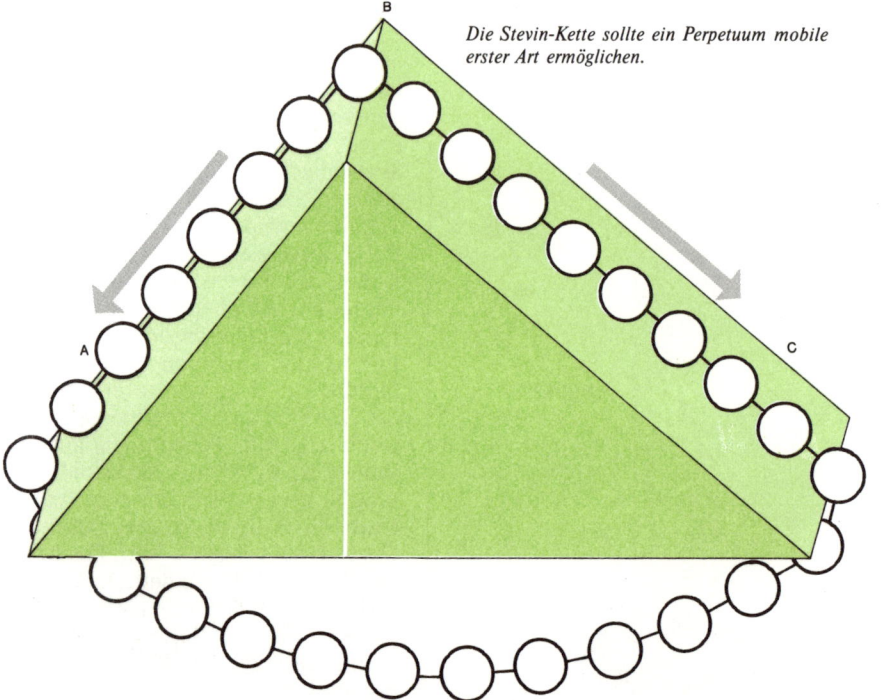

Die Stevin-Kette sollte ein Perpetuum mobile erster Art ermöglichen.

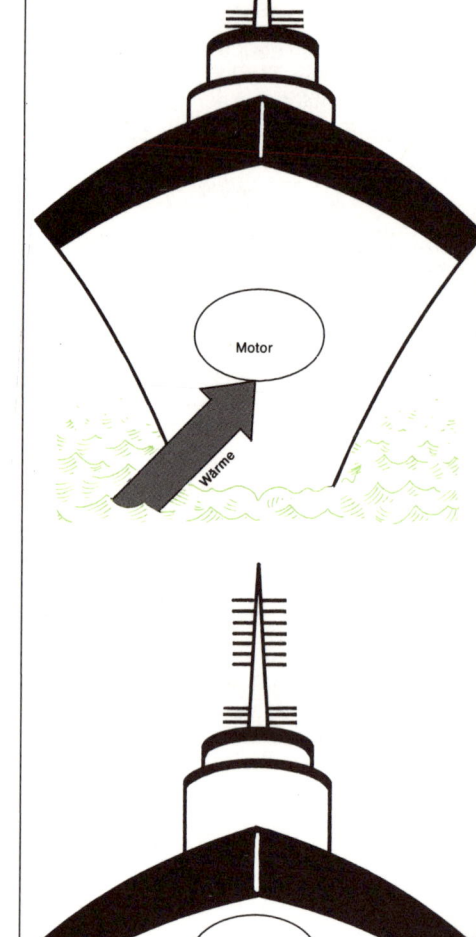

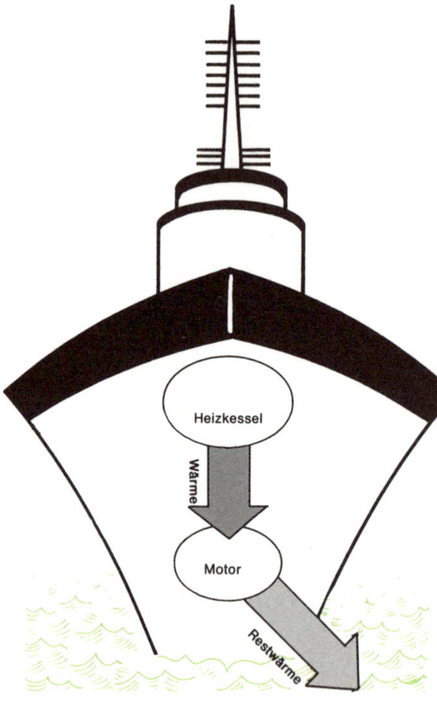

Oben: Ein Dampfer, der sich durch Entnahme von Meereswärme fortbewegt, würde ein Perpetuum mobile zweiter Art darstellen.

Unten: Die tatsächlich funktionierenden Schiffe gehorchen dem zweiten Hauptsatz der Thermodynamik: Sie wandeln einen Teil der dem Brennstoff entzogenen Wärme in mechanische Arbeit um und geben die Restwärme an das Meer und an die Umgebungsluft ab.

IM REICH DER MATERIE · 167

Will man aus einem Bach Wasser entnehmen, indem man die Pumpe mit Wasserkraft antreibt, muß man den Großteil des Wasser ungenutzt lassen. In der gleichen Weise kann in einer Wärmekraftmaschine nicht die gesamte der »Quelle« entnommene Wärme genutzt werden, sondern der Großteil muß an einen kälteren Körper, oftmals an die Umgebung selbst, abgegeben werden (Zeichnung: G. Gamow).

die Kette sich in einer indifferenten Gleichgewichtslage befand – vergleichbar einem Waggon, der auf völlig ebenen Gleisen steht. Wenn auf einer Seitenfläche für mehr Kugeln Platz ist, so bedeutet dies, daß sie länger als die andere ist und damit eine geringere Neigung aufweist. Doch gerade von der Schräge hängt Stevin zufolge die Kraft ab, mit der ein Körper nach unten gezogen wird; sie ist gleich null, wenn der Körper sich auf einer horizontalen Oberfläche befindet. Die Zugkraft auf jede Kugel der Seitenfläche AB ist größer als die Zugkraft, die auf jede Kugel der Fläche BC einwirkt, was durch die höhere Anzahl an Kugeln ausgeglichen wird. Mit einer einfachen trigonometrischen Beweisführung konnte man schließlich belegen, daß die Kräfte an den beiden Kettenabschnitten gleich groß sind und sich diese Vorrichtung deshalb weder in die eine noch in die andere Richtung bewegen würde.

Als lange Zeit nach Stevins Beweisführung anhand der ersten Wärmekraftmaschinen sichtbar wurde, daß Wärme in mechanische Arbeit umwandelbar ist, erhielt die Idee vom Perpetuum mobile neuen Auftrieb. Jemand argumentierte folgendermaßen: Da in den Ozeanen eine enorme Wärmemenge enthalten ist, könnte man doch einen Dampfer bauen, der Meerwasser in sich hineinpumpt, ihm die Wärme entzieht, um damit seine Maschinen anzutreiben, und die sich ergebenden Eisblöcke über Bord wirft? Diese gewissermaßen endlose Bewegung widerspräche nicht dem Energieerhaltungssatz, denn das Schiff würde lediglich von außen erhaltene Wärme in Arbeit umwandeln. Doch nicht einmal ein *Perpetuum mobile zweiter Art* ist nach den Naturgesetzen zulässig, da es den zweiten Hauptsatz der Thermodynamik verletzt, welcher jedwede Umwandlung von Wärme in Arbeit betrifft.

Dies läßt sich an einem klassischen Beispiel demonstrieren. Ein auf einem Hügel stehendes Haus bezieht aus einem tiefer liegenden Bach seine Wasserversorgung. Um keine Energie zu verschwenden, beschließen die Hausbewohner, mit Hilfe der Wasserkraft des gleichen Baches eine Wasserpumpe anzutreiben. So leiten sie das Wasser auf ein Schaufelrad, das den Pumpenschwengel antreibt. Die Pumpe wiederum »fischt sich« das Wasser stromaufwärts vom Rad aus dem Bach. Nun leuchtet ein, weshalb die pro Zeiteinheit entnommene Wassermenge keineswegs eine in diesem Ablauf irrelevante Variable darstellt: Je mehr Wasser stromaufwärts herausgepumpt wird, desto weniger Wasser ist verfügbar, um das Schaufelrad anzutreiben – bis schließlich kein einziger Tropfen mehr ins Haus gelangt. Es gibt also einen Grenzwert für die zu verwertende Wassermenge. Der Rest *muß* ungenutzt talwärts strömen, damit das gesamte System funktioniert.

Dies ist auch bei der Umwandlung von Wärme in Arbeit der Fall. Damit dieser Prozeß in Gang bleibt, darf nur ein geringer Teil der Wärme zur Verrichtung mechanischer Arbeit, wie etwa das Antreiben von Rädern, das Pumpen von Wasser etc., genutzt werden. Die übrige Wärme muß sozusagen »weggeworfen« werden; sie wird an einen geeigneten kälteren Körper abgegeben. Und genau deswegen ist der zuvor beschriebene Dampfer, in dem viele das erträumte Perpetuum mobile zweiter Art sahen, nicht funktionsfähig. An welchen Körper, der kälter ist als das Meer, könnte die ungenutzte Wärme abgegeben werden, nachdem gerade dem Meer Wärme entzogen wurde?

Bei einem herkömmlichen Schiff übernimmt nämlich das Meer die Funktion des kälteren Stoffes, der die überschüssige Wärme aufnimmt. Die »stromaufwärts« liegende Quelle – hier: der Temperatur – ist der Dampfkessel bzw. der Dieselmotor des Schiffes. Doch leider muß man eine schöne Menge Brennstoff verheizen, um den Motor auf einer höheren Temperatur als das Meer zu halten!

Wenn die modernen Physiker den Traum von einem Perpetuum mobile endgültig zunichte gemacht haben, so erhielten jene posthum Genugtuung, die nach dem Stein der Weisen gesucht hatten. Bekanntermaßen widmeten viele durchaus geschäftstüchtige Alchimisten ihr Leben der Suche nach diesem »Stein«, der Blei oder Quecksilber hätte in Gold verwandeln können. Nun ist von den Atomphysikern unseres Jahrhunderts nicht der Stein, so doch das Verfahren zur Herbeiführung einer derartigen Reaktion entdeckt worden. Durch Beschuß der Kerne von Quecksilberatomen mit Neutronen erhält man stabile

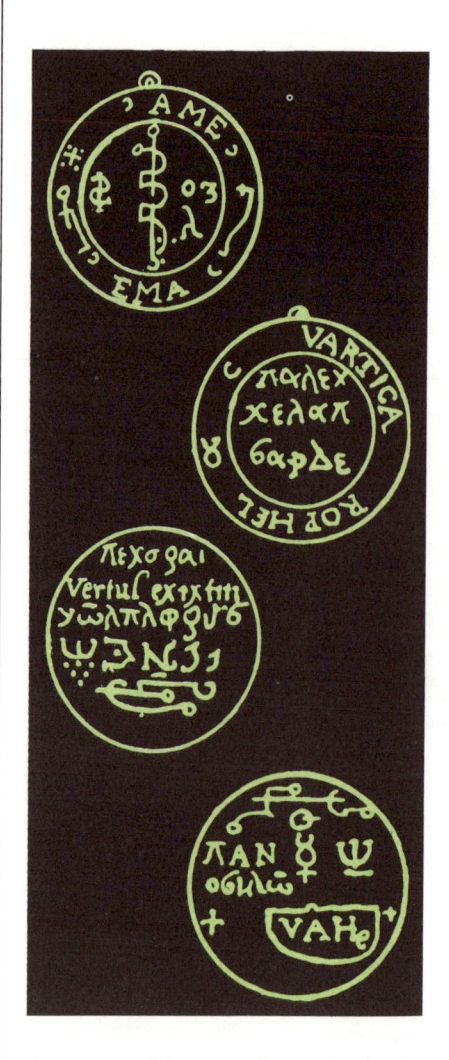

Alchimistische Talismane in Form runder Siegel. Den Alchimisten zufolge hätte man mit dem vermeintlichen »Stein der Weisen« Gold aus Blei oder Quecksilber gewinnen können. Heute ist es möglich, durch Neutronenbeschuß Quecksilber in Gold umzuwandeln.

Goldisotope und Deuteriumatomkerne. Freilich ist einzuräumen, daß dieses Verfahren wirtschaftlich nicht so lukrativ ist, wie es das der Alchimisten des Mittelalters gewesen wäre.

SONDERBARE WÄRMEKRAFTMASCHINEN

Beim Stichwort »Wärmekraftmaschinen« kommen einem unwillkürlich Dampflokomotiven, Schaufelraddampfer und andere verblüffende Konstruktionen in den Sinn. Bei näherer Betrachtung fällt auf, daß sämtliche Verbrennungsmotoren, also Benzin- und Dieselmotoren sowie (geläufiger:) Düsentriebwerke, in diese Kategorie fallen. Freilich gibt es viele andere technische Möglichkeiten, um mit Hilfe von Wärme Bewegung zu erzeugen oder – physikalisch ausgedrückt – um Wärme in mechanische Arbeit umzuwandeln. Einige dieser Konstruktionen sind amüsant und sonderbar zugleich, vor allem aber lassen sie sich besonders leicht zu Hause nachbauen. Wer solche Apparate bereits einmal gebaut oder vielleicht nur deren Funktionsprinzip studiert hat, wird nachvollziehen können, daß sie funktionieren, weil die beiden Teile sich stets in einer Umgebung unterschiedlicher Temperaturen befinden; ihre Bewegung hört sofort auf, wenn sich ein thermisches Gleichgewicht einstellt. Auf diese Weise kann eines der universalsten Naturgesetze auf seine Gültigkeit hin überprüft werden: der zweite Hauptsatz der Thermodynamik.

Das Gummibandrad
Der Nobelpreisträger Richard Feynman regt in seinem Buch *Vorlesungen über Physik* die Konstruktion eines Gummibandrades an (s. Abb. nächste Seite). Dies ist sicher einer der direktesten Wege der Umwandlung von Wärme in mechanische Energie: Das Rad dreht sich allein deshalb, weil die eine Seite von der brennenden Glühbirne erwärmt wird.

Im Gegensatz zu den meisten Festkörpern zieht sich Gummi bei Erwärmung zusammen. Dies hängt damit zusammen, daß die Polymerketten, die seine Molekularstruktur bilden, bestrebt sind, bei steigender Temperatur zu verknäulen und zu verkürzen. So zieht sich der gegenüber der Glühbirne befindliche Gummiabschnitt zusammen, wobei der Schwerpunkt des Rades verlagert wird: Der Angriffspunkt der Schwerkraft fällt nicht mehr mit dem Mittelpunkt des Rades zusammen, das sich daraufhin zu drehen beginnt. Wenn die verkürzten Gummifasern auf der anderen Seite angelangt sind, kühlen sie

IM REICH DER MATERIE · 169

Das Gummibandrad

gel ist größer als der Kopf und zu zwei Dritteln mit einer Flüssigkeit (Äther, Alkohol) gefüllt; beim Einfüllen mußte darauf geachtet werden, daß die im Kopf befindliche Luft entweicht. Dies kann beispielsweise so bewerkstelligt werden, daß man den Vogel mit dem Kopf nach unten hält und die Flüssigkeit mittels einer Spritze mit runder Nadel ins Röhrchen gibt. Wenn der Kopf gefüllt ist und der Tauchvogel wieder die ursprüngliche Lage einnimmt, verschließt die Flüssigkeit die Verbindung zum Röhrchen, wo sich ihre Dämpfe ansammeln. Wie wir gleich

ab; gleichzeitig nehmen neue Gummifasern deren Plätze ein und werden von der Glühbirne erwärmt. Die Bewegung hält so lange an, wie die Glühbirne brennt. Die Geschwindigkeit des Rades erhöht sich mit zunehmender Leistung der Glühbirne. Ein derartiges Experiment gelingt nur dann, wenn das Außenband sehr leicht ist und sich das Rad mit verschwindend kleiner Reibung dreht.

Der Tauchvogel

Eine wohlbekannte und faszinierende Anwendung der Hauptsätze der Thermodynamik ist die des Tauchvogels, der ohne äußere Vorrichtung scheinbar für unbegrenzte Zeit nach vorne kippen und sich wieder aufrichten kann. Dem Betrachter vermittelt dieses ingeniöse Spiel die Vorstellung eines Perpetuum mobile, in Wirklichkeit aber stellt es eine hervorragende Anwendung von Gesetzen dar, die eine derartige Erscheinung ausschließen.
Der Tauchvogel besteht aus zwei Glaskugeln (Kopf und Schwanz) und einem Röhrchen, das ebenfalls aus Glas ist und vom Kopf bis in die Mitte der unteren Körperkugel reicht. Das Röhrchen kann dank eines metallen Stäbchens, das es im Schwerpunkt hält, auf und ab wippen. Das Stäbchen hat die Form eines Keils und ruht auf einer konkaven Auflage, die eine reibungsfreie Bewegung ermöglicht. Die Körperku-

Rechts: Der Tauchvogel beugt sich zum Trinken, und zwar so lange, wie genügend Wasser vorhanden ist, um den Kopf hineinzutauchen.

Unten: Der Glaskörper des Vögelchens besteht aus einer Röhre, die vom Kopf bis in die Mitte der mit Äther oder Alkohol gefüllten unteren Kugel reicht.

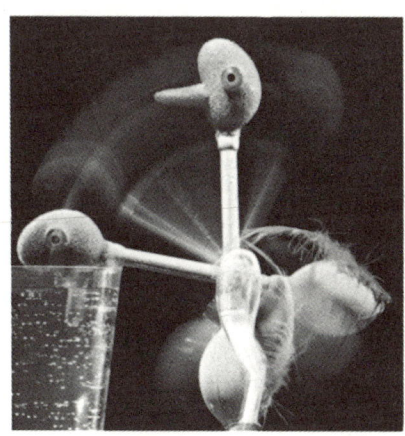

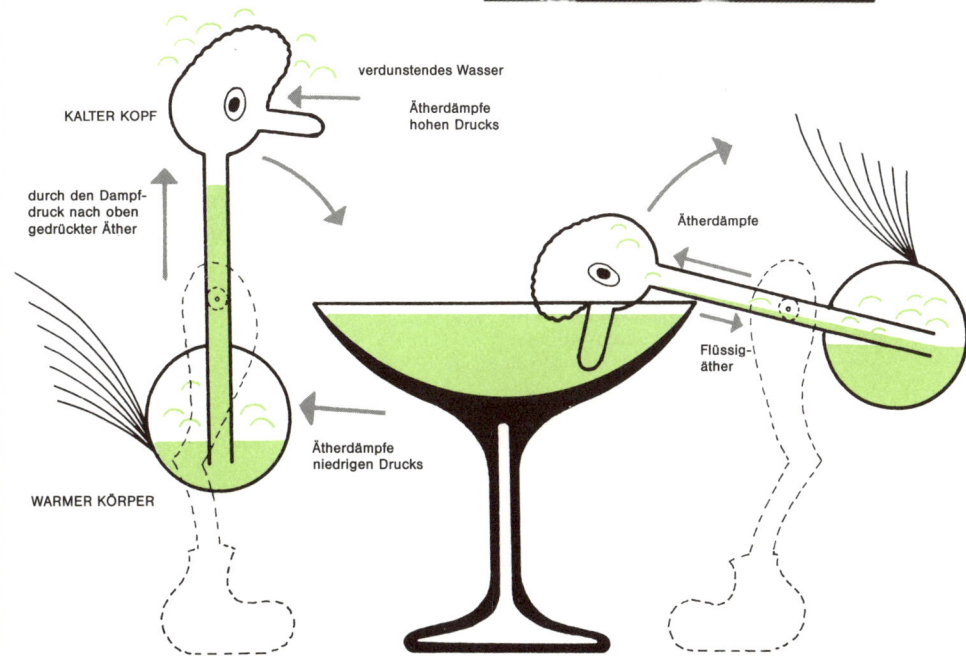

KALTER KOPF — verdunstendes Wasser — Ätherdämpfe hohen Drucks
durch den Dampfdruck nach oben gedrückter Äther
Ätherdämpfe
Flüssigäther
WARMER KÖRPER — Ätherdämpfe niedrigen Drucks

170 · IM REICH DER MATERIE

sehen werden, verbirgt sich hinter diesen Dämpfen das Geheimnis der endlosen Bewegung des Tauchvogels. Der Kopf ist nämlich mit einem Schwamm überzogen, der zum Ingangsetzen der Bewegung befeuchtet werden muß. Während das aufgenommene Wasser verdampft, kühlt es das Röhrchen und den dort befindlichen Dampf ab, dessen Druck infolgedessen abfällt. Der Dampf in der unteren Kugel hat nun einen höheren Druck als der von der entgegengesetzten Seite drückende Dampf; er bewegt die Flüssigkeit nach oben, die aufgrund ihrer Gewichtskraft den Vogel nach vorn neigt. Die Flüssigkeit komprimiert bei ihrem Aufstieg den im Kopf angesammelten Dampf und stellt so ein vorläufiges Gleichgewicht her, das gestört wird, sobald die Flüssigkeit in die Körperkugel zurückfließt. Die Amplitude dieser Wippbewegungen wird zunehmend größer, bis schließlich der Kopf des Vogels wieder ins Glas eintaucht und sich der Schwamm erneut mit Wasser vollsaugt. Wenn genau die richtige Menge Flüssigkeit aufgenommen wurde, entfernt sich der Schnabel vom Glas. Mit dem Zurückströmen des Dampfes wird das Druckgleichgewicht wiederhergestellt. Der Tauchvogel richtet sich auf und kann bei wieder feuchtem Kopf einen neuen Zyklus beginnen. Aber nicht einmal hieraus kann je ein Perpetuum mobile werden: Früher oder später ist der Wasservorrat erschöpft, und zum Nachfüllen muß von außen Energie zugeführt werden. Sicher, man könnte den aus dem Schwamm freigesetzten Wasserdampf zurückgewinnen, indem man ihn auf einer kalten Unterlage kondensieren und ins Glas tropfen ließe; aber selbst unter der Annahme, daß zum Kühlen des »Kondensators« keine Energie erforderlich wäre, würde der gesättigte Dampf das Wippen des Vögelchens verhindern: Das Spiel funktioniert denn auch nur bei trockener Luft, wie wir sie in einem geheizten Zimmer oder bei sonnigem Wetter in den Bergen antreffen. Kurz und gut, was immer Sie sich auch einfallen lassen, aus dem Tauchvogel ist kein Perpetuum mobile zu machen: die Väter der Thermodynamik haben eben alles bedacht.

Ein Strahltriebwerk in Eigröße
Es hat ganz den Anschein, daß das Spiel, von dem im folgenden die Rede ist, bei den Kindern Roms zu einer Zeit sehr verbreitet war, als es noch wenige Spielzeuge gab und Einfälle gefragt waren, wenn man sich vergnügen wollte.
Nehmen Sie ein frisches Ei, in das Sie mit einer dünnen Nadel an einem Ende ein kleines Loch und am anderen eine größere Öffnung bohren. Blasen Sie das Ei aus (oder lassen Sie dies von jemand anderem besorgen), und füllen Sie es mittels einer Spritze vollständig mit Wasser. Nachdem das große Loch mit einem Tropfen Tischlerleim verschlossen wurde, legen Sie es auf zwei Halterungen aus Draht, die in ein kleines Floß aus Balsaholz eingelassen wurden. Kleben Sie auf das Holz ein Stück Stanniolpapier, und legen Sie einen Kerzenstumpf oder festen Campingbrennstoff genau unter das Ei. Dann wird das Floß zu Wasser gelassen und die Flamme entzündet. Schon kurze Zeit danach setzt sich das Floß in Bewegung, denn es wird vom aus der Düse des »Strahltriebwerks« abgegebenen Dampfstrahl angetrieben.

Der aus der hinteren kleinen Öffnung des Eis ausgestoßene Wasserdampf bewegt das Floß aus Balsaholz mit Schubkraft fort.

Der thermomagnetische Ring
Vor etwa hundert Jahren kam vom österreichischen Physiker Josef Stefan die Anregung, unter Ausnutzung einer besonderen physikalischen Eigenschaft einen Motor zu bauen: Jeder ferromagnetische Stoff – wie Eisen oder Nickel – verliert bei Erwärmung über eine bestimmte Temperatur hinaus seine magnetischen Eigenschaften. Dies tritt bei der sogenannten Curie-Temperatur (Curie-Punkt) ein, die für jede Substanz unterschiedlich ausfällt; sie beträgt 770 °C für Eisen, 358 °C für Nickel und lediglich 21 °C für Gadolinium, einem heutzutage kostengünstig zu erstehenden Metall.
Das Funktionsprinzip des thermomagnetischen Motors ist simpel: Ein Ring aus ferromagnetischem Material wird auf einer Halterung so befestigt, daß er sich frei drehen kann; in unmittelbarer Nähe wird ein Magnet angebracht. Dieser zieht den magnetisierten Ring an, aber da die Anziehungskraft auf die rechte und die linke Hälfte gleich groß ist, dreht sich der Ring nicht. Wird jedoch ein Abschnitt des Rings von einer beispielsweise links vom Magneten angeordneten Flamme auf einen Wert oberhalb der Curie-Temperatur erwärmt, so verliert er seine ferromagnetische Eigenschaft und wird nicht mehr angezogen. Folglich wirkt auf die rechte Hälfte eine stärkere Kraft

IM REICH DER MATERIE · 171

Zur Herstellung eines thermomagnetischen Motors ist die Verwendung von Eisen oder Nickel nicht ratsam, da deren Curie-Temperaturen sehr hoch liegen. Jüngst empfahl H. Toftlund im *American Journal of Physics* die Verwendung einer Gadoliniumpaste. Nach Angabe des Autors sind Gadoliniumspäne, die sehr rein sein müssen, bei einer dänischen Firma, der Frost Chemicals (Hunderupvej 80, DK-5230 Odense M, Dänemark) zu einem Preis von ca. 4 DM pro Gramm erhältlich. Zur Zubereitung der ferromagnetischen Paste genügen 20 g Gadolinium, das zunächst mit 2 g Ruß vermischt und dann mit 5 ml Kitt (der Autor empfiehlt Duco Devcon) angerührt wird. Anschließend wird der äußere Rand eines stabilen Plastikbechers Schicht für Schicht mit diesem Präparat bestrichen, bis man einen gleichmäßig dicken, vom Rand aus gerechnet 4–6 cm langen Überzug erhält. Um einen Zapfen zu erhalten, der sich reibungsfrei dreht, wird mit einem Glasschneider der Boden eines Reagenzglases abgetrennt und innen im Becher, genau im Mittelpunkt des Bodens, mit der Rundung nach oben festgeklebt. Schließlich wird ein langer Nagel oder die Spitze eines Bohrers so in ein kleines Brett eingeschlagen, daß die Spitze ein gutes Stück herausragt. Der Boden des Reagenzglases wird bei nach unten geöffnetem Becher aufgesetzt. Wird der Becher in 30 Zentimeter Entfernung von einer 100-Watt-Glühbirne beleuchtet, beginnt sich dieser thermomagnetische Motor zu drehen; dabei wandelt er die von der Glühbirne erhaltene Wärmeenergie in mechanische Arbeit um und gibt die überschüssige Wärme an die Umgebung ab. Da die Curie-Temperatur von Gadolinium bei nur 21 °C liegt, muß die Umgebungsluft demzufolge einige Grad kälter sein. Je niedriger die Temperatur, desto schneller rotiert der Motor. Mit dieser Vorrichtung kann man sehr gut nachweisen, daß die Leistung einer Wärmekraftmaschine mit zunehmender Temperaturdifferenz zwischen der Wärme abgebenden und der Wärme absorbierenden Quelle steigt.

als auf die linke, und der Ring beginnt sich in diese Richtung zu drehen. Ein neues Teilstück, das in die Nähe der Flamme kommt, wird dann entmagnetisiert, während der Abschnitt, der zuvor der Flamme am nächsten war, seine ferromagnetische Eigenschaft zurückgewinnt. Dank dieses stets gleich ablaufenden Zyklus dreht sich der Ring, bis die Flamme erlischt.

Oben: das Funktionsprinzip des thermomagnetischen Motors, hier auf der Grundlage einer alten Darstellung gezeichnet

Unten: ein thermomagnetischer Motor, wie er heute dank der Kommerzialisierung von Gadolinium, einem ferromagnetischen Metall mit einer Curie-Temperatur von nur 21 °C, gebaut werden kann. Die Wärme der Glühbirne reicht aus, um die Gadoliniumpaste zu entmagnetisieren; diese wird auf die beleuchtete Stelle des Bechers aufgetragen: Der Becher dreht sich unter der Wirkkraft des Magneten. Natürlich ist es erforderlich, daß die Umgebungstemperatur unter 21 °C liegt.

SPIELEREIEN MIT CHEMISCHEN LÖSUNGEN

In der Natur gibt es nur wenige Vorgänge, die den Übergang vom geordneten in den ungeordneten Zustand besser illustrieren als ein Kristall, der sich in einem Lösungsmittel auflöst. Genau das widerfährt einem Salzkorn (Natriumchlorid), wenn es ins Wasser geworfen wird.

Alle (negativ geladenen) Chloridionen und alle (positiv geladenen) Natriumionen sind im kubischen Kristall-»Gitter« regelmäßig angeordnet: Jedes Chloridion ist von Natriumionen umgeben und umgekehrt. Da sich entgegengesetzte Ladungen anziehen, läßt sich leicht beweisen, daß diese Struktur für das Salz die energetisch günstigste ist.

Das Salz, ein herrliches Beispiel für ein physikalisch-chemisches Gleichgewicht, kommt nun mit den Wassermolekülen in Berührung. Letztere haben die Gestalt kleiner Dreiecke, an deren Ecken ein Sauerstoffatom und zwei Wasserstoffatome sitzen. Aus Gründen, die mit der unterschiedlichen Beschaffenheit dieser Atome zu tun haben, kommt es – obwohl das Molekül insgesamt neutral ist – an der Seite des Sauerstoffatoms zu einer Anhäufung negativer Ladung, an der des Wasserstoffs zu einer Anhäufung positiver Ladung. Dadurch wird das Wassermolekül zu einem regelrechten elektrischen »Dietrich«, der imstande ist, in eine Struktur wie die des Natriumchlorids einzudringen und sie aufzubrechen. Schicht für Schicht werden die Chlorid- und Natriumionen voneinander getrennt, aus dem Gitter gelöst und durch die Stöße der Moleküle des ständig bewegten Lösungsmittels »abtransportiert«. Kurz gesagt, von der geordneten Kristallstruktur des Natriumchlorids bleibt nichts mehr übrig; statt dessen entsteht eine Salzlösung, in der Chlorid- und Natriumionen hin- und herbewegt werden und sich gleichmäßig im gesamten verfügbaren Raum verteilen. Die Unordnung hat die Ordnung ersetzt, auch wenn das Wasser dabei ein Minimum an Energie eingebüßt hat. Dieser Energieverlust wird durch die von der Umgebung oder einer Kochplatte abgegebene Wärme leicht ausgeglichen. Beim Salzwasser handelt es sich um eine elektrolytische Lösung, d. h. um ein Gemisch, in dem sich positive und negative Ladungen (Ionen) frei bewegen. Derartige Strukturen sind sehr interessante Erscheinungen, die zur Veranschaulichung einer Vielzahl von chemischen Vorgängen herangezogen werden können.

Elektrische Ströme im Wasser

Mit einem denkbar einfachen Experiment kann der Nachweis erbracht werden, daß Salzwasser ein Elektrolyt ist. Besorgen Sie sich ein Fläschchen destilliertes Wasser, eine 4,5-V-Batterie und eine geeignete kleine Glühbirne einschließlich Sockel. Außerdem benötigen Sie ein Glasgefäß, das Sie gründlich auswaschen und abtrocknen, nachdem Sie 1 cm vom Rand entfernt in den Deckel zwei Löcher eingearbeitet haben. Nehmen Sie zwei stabile Drähte aus Kupfer oder einen anderen guten Leiter von etwa 10 cm Länge. Durch Ankratzen mit einer Feile prüfen Sie, ob sie mit Isolierlack überzogen sind. Sollte dies der Fall sein, ist er vollständig abzutragen. In die Löcher (des Deckels) werden zwei Kügelchen aus Plastilin (Modelliermasse) eingedrückt und die beiden Drähte durchgezogen,

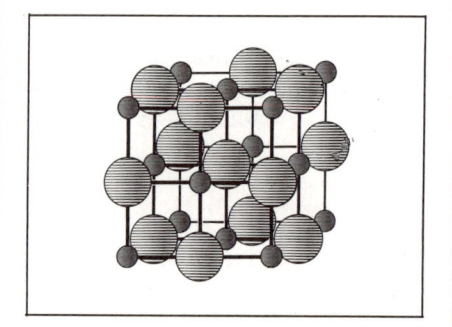

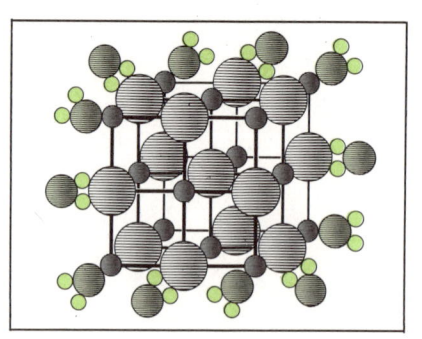

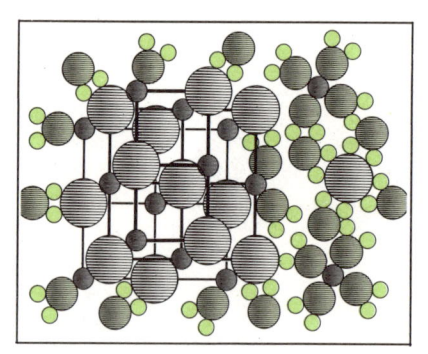

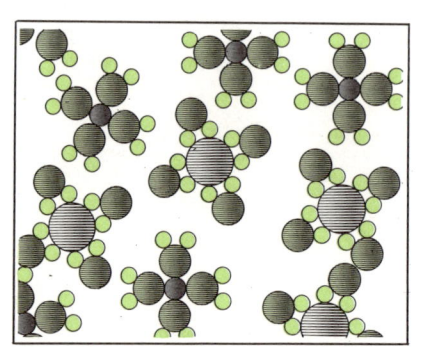

Links: Modell eines Natriumchloridkristalls, dessen Gitterstruktur in der ersten Abbildung von oben wiedergegeben ist. Die positiven Natriumionen sind kleiner als die negativ geladenen Chlorionen. In den Zeichnungen ist in drei Phasen die Auflösung eines Salzkristalls in Wasser dargestellt.

IM REICH DER MATERIE · 173

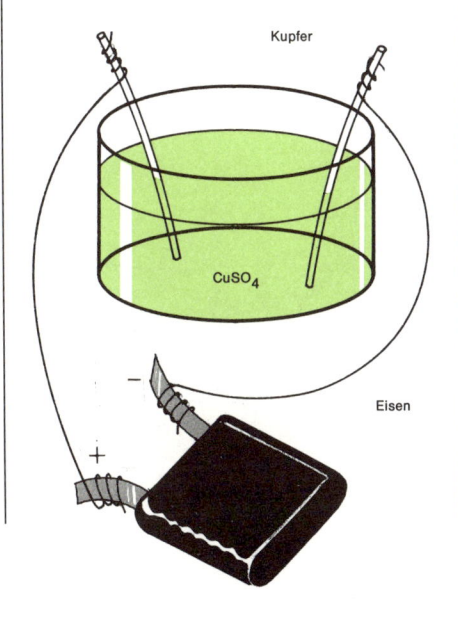

Wie man gefärbtem Wasser Kupfer entzieht

Die Elektrolyse ist ein Verfahren, das gewöhnlich in der Industrie angewandt wird, um Metalle mit hohem Reinheitsgrad zu gewinnen. Tatsächlich sind die positiven Ionen, die das Wasser durch Spaltung der Salzkristalle freisetzt, Metallionen, die ein oder mehrere Elektronen abgegeben haben. Beim Stromtransport stoßen sie am Ende ihrer Wanderung gegen die negative Elektrode, wo sie die verlorenen Elektronen leicht zurückgewinnen können. So bildet sich in der Lösung um eine der Elektroden Atom für Atom ein Metallüberzug, der praktisch keine Verunreinigungen enthält. Dieses erstaunliche Ergebnis können Sie selbst nachprüfen und dabei die Vorrichtung vom vorigen Versuch mit dem Salzwasser wiederverwenden.

Nachdem Sie die Elektroden und das Gefäß gründlich gereinigt haben, füllen Sie es erneut mit destilliertem Wasser und geben einen Teelöffel wäßriges Kupfersulfat zu. Denken Sie daran, daß die schönen blauen Körnchen giftig sind: Alles, was mit ihnen in Berührung kommt, muß nach dem Versuch gründlich gereinigt werden. Fügen Sie unter Rühren Kupfersulfat bei, bis eine dunkelblaue Lösung entsteht, die keine Ablagerungen am Gefäßboden aufweist. Verschließen Sie den Behälter, und stellen Sie die Stromverbindung her: Das Aufleuchten der Glühbirne zeigt Ihnen, daß der Versuch korrekt abläuft. Öffnen Sie nach einigen Minuten das Gefäß, und prüfen Sie den am Minuspol angeschlossenen Draht. Trocknen Sie ihn ab, und reiben Sie mit den Fingern darüber. Auf den Fingerkuppen bleibt ein braunes Pulver zurück. Es ist reines Kupfer – das Produkt der Elektrolyse von blauen Kupfersulfatkristallen.

wobei darauf zu achten ist, daß sie den Deckel nicht berühren. Fixieren Sie sie mit weiterer Knetmasse. Die Drähte müssen auch seitlich über den Deckel hinausragen. Dann wird das Gefäß mit destilliertem Wasser gefüllt und verschlossen. Achten Sie darauf, daß die Drähte *(Elektroden)* ein gutes Stück eintauchen. Zuletzt schließen Sie einen der Drähte an den einen Pol der Batterie an und befestigen den anderen unter Zwischenschaltung einer Glühbirne am entgegengesetzten Pol (siehe Abb. oben).

Werden alle Kontakte verlötet, ist ein zuverlässigeres Ergebnis zu erwarten. Damit haben Sie einen Stromkreis geschlossen, in dem der von der Batterie abgegebene Strom zum Fließen und so zum Erleuchten der Glühbirne erst das destillierte Wasser passieren muß. Letzteres ist nichts anderes als reinstes Wasser, das keine gelösten Salze enthält. Wie Sie beobachten können, brennt unter diesen Versuchsbedingungen die Glühbirne nicht: Reines Wasser ist ein Isolator. Fügen Sie hingegen eine Prise Kochsalz hinzu, leuchtet die Glühbirne auf. Zunächst schwach, dann aber – wenn die Lösung einigermaßen konzentriert ist – stärker. Das zeigt, daß Salz beim Lösen in Wasser eine große Anzahl an kleinsten positiven und negativen Ladungsträgern erzeugt hat. Diese »schließen« den Kreislauf, indem sie im Wasser zum einen bzw. anderen Draht wandern: Das von der Batterie erzeugte elektrische Feld regt sie dazu an.

Achtung! Führen Sie dieses Experiment nie mit Netzspannung (220 Volt) durch. Bei einem starken elektrischen Feld genügen geringe Salzkonzentrationen (wie sie etwa im Trinkwasser vorhanden sind), um im Wasser für den Menschen tödliche elektrische Ströme zu erzeugen.

Oben: Destilliertes Wasser ist nichtleitend. Unter Zugabe von Salz leuchtet die Glühbirne auf.

Auf der nebenstehenden Zeichnung: Elektrolyse von Kupfersulfat.

174 · IM REICH DER MATERIE

Wie man eine Batterie baut

Wir haben bereits einige interessante Eigenschaften von elektrolytischen Lösungen kennengelernt; keine jedoch kann sich mit der Entdeckung Alessandro Voltas messen, die er im Jahre 1800 der Royal Society of London mitteilte: Allein durch Eintauchen zweier in Kontakt befindlicher Elektroden verschiedener Metalle in einen Elektrolyten kann elektrischer Strom erzeugt werden. Auch wenn der Aufbau einer Batterie durch seine Einfachheit besticht, dürfen die technischen Vorkehrungen nicht übersehen werden, die notwendig sind, um eine Batterie länger als eine Minute in Funktion zu halten. Zur Herstellung einer Batterie brauchen Sie einen Zink- und einen Kupferstab von jeweils einigen Zentimetern Länge und einigen Millimetern Breite. Nehmen Sie zwei, wenn möglich, transparente Plastikbecher, und bohren Sie in jeden von ihnen 3 bis 4 cm unterhalb des Rands ein Loch, dessen Durchmesser dem der Stabdicke entspricht. Besorgen Sie sich ferner in einem Fachgeschäft für Chemikalien eine Trennscheibe aus porösem Glas, deren Durchmesser mindestens so groß wie die Öffnung des Bechers ist, eine Flasche destilliertes Wasser, einen Dosierlöffel sowie zwei kleine Mengen Kupfer- und Zinksulfat. Denken Sie daran, daß es sich um giftige Stoffe handelt:

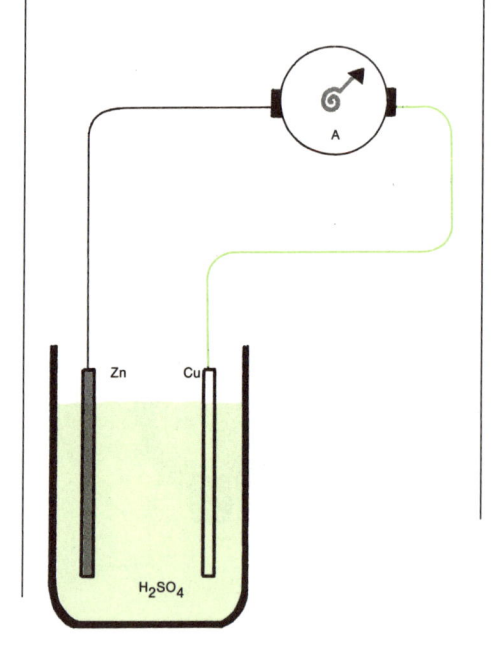

Oben: Grundsätzlich kann man eine Batterie herstellen, indem man zwei Elektroden verschiedener Metalle, wie etwa Kupfer und Zink, in eine elektrolytische Lösung eintaucht.

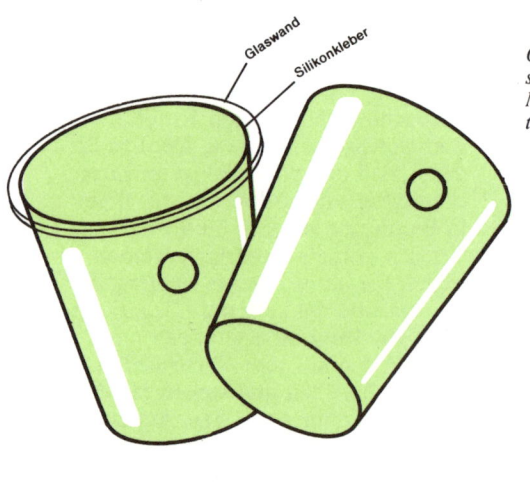

Anfertigung der Batterie, wie beschrieben.

Oben: Zwei Becher werden durch eine poröse Glaswand getrennt, die mit Hilfe von wasser- und säurebeständigen Epoxydharzen oder Silikonkleber befestigt wird. Rechts: die fertige Batterie.

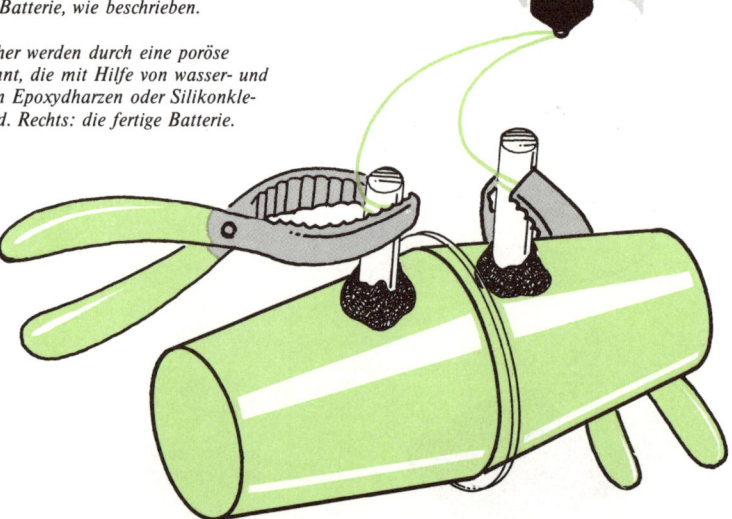

Oben: Die ersten »künstlichen elektrischen Elemente« Voltas (Volta-Säule). Wie aus der Abbildung ersichtlich, bestanden einige aus übereinander gestapelten Platten. Diese »elektromotorische Säule«, wie Volta sie nannte, bestand aus einer großen Zahl von abwechselnd übereinander geschichteten Silber- und Zinkplatten, die jeweils durch Lagen eines mit Salzwasser oder einer anderen stromleitenden Lösung getränkten Stoffes voneinander getrennt wurden.

Auf der nebenstehenden Seite: Stalaktiten bilden sich durch Ausscheidung von Calciumcarbonat aus Sickerwassern, die beim Herabtropfen in Höhlen oder Naturhohlräumen verdampfen.

Bewahren Sie sie vor Kindern sicher auf, und reinigen Sie alles, was damit in Berührung gekommen ist, gründlich. Bestreichen Sie den Rand der beiden Becher mit Silikonkleber, damit beide Hälften wasserdicht voneinander getrennt sind, und achten Sie beim Zusammenkleben darauf, daß die beiden Löcher in einer Linie liegen.

Füllen Sie zwei gründlich gereinigte und abgetrocknete Gläser mit so viel destilliertem Wasser, daß später jeder Becher nahezu gefüllt ist. In das Wasser geben Sie einen gestrichenen Dosierlöffel Kupfersulfat und rühren das Ganze mit einem unbenutzten Teelöffel um. Setzen Sie so lange Kupfersulfat zu (Menge notieren!), bis sich die Lösung dunkelblau färbt. In das andere mit destilliertem Wasser gefüllte Glas wird die entsprechende Menge Zinksulfat gegeben und umgerührt.

Durch die Löcher im Becher werden die Lösungen in die beiden Hälften der Batterie eingefüllt, dann der Zinkstab in die Zinksulfatlösung und der Kupferstab in die Kupfersulfatlösung getaucht und mit ein wenig Modelliermasse am Becher befestigt. Die Batterie beginnt Strom abzugeben, sobald die beiden Stäbe (Elektroden) über einen Widerstand, wie etwa den Glühdraht einer 1,5-V-Glühbirne, miteinander verbunden sind. Wenn Sie transparente Becher verwendet haben, können Sie die interessanten, sich in der Nähe der Elektroden abspielenden Vorgänge beobachten; sie führen zur *Polarisierung* der Batterie, deren Kapazität sich aus diesem Grund nach einer gewissen Zeit erschöpft.

Das Geheimnis der Stalaktiten
Wer kalkhaltige Lösungen »im Reagenzglas« beobachtet, vermag einige wichtige geologische Erscheinungen besser zu begreifen. Bereiten Sie eine größere Menge Kalkwasser zu, indem

176 · IM REICH DER MATERIE

Sie Calciumhydroxid (gelöschter Kalk) in Wasser geben, das Ganze schütteln und es durch Filterpapier in eine gereinigte Flasche tropfen lassen. Die erhaltene Lösung muß klar sein; solange die Flasche luftdicht verschlossen ist, bleibt dieser Zustand auch erhalten. Schütten Sie dagegen einen Teil in eine Schüssel und lassen diese einen Tag lang an der Luft stehen, wird das Kalkwasser milchigtrüb. Das in der Luft enthaltene Kohlendioxid löst sich nämlich im Wasser auf und bildet Kohlensäure. Die durch Aufspaltung der Kohlensäure

Unten: Stalagmiten sind analoge Kalkverkrustungen zu den Stalaktiten, die von der Decke nach unten wachsen, während erstere ihnen vom Boden entgegenwachsen. Beide können sich zu Säulen vereinigen.

Oben: Zuvor klares Kalkwasser wird milchigtrüb, wenn darin Kohlendioxid gelöst wird (Foto rechts). Diese Erscheinung ist auf die Bildung von unlöslichem Calciumcarbonat zurückzuführen.

Gibt man anschließend weitere Kohlensäure hinzu, wird das Kalkwasser wieder klar, denn sie wandelt das Carbonat in lösliches Calciumhydrogencarbonat um.

entstandenen negativen Ionen verbinden sich mit den im Wasser bereits vorhandenen positiven Calciumionen zu Calciumcarbonat. Dieses Salz ist in Wasser unlöslich und bringt deshalb den typischen milchigen Ton hervor, den Sie bereits in der Schüssel beobachten konnten. Zur Bestätigung, daß dafür wirklich das Kohlendioxid verantwortlich war, füllen Sie eine Flasche zur einen Hälfte mit Kalkwasser und zur anderen mit sprudelndem Mineralwasser. Diesmal wird die Lösung sofort milchigtrüb, weil die zur Blasenbildung notwendige Kohlensäure im Mineralwasser in großen Mengen vorhanden ist.

Kommen wir nun zur Erscheinung der Stalaktiten- und Stalagmitenbildung in Tropfsteinhöhlen. Ihr liegt zugrunde, daß Kalkwasser und Kohlendioxid zwei unterschiedliche Calciumsalze bilden: zum einen das Carbonat, das, wie wir bereits gesehen haben, unlöslich ist und eine Trübung bewirkt, zum anderen das Hydrogencarbonat oder saure Carbonat, das hingegen löslich ist und die Lösung nicht trübt. Wie der früher hierfür übliche Name Bikarbonat schon sagt, ist zur Bildung von Hydrogencarbonat eine große Menge an Kohlendioxid nötig. Wenn Sickerwasser mit Calcium gesättigt und reich an Kohlendioxid ist, erscheint es kristallklar, weil es Hydrogencarbonationen enthält. Wenn jedoch das Wasser Gestein auslaugt oder durch eine permeable Schicht tropft und dabei ein Teil des Kohlendioxids in die Luft freigesetzt wird, bildet der Rest sogleich Calciumcarbonat. Das Wasser wird milchig und beginnt mit der Kalkablagerung. In Millionen von Jahren sind diese wunderbaren Gebilde Tropfen für Tropfen unter der Erde entstanden.

Um diese außergewöhnlichen Naturerscheinungen selbst nachzuprüfen, muß man wiederum eine Flasche oder ein Reagenzglas zur Hälfte mit Wasser und Kalk füllen und dann kräftig per Strohhalm hineinpusten. Auf diese Weise gelangt das in der menschlichen Lunge erzeugte Kohlendioxid in die Lösung. Das Wasser wird wie beim Mineralwasser durch die Bildung von Carbonat trüb. Wer jedoch mit dem Blasen geduldig fortfährt, kann zu seiner Überraschung feststellen, daß das Wasser klar wird, wenn das überschüssige Kohlendioxid die Bildung von Hydrogencarbonat bewirkt.

Eine Gegenprobe läßt sich ebenfalls vornehmen. Füllen Sie die Flasche zur Hälfte mit sprudelndem Mineralwasser, und schütten Sie nach und nach Kalkwasser zu. Das Mineralwasser wird jetzt nicht milchig, da sich dank des überschüssigen Kohlendioxids Hydrogencarbonat bildet. Bei fortgesetzter Zugabe trübt die Lösung früher oder später wieder ein, denn sie erreicht dann das Gleichgewicht, das zur Bildung des unlöslichen Carbonats notwendig ist.

LITERATURHINWEISE

Die im Text gelieferten Quellenhinweise möchte ich um einige Titel ergänzen. Sie sind für den nützlich, der die einzelnen Themen dieses Buches zu vertiefen oder sie in einem allgemeineren Kontext zu betrachten beabsichtigt. Dem letzteren Bedürfnis kommen viele voruniversitäre Handbücher entgegen, die sich einer modernen Didaktik der Physik bedienen. Vom Autor wurden vornehmlich folgende Schriften herangezogen:
PSSC Physik. Braunschweig 1974. Dt. Fassung, erarbeitet von Joachim Grehn, Gerd Harbeck, Peter Wessels.
Orear, Jay: *Physik.* Hg. von Herbert Walther. Aus dem Amerikanischen von Jürgen Häger, Wolfgang Krüger, Michael Stock. München 1982.
Bowton, W.: *A Foundation Course in Physics,* Cambridge University Press, Cambridge 1977.
Bernardini, C.: S. Tamburino, *Fisica,* Ed. Riuniti, Rom 1981.
Calvani, P., Maraviglia, B.: *Introduzione alla fisica,* Laterza, Bari 1977.

Aus diesen Büchern stammen einige der von mir vorgestellten Versuche. Viele weitere, die größtenteils mit geringem versuchstechnischen Aufwand durchzuführen sind, werden beschrieben in:
Nuffield Physics, Guide to Experiments, Bde 1-3, Longmans, London 1966.
PSSC Physics, Teacher's Resource Book, D.C. Heath & Co., Lexington 1971; dt. Übers: *Physical Science Study Committee PSSC - Physik*/Dt. Fassung erarb. v. J. Grehn, 2. durchges. Aufl. (Nachdr.), Braunschweig 1979.

Ein Handbuch »sui generis«, das anhand einer umfangreichen Bibliographie Hunderte merkwürdiger und interessanter Erscheinungen schildert, ist das mehrfach angeführte Werk von J. Walker:
Walker, Jearl: *Der fliegende Zirkus der Physik. Fragen & Antworten.* München ³1983.

Walker betreute zeitweilig die Rubrik »Experiment des Monats« von Spektrum der Wissenschaft; von Nutzen waren insbesondere folgende Artikel, die in der deutschen Fassung aufgeführt sind:
Walker, J.: »Photographieren mit der Lochkamera«, in *Spektrum der Wissenschaft,* Januar 1982, S. 113-119.
Walker, J.: »Über Nachläufer, Zurückzieher und andere verhexte Billardkugeln«, in *Spektrum der Wissenschaft,* September 1983, S. 124-129.
Walker, J.: »Zwei merkwürdige Phänomene: wie man ein rotierendes Objekt durch Summen stoppt - und seltsame blaue Bögen um eine Lichtquelle wahrnimmt.«, in *Spektrum der Wissenschaft,* Mai 1984, S. 142-148.
Walker, J.: »Heute werden Kaleidoskope - außer mit raffinierten Spiegelanordnungen - gar mit Linsen, Polarisationsfiltern und Leuchtdioden ausgestattet«, in *Spektrum der Wissenschaft,* Februar 1986, S. 134-140.

Der erste Teil dieses Buches bezieht sich auf die Beiträge folgender weiterer Autoren:
Bernardini, C.: *Fisica Generale,* Bd. I, Veschi, Rom 1965.
Maunder, L.: *Machines in Motion,* Cambridge University Press, Cambridge 1986.

Il Nuovo atlante Zanichelli Illustrato, Zanichelli, Bologna 1985; daraus entnommen ist mit einigen Abänderungen das auf S. 20 zur Berechnung der Umlaufbahnen der Planeten des Sonnensystems verwendete Basic-Programm.
Der zweite Teil nimmt überwiegend Bezug auf folgendes vortreffliche Universitätshandbuch:
Crawford, F. S. jr.: *Waves,* Mc Graw Hill, New York 1968. Dt. Übers.: *Berkeley Physik-Kurs.,* Bd. 3, Crawford, F.S. jr.: *Schwingungen und Wellen.* Aus dem Englischen v. Cap. F. u. a., ²1982
sowie auf das populärwissenschaftliche Werk:
Gluck, J. D.: *Optics,* Holt & Co., New York 1964.

Wer im dritten Teil dieses Buches Interesse an weiteren merkwürdigen Dingen gefunden hat, dem empfehle ich die Lektüre folgender Veröffentlichungen:

Careri, G.: *Ordine e disordine nella materia,* Laterza, Bari 1982. Engl. Übers.: *Order and disorder in matter.* Menlo Park, Calif. u. a.: Benjamin/Cummings Publ. Co 1984.
Zu den faszinierenden Errungenschaften der Festkörperphysik der letzten drei Jahrzehnte:
Frova, A.: *La rivoluzione elettronica.* Editori Riuniti, Rom 1983.

Die Experimente zum Kristallwachstum wurden entnommen aus:
Holden, Alan und Singer, Phylis: *Die Welt der Kristalle. Gestaltende Kräfte in der Natur.* Aus dem Amerikanischen von Ulrich Klement. München/Wien/Basel 1960.

Im Hinblick auf die Geschichte der Physik, die zwischen den einzelnen Experimenten eingebracht wird, halte ich kaum ein zweites Werk für klarer und amüsanter als das häufig zitierte:
Gamow, George: *Biographie der Physik. Forscher, Ideen, Experimente.* Aus dem Amerikanischen von Wolfgang D. Müller und Dora Müller. Düsseldorf/Wien 1965.

Eine unkonventionelle, aber gut dokumentierte Darstellung der Wissenschaftsgeschichte gibt:
Ziman, John: *Wie zuverlässig ist die wissenschaftliche Erkenntnis?* Aus dem Englischen von Helmut Kühnelt. Braunschweig 1982.

Wer das Thema der Kopernikanischen Wende vertiefen möchte, für den ist das folgende Buch genau das richtige.
Koyré, Alexandre: *Von der geschlossenen Welt zum unendlichen Universum.* Übers. von Rolf Dornbacher. Frankfurt/M. 1980.

Der Mensch und Wissenschaftler Galilei erfährt eine einprägsame Schilderung in:
Banfi, A.: *Vita di Galileo Galilei,* Feltrinelli. Mailand ²1979.

Wer Galileo selbst zu Wort kommen lassen mag, sei verwiesen auf:
Galilei, Galileo: *Dialog über die beiden hauptsächlichsten Weltsysteme, das ptolemäische und das kopernikanische.* Aus dem Italienischen und mit Erläuterungen versehen von Emil Strauss. Mit einem Beitrag von Albert Einstein. Vorwort von Drake, Stillmann. Nach der Ausg. von 1891 hg. von Roman Sexl und Karl von Meyenn. Stuttgart 1982.
Galilei, Galileo: *Unterredungen und mathematische Demonstrationen über zwei neue Wissenszweige, die Mechanik und die Fallgesetze betreffend. Erster bis sechster Tag.* Arcetri, 6. März 1638. Hg. von Arthur von Oettingen. Nachdruck der Ausgabe von 1890 ff. Darmstadt 1973.

In bezug auf die Wissenschaft des 18. und 19. Jahrhunderts liefert das folgende schwer beschaffbare Werk viele Detailinformationen, das von einem italienischen Positivisten des frühen 20. Jahrhunderts stammt:
Pitoni, R.: *Storia della fisica,* S.T.E.N., Turin 1913.

Von den zahlreichen wissenschaftlichen Einstein-Biographien scheint mir die seines Mitarbeiters weiterhin zu den brauchbarsten zu zählen:
Infeld, Leopold: *Albert Einstein. Sein Leben und sein Einfluß auf unsere Welt.* Aus dem Englischen von Engelbert Broda. Wien 1953.

BILDNACHWEIS

Sämtliche in diesem Buch verwendeten Fotos stammen mit folgenden Ausnahmen aus dem Archiv des Mondadori-Verlags:
B. Abbott: 38, 48, 71 – B. J. Alder und T. E. Wainwright: 140 a – American Telegraph and Telephone Co.: 70 – F. Arborio Mella, Mailand: 14 – Biblioteca Trivulziana, Mailand: 16 a – R. Church: 100 b – Christian Cuny: 30 a – P. Dal Gal, Verona: 73, 74–75, 75 a, 99, 101, 105, 125, 137, 176, 177 – C. delle Cese, Verona: 81 b, 100 a, 133, 158 – Deltaprint s.r.l., Verona: 18, 21, 36, 43, 44, 59, 60, 119, 124, 141, 147, 160 – Daniel Estève, C.E.N., Saclais: 146 – F. Fontana, Modena: 81 a – Goro: 10 – Granata Press Service, Mailand: 117 (Ted Mahieu), 122 (Tom Bean), 123 (Peter B. Kaplan), 142 (Christopher Springman) – Institut Franco-Allemand de Recherches de St.-Louis: 138 b – Dalton Kurts, University of Colorado: 90 – F. Liechts-Stammbach: 151 – R. S. Longhurst: 130 – Magnum Photos: 61 – R. Marcialis, Mailand: 159 – Museo della Scienza, Mailand: 16 b – NASA: 31, 32, 50, 53, 54, 56, 92, 115 – N.H.P.A., Ardingly-Sussex/S. Dalton: 35 – Photo Research Int.: 33 – P. Popper: 74 a – L. Ricciarini, Mailand/ F. Simion: 162 – Science Service: 148 b – Harald Sund: 17 – Roy E. Swan, Minneapolis Star: 19 – P. Thomann/Stern: 68 – U.S. Dept. of Commerce: 57 – U.S. National Science Foundation: 157.
Umschlagvorderseite: C. delle Cese, Verona.
Umschlagrückseite: Tony Stone Ass., London.

DuMont's Spielbuch der Mathematik und Logik

Von Franco Agostini. 179 Seiten mit 16 ganzseitigen Farbtafeln und etwa 240 zum Teil farbigen schematischen Darstellungen, einer Liste der wichtigsten Symbole, Register, Leinen mit Schutzumschlag

»Für den, dem der ›Formelkram‹ kein Greuel war, oder der sich gern mit Zahlenspielen und -rätseln beschäftigt, sei hier ein Buch empfohlen, das es in sich hat: Es dreht sich um die spielerische Anwendung der Mathematik und Logik. Die Edition ist nicht für Genies gedacht, soll also keinen abschrecken, der sich vielleicht ob schlechter Zensuren an dieses Gebiet nicht herantraut. Alle elementaren Regeln werden ausführlich erklärt. Kopfzerbrechen gibt's, Paradoxien, Zufallsspiele... Wer gerne tüftelt – hier bekommt er Anregung. Ein hübscher Zeitvertreib für Urlaub und Wochenende.« *Fuldaer Zeitung*

»Man muß keineswegs ein mathematisches Genie sein, um dieses Buch zu genießen – ein ideales Geschenk sowohl für Anfänger als auch für fortgeschrittene Liebhaber mathematischer Tüfteleien.« *Fränkisches Volksblatt*

Fitneßtraining für Denker

Ein Programm zur Verbesserung Ihres Denkvermögens durch Spiele
Von Marco Meirovitz und Paul I. Jacobs. 267 Seiten mit über 250 Skizzen, Tabellen und Diagrammen sowie einem Spielset im Anhang, kartoniert

»Was sind das für Autoren, die Spiele zur Verbesserung des Denkens entwickeln und empfehlen? Der eine, Jacobs, ist Spezialist für das Testen und Verbessern des Intelligenzquotienten. Meirovitz erfand das Super-Spiel ›Mastermind‹, eines der drei meistverkauften Spiele unseres Jahrhunderts. Die elf Kapitel dieses Buches enthalten Hunderte von Ideen, Aufgaben und Beispielen. Für pädagogisch wirkende bzw. interessierte Leser ist bei jedem Spiel die Zielvorstellung erklärt: Verbessern von Denkfähigkeit und Logik, Strategie, Erinnerungsvermögen, kreativem oder visuellem Denken sowie psychomotorischer Aktivität. Die trockene Theorie bleibt angenehmerweise im Hintergrund, damit Spaß und Kreativität voll zur Geltung kommen können.«
Deutsche Apotheker Zeitung

Neue mathematische Aufgaben für Denker und Tüftler

Von Michael Holt. 118 Seiten mit über 100 einfarbigen Abbildungen, kartoniert

»Schon die Namen der einzelnen Aufgaben lassen ahnen, daß das Rätsel- und Spielbuch von Michael Holt vielseitig und immer wieder verblüffend ist. Der Autor hat nicht nur die klassischen und unübertroffenen Rätsel so bekannter Tüftler wie Sam Loyd und Henry Dudeney wieder aufgenommen, sondern eine Fülle neuer Fragen und geistreicher Knobeleien für einen großen Interessentenkreis erfunden. Obwohl die über 150 Aufgaben auf Wahrscheinlichkeitsrechnung, Geometrie, Zahlenstrukturen, magischen Quadraten beruhen, sind sie mit gesundem Menschenverstand und einer Portion Pfiffigkeit zu lösen. Darüber hinaus helfen etwa 100 plastische Abbildungen des Buches, sich in die verschiedenen Aufgabenstellungen hineinzudenken.« *Fränkisches Volksblatt*

Phantastische Mensa-Rätsel

Wer ist ein Genie? Ein privater Intelligenztest
Quiz- und Fangfragen, verblüffende Lösungen!
Von Abbie Salny und Marvin Grosswirth mit den Mitgliedern von Mensa. Mit einer Einführung von Isaac Asimov. 140 Seiten mit 20 einfarbigen Abbildungen, kartoniert (DuMont Taschenbücher, Band 174)

»Halten Sie sich für ein Genie? Mensa, die Gesellschaft der klugen Köpfe, deren Mitglieder einen Intelligenz-Quotienten haben müssen, der sie innerhalb der oberen zwei Prozent, also zu den Klügsten der Klugen zugehörig ausweist, hat Abbie Salny und Marvin Grosswirth beauftragt, ein Büchlein zusammenzustellen, mit dessen Hilfe das breite Publikum feststellen kann, ob es überhaupt eine Chance hat, bei Mensa vorsprechen zu dürfen. Zum Glück muß man nicht zur zweiprozentigen Elite dieser Welt gehören, um Spaß an diesen Fragen zu haben. Die Antworten sind am Ende des Buches zur Hand. Das Büchlein ist also auch für den lehrreich, der die harten Nüsse nicht aus eigener Geistesvollkommenheit lösen kann.«
Wetzlarer Neue Zeitung

Das endgültige Mensa-Quiz-Buch

Für Genies und solche, die es werden wollen
Mit Witz, Tempo und Wissen gegen den intelligentesten Club der Welt
Von Abbie Salny und Marvin Grosswirth mit den Mitgliedern von Mensa. 152 Seiten mit 30 einfarbigen Abbildungen, kartoniert (DuMont Taschenbücher, Band 191)

Nach den ›Phantastischen Mensa-Rätseln‹ hier nun deren Steigerung: ›Das endgültige Mensa-Quiz-Buch‹.
Rätsel- und Denkspiele sind mehr als nur amüsanter Zeitvertreib (obwohl schon als solche sinnvoll genug!): Sie schulen den Geist, erhalten ihn wach, befähigen, schwierige, oft versteckte Lösungen zu finden. Für alle Freunde intelligenter Vergnügungen hält ›Das endgültige Mensa-Quiz-Buch‹ viele Freuden und ›Gehirnreizer‹ bereit, an denen sich ablesen läßt, wie verrostet bisweilen der eigene Kopf schon ist. Nur für den unwahrscheinlichen Fall, daß bei unserem exquisiten Publikum hin und wieder Lösungen gefragt wären, findet man sie – ergänzt durch zusätzliche Denk-Tips – zusammengefaßt im Anhang des Buches.